KB263452

韓國近代社會變動史講義

愼 鏞 廈

지식산업사

신용하(愼鏞廈)

서울대학교 문리과대학 사회학과 졸업
서울대학교 대학원 경제학석사·사회학박사
미국 하버드대학교 객원교수
서울대학교 사회과학대학 학장
국사편찬위원회 위원
서울대학교 사회과학대학 사회학과 교수
한양대학교 석좌교수 역임
현재 백범학술원 원장
　　　서울대학교 명예교수
　　　한성대학교 이사장
　　　이화여자대학교 이화학술원 석좌교수

韓國近代社會變動史講義

Lectures on the Social Change in Modern Korea

초판 1쇄 발행　2000. 5. 9.
초판 2쇄 발행　2007. 3. 26.

지은이　신 용 하
펴낸이　김 경 희
펴낸곳　(주)지식산업사
주　소　서울시 종로구 통의동 35-18
전　화　(02)734-1978(대)
팩　스　(02)720-7900
인터넷한글문패　지식산업사
인터넷영문문패　www.jisik.co.kr
　　　전자우편　jsp@jisik.co.kr
등록번호 1-363
등록날짜 1969. 5. 8

ⓒ 신용하(Shin Yong-Ha), 2000
ISBN 89-423-1051-6　93910

책값은 뒤표지에 있습니다.

이 책을 읽고 지은이에게 문의하고자 하는 이는
지식산업사 전자우편으로 연락 바랍니다.

머리말

　　이 책은 한국근대사와 한국근대사회사를 일반 국민들과 대학생들이 쉽게 이해할 수 있도록 교양도서로 쓴 것이다. 원래 이 책의 원고는 사이버 대학의 인터넷 강의 교재로 집필한 것이었는데, 이번에 책으로 내면서 약간 가필하였다.

　　이 책은 1850-1910년의 한국역사를 사회사적 관점에서 21장으로 나누었고, 각 장의 앞에 단원개요를 넣었으며, 각 장의 뒤에는 요약정리, 용어정리, 참고문헌을 넣었다. 이 체제는 사이버 대학의 인터넷 강의 때, 사이버 대학측과 수강생들의 요청에 따른 체제 가운데 일부이다. 이번에 책으로 낼 때도 독자들께 도움이 되리라고 판단되어 연습문제와 모범답안 부분만 빼고 그대로 두었다.

　　우리 민족이 21세기에 열강과 어깨를 나란히 한 최선진국이 됨과 동시에, 종래의 열강과는 달리 진정으로 전세계 약소민족들, 후진국 국민들, 전세계 인류의 번영과 복지와 세계평화에 기여하려면, 적어도 19세기부터의 우리 근대사를 먼저 잘 알아야 할 것이다. 자기의 근대사를 모르고는 미래를 제대로 개척할 수 없다. 이 책에서는 이러한 문제의식에서 누구나 읽으면 우리나라 근대사 전개의 인과과정을 쉽게 이해할 수 있도록 노력하였다.

　　이 책이 독자들의 한국근대사와 한국근대사회사 이해에 도움이 될 것을 간절히 소망한다.

　　이 책 출판에 협조해 주신 사이버 대학 관계자들과 지식산업사 관계자 여러분들께 깊이 감사드리는 바이다.

2000년 3월

서울대학교 사회과학대학 연구실에서

저자 삼가 씀

1

19세기 중엽 한국의 민족적 위기와 일본의 한국민족 위기 조성

단원개요　　한국민족과 한국사회는 19세기 중엽에 외부로부터 열강
의 도전과 위협으로 심각한 '민족적 위기'에 당면하게 되었다.

　서양 열강 중에서 영국과 프랑스는 중국(청국)에 침입하여 1840년에 '아편전
쟁'을 일으키고 승리한 후, 중국의 주권을 크게 훼손한 불평등조약인 '난징조약
(1842)', '톈진조약(1858)', '베이징조약(1860)'을 맺으면서 중국을 굴복시켜 불
리한 조약으로 개국하게 하고, 중국에서 일방적인 특권을 설정하였다. 당시 조선
측은 중국을 이와 입술의 관계로 생각하고 있었으므로, 서양 열강의 무력에
의한 중국의 몰락은 곧 서양 열강의 침입이 조선에도 불어닥칠 위기를 예고하는
것으로 인식하였다.

　또한 종래 조선과 아무런 관계가 없던 러시아가 1860년 중국(청국)과 또 다른
'베이징조약'을 맺어 '연해주'를 할양받고 조선과 국경을 맞댄 나라가 되었다.
러시아는 얼지 않는 군항의 기지를 찾아 한반도의 영흥만, 영일만, 남해안 일대
를 탐색했기 때문에 한국민족과 한국사회는 또 민족적 위기를 맞게 되었다.

　뿐만 아니라 일본에서는 1854년 미·일화친조약에 의거하여 개항한 직후 무역
적자가 누증되기 시작하자 1856년경부터 한국을 침략·정복하여 그 토지와 금·
은·물산으로 적자를 보전하자는 '정한론'이 일어났다. 일본의 '정한론'은 1868
년에 메이지유신 정권에 의해 정책으로 채택되고 수정되었다. 일본 정한론은
한국을 침략하여 식민지화하려는 노골적 침략론과 침략정책이었으므로 한국민
족과 한국사회는 19세기 중엽에 한국민족사상 최대의 민족적 위기에 직면하게
되었다.

1. 19세기 중엽 한국사회의 민족적 위기

　　사회학적 관점에서 보면, 19세기 중엽의 한국민족과 한국사회는 '민
족적 위기'와 '체제적 위기'에 직면했었다. 이 위기는 양면에서 들
어온 압력이 한국민족 사회 내부에 압력을 가하고 분절되어 들어와서
조성한 것이다.

　그 첫째의 것은 외부로부터 들어오기 시작한 압력으로서 선진 서양
열강의 도전적 동양 침입이 조성한 '민족적 위기'이었다. 이 새로운 도전

은 ① 서학의 포교 ② 이양선(異
樣船)의 해안 출몰 ③ 외국 상선
의 통상 요구 ④ 중국을 통해 들
어온 서양 상품들의 국내시장 출
현 ⑤ 서양 각국 정부와 일본의
개항 통상 요구 ⑥ 선진 자본주의

이양선(모양이 이상한 배)

열강에 의한 종속국화·식민지화의 위협 등의 양상으로 나타났다.

　이러한 외부로부터의 도전은 한국사회와 한국민족에게 종래의 폐쇄체
계로부터 개방체계로 전환하여 제2차 자본주의 세계체제로의 편입을 요
구하는 것이었을 뿐만 아니라, 또한 이 개방체계로의 전환 후 열강의 도
전에 적절히 응전하여 처리하지 못하면 민족공동체 자체가 열강의 '식민
지'로 전락할 수도 있게 되는 매우 심각한 성격의 것이었다. 이것은 바로
한국민족과 한국사회에 대하여 '민족적 위기'를 조성하는 것이었다.

　둘째의 것은 조선왕조 전근대 사회체제 내부로부터 발생한 사회적 압
력으로서 백성들의 체제개혁 요구가 그것이었다. 특히 국민의 절대다수
를 차지하는 민중들은 전근대사회의 골간 가운데 하나가 되는 사회신분
제도의 폐지도 강력하게 요구하여 체제적 위기를 조성하였다. 이에 대해
서는 장을 바꾸어 재론하기로 한다.

　19세기 중엽의 한국민족과 한국사회는 이러한 민족적 위기와 체제적
위기를 동시에 '중첩'하여 직면하게 되었다. 특히 외부 국제 열강의 도전
으로 말미암아 조성된 '민족적 위기'는 국가주권을 직접적으로 위협하는
것이어서 매우 심각한 문제를 제기하는 것이었다. 이러한 민족적 위기
는 당시 한국민족과 한국사회만이 직면한 것이 아니라 그에 앞서 중국
사회가 직면한 위기이었으며, 동양 각국이 모두 직면한 위기이기도 하
였다.

2. 서양 열강의 중국 침입과 그 충격

서양 세력에 의하여 하나의 세계체제가 형성된 것은 16세기 중상주의 (mercantilism) 세계체제부터이다. 서양에서는 15세기말 16세기초의 지리상의 발견에 기초하여 중상주의 국가들이 16세기부터 18세기 전반기까지 전세계에 범선을 타고 돌아다니며 세계무역을 해서 세계를 하나로 묶기 시작하였다. 이것이 중상주의(상업자본주의)에 의한 제1차 세계체제이다. 서양 중상주의자들은 금·은 등 귀금속, 향료와 차, 토산물 등을 교역품목으로 하여 전세계 각지에서 무역을 해서 거대한 부를 축적하고 약한 민족을 만나면 침략하여 식민지로 만들었다.

이 제1차 중상주의 세계체제의 시기에, 16세기에는 포르투갈 상인과 스페인 상인들이, 17세기에는 네덜란드·영국·프랑스 상인들이 동양에도

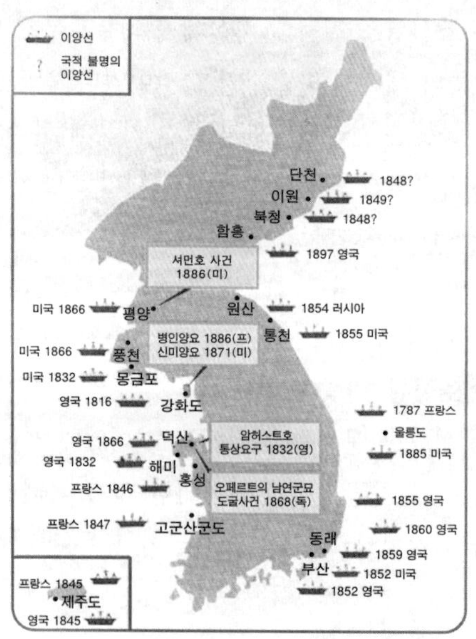

자본주의 열강의 이양선 침입

찾아왔다.

　이때 중부 아메리카와 남아메리카의 여러 나라와 지역들이 스페인과 포르투갈의 식민지로 되었으며, 북아메리카의 지역들은 영국, 프랑스, 스페인의 식민지로 분할되었다. 아시아에서는 필리핀이 스페인의 식민지로 되었고, 자바 왕국과 그 주변의 일부 섬들 및 대만이 네덜란드의 식민지가 되었다.

　또한 이 단계에서는 서양 중상주의 열강이 인도에 국책회사로서 1600년에 영국 동인도회사, 1602년에 네덜란드 동인도회사, 1604년에 프랑스 동인도회사를 설립하여 치열한 상권경쟁을 하면서 인도와 서남아시아 일대의 식민지화를 추구하는 본격적 활동을 시작하였다.

　그러나 이 시기는 아직 산업혁명 이전이어서 교통운수 능력과 무력의 부족으로 아시아의 높은 문명을 가진 나라에 대한 식민지화는 추구하지 못하고 있었다. 중국과의 통상무역을 집요하게 추구하다가 거절당했으며 일본의 나가사키(長崎)에 네덜란드인의 상관을 설치하여 기항과 통상무역의 거점을 확보한 정도였다.

　한국에는 서양 중상주의 팽창의 도전이 아직 직접적으로는 밀려오지 않았지만 간접적으로 그 영향을 받았다. 임진왜란(1592-98) 때 일본군은 네덜란드인으로부터 제조술을 배워 만든 조총을 사용했으므로 조선을 침략하여 육전에서 활을 사용하는 조선군은 패배할 수밖에 없었다. 육전에서 조선의 참화는 간접적으로 서양 중상주의 팽창의 영향과 관련되어 있었다. 또한 제1차 자본주의 세계체제 형성의 물결은 조선해안에 표류해 온 적도 있었으나 아직은 미미한 것이었다. 예컨대 1628년 네덜란드인 벨테브레(Weltevree)가 표류해 왔으므로 이름을 박연이라고 주어 훈련도감에 배속시킨 일이 있었다. 또 1653년에는 역시 네덜란드인 하멜(Hamel) 일행이 표류해 온 것을 조선조정이 서양기술 도입의 작은 계기로도 잘 쓰지 못하자 탈출해서 돌아가 《하멜표류기》를 쓴 일이 있는 정도였다.

　그러나 서유럽에서 18세기 중엽 이후 산업혁명(産業革命 : industrial

revolution)이 일어난 제2차 산업자본주의 세계체제의 형성과 발전에 따른 도전 때에는 사태가 완전히 달라지게 되었다. 이 시기에는 동력으로 증기기관과 전력이 발명되고 공장제도(factory system)라는 새로운 기계적 생산제도가 채택되어 값싸고 품질 좋은 상품들의 대량생산이 시작되었다. 또한 운송수단도 증기선과 철제 군함이 발명되어 대량운송이 가능하게 되었다. 이에 영국, 프랑스, 미국, 독일, 러시아(후에 이탈리아, 일본 참가) 등 열강들은 철제 상선과 군함에 자본주의 공장제상품과 함포를 적재하고 그들의 상품 판매시장과 값싼 원료공급처를 확보하기 위하여 전세계 방방곡곡을 돌아다니면서 아직 개항하지 않은 나라들을 개항시켜 자본주의 세계체제 안에 편입시켰으며, 동시에 편입된 나라와 지역들을 식민지화하려고 하였다.

이 단계에서 영국, 프랑스, 벨기에, 네덜란드 등의 열강들에 의하여 아프리카 대륙이 거의 모두 식민지로 분할되었으며 중동의 모든 나라들도 식민지가 되었고 아시아의 모든 나라들은 개항된 후 식민지화되기 시작하였다.

서양 열강이 가장 욕심을 낸 인도의 식민지화에 대해서는 영국과 네덜란드가 동맹하여 프랑스와 현지 동인도회사의 무력들이 1751-52년 전쟁을 한 결과 영국·네덜란드 연합군이 승리하였다. 영국은 다시 1780년에 네덜란드와 현지에서 전쟁을 하여 승리함으로써 결국 인도를 영국의 식민지로 만들었다. 영국은 다시 19세기 전반기에 버마(미얀마), 말레이반도, 보르네오섬을 식민지화하였다.

인도에서 밀려난 프랑스는 19세기 중엽에 베트남과 라오스를 식민지화하고 캄보디아를 보호령으로 하여 '프랑스령 인도차이나(French Indo-China)'를 식민지로 설치하였다. 그리고 네덜란드도 밀려난 후 일찍이 식민지화한 자바왕국을 중심으로 일대의 폴리네시아 섬들을 식민지화하여 '네덜란드령 인도(Netherland's India)'를 식민지로 설치하였다.

서양 열강이 동양에서 인도 다음으로 욕심을 낸 나라는 중국이었다.

서양 열강은 중국에 침입하여 중국을 해체시키기 시작함으로써 조선왕국에 심대한 충격을 주었다. 원래 중국은 영국의 간청에 응하여 1757년에 광둥(廣東)을 무역항으로 지정해 주고, 공행(公行)이라고 부르는 관상(官商)만 서양인들과 무역 상거래를 하도록 제한했었다.

이러한 제한 속에서도 영국은 18세기 중엽부터 산업혁명에 성공하자 자기 나라의 공장제 면제품을 인도에 판매하고, 인도에서는 아편을 재배하여 이를 중국에 밀수출한 후, 중국으로부터는 은·금과 차를 수입하는 3각무역을 전개하여 거대한 부를 축적시켜 나갔다. 그러나 청국은 영국의 이러한 무역으로 심대한 타격을 받았다. 왜냐하면 은·금의 유출로 국가경제가 빈곤화되었으며, 온 나라에 아편 흡연관습이 성행하여 국민보건이 크게 훼손되었기 때문이었다.

청국측이 이에 분개하여 마침내 1839년 밀수 아편을 몰수해서 불태워 버리자, 영국은 1840년 청국을 무력공격하여 이른바 '아편전쟁'(1840-42)을 일으켰다. 2년간 계속된 전쟁에서 영국의 근대적 무력에 굴복하여 청국이 패전하였다. 그 결과 청국은 1842년 8월 영국과 '난징조약(南京條約)'을 체결했는데, 그 주요 내용은 ① 홍콩(香港)의 할양 ② 광둥·상하이

아편전쟁

(上海)·샤먼(廈門)·푸러우(福州)·닝보(寧波) 등 5개 항구의 개항 ③ 협정 관세제도의 승인 ④ 2,100만 달러의 배상금 지불 ⑤ 치외법권으로서의 영사재판권 승인 ⑥ 중국만 의무를 지는 일방적 최혜국 대우의 승인 등 이었다.

이것은 중국의 주권이 크게 침해당하면서 개항을 하고 영국측에게 일 방적으로 치외법권과 최혜국 대우를 승인한 전형적인 불평등조약이었 다. 이 불평등조약은 그 후 중국이 다른 나라들과 체결한 조약들뿐만 아 니라, 동양 각국이 서양 각국과 체결한 조약에도 전례가 되어 부정적 영 향을 미쳤다. 청국은 1844년에는 프랑스와 미국과도 불평등한 통상조약 을 체결하고, 뒤이어 다른 서양 각국과도 통상조약을 체결해서 개방체계 로 들어갔다.

뿐만 아니라 1856년 10월에는 애로(Arrow)호 사건이 일어나, 영국과 프 랑스는 연합군을 편성해서 중국을 공격하여 광둥을 점령하고 수도 베이 징(北京)의 목줄기인 톈진(天津)을 공격하였다. 중국은 이 서양의 무력에 다시 굴복하여 1858년에 '톈진조약'을 체결해서 강화하였다. 그 조약의 내용은 톈진을 포함하여 10개 항구를 서양에 추가로 개항하고, 양쯔강(揚 子江)을 서양 상선에 개방하기로 약조한 것이었다.

청국 조정이 톈진조약의 비준과 실행을 지연시키려고 하는 조짐이 보 이자, 영국과 프랑스의 연합군은 1860년 다시 무력공격을 시작하여 같은 해 7월에 톈진을 점령하였고, 8월에는 수도 베이징을 점령하였다. 청국 황제는 당황하여 만리장성 너머 러허(熱河)로 피난가고, 청국 조정은 또 다시 서양의 무력 앞에 굴복하여 1860년 9월에 '베이징조약'을 체결해서 강화하였다. 베이징조약의 주요 내용은 ① 톈진의 개방 ② 주룽(九龍)반 도의 할양 ③ 배상금 1,600만 달러의 지불 ④ 천주교도 재산의 반환 ⑤ 서양인들에게 천주교(기독교) 포교의 완전한 자유와 교회당 설립 자유의 승인 ⑥ 서양 신부들의 토지·가옥의 건조 및 임차(賃借) 자유의 허용 ⑦ 외국인의 중국인 노동자[쿠리(苦力)] 모집과 해외 송출 허용 등이었다.

이상과 같은 베이징조약의 내용은 중국이 서양의 무력 앞에 완전히 무릎을 꿇고 영국·프랑스측의 요구를 모두 받아들인 매우 굴욕적인 불평등조약이었을 뿐 아니라, 국토를 떼어주고, 막대한 배상금을 지불하며, 종래 완강히 거부해 왔던 서교의 포교를 완전히 허용하여 교회당의 자유로운 설립과 신부들의 가옥 건조와 임대차까지 허용한 것이었고, 심지어는 서양인들이 중국의 노동자를 모집하여 전세계 각지의 작업장에 송출함으로써 중국인 노동력 수급에서도 이윤을 얻어가도록 허용한 것이었다.

당시 조선정부를 포함하여 동양 각국의 조정과 지식인들은 전통적으로 중국을 세계에서 가장 강대한 나라라고 확신하고 있었다. 그러한 세계 최강국인 중국이 서양의 총군사력도 아닌 영국과 프랑스 동양함대의 공격 앞에 수도 베이징을 점령당하고 청국 황제가 리허로 피난가는 상황을 보고 동양의 모든 나라는 경악하였다.

특히 당시 조선정부와 지식인들은 조선과 중국의 관계를 이와 입술의 긴밀한 관계로 생각하고 있었으므로, 입술인 중국의 몰락이나 멸망은 조선이라는 이를 시리게 한다고 보고 있었다. 이에 19세기 중엽의 조선에서는 선각적 지식인과 관료들 사이에서 민족적 위기의식이 일어나게 되고, 서양 세력의 새로운 도전에 적절히 응전하여 민족적 위기를 타개하기 위한 방안들이 모색되기 시작하였다.

3. 한국과 러시아의 국경 접속

한편 러시아는 19세기 중엽에 제국 팽창정책의 일환으로 얼지 않는 군항을 설치하려고 남진정책을 열심히 추구하였다. 러시아는 발칸반도로 진출하려다가 크리미아 전쟁(1853-56)에 패전하자, 방향을 크게 바꾸어 극동으로 적극 진출해서 극동지방에 얼지 않는 군항을 설치하고자 하였다. 1856년 '애로호 사건'으로 영국·프랑스 동양함대 연합군이 중국을 무력공격하는 기회를 이용하여, 러시아는 중국을 위협해서 1858년에 '아이훈(璦琿) 조약'을 체결하고 무혈의 방법으로 헤이룽강(黑龍江) 이북의 광대한 영토를 중국으로부터 할양받았다.

또한 1860년에 영국·프랑스 연합군이 베이징을 점령하고 청국 황제가 리허로 피난하는 사태가 일어나자, 러시아는 또 재빨리 청국 조정을 위협하여 1860년에 러시아·중국 사이에 또 하나의 다른 '베이징조약'을 체결하여 피 한 방울 흘리지 않고 연해주(沿海州)를 청국으로부터 할양받았다. 이에 러시아는 연해주의 최남단 어촌에 군항으로서 새로이 블라디보스토크(Vladivostok) 항을 건설하고 러시아 해군기지를 창설하였다.

종래 조선과 러시아는 아무 관계가 없는 나라였으며, 조선정부의 관료와 지식인들은 러시아라는 나라가 있다는 사실도 모르는 경우가 대부분이었다. 러시아는 조선과 관계없는 유럽의 먼 나라였었다. 그러나 1860년부터는 갑자기 조선이 러시아와 국경이 맞닿은 이웃나라로 전화되었다. 뿐만 아니라 러시아는 블라디보스토크 항구도 일년에 몇 달이 결빙되어 사용치 못하므로 더 남하하여 한반도의 영흥만이나 남해안 일대에 얼지 않는 군항을 설치하고자 하였다. 즉, 한반도는 러시아의 남진정책 대상국이 되어 버린 것이다.

러시아는 동해안을 영흥만과 영일만을 중심으로 정밀하게 측량·조사했을 뿐만 아니라, 1863년부터는 육로로도 월경하여 함경도 경흥지방으로 들어와서 산림을 벌채하며 통상을 요구하기도 하였다.

또한 19세기 중엽에는 영국과 프랑스의 군함들과 함께 서양 열강의 상선들도 한반도의 해안에 자주 출현하여 가축과 식수를 요구하거나 통상을 요구했으며, 때로는 주민을 살상하고 도주하기도 하였다. 이양선(異樣船)이라고 기록된 서양 열강의 군함과 상선 등 증기선들이 자주 출현하게 된 것이었다.

이제 한반도의 연안은 자본주의 세계체제의 물결이 큰 파도를 치며 본격적으로 도전해 오기 시작한 것이다.

4. 일본의 개항과 '정한론'의 대두

일본 역시 19세기 중엽 서양 열강의 압력으로 민족적 위기에 당면하자 이를 타개하는 방법의 하나로 '정한론'을 정립함으로써 한민족에게 민족적 위기를 더욱 가중시켰다.

19세기 중엽에 일본을 개항시켜 영향권 아래 두려고 적극적으로 나선 것은 신흥 미국이었다. 아편전쟁의 결과로 미국은 1844년에 손쉽게 중국과 통상조약을 체결하는 데 성공하자, 중국에서는 영국·프랑스와 경쟁하기 어렵고, 아직 미개항국인 일본 개항을 주도하여 영향력을 정립하려고 하였다. 미국은 중국으로 가는 길목의 일본에 해군기지와 기항지를 설치하고자 했고, 무역상으로는 일본을 미국산 면제품의 시장으로 만들려고 했으며, 당시 700여 척에 이르던 미국 포경선의 거점을 일본에 설치하고자 하였다.

미국은 일본 개항을 위한 포함외교의 책임자로 해군제독 페리(Mathew C. Perry)를 파견하였다. 페리는 1852년 11월 미국을 출발하여 대서양―희망봉―인도양을 돌아 중국에 들렀다가, 1853년 7월 군함 4척을 거느리고 에도(江戶)만의 입구인 우라가(浦賀)에 도착하였다.

페리는 미국 대통령 국서와 자신의 신임장을 제출하면서 통상조약 체결과 개항을 요구하였다. 일본의 도구가와 막부가 이의 수령을 거절하며 시간을 끌자, 페리는 함포사격으로 무력시위를 단행하였다. 미국측의 막강한 근대 화력의 위력에 놀란 도구가와 막부는 큰 충격을 받고 미국 대통령 국서를 수령함과 동시에 이를 고려할 시간을 줄 것을 요구하였다. 이에 페리 일행은 다음해 봄에 다시 찾아올 테니 통상조약 체결과 개항 준비를 하라고 선언하고 마카오로 향하였다.

페리 일행은 1854년 2월 에도만으로 다시 일본을 찾았다. 이번에는 전보다 더 많은 군함 10척, 대포 250문, 승무원 1,800명을 인솔하였다. 페리는 지난번과 같이 통상조약 체결과 개항을 요구하였다. 그는 일본측이 만일 이 요구에 응하지 않으면 다음에는 더 많은 미국 함대가 올 것이라고 위협하면서, 500명의 해병대를 상륙시켜 무력시위를 감행하였다. 일본측은 이 무력위협에 굴복하여 1854년 3월, '미·일화친조약(통상 神奈川조약)'을 체결하였다. 이 조약의 요점은 ① 시모다(下田)·하코네(箱根) 2개 항구의 개항 ② 일방적(편무적) 최혜국 대우의 승인 ③ 개항장에서의 무관세 자유무역 승인 ④ 표류 난파선원의 보호 ⑤ 18개월 후 영사관의 설치 승인 등이었다.

이 '미·일화친조약'은 일본이 '관세'라는 것을 알지 못하여 개항장에서의 '무관세' 무역을 승인하고, 미국에 대해서는 편무적인 최혜국 대우를 하도록 규정된 불평등조약이었다. 뒤이어 일본은 이 조약을 모형으로 해서 영국과 1854년 10월에 영·일화친조약, 1855년 2월에 러시아와 러·일화친조약, 1856년 1월에 네덜란드와 네덜란드·일본화친조약을 각각 체결하여 개방체계에 들어갔다.

이 '미·일화친조약'에 의거하여 1856년 7월에 해리스(T. Harris)가 미국의 총영사 겸 외국대표로 일본에 도착하여 영사관을 설치하였다. 해리스는 중국에서 '애로호 사건'으로 영국·프랑스 연합군이 중국에 대한 무력공격을 자행하여 청국이 패배한 것을 배경으로 이용해서 도쿠가와 막부에 대해 이전보다 더욱 가혹한 내용의 통상조약 체결교섭을 감행하였다. 그 결과 1858년 7월 29일 마침내 '미·일수호통상조약'이 체결되었는데, 그 요점은 ① 6개 항구의 추가 개항 ② 양국 수도에 외교대표 파견과 주둔 ③ 개항장에 영사관 설치와 영사 주재 승인 ④ 자유통상과 내외 화폐의 자유로운 유통 보장 ⑤ 치외법권으로 영사재판권 인정 ⑥ 기독교 포교와 교회당 건립 자유의 인정 ⑦ 소정의 관세 설정 등이었다.

이 조약은 관세를 설정했다고는 하나, 개항장에서의 무제한 자유통상 및 외국 화폐의 자유로운 유통과 치외법권으로서 외국 영사의 영사재판권을 승인한 불평등조약이었다.

미국이 일본과 불평등조약으로 통상조약을 체결하는 데 성공한 것을 본 다른 서양 열강도 통상조약 체결의 거센 압력을 일본에 가해 왔다. 이에 일본의 도쿠가와 막부는 1858년 8월에 영국·네덜란드·러시아 등과 각각 비슷한 내용의 통상조약을 체결하고, 1858년 10월에는 프랑스와 역시 비슷한 통상조약을 체결하여 일본은 서양에 전면적으로 개방되었다.

일본과 서양 열강과의 통상무역은 즉각 일본측에 엄청난 무역적자를 가져왔다. 미국의 일본에 대한 외압이 더욱더 심해가는 도중에 일본에게는 행운의 시기가 다가왔다. 1861년 미국에서 남북전쟁(1861-65)이 일어나 미국은 국내문제에 매달리느라고 일본에 대한 외압을 가할 수 없게 된 것이었다.

그럼에도 불구하고 일본은 1854년 제1차 개방 직후부터 서양과의 무역에서 엄청난 무역적자가 발생하여 누적되었으며, 이것은 일본의 금·은 등 귀금속으로 결제될 수밖에 없었고, 일본의 경제적 위기상황을 수반하지 않을 수 없게 되었다.

일본에서 19세기 중엽에 최초로 정한론(征韓論)을 정립한 것은 유명한 사무라이 학자 요시다 쇼인(吉田松陰 : 1830-59)이었다. 그는 일본이 페리 제독의 무력위협에 굴복하여 불평등조약으로 미·일화친조약을 체결하고 2개 항구를 개항하여 무역을 시작하자마자 첫해부터 무역적자가 누적되기 시작하는 것을 보고 이에 대한 대책수립에 부심하였다.

요시다 쇼인은 이에 대한 대책을 연구·구상한 끝에 그 대책으로서 1856년부터 '정한론'을 정립하여 주장하기 시작하였다. 그 요지는 일본이 '서양과의 교역으로 인하여 손실 입은 것은 삼한(三韓 : 조선, 한국)을 정복하여 그 토지와 금·은·물산으로 보상하지 않으면 안 된다'는 것이었다. 이 때문에 요시다 쇼인의 정한론을 '금·은·물산의 이익을 위한 정한론'이라고 통칭해 왔다.

그러나 요시다 쇼인의 '정한론'은 여기에 그치지 않고 더 넓은 것이었다. 그는 제1단계로 한국을 정복하여 식민지로 만들어서 금·은·물산을

'정한론'을 최초로 정립하여
교육한 요시다 쇼인

취하여 일본의 경제적 위기를 해결한 다음, 제2단계로 만주(滿洲)와 몽고 (蒙古)에 진출하여 이들을 일본의 지배하에 두고, 제3단계로 남쪽으로 대 만과 여송(呂宋 : 루손, 필리핀)까지 진출하여 이들도 일본 통치하에 놓아 대일본 해양제국을 세울 것을 구상하고 주장하였다. 이를 위해서는 지방 분권적 막부제도를 폐지하고 중앙집권적 천황제 국가를 수립해야 한다 고 하였다.

요시다 쇼인의 이러한 정한론은 서양 열강의 압력과 침입으로 인하여 조성된 일본의 위기와 문제점을 은혜로운 이웃 나라를 침략·정복하여 그 부와 자원을 약탈해서 해결하려고 한 침략론이었다.

요시다 쇼인은 1857년에는 그의 고향에 서당과 같은 쇼카촌숙(松下村 塾)이라는 학교를 설립하여 조슈(長州)번의 젊은 사무라이들을 선발해서 정한론과 그의 정치적 구상 및 일본 위기의 타개방안을 교육하였다. 한국 침략의 원흉인 이토 히로부미(伊藤博文)도 이 학교의 가장 나이 어린(15 세) 학생이었다. 이 학교는 1859년 보수파 대탄압 때 요시다 쇼인이 사형 당하자 불온학숙으로 규정되어 폐교되었다. 그러나 이 쇼카촌숙 출신의 젊은 사무라이들은 촌숙 폐교 후에도 각지에 흩어져 하급 사무라이들을 규합해서 세력을 확대하면서 도쿠가와 막부에 대한 반대투쟁을 일본민족의 역사적 당면과제라고 선동하였다.

쇼카촌숙 출신 사무라이들이 핵심이 된 하급 사무라이 세력들은 1868년 1월 드디어 정변을 일으켜 에도의 도쿠가와 막부를 타도하고 천황제 신정부를 수립하였다. 이것이 소위 메이지유신(明治維新)의 시작인 것이다.

1868년 메이지유신 정권이 수립된 직후 그 해에 요시다 쇼인의 제자이며 메이지유신 정권 수뇌의 한 사람인 기도 다카요시(木戶孝允 : 1833-77)는 '정한론'을 더욱 확대·수정하여 자기 동료들과 신정권의 보상(輔相) 이와쿠라 도모미(岩倉具視 : 1825-83)에게 제출하였다. 기도 다카요시의 정한론은 스승 요시다 쇼인의 정한론을 다음과 같이 정치적으로 더욱 확대·수정한 것이었다.

① 정한(征韓)은 일본제국의 진출에 큰 방향을 정립케 해준다.
② 정한은 독립할거의 기분을 가지고 있는 여러 번(藩)들의 병력을 한국정복에 동원함으로써 사무라이족과 국민의 눈을 밖으로 돌리어 국내의 단결을 가져온다.
③ 정한은 일본 해군과 육군의 무예기술과 전투훈련을 급속히 향상·발전시키게 한다.
④ 성한은 천황 중심의 중앙집권적 일본제국을 확립케 한다.
⑤ 정한으로 한국을 소유·지배함으로써 후일 일본제국의 흥기와 만세의 유지를 보장케 한다.

기도 다카요시의 '정한론'은 메이지 정부에서 채택되어 그 실행의 시기와 방법만 남게 되었다. 그러나 당시 조선은 흥선대원군이 집권하여 프랑스 동양함대의 침공(1866년의 병인양요)도 물리치고 외침에 대해 철저한 항전을 결의하고 있었으므로 섣불리 정한을 감행할 조건이 못 되었다.

일본의 메이지 정부는 먼저 서양의 부국강병 실태를 직접 돌아보기로 하고, 이와쿠라 도모미를 전권대사, 기도 다카요시를 전권부사로 하여 오쿠보 도시미치(大久保利通), 이토 히로부미 등도 참가한 외국파견 사절 단을 1871년 11월 미국 및 유럽을 향해 출발시켰다.

그 사이 메이지유신 정권은 기도 다카요시, 오쿠보 도시미치와 함께 메이지유신의 3대 공신이라고 하는 사이고 다카모리(西鄕隆盛 : 1827- 77) 에게 위탁하고 이타가키 다이스케(板垣退助 : 1837-1919) 등이 보좌하도록 하였다.

사이고 다카모리는 유신 정권을 위탁받은 후 1872년 다시 '정한'을 주 장하면서 구체적으로 '정한'을 준비하기 시작하였다. 사이고 다카모리의 '정한론' 요지는 다음과 같은 것이었다.

① 정한은 신정권의 폐번치현(廢藩置縣)과 징병제 실시로 말미암아 직 책과 특권을 잃은 사무라이족의 활로를 개척해 준다.
② 정한은 신정권의 개혁정책으로 특권을 잃은 사무라이족의 불만을 한국정복에 쏟게 하여 천황제 신정권을 강화시켜 준다.

사이고 다카모리의 '정한론'은 종래의 요시다 쇼인 및 기도 다카요시의 정한론에 다시 집권한 사무라이 계급의 계급적 이익을 첨가하여 사무라 이족의 군사독재 권력의 확립과 공고화를 추구한 것이었다. 사이고 다카 모리는 '정한론'의 실천계획으로 ① 정한사령부를 설치하여 4만 명의정 예병력을 차출하여 배치하고, ② 사이고 다카모리 자신이 전권특파대사 가 되어 조선조정에 가서 조선왕을 정면으로 지나치게 모욕하면 조선은 부득이 사이고를 투옥하거나 처형할 것이고, 일본은 이를 구실로 군사를 일으켜 '정한'을 단행한다는 계획을 세웠다.

그러나, 서양파견 사절단은 서양 열강의 부국강병 시설들을 1년 반 동 안 직접 둘러보는 사이에 '정한'의 우선순위에 대한 생각이 변하게 되었 다. 그들이 시찰한 서양의 부와 무력은 그들의 예측보다 훨씬 강대해서, 설령 일본이 '정한'을 감행하여 조선을 식민지로 만든다 할지라도 서양

한국침략을 위한 '정한론'을 논의하고 있는 일본 각료들(일본측 그림)

열강이 간섭하면 조선을 그들에게 내줘야 할 정도로 일본의 국력이 매우 부족함을 알게 된 것이었다.

1873년 9월에 귀국한 사절단의 정부 각료들에게 사이고 등이 마련한 실천계획을 보고하자, 사절단 일행은 '정한'은 '시기상조'라고 지적하고, 먼저 일본의 국력을 서양 열강의 어느 한 나라와도 겨룰 만한 부강국으로 만든 다음에 '정한'을 실현해야 한다고 응답하였다. 앞서 '정한론'을 주장한 기도 다카요시조차도 서양과 동등의 부국강병을 위한 내정개혁이 먼저이고 '정한'은 그 다음이라고 주장하였다.

그리하여 1873년 9월의 일본 정계는 '선내치 후정한(先內治 後征韓)'을 주장하는 이와쿠라·기도·오쿠보·이토 파와 '선정한 후내치'를 주장하는 사이고·이타가키 파가 첨예하게 대립하여 권력투쟁을 하다가 1873년 10월 23일 정부회의에서 '선내치 후정한'의 사절단파가 승리하고, '선정한 후내치'파는 패배하여 정권에서 탈퇴하게 되었다.

그러나, '선내치 후정한'파가 승리했다고 해서 그들의 '정한론'이 완전히 소멸된 것은 아니었다. '선내치 후정한'파는 단지 ① 서양을 돌아보고 배운 바 먼저 강력한 제국주의 국가를 건설할 시간이 필요함을 알게 되었고, ② '정한'을 위한 주도권 경쟁에서 사절단파가 주도권을 잡으려 한 것이었다.

일본의 '선내치 후정한'과 메이지 정권도 먼저 제국주의 국가를 건설하여 서양 열강의 간섭을 물리칠 수 있는 국력이 갖추어지면 바로 다음에 각종 방법으로 '정한'하여 한국을 식민지로 정복하려 한 것이었다.

여기서 첨가하여 지적해야 할 것은 오늘날의 일본 교과서에서 '정한론'을 1872년 사이고 다카모리의 정한론부터 시작하여 마치 일본의 정한론이 대두된 것은, 조선의 흥선대원군이 1869년 일본의 국서를 접수하지 않은 데 분개하여 그 반응으로 나온 것처럼 설명하는 것이 사실과 일치하지 않는 왜곡된 설명이라는 점이다. 일본의 정한론은 서양 열강의 압력과 침입으로 발생한 일본의 문제를 해결하기 위하여 1856년 요시다 쇼인의 정한론, 1868년 기도 다카요시의 정한론이 이미 제기되어 종래 일본에게 많은 은혜를 베풀어 준 이웃 나라 한국을 침략·정복해서 희생시키려 한 것이었다.

이웃 나라 일본이 '정한론'을 정립하여 한국을 침략·정복하려는 기회를 엿보고 있었으므로 19세기 중엽의 한국민족과 한국사회는 다시 커다란 '민족적 위기'가 가중되게 되었다.

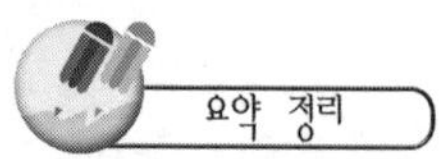

- 19세기 중엽의 한국민족과 한국사회는 우선 외부로부터의 도전에 의하여 커다란 '민족적 위기'에 직면하게 되었다.
- 영국은 1840년 중국(청국)에 아편전쟁(1840-42)을 일으켜 승리하고 난징조약(1842)을 체결했는데, 그 내용은 천문학적 숫자의 전쟁배상금을 지불할 뿐만 아니라, 홍콩을 영국에 할양하고 5개 항구를 개항하며, 치외법권으로 영사재판권을 승인하여 주권을 침해당하는 등 극심한 불평등조약이었다.
- 이어서 1860년에는 영국·프랑스 연합군이 중국의 수도 베이징을 점령하는 충격적 사건이 일어나고, 중국은 '베이징조약'을 체결하여 간신히 사태를 수습하였다. 베이징조약은 또다시 천문학적 액수의 전쟁배상금을 지불할 뿐만 아니라, 주룽반도를 할양해 주고, 톈진을 개방하며, 천주교 포교의 완전 자유를 보장하고, 외국인들이 중국인 노동자를 외국에 송출함을 허용한 극심한 불평등조약이었다.

- 당시 조선조정과 지식인들은 중국을 세계에서 가장 강대한 나라로 알고 있다가, 중국이 영국·프랑스 동양함대의 무력 앞에 참패하여 굴욕적 불평등조약을 맺어 해체되기 시작하는 것을 보고 경악하여 매우 큰 충격을 받았다. 조선의 지식인들은 열강의 침입이 중국 다음에는 조선에 찾아오리라고 예감하고 커다란 '민족적 위기'를 자각하게 되었다.

- 또한 러시아는 얼지 않는 해군 군항을 설치하기 위해 1860년 중국과 '베이징조약'을 체결하고, '연해주'를 할양받음으로써, 조선과 국경을 맞대는 나라가 되었다. 러시아는 연해주에 블라디보스토크 군항을 설치하고, 이어서 한반도의 영흥만과 남해안에 얼지 않는 군항 설치를 위해 '남진정책'을 계속하여 조선에 '민족적 위기'를 조성하였다.

- 일본은 1854년 미·일화친조약 체결 후 서양과의 무역에서 적자가 급속히 증가하자 1856년에 '정한론'이 대두하기 시작하였다. 1868년 메이지 정부가 수립되자 바로 '정한론'을 채택하고 이의 실천을 준비하기 시작하였다. 이에 일본은 국력만 갖추어지면 한국을 침략하여 식민지화하려고 계획하였으므로 한국사회와 한국민족은 매우 심각한 '민족적 위기'에 직면하게 된 것이었다.

용어 정리

● **베이징조약(北京條約)** ▶ 청국이 영국·프랑스 연합군의 베이징 점령사건을 해결하기 위해 1860년에 영국·프랑스·러시아와 각각 체결한 불평등조약이다. 영국과 1860년 10월 24일 체결된 조약의 주요 내용은 ① 포격사건에 대한 사죄 ② 영국 공사의 베이징 영구 주재 ③ 배상금 800만 달러 지불 ④ 톈진 개항 ⑤ 청국 노동자의 해외 송출 허용 ⑥ 주룽(九龍)반도의 할양 등이었다. 프랑스와 10월 25일 체결된 조약의 주요 내용은 ① 포격사건에 대한 사죄 ② 배상금 800만 달러 지불 ③ 종래 몰수된 가톨릭교회 및 그 부속 재산이 반환 ④ 톈진 개항 ⑤ 청국 노동자의 해외 송출 허용 등이었다. 영국·프랑스의 베이징점령 시기에 베이징에 파견되어 있던 러시아 사절단은 청국과 영국·프랑스 사이의 조약을 알선해 주었다고 공로를 주장하면서 1860년 11월 14일 청국과 러시아 사이에도 '베이징조약'을 또 하나 체결하였다. 그 주용 내용은 ① 연해주를 러시아에게 할양 ② 쌍방 국경에 대한 양국 관헌의 공동조사 등이었다.

● **불평등조약(不平等條約)** ▶ 다른 나라와 서로 조약을 맺을 때, 쌍방이 호혜적으로 대등하고 평등한 권리와 의무를 갖지 않고, 어느 한 나라만 특별히 권리를 갖고 다른 나라는 그러한 권리 없이 의무만 지도록 불평등하게 권리와 의무를 규정한 조약이다.

● 아편전쟁(阿片戰爭) ▶ 영국 상인이 배후에서 중국에 밀수출하는 아편의 밀수를
청국측이 금지하자, 영국이 청국측을 무력공격하여 1840~42년간 일어난 청국과
영국간의 전쟁이다. 영국 동인도회사는 청국의 은을 획득하기 위해 인도에서 청국
이 18세기 이래 수입을 금지하는 아편을 대량 재배하여 청국에 밀수출시켰다. 청
국은 아편 밀수로 국민의 보건위생의 파괴는 물론, 막대한 은의 유출로 인하여
은가의 등귀와 재정궁핍에 시달리게 되었다. 이에 청국 조정은 1838년 아편밀수
금지의 강경방침을 결정하고, 1839년에 흠차대신 임칙서(林則徐)를 특파하였다.
임측서는 아편밀수자에 사형선고 실행을 공포하고, 인도명령에 응하지 않은 채
영국 무역상관에 봉쇄되어 있는 아편 2만여 상자를 몰수하여 불태워버렸다. 영국
측은 1840년 전쟁을 결정하여 영국함대는 6월에 청국을 무력공격하였다. 청국측
은 흠차대신을 교체해가면서 강경·온건 양책을 병용했으나, 영국함대는 1841년
에 광둥(廣東)을 점령하고 1842년에는 상하이(上海)를 점령하여 난징(南京)을 압
박하였다. 청국은 전투에서 연패하자 굴복하여 1842년 8월 '난징조약(南京條約)'
을 불평등조약으로 체결하고 전쟁을 끝냈으나, 청국은 서양 열강의 침략과 침투에
허약하게 되어 반식민지 상태로 들어가는 전환점을 이루게 되었다.

● 애로(Arrow)호 사건 ▶ 1856년 10월 광둥(廣東)항에서 영국기를 게양한 선박
애로호를 청국 관헌이 임검하여, 범죄 혐의가 있는 청국인 선원 12명을 체포하고
영국기를 내린 것을 이유로 하여, 청국과 영국·프랑스 사이에 전쟁이 일어난 사건
이다. 영국 영사가 애로호 청국인 선원의 석방을 요구하자 청국측은 이들이 청국
인 범죄자임을 들어 석방하지 않았다. 영국은 1856년 11월 광둥성을 포격하여
무력공격을 시작하였다. 선교사 살해사건으로 청국과 교섭중이던 프랑스도 1857
년에 영국에 동조하여 무력공격을 시작하였다. 영·프연합군은 광둥을 함락시키고
북상하여 톈진(天津)에 침입하였다. 청국측은 또 불평등조약으로서 1858년 6월
'톈진조약(天津條約)'을 체결하여 굴욕적으로 사태를 수습하였다.

● 영국·프랑스 연합군의 베이징(北京) 점령사건 ▶ 청국 조정이 극도의 불평등조약
인 '톈진조약'의 비준을 지연시키면서 그 조약 내용을 실행하지 않자, 영국과 프랑
스는 전권공사를 1859년 6월 청국에 파견하여 톈진조약의 비준서를 교환하려고
하였다. 영국과 프랑스의 전권공사가 베이징에 가기 위해 톈진에 도착하자 톈진의
다구(大沽) 포대에서 수비병이 그 편승선에 위협 발사를 가했다. 영국과 프랑스는
이를 구실로 청국을 무력공격하여 1860년 8월 톈진을 점령하였다. 청국 황제는
9월에 리허(熱河)로 피난하였다. 영국·프랑스 연합군은 10월에 베이징을 점령하
여 원명원(圓明園)을 불태워버리고 계속 청국 수도 베이징을 무력점령하였다. 청
국측은 또 다른 불평등조약인 '베이징조약'을 체결하여 굴욕적으로 사태를 수습하
였다. 영국·프랑스의 청국 수도 베이징 점령사건과 '베이징조약'의 굴욕적 내용은
중국을 세계 최강국의 하나로 생각했던 전세계 사람들에게 큰 충격을 주었다.

● 요시다 쇼인(吉田松陰 : 1830~59) ▶ 일본의 근대초 사무라이 학자로서 최초로
'정한론'을 정립한 사람. 1830년 조수번(長州藩)에서 하급 사무라이의 차남으로

태어났으며, 본명은 吉田 黃次郎이다. 6세에 숙부에 양자로 들어가서 병학과 유학을 배우고, 19세에 독립 사범이 되어 山鹿流兵學이라고 부르는 일본무술학파의 조슈번 대표가 되었다. 21세에 나가사키(長崎)에 유학하여 네덜란드의 서양문명을 배우고, 에도(江戸)에 유학하여 경학(經學)을 배웠으며, 이때부터 일본의 국정개혁에 뜻을 세웠다. 1853년 미국의 페리 함대가 우라가에 찾아와 개항을 요구했을 때에는 미국에 밀항하려고 시도했다가 실패했다. 그는 쇼카(松下)촌숙이라는 서당을 열고 사무라이 자제들을 모아 그가 구상한 '정한론'과 '왕정복고론' 등을 교육하였다. 1859년 도쿠가와 장군 후계자 문제와 주로 관련된 '안세이(安政)대옥(大獄)'이라는 옥사에 걸리어 참형당하고, 쇼카촌숙도 폐교되었다. 그러나 그의 문하에서 다수의 메이지유신 주역들과 '정한론자'들이 배출되었다.

● 이양선(異樣船) ▶ 증기선에 대한 조선왕조 시대의 용어. 종래의 선박은 흰 돛을 단 풍선(風船)의 모양이었는데, 증기기관이 발명되어 동력기관으로 장착되자 흰 돛이 없어지고 목선이 철선이 되면서 모양이 달라졌으므로 이러한 용어가 정립된 것으로 추정된다.

● 톈진조약(天津條約) ▶ 애로호 사건의 결과로 1858년 6월 청국과 영국·프랑스·미국·러시아 사이에 체결된 불평등조약이다. 이 조약의 주요 내용은 ① 영국·프랑스 두 나라 공사의 베이징 주재 허용 ② 톈진을 포함한 10개 항구의 추가 개항 ③ 영국·프랑스 상선에게 양쯔강을 포함한 내지 하천의 항행 허용 ④ 영국과 프랑스에게 각각 800만 달러의 배상금 지불 ⑤ 기독교 포교의 허용 등이었다.

● 폐번치현(廢藩置縣) ▶ 일본의 메이지유신 때 종래의 지방분권적 정치행정 단위인 번(藩)제도를 폐지하고 중앙집권적 지방행정 단위인 현(縣)제도를 설치한 것을 표현한 용어이다.

참고문헌

- 신용하, 《한국근대사와 사회변동》, 문학과지성사, 1980.
- 이광린, 《한국사강좌 Ⅴ 근대편》, 일조각, 1981.
- 김용구, 《세계외교사》, 서울대출판부, 1989.
- 한국정치외교사학회, 《한국외교사》 제1권, 집문당, 1993.
- 신용하, 《세계체제 변동과 현대한국》, 집문당, 1994.
- 함동수, 〈명치초기(1868~1875) 일본외무성의 조선침략론과 그 성격〉, 《사학연구》 제54호,
  1997.
- 이만열, 《한국 기독교 수용사 연구》, 두레시대, 1998.
- 이재광, 《식민과 제국의 길》, 나남출판, 1998.
- 장용걸, 〈'정한론'에 나타난 조선관의 고찰〉, 《일본학보》 제40집, 1998.
- 최장근, 《한·중 국경문제 연구》, 백산자료원, 1998.
- 하정식, 〈구미열강의 중국침략과 조선의 반응〉, 《동양학》(단국대) 제28집, 1998.
- 구선희, 《한국 근대 대(對)청 정책사 연구》, 혜안, 1999.
- 권희영, 《한국과 러시아 : 관계와 변화》, 국학자료원, 1999.
- 손승철, 《근세 조선의 한·일관계연구》, 일지사, 1999.
- 요시노 마고토(吉野誠), 〈왕정복고와 정한론〉, 《동양문화연구》(일본 학습원대학) 제1호,
  1999.

2

민족적 위기 속에서 19세기 중엽의 한국사회의 상태

단원개요   한국민족과 한국사회가 19세기 중엽 외부 열강의 도전으로 '민족적 위기'에 당면해 있을 때 당시의 내부 사회체제는 전근대사회체제였다. 그것은 정치적으로는 '전제군주제도' 아래서 1800년부터 1863년까지 왕비의 친척들이 권력을 장악하여 국정을 농단하는 '세도정치'의 지배하에 있었다.
   사회적으로는 양반·중인·양인·천인 네 신분의 신분제도가 엄격히 정립되어 양반들이 온갖 특권을 갖고 가렴주구와 차별을 자행하는 가운데 양인과 천인들의 저항이 증대하여 사회신분제도가 동요되고 있었다.

1. 전제군주제도와 세도정치

한국민족의 19세기 중엽 국가체제는 전근대국가의 전제군주제도에 의하여 운영되고 있었다. 조선왕조의 정치체제는 원래 전제군주의 전제와 독재에 약간의 견제와 균형을 가하기 위해서 국왕이 지켜야 할 유교적 규범과 이데올로기를 제정하여 규제하고, 또한 대간원(臺諫院)제도를 설치하여 국왕이 부도덕한 일 또는 실정(失政)을 하는 경우에는 반드시 항의와 간언(諫言)을 올리는 책임을 갖게 하며, 국왕은 반드시 그러한 간언을 용납하도록 하고 있었다. 반면에 국왕의 법률과 명령에 대해서는 양반관료들이 그 신하로서 절대적으로 복종하여 행정을 담당하고, 그 책임을 다하지 못할 때에는 해임 또는 처벌을 감수하도록 제도화하였다.

   국왕과 양반관료 사이의 이러한 견제와 균형의 제도적 장치 때문에 조선왕조의 전제군주제도에서는 전제군주인 국왕의 전제권은 양반관료로부터 일정한 약간의 제약을 받는 전제군주제의 성격을 갖고 있었다.

   그러나 19세기에 들어오면 국왕과 양반관료 사이의 이 견제는 붕괴되고, 척족의 '세도정치'가 등장하여 국왕은 무력하게 된 반면에 척족들의 정치적 독점과 문란이 만연하게 되었다. 즉, 순조(純祖 : 재위 1800-34), 헌종(憲宗 : 재위 1834-49), 철종(哲宗 : 재위 1849-63)의 3대에 걸친 60여 년 (1800-63)의 기간이 척족 '세도정치'의 기간이 된 것이었다.

정조(正祖 : 재위 1776-1800)가 개혁정치를 실행하여 나라가 중흥되어 가다가 1800년에 승하하자 순조가 즉위했는데, 그는 12세의 어린 나이였고 안동김씨 김조순(金祖淳)의 딸을 왕비로 맞자 김조순을 비롯한 안동김씨 (安東金氏)의 세도정치가 시작되어 34년이나 지속되었다.

뒤이어 왕위를 이은 헌종은 8세의 소년이었는데 조만영(趙萬永)의 딸을 왕비로 들이자 이번에는 풍양조씨(豊壤趙氏)의 세도정치가 15년간 계속되었다. 또 뒤를 이어 등극한 '강화도령' 철종은 다시 안동김씨인 김문근(金汶根)의 딸을 왕비로 들이게 되어 안동김씨의 세도정치가 또다시 15년간 계속되었다.

척족 세도정치의 특징은 중요한 관직들을 척족의 일부가 독점하고 국가·국민의 발전과 이익을 위하여 정치를 하는 것이 아니라, 자기 한 가문의 정권유지와 이익을 첫째 목적으로 하여 정치를 한 것이었다. 그 결과는 당시 조선왕조 사회의 우수한 인재들을 대부분 버리고 부정부패가 심하게 되었으며, 나라 정치가 중앙정부로부터 지방행정에 이르기까지 전면적으로 문란하게 된 것이었다.

세도정치의 문란이 대표적으로 나타난 것이 전정(田政)·군정(軍政)·환정(還政)의 이른바 '3정의 문란'이었다. 전정은 전세(田稅)행정을 가리키는 것으로 원래 법으로 정한 것은 1결당 약 20두(전세 4두, 내동미 12두, 결작 2두, 삼수미 1·2두)이었는데, 실제로는 온갖 명칭의 부가세를 붙여 1결당 약 100두를 징수해 갔다.

군정은 군포세(軍布稅)행정을 말하는 것으로, 양반신분은 면제받고 양인신분이 전담하는 방위세였는데, 법으로 규정한 것은 16세 이상 한 사람의 장정에 베 1필이었으나, 군총제(軍摠制)라 하여 총액제를 채택해서 행정단위별로 총액을 징수했으므로, 실제로는 황구첨정(黃口簽丁), 백골징포(白骨徵布)가 자행되어 양인신분의 실부담은 몇배가 되었다.

환정은 환곡(還穀)행정을 의미하는 것으로, 원래는 춘궁기에 빈민에게 곡식을 빌려주었다가 추수 후에 감모곡(減耗穀)으로 10퍼센트만 더하여 상환받는 제도이었다. 그러나 지방관리들은 이를 고리대제도로 변질시켜서 감모곡을 20~30퍼센트 이상 징수할 뿐만 아니라, 온갖 부정한 방법으로 환곡을 빌려주지 않고서도 고리대 이자를 징수하는 단계에까지 이르게 되었다.

3정의 문란은 곧 농민을 비롯한 백성들에 대한 양반관료들의 가렴주구를 의미했으므로, 이 속에서 백성들은 여러 형태로 수취당하고 고통받게 되었다. 중앙정부는 세도가들의 독점물이 되어 부패하게 되고, 지방행정은 일정한 봉급이 없는 아전과 향리들에 의하여 온갖 부정과 가렴주구가 자행되었으므로, 나라 정치는 극도로 문란한 상태에서 표류하고 있었다.

대외적으로 서양 열강의 침입으로 말미암아 전에 없던 심각한 '민족적 위기'가 조성된 가운데, 국내정치가 60여 년의 척족 '세도정치'에 좌우되고 이에 대한 대응책을 세우지 못한 채 부정부패와 가렴주구만 만연하고 있었던 것은 한국민족의 큰 불행이었다.

척족 세도정치의 큰 폐해를 절감하여 이를 바로잡으려고 기회를 노리던 왕실에서는 위기의식을 느끼고 1863년 철종이 승하하자 흥선대원군 이하응(李昰應)이 12세의 아들 고종(高宗)으로 왕통을 잇게 하고 섭정하여 전제권을 장악하였다. 이에 위기를 타개하기 위한 흥선대원군의 새정치에 온 국민이 큰 기대를 걸게 되었다.

2. 사회신분제도의 지배와 동요

조선왕조의 전근대체제를 유지하는 데 기둥이 된 사회제도는 사회신분제도였다. 19세기 중엽의 사회신분제도는 기본적으로 ① 양반(兩班) ② 중인(中人) ③ 양인(良人 : 평민, 상민) ④ 천인(賤人)의 4신분으로 구성되어 있었다. 이 4신분은 그 사회적 역할이 각각 구분되어 엄격하게 규정되어 있었다.

양반신분은 제1지배신분으로서 정치를 담당하고 관직을 독점하는 특권을 가진 신분이었다. 양반신분은 본래 문반(文班)과 무반(武班)을 가리키는 것이었으나, 조선 후기에는 문반을 우위에 두고 무반을 차별하였다. 19세기 중엽에는 양반신분 내부가 더욱 세분화되어 ① 대대로 고위관료직을 독점하는 벌열(閥閱) ② 서울과 그 부근에 거주하면서 관직에 수시로 나아가는 경반(京班) ③ 관직과 관련 없이 시골에서 양반신분만 갖고 있는 향반(鄕班) ④ 몰락하여 평민과 다름없이 되어가는 잔반(殘班) 등으로 구분되었다.

양반은 과거에 합격하는 특권, 관직에 임명되어 관료가 되는 특권, 농업·공업·상업의 실업과 육체노동에 종사하지 않는 특권, 군포세를 내지 않는 특권, 병역의 의무가 없는 특권, 존대받고 명예를 받는 특권, 의관·기마·기와집 등 생활양식상의 우위적 특권 등을 갖고 있었다. 양반 중에서도 벌열들은 과거시험을 치지 않거나 불합격한 자제들을 관직에 임명하는 음관(蔭官)제도까지 만들어 운영하였다.

양반신분이 이러한 특권을 갖고서도 심지어 외적이 침입할 때 대비한 병역의 의무와 군포세 납부의 의무마저 갖지 않는 것은 왕실과 국민에 의하여 처음부터 문제로 되어 왔었다.

중인신분은 제2지배신분으로서, 정치는 담당하지 못하고 양반관료 아래에서 기술직과 말단 행정을 담당하는 신분이었다. 중인은 원래 의학(醫學), 관상학(觀象學 : 천문기상학), 역학(譯學), 산학(算學), 도화(圖畵), 사자(寫字) 등에 종사하는 기술관(技術官)을 의미하였다. 그러나 19세기에 이르면 이 개념이 넓어져서 관청의 서리(胥吏 : 아전)와 향리(鄕吏), 군교(軍校), 그리고 양반의 첩의 자식들인 서얼(庶孽) 등도 중인신분에 포함시키게 되었다.

중인신분 중에서도 기술관은 비록 관직은 최고 정3품까지만 진급할

양반신분제도의 풍속도(김득신, 〈노상알현〉)

수 있는 상한이 설정되어 있었으나, 실력 있는 기술자층이 대부분이었기 때문에 시대의 변화에 상대적으로 민감하게 반응하는 특성을 갖고 있었다.

양인신분은 국민의 대다수를 차지하는 평민신분으로서, 양반신분에 대해서는 별칭으로 상인(常人)이라 부르고 천인신분에 대해서는 양인(良人)이라 부르는 제1피지배신분이었다. 양인신분은 농업을 비롯하여 생산에 종사하고 국방을 담당하여 병역의무를 가진 조선왕조 사회의 기본신분이었다.

양인신분은 19세기에는 내부에 분화가 일어나서 ① 양인의 부유한 상층으로서 육체노동에 종사하지 않고 여유를 즐기는 한량층(閑良層), ② 전형적인 일반 양인, ③ 신분은 양인이지만 사회적으로 천시되는 직업에 종사하는 역정(驛丁)·공장(工匠)·상인(商人) 등의 신량역천층(身良役賤層)으로 구성되었다.

양인신분은 책임을 갖고 직접 육체노동을 하면서 농업·공업·상업의 생산을 담당하고, 각종 조세와 공과금을 부담·납부하며, 병역의무를 갖고 군포세를 납부하면서 국방을 담당하기 때문에, 실질적으로는 사회의 가장 중요한 신분이었다. 또한 19세기 중엽에 일반관료들의 가렴주구의 직접적 대상이 된 신분도 바로 이 양인신분이었다.

천인신분은 양인 아래에 있는 제2피지배신분으로서 ① 일반 천인(賤人)과 ② 노비(奴婢)로 구성되어 있었다. 일반 천인은 7종이 있어서 칠반천인(七班賤人)이라고 불렀는데, 보통 승려·광대[倡優]·무당·점복·기생·피장(皮匠)·백정(白丁) 등이 이에 포함되었다(그러나 학자에 따라서는 한둘 다른 직업층을 넣기도 한다). 일반 천인은 신분만 천민이지, 매매되지 아니하였다.

노비는 남녀 '종'으로서 신분적 주인이 존재해서 우마처럼 매매되었다. 노비에는 관청에 속한 공노비(公奴婢)와 사주인에게 소유된 사노비(私奴婢)가 있었다. 노비가 사회신분제도 중에서 최하층에 있는 신분이었다.

천인은 사역층이었기 때문에 어떠한 권리도 없었고, 또한 조세납부나 병역의 의무도 없었다. 사회생활에는 양인신분과도 엄격히 차별되어, 머리에는 갓을 쓰지 못하고 패랭이를 썼으며, 도포나 두루마기를 입지 못하도록 하고, 그 밖의 생활양식에서 낱낱이 차별을 두었다.

이러한 양반·중인·양인·천인의 사회신분제도는 세습제로 태어날 때부터 부모의 혈통·신분에 따라 자손의 사회신분이 결정되었다. 또한 사회신분에 따라 직책과 직업, 사회적 역할이 결정되었다. 그리고 사회신분 사이에는 폐쇄적 장벽을 설치하여 상향이동과 상승이 거의 막혀 있었으며, 동일한 범죄에 대해서도 신분에 따라 형벌에 차등을 두었다.

그러므로 이러한 사회신분제도에서는 양반 벌열의 자식은 아무리 못나고 무능해도 고위관직을 차지하여 백성들 위에 군림하면서 정치와 행정을 문란케 하고 가렴주구를 자행했으며, 노비의 자식은 아무리 탁월하고 유능해도 아버지의 천직을 세습받아 천대받으며 사역당하지 않으면 안 되었다.

이러한 불합리한 사회신분제도에 대하여 이미 18세기에도 하위신분층의 광범위한 저항이 있었기 때문에, 조선정부는 1801년 공노비(公奴婢)를 해방시켰다. 사노비들도 추쇄(推刷)되지 않는 먼 곳으로 도망하여 신분을 속이고 사는 노비들이 더욱 증가하게 되었다. 또한 부유한 양인들은 화폐나 재물로 양반신분을 사거나, 유학(幼學)을 모칭하여 양반행세를 하는 양인들도 증가하게 되었다.

19세기 중엽에는 사회신분제도에 대한 양인 및 천인 등 하위신분층의 불만과 저항으로 전근대사회체제의 골간인 사회신분제도는 이미 상당히 동요하고 있었으며 해체과정에 들어가고 있었다.

3. 경제제도와 산업생산의 추세

전근대체제를 유지하는 19세기의 경제제도는 일차적으로 봉건적 지주제도였다. 15세기에 토지사유제가 확립되고 토지매매가 허용된 이후 부유한 양반관료들은 지주가 되어 전국적으로 사적 지주제도가 광범위하게 전개되었다. 그리하여 19세기 전반기에는, 다산 정약용에 의하면, 토지가 비옥한 전라도의 경우 지주가 약 5퍼센트, 자작농이 약 25퍼센트, 자소작 및 순소작농이 약 70퍼센트에 달하게 되었다.

지주제도에서 소작료는 총생산물의 약 50퍼센트에 달하는 고율이어서, 지주는 앉아 놀면서도 부유하게 되는 반면에, 소작농은 아무리 열심히 농사를 지어도 수확물의 절반은 지주에게 소작료로 납부하고, 10퍼센트는 전세로 국가에 납부하면, 40퍼센트의 수확밖에 남지 않았다. 이 중에서 종자를 남겨 놓으면 나머지를 갖고서는 가족 식량도 부족하여 춘궁기에는 굶게 되고, 고리대에 묶이어 부채농이 되었다.

이러한 봉건적 지주제도 아래에서도 자작농층에 의해 농업생산기술은 서서히 개량되어 농업생산은 완만히 증가하고 있었으며, 일부의 소작농은 도지권(賭地權)이라는 소작지의 하급 소유권을 만들어 성장시키면서 그들의 토지소유 권리를 신장시키고 있었다.

19세기에는 광업생산도 상당히 발전하기 시작하였다. 원래 조선왕조

정부는 국가의 승인없이 금·은·동 등 광업생산을 금하고 있었으나, 백성들이 정부의 승인없이 광산을 경영하는 '잠채(潛採)'가 성행하여 더 이상 이를 막을 수 없게 되자, 조선정부는 19세기 초엽에 세금을 내는 조건으로 개인의 금·은 광산경영을 승인하였다. 그 결과 19세기 중엽에는 개인의 광산경영이 크게 증가하였으며, 이러한 개인 광산경영에서는 일부에 자본주의적 경영관계가 성립하여 발전하기 시작하였다. 공업은 여전히 수공업 상태에 있었으나, 수공업 생산량은 전반적으로 증가하는 추세에 있었고, 유기 수공업생산 등에서는 자본주의적 매뉴팩처(manufacture)의 모습도 갖추어 가고 있었다.

상품생산이 증가함에 따라 상업은 현저히 발달하게 되었다. 금속화폐(엽전)의 유통량은 19세기 중엽에는 수백만 냥으로 급격히 증가하였으며, 서울의 한강, 압록강 하구의 의주, 개성, 금강 하구의 강경, 낙동강 하구의 동래 부근에서는 상품의 거래와 집산이 매우 활발하여 거대한 상업자본을 축적한 도매상인들이 출현하게 되었다. 이러한 상업자본은 종래의 특권상인들인 육이전 상인들이나 보부상들과 때로는 대립하면서도 이들을 제압하고 상업을 발전시키고 있었다.

그러나, 이러한 변화에도 불구하고, 19세기 중엽의 한국사회는 동시대의 서양 선진자본주의국에 비하여 산업경제와 생산기술이 낙후되어 있었다.

4. 19세기 실학과 문학의 추세

19세기 전반기의 한국사회의 학문과 문화의 추세는 집권한 양반관료층과 재야의 학자들 사이에 현격한 이원적 구조가 형성되었다.

이 시기가 척족의 '세도정치' 시기이었으므로, 집권한 세도양반들은 구태의연한 중세적 성리학에만 매달리어 학문상의 진보는 이루지 못하였다. 그들의 영향으로 이 시기에 발단된 것은 보학(譜學)이라고 하여 양반

정약용

가문의 가계와 족보를 밝히는 학문 정도였다.

반면에 재야 학자들 사이에서는 자기 시대의 문제를 해결하려고 연구한 실학(實學)이 활발하게 일어났다. 그 중에서도 대표적인 실학자로서 정약용(丁若鏞), 서유구(徐有榘), 이규경(李圭景), 최한기(崔漢綺), 김정호(金正浩) 등과 같은 학자를 들 수 있다.

정약용은 18세기의 실학을 19세기 초에 집대성하여 국정 전반을 개혁하기 위한 《경세유표(經世遺表)》를 저술했으며, 중앙정부 조직의 과학기술원에 해당하는 '이용감(利用監)'이라는 연구관청을 신설하여 서양의 선진과학기술을 적극 도입해서 생산에 응용하자고 주장하였다. 《목민심서(牧民心書)》, 《흠흠신서(欽欽新書)》 등을 비롯해서 그 밖에 수백 권을 지어서 개혁책을 논의한 것은 유명한 사실이다.

서유구는 《임원경제지(林園經濟志)》, 《의상경제책(擬上經濟策)》 등을 지어서 주로 농업경영·농업기술혁신·농민의 의료문화생활의 향상책을 제의하였다.

이규경은 《오주연문장전산고(五洲衍文長箋散稿)》에 수록된 수많은 논문에서 사회 각 부문의 개혁을 주장하고, 쇄국정책을 비판하면서 개국하여 다른 나라들과 통상무역을 해서 우리나라를 발전시키자고 하였다. 또한 훈민정음이 세계에서도 우수한 문자임을 강조하고 국문자의 연구와 보급을 제기하였으며, 국사를 체계화해서 연구·보급할 것과 국토연구도 강력히 주장하였다.

최한기는 《명남루총서(明南樓叢書)》에 수록된 다수의 저서와 논문에서 일찍이 박제가와 이규경에 의하여 주장된 개국론을 더욱 발전시켰다.

그는 나라를 개국하여 외국과 활발하게 통상무역을 전개하면서, 과학기술이 앞선 나라들의 발전된 기계, 산업, 교육 등을 비교하여 취사선택해서 필요한 것은 적극 받아들여 우리나라의 생산과 일용에 응용해 문명발전에 기여케 해야 한다고 하였다. 그리고 전제군주제와 사회신분제에 대해서 비판하고, 신분을 차별하지 말고 모든 신분에서 인재를 발탁하여 쓸 것을 내세우며, 인재등용에서의 공론(公論), 정치에서의 공론(公論)과 공치(公治)를 주장하여 민주주의 사상의 맹아를 제시하였다.

김정호는 〈청구도(靑丘圖)〉, 〈동여도(東輿圖)〉, 〈대동여지도(大東輿地圖)〉를 제작하여 우리나라의 지도와 지리연구를 크게 발전시켰다.

그러나 당시 척족 '세도정치'를 자행하던 세도가들은 권력유지와 일가일문의 사리사욕에 집착하여, 재야 실학자들의 한국민족과 한국사회를 발전시켜 다가오는 민족적 위기에 대비하고자 한 개혁안들에 전혀 귀를 기울이지 아니하였다.

5. 하위신분층·농민들의 개혁요구

밖으로부터 서양 열강의 압력과 침입으로 '민족적 위기'가 조성되고 이에 대한 대책이 절실히 필요한 시기에, 척족 세도가들은 대책은커녕 백성들에 대한 가렴주구만 강화하는 실정이었으므로, 하위신분층 백성들과 농민들은 내부적으로 전근대사회의 체제개혁을 적극적으로 요구하기 시작하였다.

이 체제개혁 요구는 먼저 1811년 북부의 평안도에서 '홍경래란'으로 폭발하였다. 홍경래 일파가 직접적으로 요구한 것은 지방차별 타파와 조세제도의 개혁이었지만, 당시 지방차별은 신분차별에 통합되어 지벌(地閥)제도의 관행을 실시하고 있었기 때문에 '홍경래란'의 요구는 사회신분제도의 폐지와 가렴주구(전근대적 수취제도)의 폐지를 내용으로 한 것이었다.

뒤이어 해마다 크고 작은 '민란'들이 이어지더니, 1862년에는 남부에서 '진주민란'이 일어났다. 이 해에는 진주뿐만 아니라, 경상도에서 진주를 비롯한 13개 군현, 전라도에서 익산을 비롯한 8개 군현, 충청도에서 회덕을 비롯한 8개 군현, 제주도, 함경도의 함흥, 황해도의 황주, 경기도의 광주에서 민란이 일어났다. 1862년 한 해에 전국 약 30여 개 군현에서 민란이 일어난 것이었다. 이제 집권세력이 하위신분층과 농민들의 개혁요구를 받아들여 개혁을 단행하지 않으면, 19세기 중엽의 한국은 19세기를 '민란의 세기'로 보내게 될 형편이었다.

19세기 중엽 한국사회의 하위신분층과 농민들이 민란까지 일으키며 강력히 요구한 개혁은 그 본질에서 전근대사회의 골간인 사회신분제도의 폐지와 가렴주구를 일삼는 중세적 수취제도의 폐지를 요구하는 근본적인 체제개혁이었다. 이것은 기존의 전근대 사회구조와 사회체제 내의 단순한 조정이 아니라 새로운 유형의 사회구조와 사회체제로의 개혁을 요구하는 것이었기 때문에 기득권세력과 매우 심각한 긴장과 갈등을 수반할 수밖에 없었다. 즉, 한국사회 전근대체제의 '체제적 위기'라고 부를 수 있는 것이었다.

그러나 만일 한국사회와 한국민족이 하위신분층과 농민들의 이 개혁요구를 수용하여 대개혁을 단행하지 않으면, 서양 열강의 침입 앞에서 단결하여 싸우기도 전에 분열을 일으켜 열강의 침입에 저항하지 못하게 될 위험이 농후하였다.

이에 19세기 중엽의 한국사회는 밖으로부터 조성된 '민족적 위기'와 안으로부터 조성된 '체제적 위기'를 중첩하여 동시에 타개하고 해결해서, 한국사회와 한국민족의 자주독립과 근대적 발전을 추진해야 할 과제에 직면하게 되었다고 할 수 있다.

- 19세기 중엽 한국사회는 밖으로부터 조성된 민족적 위기상황 속에서, 정치적으로는 전제군주제도와 척족 세도정치가 지배하고 있었다. 특히 척족 세도정치는 1800-63년까지 64년간 계속되면서, 우수한 인재들을 대부분 버리고, 부정부패를 만연시켰으며, '3정의 문란'으로 농민에 대한 가렴주구를 극심하게 자행하였다.

- 사회적으로는 ① 양반 ② 중인 ③ 양인 ④ 천인의 4신분차별에 의한 사회신분제도가 하위신분층을 억압하고 있었다. 이러한 사회신분제도는 세습제여서 부모의 혈통과 신분에 의해 날 때부터 자손의 신분이 결정되었다. 또한 사회신분에 따라 직책 및 직업과 사회적 역할이 결정되었다. 고위 양반신분의 자식은 아무리 못나고 무능해도 고위관직을 차지하여 백성들 위에 군림하면서 가렴주구를 자행했으며, 천인의 자식은 아무리 탁월하고 유능해도 아버지의 천직을 세습받아 천대받으며 사역당하지 않으면 안 되었다. 19세기 중엽에는 이 불합리한 제도에 대한 하위신분층의 불만과 저항으로, 전근대사회체제의 골간인 사회신분제도는 크게 동요하고 있었다.

- 경제적으로는 농업부문에서 전근대적 봉건적 지주제도가 지배하여 자작농층은 점차 몰락하여 소작농층이 증가하고 있었으며, 소작농은 총생산물의 50퍼센트에 달하는 고율소작료를 지주에게 납부하고 부채농으로 바뀌어 가고 있었다. 그러나 수공업 부문에서 매뉴팩처의 경영형태가 출현하기 시작했으며, 광업과 상업 부문에서는 자본주의 맹아가 출현하여 성장하고 있었다.

- 문화와 학문 분야에서는, 집권한 세도양반들은 구태의연한 중세적 성리학에 매달려 있었지만, 재야 학자들 사이에서는 실학이 더욱 흥륭하여 국정 전반에 걸친 제도개혁과 새로운 과학기술 및 산업의 발전과 외국과의 통상무역을 주창하고 있었다. 정약용, 서유구, 이규경, 최한기, 김정호 등은 이 시기 대표적 실학자들이었다.

용어 정리

● **대간원(臺諫院)제도** ▶ 조선왕조의 정치기구는 관원을 감찰하며 풍기를 단속하는 관청을 두어 사헌부(司憲府)라 하고 그 관직을 대관(臺官)이라 했으며, 국왕의 과오나 불공정을 간하는 관청을 두어 사간원(司諫院)이라 하고 그 관직을 간관(諫官)이라 하였다. 사헌부제도와 사간원제도를 합하여, 또는 대관제도와 간관제도를 합하여 '대간제도'라고 불렀다.

● **도지권(賭地權)** ▶ 17세기 이후부터 전국 각처의 일부 소작지에 정립된 소작농의 하급 소유권을 가리키는 용어이다. 소작농이 도지권을 설정한 소작지에서는 소작료를 총수확량의 ½로부터 ⅓ 내지 ¼ 로 절하시켰으며, 소작농은 도지권을 지주의 승인없이 자유롭게 매매·양도·저당·상속시킬 수 있었다.

● 백골징포(白骨徵布) ▶ 조선왕조 후기에 군포세를 징수할 때 16세 이상 한 사람의 장정에 포 1필씩을 행정단위별로 총액제를 적용하여 징수했다. 그러나 양인 농민들이 몰락하여 유랑민으로 마을에서 떠나 버리는 사람들과 양반으로 군포세를 면제받는 자의 수가 증가하자, 사망한 양인 농민들을 장부에서 빼지 않고 계속 군포세를 징수하는 폐단이 만연하게 되었다. '죽은 사람인 백골로부터 군포세를 징수한다'고 하여 이러한 용어가 당시에 정립되었다.

● 세도정치(勢道政治) ▶ 조선왕조 후기부터 특정 신하 또는 가문이 직분을 넘어 강력한 권세를 장악하고 국정 전반을 자의로 전횡하는 정치를 가리키는 용어이다. 정조시대의 홍국영(洪國榮)의 세도정치, 순조시대의 척족 안동김씨의 세도정치, 헌종시대의 척족 풍양조씨의 세도정치, 철종시대의 척족 안동김씨의 세도정치, 고종시대의 척족 여흥민씨의 세도정치가 대표적인 것이었다.

● 신량역천층(身良役賤層) ▶ 신분은 양인신분이지만, 직역(職役)은 천인들이 하는 직책을 맡는 신분층을 가리키는 용어이다. 역정(驛丁)·사공(沙工)·공장(工匠)·상인(商人) 등이 대표적인 신량역천층이었다.

● 음관제도(蔭官制度) ▶ 과거시험을 거치지 않고 고위 양반관료의 자손에게 조상의 여덕을 베푼다는 구실로 관직을 주는 제도이다. 고위 양반관료들이 무능한 자손의 귀족신분을 보장하기 위하여 만든 제도이다. 음직(蔭職), 음사(蔭仕), 남행(南行)이라고도 하였다.

● 황구첨정(黃口簽丁) ▶ 조선왕조 후기에 군포세를 징수할 때 16세 이상을 장정이라고 법으로 정하여 포 1필씩을 행정단위별 총액제를 적용하여 징수했는데, 징수할 대상자를 증가시키기 위해 아직 16세가 되지 않은 젖먹이 어린아이까지도 16세의 '장정'으로 기록하여 징세하였다. "젖먹이 어린아이[黃口 : 입 언저리가 노란 새의 새끼라는 뜻]를 장정으로 대장에 기록한다"는 뜻으로 이 용어가 당시에 정립되었다.

참고문헌

- 유원동, 《한국근대경제사연구》, 일지사, 1977.
- 정석종, 《조선후기 사회변동 연구》, 일조각, 1983.
- 김영범, 〈조선후기 판소리 담론과 민중집단의 집합의식〉, 《한국학보》 제34집, 1986.
- 신용하, 《한국근대사회사연구》, 일지사, 1987.
- 김용섭, 《조선후기 농학사연구》, 일조각, 1988.
- 정옥자, 《조선후기 지성사연구》, 일지사, 1991.
- Martina Deuchler, *The Confucian Transformation of Korea : a Study of Society and Indeology*, Harvard University Press, 1992.
- 김경태, 《한국근대경제사연구》, 창작과비평사, 1994.
- 정석종, 《조선후기의 정치와 사상》, 한길사, 1994.
- 조성윤, 〈조선후기 서울의 인구증가와 공간구조의 변화〉, 《한국사회사학회논문집》 제43집, 1994.
- 박명규, 《한국근대국가의 형성과 농민》, 문학과지성사, 1997.
- 신용하, 《조선후기 실학파의 사회사상연구》, 지식산업사, 1997.
- 고동환, 《조선후기 서울상업발달사연구》, 지식산업사, 1998.
- 고석규, 《19세기 조선의 향촌사회연구》, 서울대출판부, 1998.
- 김경일, 〈한국 근대사회형성에서 전통과 근대〉, 《사회와 역사》(한국사회사학회) 제54집, 1998.
- 윤용출, 《조선후기요역제와 고용노동》, 서울대출판부, 1998.
- 이광규, 《한국문화의 역사인류학》, 집문당, 1998.
- 이영춘, 《조선후기 왕위계승 연구》, 집문당, 1998.
- 정진영, 《조선시대 향촌사회사》, 한길사, 1998.
- 김필동, 《차별과 연대》, 문학과지성사, 1999.
- 연세대 국학연구원, 《한국근대 이행기 중인 연구》, 1999.
- 정만조, 〈19세기 전반기 조선의 정치개혁 움직임과 근대화〉, 《한국학 논총》(국민대) 제21집, 1999.

3

조선 지식인들의 '개화사상' 형성과 민족적 위기 타개방법

단원개요

　　　　　　19세기 중엽의 민족적 위기와 체제적 위기를 극복하여, 민족과 국가를 구하기 위해서 당시 조선 지식인들은 '개화사상', '동학사상', '위정척사사상'을 형성하였다.

　　이 중에서 개화사상은 당시 가장 선각적 지식인들인 오경석·유홍기·박규수 등 세 사람의 비조에 의해 형성된 사상이었다.

　　개화사상은 안으로는 조선왕조 후기 실학과 밖으로는 중국에서 발간된 신서들, 그리고 오경석·박규수 등이 중국 베이징에 가서 견문한 사실과 판단에 기초하여 1853-60년대에 형성된 새로운 사상이었다.

　　개화사상은 서양 열강이 가진 힘의 원천을 선진 과학기술과 공장제 생산제도를 비롯한 근대적 사회제도에 있다고 보았다. 따라서 이에 대항하면서 자주독립 국가를 발전시켜 나가기 위해서는 조선도 개방하여 선진 과학기술을 도입하면서 동시에 정치·경제·사회·문화·국방의 모든 부문에서 근대적 신체제를 수립하기 위한 대경장개혁을 단행해야 한다는 사상을 갖고 있었다.

1. 민족적 위기를 타개하기 위한 새로운 사상의 모색

19세기 중엽 한국민족과 한국사회에는 서양 열강의 도전으로 말미암아 조성된 민족적 위기와 전근대사회의 구조적 모순 및 가렴주구로 인한 체제적 위기를 객관적으로 인식하고, 이를 적절하게 극복하여 민족과 나라의 자주독립과 발전 방책을 추구한 선각적 지식인들이 나타나게 되었다.

　　당시 조선의 지식인들은 조선과 중국의 관계를 이와 입술의 관계인 이른바 순치지간(脣齒之間)으로 여겼으므로, 순망치한(脣亡齒寒)이라는 표현처럼 입술인 중국의 몰락은 이인 조선을 시리게 만드는 결과를 가져온다고 생각하고 있었다. 그런데 중국으로부터 들려오는 소식은 날로 위기감을 가중시키는 것뿐이었다. 중국이 영국과의 아편전쟁에서 패전하여 홍콩까지 할양하는 굴욕적인 불평등조약인 '난징조약'을 체결한 것,

이에 분개하여 중국 남방에서 1850년에 홍수전(洪秀全)이 '태평천국' 혁
명운동을 일으키자 청나라 조정이 이를 스스로 진압하지 못하여 중국을
침략했던 영국군을 빌려 진압을 시도한 것, '애로호 사건'으로 영국과 프
랑스 연합군에게 굴복하여 '톈진조약'을 체결한 것, 더구나 청국이 톈진
조약의 비준을 지연하자 영국과 프랑스가 또 연합공격하여 수도 베이징
을 점령하고 청국 황제는 만리장성을 넘어 북으로 피난한 것 등등의 소
식들은, 당시 중국은 세계에서 가장 강대한 나라라고 생각했던 조선 지식
인들에게는 큰 충격이었다.

동양에서 가장 강대한 나라인 중국이 서양의 무력 앞에 힘없이 굴복하
여 수도까지 점령당했다는 사실은 조만간 서양의 무력이 조선에도 닥쳐
올 것임을 예고하는 것으로 선각적 조선 지식인들에게는 인식되었다. 그
것은 만일 조선이 서양세력의 도전에 적절하게 응전하지 못하고 실패하
는 경우에는 나라가 식민지로 떨어지게 되는 '민족적 위기'로 인지된 것
이었다.

조선의 선각적 지식인들은 서양세력의 이 새로운 도전을 적절히 극복
하고 민족적 위기를 타개하려면 종래와 같은 전근대적 응전의 방법으로
는 불가능하고, 새로운 응전의 방안을 고안해 실행해야 한다는 사실을
자각하게 되었다.

서양 열강의 도전에 대한 응전의 사상으로 19세기 중엽에 한국민족의
지식인들이 만든 새로운 사상들을 크게 나누어 들면 ① 개화사상(開化思
想), ② 동학사상(東學思想), ③ 위정척사사상(衛正斥邪思想) 등이었다.

2. 개화사상의 형성

한국의 개화사상을 형성한 비조는 앞서 언급한 바와 같이 오경석(吳慶
錫 : 1831-1879), 유홍기(劉鴻基 : 1831-1884?), 박규수(朴珪壽 : 1807-1876) 등

오경석

이었다.

이 중에서 가장 먼저 개화사상을 형성한 이는 오경석이었다. 그는 대대로 8대나 역관(譯官)을 지낸 중인 역관의 집안에 태어나서 16세에 역과(譯科)시험에 한학(漢學 : 중국어)으로 합격하여, 정식으로 중국어 역관이 되었다.

오경석은 역과시험에 합격한 후에 계속 공부에 집중하여 그의 학문을 이루었는데, 그의 학문적 계통에는 대체로 세 흐름이 합류하고 있음을 볼 수 있다.

첫째, 오경석은 아버지의 권고로 박제가(朴齊家 : 호 貞蕤 또는 楚亭)의 실학을 공부하였다. 오경석의 아버지인 역관 오응현(吳膺賢)은 박제가의 학문을 매우 높이 평가하여 후손들에게 반드시 박제가의 저작들을 읽고 배우라고 가르쳤으며, 오경석은 국내 학자로서는 박제가를 가장 존숭하여 언제나 서재에 박제가의 그림과 글씨 한 폭씩을 걸어놓고 그의 저작을 애독하였다. 그가 박제가의 《북학의(北學議)》와 시문들을 자신의 친필로 정성스럽게 필사한 《정유고략(貞蕤稿略)》, 《정유시초(貞蕤詩抄)》, 《초정시고(楚亭詩稿)》 등이 전해지고 있다. 오경석은 그의 저서 《천죽재차록(天竹齋箚錄)》에서도 박제가를 높이 평가하였다.

둘째, 오경석은 김정희(金正喜 : 호 秋史 또는 阮堂 등)의 실사구시 방법과 금석학(金石學)을 공부하였다. 오경석의 저서인 《삼한금석록(三韓金石錄)》은 김정희의 《금석과안록(金石過眼錄)》을 더욱 발전시킨 것이었다.

셋째, 오경석은 이상적(李尙迪 : 호 藕船)으로부터 시와 서화(書畵), 금석학을 배웠다. 이상적은 오경석이 역과에 합격할 때까지 직접 가르친 그의 스승이었다. 이상적은 역관의 서자로 태어나서 역과에 수석으로 합격한 후 역관이 되어 중국을 12차례나 다녀왔다. 이상적은 김정희에게서 배운 후, 서화와 금석학에 일가를 이루었을 뿐만 아니라, 시문에도 능하여 그의 시는 국왕 헌종도 애송하였다. 이 때문에 이상적의 시문집을 낼 때에 헌종이 이를 애송했다고 해서 《은송당집(恩誦堂集)》이라 이름을 붙였고, 이 책은 뒤에 제자 오경석이 중국에도 가지고 가서 오경석이 중국에서 교제한 중국인들 사이에서도 널리 애독되었다. 이상적과 그의 스승 김정희와의 사제관계는 매우 두텁고 밀접했다. 예컨대 김정희의 유명한 〈세한도(歲寒圖)〉는 김정희가 제주도에 유배되어 있을 때 이상적을 생각하며 그려 보낸 것이었다.

김정희 초상화

　이러한 이상적이 오경석의 스승이 되어 중국어뿐만 아니라 금석학과 서화, 시문을 가르쳤다. 이에 오경석은 어려서부터 금석학과 서화에 이상적의 지도를 받고 일찍 눈을 떠서 그의 학문을 형성하였다.

　여기서 우리는 오경석의 학문과 사상형성에 결정적 영향을 미친 두 학문의 흐름을 파악할 수 있다. 그 하나는 북학파 실학자인 박제가의 실학의 영향이다. 다른 하나는 김정희·이상적의 실사구시적 금석학과 서화학의 영향이다. 이 두 흐름은 모두 넓은 의미의 '실학(實學)'으로서, 오경석은 직접적으로 실학을 배우고 계승하여 그의 학문을 정립했다고 볼 수 있다.

　오경석은 23세 때인 1853년 10월에 조선왕조가 매년 중국에 파견하는 사신단의 통역으로서 처음으로 중국 수도 베이징에 가게 되었다. 오경석은 이때 이듬해까지 11개월간이나 베이징에 체류하면서, 서양 열강의 침투와 침략으로 말미암아 붕괴되어 가는 중국의 실상을 예리하게 관찰하고, 중국이 당면하고 있는 위기가 곧 우리나라에도 도래하여 민족적 위기를 조성할 것이라고 예견하였다. 당시 중국에서는 서양 열강의 침략과 그에 굴복한 청국 조정에 반대하여, 1850년에 홍수전이 남방에서 무장봉기해서 1851년에 '태평천국'의 수립을 선포했으며, 청국 조정은 이의 '진압'을 위해서 영국군을 빌려, 오경석이 북경에 간 1853년에는 남방에서 전투가 벌어지고 있던 때였다. 이에 따라 중국의 선각적 인사들과 예민한 청년들 사이에서는 위기의식이 팽배하게 되고, 서양 세력의 실상을 소개하면서 서양 열강의 침략으로부터 중국을 구하기 위한 대책을 논의한 '신서(新書)'들이 간행되기 시작하였다.

오경석은 조선에도 닥쳐올 '민족적 위기'를 예견하고 이에 대한 대책 수립과 관련하여 제1차 베이징행 때부터 '신서'를 구입하여 베이징의 객사에서도 읽고 귀국한 후에도 연구하여 개화사상을 형성하기 시작하였다.

오경석은 1858년까지 4차례나 베이징을 다녀왔는데, 이 때마다 '신서'들을 구입하여 돌아왔다. 《해국도지(海國圖志)》, 《영환지략(瀛環志略)》, 《박물신편(博物新編)》, 《월비기략(粤匪紀略)》, 《북요휘편(北徼彙編)》 등을 비롯하여 다수의 신서들이 그것이었다.

오경석은 또한 베이징에서 중국 동남지방 출신으로 과거시험(진사시험)을 보러 올라온 장지동(張之洞), 오대징(吳大澂) 등 자기 또래의 애국청년들과 널리 교제하여 자기의 견문을 넓혔다.

오경석은 안으로는 박제가 등의 실학을 계승하여 발전시키고, 밖으로는 자신이 구입해 온 신서들을 연구하여 1853-59년의 기간에 한국에서 처음으로 '개화사상'을 형성하였다. 여기서 주목해야 할 것은 한국의 개화사상은 1853-59년에 오경석에 의하여 처음 형성되었다는 사실이다.

오경석은 1860년 8월 영국·프랑스 동양함대 연합군이 베이징을 점령한 사건이 일어난 직후인 1860년 10월 정례적인 동지사의 역관으로 베이징에 갔다가 이듬해인 1861년 3월에 귀국하였다. 그러나 청국 황제는 이미 리허로 피난가 있었다. 중국은 1860년 10월에 굴욕적인 '베이징조약'을 체결하여 겨우 영국·프랑스 연합군을 철수는 시켰지만, 여전히 대혼란에 빠져 있었다. 오경석은 서양 열강의 침략 앞에 무력하게 붕괴되어 가는 중국을 보고 거듭 큰 충격을 받았으며, 조선의 민족적 위기를 더욱 절감하게 되었다.

오경석은 귀국하자 그가 견문한 사실과 새로 형성한 자기의 개화사상을 친구인 유홍기에게 설명하고 그 동안 중국으로부터 구입해 온 '신서'들을 그에게 빌려주면서 나라를 구할 방책을 연구하도록 요청하였다.

유홍기는 오경석의 새 사상과 견문을 듣고 '신서'들을 연구한 결과 그 자신도 1861년경에 '개화사상'을 형성하게 되었다. 오경석의 아들 오세창(3·1운동 때 33인의 한 분)은 그의 아버지 오경석과 유홍기의 개화사상 형성에 대하여 일찍이 다음과 같이 말하였다.

나의 아버지 오경석은 한국의 역관으로서 당시 한국에서 중국으로 파견되는 동지사 및 기타 사절의 통역으로 자주 중국을 왕래하였다. 중국에 머무르는 동안 세계 각국이 각축하는 상황을 견문하고 크게 느낀 바 있었다. 뒤에 열국의 역사와 각국 흥망사를 연구하여 우리나라 정치의 부패와 세계 대세에 뒤떨어져 있음을 깨닫고, 앞으로 언젠가는 비극이 일어날 것이라고 크게 개탄하는 바가 있었다. 그래서 중국으로부터 귀국할 때 각종의 '신서'를 지참하였다.……

아버지 오경석이 중국으로부터 '신사상(新思想)'을 품고 귀국하자, 평상시 가장 친교가 있는 우인 중에 대치(大致) 유홍기(劉鴻基)란 동지가 있었다. 그는 학식과 인격이 모두 고매 탁월하고 또한 교양이 깊고 넓은 인물이었다. 오경석은 중국에서 가져온 각종 신서를 그에게 주어 연구를 권하였다. 그 뒤 두 사람은 사상적 동지로서 결합하여 서로 만나면 우리나라의 형세가 실로 풍전등화처럼 위태하다고 크게 탄식하고 언젠가는 일대혁신을 일으키지 않으면 안 된다고 상의하였다.

하루는 유대치가 오경석에게 우리나라의 개혁은 어떻게 하면 성취할 수 있겠는가 하고 묻자, 오경석은 먼저 동지를 북촌(북촌이라고 하는 서울의 북부는 당시 상류계급의 거주구역임)의 양반자제 중에서 구하여 혁신의 기운을 일으켜야 한다고 하였다.(《金玉均傳》上卷, pp.48-49)

한편 박규수는 조선후기 실학자 박지원(朴趾源 : 호 燕巖)의 친손자로서 영국·프랑스 연합군의 베이징 점령 사건에 대해 조선정부가 위문사절단을 파견(1861년 1월)할 때 부사(副使)로 임명되어 베이징에 다녀오게 되었다. 당시 조선정부는 위문사절단을 파견할 때 다음의 5가지를 목적으로 한다고 하였다.

① 조선과 중국의 오랜 우호관계에 비추어 중국이 쇠약할 때에도 환란을 함께 하는 위문의 뜻을 표시하기 위한 것
② 조선과 중국은 이와 입술 관계의 나라이기 때문에 청국이 불행에 빠지는 것은 조선의 행복도 아니므로 중국의 실정을 정확히 알아보기 위한 것
③ 중국이 양이(洋夷)의 침략으로 이미 패전한 이상, 장차 그 침략이 다음에는 조선에 미칠 것이므로 그에 대한 방어의 방법[備禦之道]을 수립하기 위해 서양 열강의 힘의 허실에 대한 정탐(偵探)을 위한 것
④ 중국이 위태로운 형국에 처했을 때 조선이 신의를 지켜 후의(厚意)를 보임으로써 후일 중국이 회복했을 때 조선에 후의를 보내게 하기 위한 것
⑤ 중국이 서양의 침략 앞에서 망해가는 것을 앞일의 교훈으로 삼아 조선의 문무백관이 서로 경계하기 위한 것

여기서 주목할 것은 박규수 등이 베이징에 파견되었을 때에는 비단 중국 조정에 대한 위문의 목적만이 아니라, ㉠ 서양의 침략을 받고 위기

에 처해 있는 청국의 실정과 ⓛ 서양
열강의 힘에 대한 '정탐'을 목적으로
했다는 사실이다. 이것은 물론 장차
서양 열강의 도전에 대한 '방어의 방
법'을 수립하기 위한 것이었음은 물
론이다.

박규수도 서양 열강의 침략 아래
있는 베이징과 중국의 실상을 직접 관
찰하고 큰 충격을 받았음은 물론이다.
따라서 박규수도 귀국할 때는《해국
도지(海國圖志)》,《영환지략(瀛環志

연암 박지원 초상화

略)》 등 신서들을 구입하여 돌아왔고 이 신서들을 읽어가며 1861년부터
스스로 '개화사상'을 형성하게 되었다.

이렇게 해서 19세기 중엽 조선에서는 오경석이 1853-58년에, 유홍기와
박규수가 1861년부터 개화사상을 형성하여, 1853-60년대에는 개화사상
의 3비조인 오경석·유홍기·박규수 등 이들 세 사람에 의하여 한국의 개
화사상이 형성되었다.

3. 형성기 개화사상의 기본 특징

오경석·유홍기·박규수에 의한 형성기의 개화사상은 당시 지배적 사회
사상이었던 위정척사사상에 비교해 보면 획기적인 새로운 사상이었다.
물론, 오늘날의 발전된 사회사상의 관점에서 보면 그것은 너무나 당연한
초보적 개화를 주장한 것으로 비칠 수 있을 만큼 소박한 것이었다. 오경석
의 개화사상을 중심으로 1860년대까지 형성기 개화사상의 내용과 특징을
다음과 같이 간단히 정리해 볼 수 있다.

⑴ 한국민족과 한국사회는 매우 커다란 민족적 대위기에 직면해 있다. 이것은 서양 열강의 동양 침입으로 말미암아 발생한 것이다. 지금 중국은 서양 열강의 침입을 받고 그 각축장으로 되어 붕괴되고 있다. 이것은 중국에서 그칠 일이 아니고 곧 조선에도 불어닥칠 위기이다.

⑵ 이러한 민족적 대위기 속에서 조선왕조의 정치는 매우 부패해 있고, 사회와 경제 그리고 기술은 세계 대세에서 매우 낙후되어 있는데, 조선정부의 종래와 같은 정책으로는 이 대위기를 타개해 나갈 수 없다.

⑶ 이러한 민족적 대위기를 타개하려면 국정 전반에 걸쳐 일대혁신(一大革新)을 단행해야 하며, 나라를 세계 대세와 보조를 같이하는 근대국가로 새롭게 만드는 일대개혁을 단행해야 한다.

⑷ 나라를 구하는 일대혁신은 반드시 자주독립적으로 단행되어야 하며, 자기 나라도 제대로 지키지 못하는 중국에 조금이라도 의지해서는 안 된다.

⑸ 나라에 일대혁신을 일으키려면 이를 담당할 새로운 혁신적 정치세력을 형성해야 하며, 이를 위해서는 우선 양반층을 비롯한 각층의 영민한 신진청년 자제들에게 세계 대세를 인식시키고 새로운 사상을 갖도록 알려주고 교육해야 한다.

⑹ 조선의 과학기술은 전면적으로 낙후되어 있고 서양의 과학기술은 매우 앞서 있으므로, 조선은 하루바삐 서양의 과학기술을 적극 도입하여 채용해야 나라를 부강하게 만들 수 있다.

⑺ 조선은 양반신분제도와 문벌제도를 폐지해서, 신분과 문벌을 가리지 않고 나라 안의 모든 능력 있는 인재를 관직에 채용하고 나라 일에 써야 나라를 구하고 부강하게 할 수 있다.

⑻ 조선도 서양과 같이 철과 석탄과 기계를 이용하는 공장과 산업을 일으켜야 부강한 나라를 만들 수 있다. 경제와 생산을 이전의 방식

대로 수행해서는 뒤떨어지고, 서양 열강이 하는 방식을 채용해야 부강한 나라가 될 수 있다.

⑼ 조선도 서양과 같은 군함을 구비하고, 국방을 새로운 방법으로 혁신해서 튼튼히 하며, 나라를 자기의 힘으로 방위해야 한다. 특히 해안의 방위대책과 포대시설의 강화가 시급하다.

⑽ 조선은 종래의 쇄국정책을 탈피하여 자주적 개국을 단행해서, 세계 각국과 통상도 하고, 서양의 선진문물도 채용해야 부강하게 발전하여 나라를 구할 수 있다. 세계 각국과의 통상은 조선이 손실을 입지 않는 균형무역을 해야 한다. 조선의 금·은과 외국의 물품을 교역하여 조선의 금·은을 외국에 누출시키거나, 조선이 수출보다 수입을 많이 하여 손실을 입고 그 대가로 금·은을 내보내서는 국가경제가 빈곤하게 됨이 중국의 실패에서 증명되었으니, 조선은 특히 이에 주의해야 한다.

이러한 형성기의 개화사상은 오늘날에는 당연한 것으로 들리지만, 당시 지배적 사상이었던 위정척사사상과는 판이한 새로운 사상이었으며, 1853-60년대의 상황에서는 참으로 획기적인 새로운 사상이었다.

4. 개화사상 교육의 시작

오경석과 유홍기는 1866년 제너럴셔먼호 사건과 '병인양요'에 큰 충격을 받고는 조선의 민족적 위기가 더욱 급박하게 되었다고 판단하여, 나라를 구하기 위한 혁신정치의 주체세력 형성방안을 토론하였다. 오경석과 유홍기는 중인신분이었으므로, 당시의 양반신분제도 아래에서는 정치를 담당하거나 정치적 발언을 할 수 없는 신분이었다. 그래서 오경석과 유홍기는 우선 정치담당 신분인 양반신분 중에서 서울 북촌(양반 거주지역)의 가장 영민한 양반자제들을 선발하여, 그들이 형성한 개화사상을 교육시키고 발전시켜서, 정치세력으로서의 개화파를 형성하여 혁신의 기운을 일으키고, 그들로 하여금 혁신정치를 단행해서 나라를 구하게 하기로 합의하였다.

그러나 오경석과 유홍기 등 중인신분으로서는 당시의 신분적 제약 때문에 양반출신 영민한 청년 자제들을 선발하여 개화사상을 교육시킬 힘이 없었다. 이 방법에는 고위 양반출신인 박규수의 힘과 역할이 절대적으로 필요하였다.

박규수는 1866년 3월 평안도 관찰사로 임명되어 평양에 부임해 있는 중에 1866년 8월 제너럴셔먼호의 도발을 받고 이를 화공으로 격침시켰다. 그리고 대동강에 가라앉은 제너럴셔먼호의 엔진과 기선장치, 병기 등을 건져 올려 서울로 보내서 대원군으로 하여금 실험케 하였다. 박규수는 1866년 9월 프랑스 함대가 '병인양요'를 일으켜 강화도를 3개월간이나 점령하고 서울을 침공하려고 도전했을 때, 민족적 위기를 더욱 급박하게 절감했지만 평안도 방어에만 전심전력했을 뿐 서울에서의 활동은 할 수 없었다.

박규수는 3년 후인 1869년 4월에 한성판윤으로 임명되어 평안도에서 서울로 상경하였고, 6월에는 형조판서에 겸무로 임명되었다. 마침 오경석은 중국에 통역관으로 파견되었다가 1869년 12월 귀국하여 유홍기와 함께 박규수를 방문해서 개화사상의 교육을 위한 방안을 제의하자, 박규수는 흔쾌히 이에 동의했다. 1869년 말에 오경석·유홍기·박규수 세 사람은 완전히 동지로서 합류하게 되었고, 1870년 초부터 박규수의 사랑방에서 개화사상의 교육이 시작되었다.

박규수는 북촌의 양반자제들 가운데서 영민함으로 평판이 좋은 김옥균(金玉均), 박영교(朴泳敎), 홍영식(洪英植), 유길준(兪吉濬), 박영효(朴泳孝), 서광범(徐光範) 등을 일차로 발탁하여 개화사상을 교육하게 되었다. 이웃에 거주했던 김홍집(金弘集)과 어윤중(魚允中) 등도 박규수의 사랑방을 출입한 것으로 알려져 있다.

박규수의 개화사상 교육은 ① 박규
수·오경석·유홍기 등이 형성한 개화사
상과 중국 등지에서의 견문 ②《연암
집(燕巖集)》을 비롯한 실학사상 ③ 오
경석과 박규수 등이 중국에서 구입해
온 신서 ④ 이에 비추어 본 국정논책
등이었다.

박규수의 사랑방에서 개화사상의 교
육을 받은 김옥균 등 영민한 양반자제
들은 그들도 한번 개화사상을 갖게 되

청년시절의 김옥균

자, 신분을 넘어서 유홍기·오경석의 직접적 지도도 받고 그들이 가져온
신서들도 빌려 읽었다. 오세창은 다음과 같이 말하였다.

> 유대치는 …… 오경석으로부터 얻은 세계 각국의 지리·역사 역본(譯
> 本)과 신서사(新書史)를 김옥균 등이 읽도록 모두 제공하였다. 또한 열심
> 히 천하의 대세를 설명하고, 한국 개조(改造)의 급한 뜻을 역설하였다.
> 오경석은 중국에서 깊이 터득한 신사상을 유대치에게 전하고, 유대치는
> 이를 김옥균에게 전하여, 이에 김옥균이 신사상을 낳기에 이른 것이다.
> (《金玉均傳》上卷, pp.49-50)

또한 박영효는 자기들 일파의 개화사상이 서울 재동 박규수의 사랑방
에서 자기를 비롯해 김옥균·홍영식·서광범·박영교 등을 중심으로《연암
집》 등을 읽으며 개화사상의 공부를 통하여 형성된 것이라고 말하였다.

한국의 개화사상은 1853-60년대에 오경석·유홍기·박규수의 3비조에
의하여 형성되었고, 이들이 1870년 초부터 양반출신 영민한 자제들인 김
옥균·박영교·김윤식·홍영식·유길준·박영효·서광범·김홍집·어윤중 등
을 선발해서 박규수의 사랑방 등에서 개화사상을 교육함으로써 다음 세

대에 확산되었다. 이어서 1874년부터 김옥균이 관계에 진출하게 되자 정치세력으로서의 초기개화파를 형성하기 시작한 것이었다고 볼 수 있다.

- 개화사상은 1853-60년대에 오경석·유홍기·박규수의 3비조에 의해 형성되었다. 이 중에서 가장 먼저 개화사상을 형성한 이는 오경석이었다. 오경석은 1853년에 중국어 역관으로 베이징에 갔다가 서양 열강의 침입으로 붕괴되어 가고 있는 중국(청국)의 실상을 보고 큰 충격을 받아, 나라를 구할 방책을 연구해서 개화사상을 형성한 후, 친구 유홍기에게 권고하여 그도 개화사상을 형성하게 하였다. 박규수는 1860년 영국·프랑스 연합군의 베이징점령 사건에 큰 충격을 받은 조선조정이 1861년 1월 위문사절단을 중국에 파견할 때 부사(副使)로 중국에 파견되었다가 중국이 서양 열강의 침략 앞에 붕괴되어 가는 것을 보고 '신서'를 연구해서 개화사상을 형성하게 되었다.
- 개화사상 형성의 지적 배경과 자원으로서는 우선 조선왕조 후기의 '실학'이 기초가 되었다. 오경석은 박제가의 실학을 계승하였다. 박규수는 실학자 박지원의 친손자로서 《연암집(燕巖集)》은 개화파의 교재가 되었다. 여기에 중국에서 간행된 《해국도지(海國圖志)》, 《영환지략(瀛環志略)》 등 신서들이 구입되어 지적 배경과 자원이 되었으며, 또한 오경석·박규수 등의 중국에서의 견문이 역시 개화사상 형성의 배경과 자원이 되었다.
- 형성기 개화사상의 기본 특징은 ① 한국민족이 예전에 없었던 '민족적 대위기'에 직면해 있는데, ② 조선은 조정이 부패하고 세계 대세에 낙후되어 있어, 종래와 같은 정책으로는 이 대위기를 타개할 수 없는바, ③ 국정 전반에 걸쳐 일대혁신을 단행하여 나라를 근대국가로 새롭게 만들어야 한다는 것이었다. 그리고 ④ 나라를 구하는 일대혁신은 반드시 자주적으로 단행되어야 하며, ⑤ 이를 위해 새로운 혁신적 정치세력을 형성해야 하고, ⑥ 서양의 선진 과학기술을 적극 도입해야 하며, ⑦ 양반신분제도와 문벌제도를 폐지하고, ⑧ 서양처럼 철과 석탄 및 기계를 이용하는 공장제 생산과 새 산업을 일으켜야 하며, ⑨ 군함을 구비하고 국방을 혁신해서 튼튼히 해야 하고, ⑩ 종래의 쇄국정책을 탈피해서 '개국'을 단행하여 조선이 손실을 입지 않는 방법으로 세계 각국과 통상무역을 활발히 하면서 조선이 열강과 함께 어깨를 나란히 하도록 발전해야 한다는 것이었다.
- 개화사상의 세 비조는 1869년에 완전히 합류하여 1870년 초부터 박규수의 사랑방에서 제2세대에 대한 개화사상의 교육을 시작하였다.

● 개화(開化) ▶ 원래는《주역(周易)》에 나오는 "개물성무 화민성속(開物成務 化民成俗)"에서 취한 용어로, "사물의 지극한 곳까지를 열어 연구해서 새로운 것으로 백성을 변화하게 하여 풍속을 이룬다"는 뜻이었다. 19세기 중엽의 한국에서는 민족적 위기에 당면하여 "나라와 백성과 문화를 자주적으로 근대화하고 변혁해서 진보한다"는 뜻으로 사용되었다.

● 박물신편(博物新編) ▶ 영국인 합신(合信, Hobson)이 지은 책을 중국인이 번역하여 1855년에 상하이의 해묵해서관(海墨海書館)에서 3집으로 간행한 서양과학의 해설서이다. 서양의 과학기술의 모든 부분을 친절하게 해설하였다. 우리나라에도 도입되어 참조된 신서의 하나이다.

● 신서(新書) ▶ 고유명사로의 책이름이 아니고 '새로운 책'이라는 이름의 보통명사가 특수한 상황에서 사용된 용어이다. 중국에서는 1842년 '난징조약' 직후에 서양 열강의 침입으로 중국이 급속히 붕괴되어 나가자, 주로 중국 남방의 선각적 지식인들 사이에서 서양 각국의 실상을 소개하면서 중국의 대책을 논의한 새로운 성격의 책들이 간행되기 시작하였다. 당시 이러한 책들을 통틀어서 중국인들이 '신서'라고 불렀다. '신서'들은 대부분 청국 조정의 무능부패를 비판하고 있었으므로, 당시 청의 중앙정부는 대부분의 신서를 '금서(禁書)'로 처리하고 있었다.

● 양이(洋夷) ▶ '서양'에 대한 중국의 당시 통칭이었고, 조선 '위정척사파'의 서양에 대한 통칭으로서 '서양 오랑캐'의 뜻이다. 당시에 '양(洋)'은 곧 '서양'의 약칭이었고, 중국에서는 서양을 비하시켜 보통 '양이'라고 부르고 있었다.

● 영환지략(瀛環志略) ▶ 청말의 학자 서계여(徐繼畬)가 지어 1850년에 간행한 모두 10권으로 된 세계 지리서이다. 6대주별로 세계지리를 지도에 의거하여 설명하고, 서양 열강의 나라별 지도와 지지(地志)를 상세하게 해설하였다. 역시 양이의 침입에 대비하기 위해 서양과 세계를 알기 위한 목적으로 편찬한 신서이다. 우리니라에도 《해국도지》와 함께 수입된 대표적 신서의 하나이다.

● 중인역관(中人譯官) ▶ 조선왕조의 중인신분층은 좁은 개념으로는 의학·전문기상학[觀象學]·역학(譯學)·산학(算學)·도화(圖畫)·사자(寫字) 등에 종사하는 기술관(技術官)을 의미하고, 넓은 개념으로는 여기에 다시 서얼·서리·향리(아전)·군교(軍校) 등을 포함하였다. 이 중에서 의학에 종사하는 의관(醫官)과 역학에 종사하는 역관(譯官)을 가장 중심적인 중인으로 여겼다. 역관은 잡과의 역과 시험에 합격하면 최고직위가 정3품까지 진급할 수 있었다. 역관들은 중앙관서 관직에는 비록 상한이 제한되어 있었으나, 보통 문관들과는 달리 전문가로서의 어학 실력이 뛰어난 학문적 실력이 있었기 때문에 자부심이 대단했으며, 일부 양반들의 섣부른 실력에는 비교할 수 없을 만큼 실력도 월등한 것이 보통이었다. 또한 중국내 역관들은 중국에의 사신행에서 무역을 하여 부유한 자산가들이 많았다. 아울러 중국어 역관들은 중국에서 일어나는 변화에도 가장 민감한 것이 보통이었다.

● 해국도지(海國圖志) ▶ 중국 청말 지사적 학자 위원(魏源)이 지어 1844년에 간행한 신서이다. 위원은 이 책에서 양이(洋夷)의 침입에 대비하고 중국을 구하기 위한 문제의식으로 영국을 중심으로 하여 서양 각국의 지리·역사·국방·해운·병기·전술·과학기술·선거제도 등을 그림을 그려가며 상세히 설명하고 소개하였다. 이 책의 간행본에는 3가지가 있는바, 1844년 간행본은 50권(古微堂 활자 인쇄본), 1849년 간행본은 60권(위의 개정판), 1852년 간행본은 100권(위의 재개정판)이다. 우리나라에는 모든 판본이 다 수입되어 널리 읽힌 대표적 신서이다.

참 고 문 헌

- 이광린, 《한국개화사연구》, 일조각, 1969.
- 이광린, 《한국 개화사상연구》, 일조각, 1979.
- 강재언, 《한국의 개화사상》, 비봉출판사, 1981.
- 강재언, 《근대한국사상사연구》, 한울, 1987.
- 김창수, 《한국근대 민족의식 연구》, 동화출판사, 1987.
- 신용하, 《한국근대사회사상사 연구》, 일지사, 1987.
- 박찬승, 《한국근대 정치사상사 연구》, 역사비평사, 1992.
- 신용하, 《한국 근대사회의 구조와 변동》, 일지사, 1994.
- 박경룡, 《개화기 한성부 연구》, 일지사, 1995.
- 김봉렬, 《유길준 개화사상의 연구》, 경남대출판부, 1998.
- 신용하, 〈개국론의 대두와 개화사상의 형성〉, 《동양학》 제28집, 1998.
- 권오영, 《최한기의 학문과 사상연구》, 집문당, 1999.
- 김호일, 《한국 근현대이행기 민족운동》, 국학자료원, 2000.
- 신용하, 《초기개화사상과 갑신정변연구》, 지식산업사, 2000.

4

최제우의 '동학' 창도와 민족적 위기 타개방법

단원개요   동학사상은 19세기 중엽 서양 세력의 도전으로 말미암아 민족적 위기를 타개하기 위해서 최제우가 창도한 매우 독창적인 새로운 사상과 종교였다.

최제우는 기성의 동양 종교들은 생명력을 상실했다고 보고, 유교·불교·도교·음양오행설·역학사상 등을 비롯한 기존 동양사상을 종합·지양하고 서학도 일부 참고하여 새로운 보국안민의 계책과 사상·종교로서 1860년에 '동학(東學)'을 창도하였다.

최제우는 서양 세력의 힘의 궁극적 원천을 서학(西學)이라고 보고, 서학보다 우수한 사상과 종교를 창도하여 보급하는 것이 민족적 위기를 타개하는 근원적인 방법이라고 생각하였다.

동학의 사상적 특징은 모든 사람이 마음에 한울님을 모시고 있어서 사람이 곧 한울님이며, 모두 똑같은 한울님을 모시고 있기 때문에 모두 평등하다는 것이었다. 백성들이 동학에 들어와 이 원리를 배우고 깨달아 후천세계를 개벽하고 조선에 지상천국을 건설하면 서양 세력도 감히 조선과 동양을 침략할 수 없다고 동학은 주장하였다.

1. '동학'사상 형성의 사회적 배경

한국민족과 한국사회가 19세기 중엽에 직면한 '민족적 위기'와 '체제적 위기'를 타개하기 위하여 형성한 새로운 사상 가운데에서, '동학'사상은 최제우(崔濟愚 : 호 水雲, 1824-64)에 의하여 1860년에 창도된 독특한 새로운 종교이며 새로운 사상이었다.

최제우가 동학을 창도한 사회적 배경으로는 다음의 세 가지를 들 수 있다. 첫째, 서양 열강의 동양 침략으로 말미암아 조성된 위기를 극복하려는 문제와 관련된 것이었다. 최제우는 동학의 경전인 《동경대전(東經大全)》에서 다음과 같이 썼다.

서양은 전쟁을 하면 승리하고 공격하면 빼앗아 이루지 못하는 일이

없다. 천하(중국)가 모두 멸망하면 또한 (우리
나라도) 입술이 없어지는 탄식이 없지 않을 것
이니 보국안민(輔國安民)의 계책을 장차 어떻
게 낼까.(《동경대전》布德文)

경신년(庚申, 1860)에 이르러 전해 들으니,
서양 사람들은 천주의 뜻이라고 하여 부귀를
취하지 않고 천하(중국)를 공격하여 취해서
(서학의) 교당을 세우고 그 도(道)를 행한다고
하였다. 그러므로 나는 또한 '그럴 수 있을까,
어찌 그럴까' 하는 의문이 있었다.(《동경대
전》 포덕문)

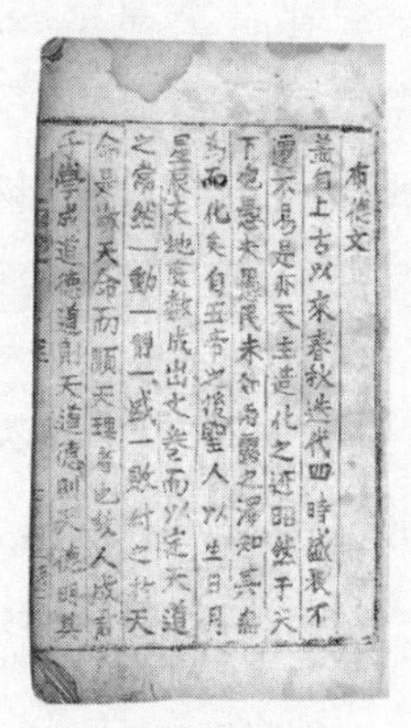

동경대전(포덕문)

여기서 주목할 것은 최제우의 동학 창도·포교가 1860년 영국·프랑스
동양함대의 베이징 점령 사건과 '베이징조약'의 결과에 의거한 서학(천주
교)의 자유로운 포교에 관련되어 있다는 사실이다. 최제우는 조선을 이,
중국을 입술에 비유하면서, 중국이라는 입술이 없어질 때 이가 시리게
되는 조선의 민족적 위기를 지적하고 '보국안민의 계책'을 모색하여 동학
을 창도했음을 스스로 밝히고 있는 것이다.

둘째, 조선왕조 전근대체제의 해체에
따르는 말세 현상에 대한 대책이다. 최제
우는 자기 시대를 조선왕조가 막 끝나가
는 말기요 말세라고 보았으며, 백성들이
모두 도탄에 빠졌다고 생각하고 "일 세
상 저 인물이 도탄 중 아닐런가"(《용담유
사》 권학가)라고 노래하였다.

셋째, 말세 현상 속에서 백성들이 새
로운 종교와 사상을 목마르게 구하는 사
회적 상황이었다. 최제우는 기성의 동양

최제우

종교인 유교·불교·도교는 이미 시운(時運)이 다하여 낡고 병들어서 그 일부 장점들에도 불구하고 생동력과 생명력을 상실했다고 보았다. 그는 또 새로 국내에 들어온 서학은 시운은 융성하지만 서양 열강의 동양 침입에 첨병의 역할을 할 위험이 크다고 보았다.

이에 최제우는 기존의 동양 종교와 도(道)의 장점들을 취해서 보다 우수한 새로운 종교와 학문·사상을 창안하여 포교함으로써 이 과제를 해결하려고 온 정성을 다하여 연구하고 노력하였다. 그 결과 최제우가 보국안민하는 새로운 종교와 사상으로 1860년에 창도한 것이 '동학'이었다.

2. '동학'의 개념과 지적자원

최제우는 중국을 멸망시켜 가고 있는 서양의 힘을 ① 도[西道]·학[天主學]·교[聖教] 등 서학의 힘과 ② 무기·전쟁에서 보인 바와 같은 서양의 무력이라는 두 개의 차원에서 보았다. 그는 이중에서도 '서학'의 힘을 더욱 본질적인 것으로 보아, '서학의 창립자'보다 늦게 태어난 것을 한탄하면서 '서학'에 대한 대결의식에서 '동학'을 창도한 것이었다. 최제우는 자기의 새로운 사상을 '동학'이라고 이름 붙인 이유를 다음과 같이 설명하였다.

[문] 그렇다면 도의 이름을 무엇이라고 합니까?
[답] 천도(天道)이니라.
[문] 서양의 도와 다름이 없습니까?
[답] 서학은 우리 도와 같은 듯하나 다름이 있고, 기도하는 것 같으나 실(實)이 없다. 그러나 운수(運數)인즉 같고 도(道)인즉 한가지로되, 이(理)인즉 다르니라…….
[문] 도는 같다고 말씀하셨으니 그 이름은 서학이라고 합니까?

[답] 그렇지 않다. 나는 동(東)에서 태어나서 동에서 도를 받았으니 도는
    비록 천도이나 학(學)인즉 '동학'이다. 하물며 땅이 동과 서로 나뉘어
    있는데 서를 어찌 동이라 하며 동을 어찌 서라 하리오.
      공자(孔子)는 노(魯)나라에서 태어나 추(鄒)나라에서 도를 폈으므로
    추노(鄒魯)의 풍(風)이 이 세상에 전하여 남아 있는 것이다. 우리 도는
    이곳에서 받아 이곳에서 펴고 있으니 어찌 서학(西學)이라 이름하겠는
    가.(《동경대전》 논학문)

  최제우는 이 설명에서 그가 창립한 '동학'과 서양 '서학'의 도는 천도로
서 양쪽이 같고 시운도 양쪽이 같은데, '학'이 서로 다르기 때문에 '동학'
과 '서학'이 구분된다고 주장하고 있다.
  여기서 주목해야 할 것은 최제우가 동학과 서학을 엄격히 구분한 근거
의 기준은 우선 지역과 문화라는 사실이다. 그에 의하면, 도는 천도로서
동일하다 할지라도 지구가 동양(동반구)과 서양(서반구)으로 나뉘어 있으
니 '동학'과 '서학'은 다를 수밖에 없는 것이다. 이때의 '동'은 '동양'을 의
미하는 것이라고 볼 수 있다.
  한편 최제우는 새로운 도의 창립자인 자기 자신이 동에서 한울님으로
부터 도를 받았으니 학이 또한 '동학'이 된다고 하였다. 이때의 '동'은 '동
국(조선)'을 의미한다고 볼 수 있다. 최제우의 시대에 대부분의 지식인들
은 자기 나라를 조선이라고 부르기보다는 동국(東國)이라고 부르고 있
었다.
  또한 최제우의 설명에 따르면, 마치 공자가 노(魯)나라에서 태어나 추
(鄒)나라에서 유학(儒學)의 도를 폈기 때문에 공자의 유학에 추로(鄒魯)
의 문화가 전하여 내려오는 것과 같이, 최제우 자신은 이곳(동국=조선)에
서 한울님으로부터 도를 받아 이곳(동국=조선)에서 도를 펴니 또한 '동
학'이 되는 것이다. 이때의 '동' 또한 '동국=조선'을 가리키고 있음은 명
백한 것이다.

여기서 우리가 알 수 있는 것은 '동학'의 '동' 개념에는 두 개의 차원과 내용이 병존하면서 통합되어 있다는 사실이다. 그 하나는 '동양'의 뜻이고 다른 하나는 '동국(조선)'의 뜻이다. 따라서 '동학'의 개념에는 '동양의 천도학'이라는 의미와 '조선[東國]의 천도학'이라는 의미가 동시에 포함되어 있는 것이라고 볼 수 있다.

최제우 동학의 서세(西勢)와 서학에 대한 관점을 보면, 우선 그는 서세를 위정척사파와 같이 무조건 경멸하거나 기기음교(奇技淫巧 : 서양 과학기술에 대한 위정척사파의 개념)에 의존한 금수와 같은 세력으로 경멸하지 않을 뿐 아니라, 도리어 도성덕립(道成德立)하여 무사불성(無事不成)하고 전투에서도 그 앞에 맞설 사람이 없을 만큼 막강한 세력으로 보았다. 이것은 동학의 서세에 대한 인식이 상당히 객관적이고 현실주의적 관찰에 의거했음을 나타내는 것이라고 볼 수 있다.

또한 최제우의 동학은 서학에 대해서도 "운인즉 동일하고 도인즉 동일하되 학(學)과 이(理)가 다르다"고 하여, 서학이 동학과 마찬가지로 상승하는 성운(盛運)이며, 도는 동학과 서학이 모두 동일하게 천도라고 보았다. 이것은 동학이 가진 보편주의적 천도관을 나타내는 것이라고 할 수 있다. 전세계의 많은 종교들이 '한울님'을 자기 종교만의 것이라고 생각하는 주관적 관점을 가진 데 비해, 최제우의 동학은 '한울님'에 대해 훨씬 더 보편주의적이고 객관적 관점을 가졌던 것이라고 볼 수 있으며, 동양문명과 서양문명을 대등한 것으로 보고, 자기의 주관적 관점에서 서양문명을 깎아 내리지 않는 합리적 사고를 나타내는 것이라고 볼 수 있다. 이것은 동시대의 위정척사사상이 삼강오륜의 유교적 윤리가 없다고 하여 서양문명을 금수와 같은 사악한 문명이라고 깎아 내린 관점과는 매우 대조적인 것이라고 볼 수 있다.

최제우가 동학을 창립하는 데 활용한 지적 자원(知的資源)은 일차적으로 종래의 유교·불교·선(仙 ; 道)교의 지식체계와 서적들이었다. 그는 유교·불교·선교가 이미 낡아서 생명력을 잃고 보국안민의 과제를 담당할 수 없다고 보았으면서도, 그 지식체계를 지적 자원으로 하여 이를 종합하고 한 단계 더 지양해서 새로운 사상과 종교를 창조한 것이었다. 최제우는 제자인 최시형에게 다음과 같이 말하였다.

> 우리 도는 원래 유(儒)도 아니며 선(仙)도 아니니라. 그러나 우리 도는 유·불·선은 아니로되, 유·불·선은 천도의 한 부분이니라.(《천도교창건사》 제1편, p.47)

이와 함께 그는 양명학(陽明學), 음양오행설(陰陽五行說), 역학사상(易學思想), 풍수지리설(風水地理說), 귀신신앙(鬼神信仰) 등도 동학 창도의 지적 자원으로 활용하였다. 즉 동학을 창립함에 있어서 그가 읽은 자기 시대까지의 모든 동양사상을 지적 자원으로 총동원하여 활용한 것이었다. 그는 여기에 그치지 않고 서학에 대한 대결의식에서 서학도 반교사(反教師)로서 적극적으로 검토하여 동학 창도의 지적 자원으로 활용하였다.

3. 동학의 사상적 특징

위와 같은 과정으로 창립된 동학의 사상적 특징을 그 핵심적인 것만 뽑아 간단히 정리해 보면 다음과 같다.

(1) 지기일원(至氣一元) 사상

최제우는 우주와 만물은 모두 '지기(至氣)'로써 만들어진 것이라고 보았다. 여기서 주목할 것은 최제우가 '기(氣)'와 '지기'를 구분하여 만물은 '기'로써 만들어진 것이라고 생각지 않고 '지기'로써 만들어진 것이라고 보았다는 사실이다. 그는 '지기'에 대하여 형체도 없고 보이지도 않으면서 모든 사물을 낳고 지배하는 힘이라고 설명하였다. 이것은 현대의 개념으로는 '에너지(energy)'를 가리키는 것으로 이해된다.

최제우는 지기로 만들어진 만물 중에서 오직 '천(天)'과 '인(人)'만은 '최고의 신령한 존재'이므로 다른 사물의 지기와는 달리 서로 감응하여 하나로 기화(氣化)할 수 있다고 주장하였다. 이것은 그의 독특한 지기일원론이라고 볼 수 있다.

(2) 천인합일(天人合一) 사상

최제우는 '천'과 '인'은 모두 신령성이 있고 지기로 만들어져 있으므로 서로 감응하여 신령한 지기의 기화를 매개로 해서 하나로 합쳐지는 것이며, 사람이 명덕(明德)을 더욱 밝히면 이 천인합일의 신령한 지기의 상태가 되어 지극한 성인(聖人)의 경지에 도달할 수 있는 것이라고 주장하였다.

최제우 이전에도 동양사상에는 천인합일 사상이 있었으나, 그 이전까지의 모든 천인합일 사상은 '천'에 중심과 무게를 두어 '인'이 '천'에 매몰되는 천인합일이었다. 최제우의 위대한 독창적 발견은 반대로 '인'에 중심과 무게를 두어 '천'이 '인' 안에 들어오는 인간중심적 천인합일 사상을 정립한 점에 있었다. 이것은 동양의 전통적 천인합일 사상에 대한 코페르니쿠스적 대전환이라고 할 수 있다.

(3) 시천주(侍天主) 사상

최제우의 '인' 안에 '천'이 들어오는 새로운 인간중심적 천인합일 사상은 바로 "사람이 한울님[天主]을 몸과 마음 안에 모시고 있다"는 시천주(侍天主) 사상을 정립케 하였다. 즉 시천주 사상은 모든 인간이 자기의 몸과 마음속에, 궁극적으로는 마음속에, 각각 한울님을 모시고 살고 있다는 새로운 획기적 사상을 정립하게 된 것이었다. 시천주 사상은 동학사상의 핵심을 이루는 것이며, 최제우의 득도의 본질을 이루는 것이었다.

최제우의 제자 최시형은 사람의 마음이 한울님을 모시고 있음을 설명하여, "그러므로 사람의 마음은 한울님의 궁전이라 할 수 있으니 만약 한울님의 유무를 의심하거든 먼저 자기의 유무를 의심하라"고 하였다. 시천주 사상은 최제우가 만든 기도문에서 중심적 위치를 차지하는 사상이었다.

⑷ 수심정기(守心正氣) 사상

최제우는 이러한 그의 철학사상에 기초하여 수도(修道)의 핵심으로 수심정기(守心正氣) 사상을 정립하였다. 수심정기란 안으로는 마음이 동요하지 않도록 깨달은 양심을 지키고 밖으로는 얼굴과 행동에 나타나는 기를 바르게 한다는 것이었다. 이에 대하여 최제우는 "인의예지는 선성(先聖 : 孔子)의 가르침이요, 수심정기는 오직 내가 새로 정한 것이다"《동경대전》 수덕문)라고 하여 동학 수도의 독창성이 수심정기에 있음을 강조하였다.

그는 "군자의 덕(德)은 기(氣)가 정(正)하고 심(心)이 정(定)해져 있으므로 천지와 더불어 그 덕에 합하고 소인의 덕은 기가 부정(不正)하고 심이 아주 변하므로 천지와 더불어 명(命)에 자주 위배하게 되니 이것이 성(盛)하고 쇠(衰)하는 이치이다"라고 하였다.

⑸ 인시천(人是天) 사상

최제우는 그의 천인합일 사상, 시천주 사상에 기초하여 "사람은 곧 한울님이다"라는 인시천(人是天) 사상을 정립하였다. 사람이 모두 몸과 마음속에 각각 한울님을 모시고 있으니 당연히 사람은 곧 한울님이라는 논리인 것이다. 최제우의 제자 최시형은 스승을 계승하여 "사람이 곧 한울님이다[人是天], 사람 섬기기를 한울님같이 하라[事人如天]"는 유명한 사상과 가르침을 정립하여 보급하였다.

동학의 "사람이 곧 한울님이다"라는 인시천 사상은 한울님을 사람 밖의 별개의 주재자로 설정하여 사람은 한울님 밑에서 그 지배를 받는다는 종래의 모든 종교들의 사상과는 크게 다른 혁명적인 사상이었다. 동학의 이 인시천 사상은 한울님은 지고지귀(至高至貴)한 존재이므로 한울님을 마음속에 모신 사람도 한울님과 똑같이 지고지귀한 존재임을 설파한 것이다. 동학의 인시천 사상은 인간을 지고지귀한 한울님과 동격으로 설정함으로써 그때까지 전세계 모든 종교들이 창안한 휴머니즘 중에서도 최고의 휴머니즘을 창도한 획기적인 것이었다.

동학의 이러한 인시천 사상과 최고도의 휴머니즘은 당시 양반관료들로부터 천시와 학대를 받고 있던 모든 평민과 천민들에게 인간의 지고지귀함을 가르쳐 주어 그들에게 새로운 희망과 용기를 주고 그들로부터 열광적 환영을 받은 것이었다.

(6) 평등사상

동학은 시천주 사상과 인시천 사상에 기초하여 독창적인 구조의 평등사상을 정립하였다. 동학의 평등사상의 독특한 구조를 보면, 인간은 누구나 마음 안에 각각 한울님을 모시고 있는데, 이 한울님은 신분·적서(嫡庶)·노주(奴主)·남녀·노소·빈부에 차별 없이 똑같은 한울님이며, 모두 '동일한 한울님을 모시고 있기 때문에' 사람은 본래 평등하다고 주장한 것이었다.

예컨대, 신분평등의 경우를 보면, 양반도 그의 마음 안에 하나의 한울님을 모시고 있고, 평민도 그의 마음 안에 동일한 하나의 한울님을 모시고 있기 때문에 양반·평민·천민은 서로 완전히 평등한 것이라고 주장한 것이었다.

최제우는 이러한 평등사상으로 양반신분제도를 부정하고, 앞으로 오는 시대에는 신분차별 없이 만인이 평등하며, 오늘의 빈천자(貧賤者)는 내일의 부귀자(富貴者)가 될 것이라고 주장하였다. 동학은 또한 조선왕조 시대에 극심했던 남녀차별에 대해서도 이를 반대하여 남녀평등을 주장하였다. 동학에 의하면 여성도 남성과 똑같이 마음 안에 한울님을 모시고 있는 '한울님'이며, 더 나아가서 여성은 '한울님을 낳는 한울님'으로서

존귀하기 이를 데 없는 것이라고 강조하였다. 또한 동학은 '어린이도 한 울님'임을 강조하고 어린이를 때리거나 차별하지 말 것을 강조하였다.

동학의 이러한 평등사상은 당시 양반관료들에게 극심한 차별과 억압과 학대를 받아오던 평민과 천민들에게 그들도 양반귀족과 마찬가지로 완전히 평등하고 지고지귀한 인간임을 가르쳐서 확고부동한 평등의 신념을 불어넣어 주었다. 당시 서학은 인간이 한울님의 종으로서 한울님 밑에서 평등하게 창조되었다는 평등사상을 평민들에게 설파하여 신도를 끌어들였는데, 동학은 평민들은 물론 모든 사람들이 지고지귀하고 동일한 한울님을 마음 안에 모시고 있으므로 모두가 한울님과 동격이 되어 서로 완전하고 동일하게 평등하다는 훨씬 더 강도 높고 확고한 평등사상을 정립하여 평민들과 천민들에게 평등사상을 설파하였다. 이러한 동학의 평등사상은 당시까지 세계 모든 종교들이 창안한 평등사상 중에서도 가장 강력하고 확고한 평등사상의 구조를 가진 것이었다고 말할 수 있다.

동학의 이러한 매우 강렬하고 확고한 평등사상은 당시 양반관료들의 차별과 억압과 학대 밑에서 '평등'을 갈구하고 있던 평민들과 천민들에게 열광적인 환영을 받아, 짧은 시일에 하위신분층의 농민들을 신도로 끌어들이는 데 결정적인 작용을 하였다.

(7) 후천개벽(後天開闢) 사상

최제우는 인류역사를 크게 2단계로 구획하여 '선천(先天)'과 '후천(後天)'으로 나누고, 이 두 단계는 모두 '개벽(開闢)'으로 시작된다고 보았다. '선천'의 기간은 약 5만년이었는데, 이는 다시 3시기로 세분되었다. 제1시기는 미개시대이고, 제2시기는 공자가 탄생하여 학문을 가르쳐 준 시기이며(융성기), 제3시기는 최제우가 살았던 당시(쇠망기)라고 설명하였다. 최제우는 선천 제3기의 말기가 되면 세상의 혼란이 극에 달하고 도덕이 극도로 타락하여 '후천'의 개벽을 요청하게 된다고 하였다.

그는 선천세계 5만년이 원시미개기·융성기·쇠망기를 다 거쳐 후천세계가 개벽할 시운에 도달하자, 한울님께서 그 동안 보국안민 광제창생(輔國安民 廣濟蒼生)을 위해 고민하면서 수도하고 있던 최제우 자신을 선택하여 동서고금에 없던 대도(大道)인 동학의 원리를 가르쳐 줌으로써 '동학'이 창립되었으며, 따라서 동학은 후천세계의 개벽을 담당할 새로운 사상·종교이고, 새로운 후천세계는 동학의 시대라고 주장하였다.

이것은 선천세계 제3기 말기까지의 모든 기존 종교와 사상과 학문을 부정하고 동학의 혁명적 새로움을 강조한 사상이었다고 볼 수 있다.

(8) 지상천국(地上天國) 사상

최제우는 서학의 '천당설(天堂說)'을 반대하고, 천국은 지상에 만들어야 한다고 주장하였다. 그는 전국의 모든 백성들에게 동학을 가르쳐서 모든 백성들이 동학에 들어오면, 들어온 백성들은 모두 군자와 지상 신선이 되고, 모든 백성들이 동학에 들어와 일체가 되는 날이면, 동국과 이 세상은 군자와 지상 신선이 모여 사는 지상천국이 건설되기 시작한다고 주장하였다. 그리고 모든 백성들이 동학신도가 되어 굳게 단결하면 서양도 조선을 침입할 수 없게 된다고 강조하였다.

이것은 동학이 서학의 천당설에 대결하여 만든 지상천국 건설의 유토피아 사상이었다고 볼 수 있다.

4. 동학사상의 사회적 성격

최제우는 1861년부터 동학의 교리를 백성들에게 본격적으로 전도하기 시작했는데 처음부터 평민층과 천민층의 백성들로부터 열광적인 환영을 받아 크게 성공했으며, 1862년부터는 들어온 신도들을 조직적으로 관리하기 위하여 경상도 14개 군에 군 책임자인 접주(接主)를 두어 접주제도를 실시하기 시작하였다.

조선조정은 동학 세력이 급속히 성장하자 큰 위협을 느낀 나머지 1863년 12월 최제우를 체포하여 대구감영에 투옥했다가, 1864년 3월 10일 대구에서 참형에 처했다. 최제우는 조금도 굽힘 없이 의연하게 참형을 당하면서 "나의 하는 바 동학은 나의 사심(私心)이 아니오 천명(天命)이니 그대 관찰사는 내 뜻을 알라. 오늘날은 관찰사가 비록 나를 죽이나 관찰사의 손자대에 가서는 반드시 내 도를 따르고 말리라"고 경상관찰사를 조용히 당당하게 꾸짖었다.

최제우의 순도(殉道) 후에 동학은 제2대 교주 최시형(崔時亨 : 호 海月, 1827-98)의 지도에 의하여 포교되었다. 동학은 조선조정에 의하여 서학의 일종인 사학(邪學)으로 규정되고 최제우는 처형되어 완전히 불법화되었음에도 불구하고, 백성들은 정부의 가혹한 탄압을 받으면서도 계속 동학에 들어가 동학 세력은 비밀리에 날로 증가되어 갔다. 동학에는 당시의 백성들이 죽음을 무릅쓰면서도 들어가고 싶어하는, 강렬히 끌어들이는 매혹적인 사상적 요소가 있었던 것이다.

동학의 역사적 성격은 서세의 도전으로부터 나라와 백성을 구하겠다는 보국안민의 강렬한 민족주의, "사람이 곧 한울님이다"라고 설파하면서 인간을 한울님의 '종'이 아니라 '한울님' 바로 그 자신이라고 하여 한울님과 동격인 지고지귀한 존재로 정립한 최고도의 강렬한 휴머니즘, 그리고 '평등'을 사막에서 물을 구하듯 목말라 찾고 있던 평민과 천민들에게 인간은 모두 동일한 한울님을 마음 안에 모셨으므로 완전 평등한 존재라는 강렬한 평등사상을 주어, 당시의 문제에 창조적으로 대응한 곳에 있었다. 이 때문에 당시 양반관료들로부터 온갖 차별을 받으며 천대받던 평민층과 천민층의 농민들은 죽음을 무릅쓰고 동학에 들어가 정신적 구원을 얻으려고 하였다.

그래서 동학은 농민층과 결합하여 농민층의 종교와 사상이 되고, 농민층을 주체세력으로 하여 '보국안민'의 민족운동을 전개하는 강력한 원동력으로 발전하게 되었다.

- 동학사상은 한국민족과 한국사회가 19세기 중엽에 당면한 '민족적 위기'와 '체제적 위기'를 타개하기 위해 최제우(1824-64)가 1860년에 창도한 새로운 사상·종교였다.
- 최제우가 동학사상을 형성한 사회적 배경은 ① 서양 열강의 동양 침입으로 말미암아 조성된 위기 ② 조선왕조 전근대체제의 해체과정에 수반하는 말세 현상의 지배 ③ 백성들의 새로운 도와 종교에 대한 갈망 등이었다.
- 최제우는 기존의 동양 종교들은 생명력을 상실하여 당면한 과제를 해결할 수 없다고 보고, 유교·불교·도교·음양오행사상·역학사상 등을 비롯한 동양사상을 종합·지양하고 서학도 일부 참고하여 새로운 보국안민의 계책과 사상으로서 1860년 동학을 창도한 것이었다.
- 최제우의 '동학' 명칭에서 '동'은 '동양'의 천도학이라는 의미와 '동국(=조선)'의 천도학이라는 이중의 의미가 포함되어 있다.
- 동학사상의 기본적 특징으로서는 ① 지기일원 사상 ② 천인합일 사상 ③ 시천주 사상 ④ 수심정기 사상 ⑤ 인시천 사상 ⑥ 평등사상 ⑦ 후천개벽 사상 ⑧ 지상천국 사상 등을 들 수 있다.
- 동학사상은 모든 사물은 지기(至氣)로 구성되어 있으며, 모든 사람들은 마음속에 한울님을 모시고 있어서 사람이 곧 한울님이고, 모두 똑같은 한울님을 모시고 있기 때문에 모든 사람들은 평등하다고 설파하였다. 백성들이 동학에 들어와 이 원리를 배우고 깨달아 후천세계를 개벽하고 조선에 지상천국을 건설하면, 서양 세력도 감히 조선과 동양을 침략할 수 없다고 동학은 주장하였다.
- 동학의 나라와 백성을 구하겠다는 보국안민의 강렬한 민족주의, 인간을 한울님과 동격으로 정립한 최고도의 강렬한 휴머니즘, 사람은 모두 동일한 한울님을 마음 안에 모시고 있으므로 완전 평등하다는 강렬한 평등사상은 당시 양반관료들로부터 온갖 차별과 천대를 받던 평민층과 천민층의 농민들에게 복음이 되어 열렬한 환영을 받고 농민층의 사상과 종교로 결합하게 되었다.

◉ 광제창생(廣濟蒼生) ▶ '백성들을 널리 구제한다'는 뜻. '창생'은 세상의 모든 사람·백성의 뜻이다. 동학창도의 목적이 '보국안민'과 함께 '광제창생'이었다.

◉ 기기음교(奇技淫巧) ▶ '기이한 기술과 음탕한 교묘함'이라는 뜻으로서, 구한말 위정척사파 유림들이 서양 과학기술에 붙인 용어 겸 별칭이었다.

◉ 보국안민(保(輔)國安民) ▶ '나라를 지키고(돕고) 백성을 편안히 한다'는 뜻. 동학과 의병운동에서 자주 사용하던 용어였다.

◉ 사인여천(事人如天) ▶ '사람을 섬김에 한울님같이 하라'는 용어로서, 동학 제2대 교주 최시형이 최제우의 사상에 기초하여 정립한 가르침이다. 동학에 의하면 '사람이 곧 한울님[人是天]'이므로, 사람을 대함에 한울님을 섬기는 것과 같이 해야 함은 당연한 도리라고 할 수 있다.

◉ 사학(邪學) ▶ '나쁜 학문' '요사스럽고 간사한 학문'의 뜻. 조선왕조 시대에 유림들이 주자학(朱子學)에 위배되거나 반대되는 학문을 가리켜 통칭하던 용어이다. 조선왕조 중기에는 주로 양명학을 사학이라고 규정했고, 19세기에는 주로 동학과 서학을 사학이라고 규정했었다.

◉ 시천주(侍天主) 사상 ▶ '사람이 마음과 몸 안에 한울님을 모시고 있다'는 사상으로서, 동학의 핵심적 사상이다. 여기서 '천주(天主)'의 '주(主)'는 경칭에 불과하다고 최제우는 설명하였다. 동학은 '시천주' 사상에 의거하여, 사람은 동일한 한울님을 마음과 몸 안에 모시고 있기 때문에 사람이 곧 한울님이어서, 사람은 한울님과 동격으로 지고지귀한 존재자이며, 모든 사람이 평등하다는 독특한 휴머니즘과 평등사상을 정립하였다.

◉ 역학(易學) 사상 ▶ 《주역(周易)》의 괘(卦)를 풀어서 만물의 변화를 설명하는 사상이다. 동양의 고대와 중세에 널리 지배했던 사상이다.

◉ 음양오행설(陰陽五行說) ▶ 우주와 인간사회의 모든 현상을 음과 양 두 원리의 운동과, 목(木)·화(火)·토(土)·금(金)·수(水)의 5요소의 변전(變轉)으로 설명하는 학설과 사상이다. 동양의 고대와 중세에 널리 지배했던 사상이다.

참고문헌

- 김용덕, 〈동학사상연구〉, 《중앙대 논문집》 제9집, 1964.
- 최동희, 〈동학사상의 조사연구〉, 《아세아연구》 제12권 제3호, 1969.
- 한우근, 〈동학사상의 본질〉, 《동방학지》 제10집, 1969.
- 신일철, 〈최수운의 역사의식〉, 《한국사상》 제12집, 1974.
- 박명규, 〈동학사상의 종교적 전승과 사회운동〉, 《한국사회사학회논문집》 제7집, 1987.
- 신용하, 〈동학의 사회사상〉, 《한국근대사회사상사 연구》, 일지사, 1987.
- 조혜인, 〈동학과 주자학 : 유교적 종교개혁의 맥락〉, 《한국사회사학회논문집》 제17집, 1990.
- 신용하, 〈동학과 갑오농민전쟁의 결합〉, 《한국학보》 제67집, 1992.
- 신용하, 〈수운 최제우의 동학의 창도〉, 《동학연구》 창간호, 1997.
- 신일철, 〈최제우의 민족사상〉, 《동학연구》 제2집, 1998.
- 이현희, 〈최제우의 개벽사상과 19세기의 한국사회〉, 《동학연구》 제2집, 1998.
- 황묘희, 〈수운 최제우의 여성관〉, 《동학연구》 제3집, 1998.
- 노태구, 〈민족종교 동학에 대하여〉, 《동학연구》 제4집, 1999.
- 오문환, 〈수운 최제우의 인간관〉, 《동학연구》 제4집, 1999.
- 최동희, 〈수운의 종교사상〉, 《동학연구》 제4집, 1999.
- 신일철, 〈동학의 '무위(無爲)'적 시민사회관〉, 《동학연구》 제6집, 2000.

5

유생들의 '위정척사'사상과 민족적 위기의 타개방법

단원개요

　　1866년 '병인양요'를 계기로 하여, '위정척사'사상은 비단 서학뿐만 아니라 포괄적으로 서양 세력의 침입에 대한 응전의 사상으로 확대·발전하게 되었다. '병인양요' 시기의 대표적 위정척사 사상가로는 이항로(李恒老)와 기정진(奇正鎭)을 들 수 있다.

　　위정척사사상은 문명의 중심인 '화(華)'는 중국과 조선뿐이고, 그 밖의 민족은 모두 '이(夷 : 오랑캐)'라고 보았다. 이 때문에 그들은 서양을 언제나 '양이(洋夷 : 서양오랑캐)'라는 용어로 표현하였다. 이항로는 더 나아가 서양오랑캐는 삼강오륜을 전혀 모르는 야만이어서 오랑캐라기보다 '금수(禽獸 : 짐승)'와 같은 것이라고 규정하였다.

　　따라서 그들은 서양의 개국통상 요청에는 절대로 응하지 말고 반드시 싸워서 배척해야 하며, 통상과 서양문물의 유통을 철저하게 엄금해야 한다고 주장하였다. 그들은 서양이 외관상 강한 듯 보이지만 '기(氣)'의 현상에 불과하고, 조선은 만물을 주재하는 '이(理)'를 갖고 있으므로, 조선과 서양의 대결에서 조선이 반드시 승리하고 서양이 반드시 패배한다고 주장하였다.

1. 위정척사사상의 가까운 기원

　|위|정척사(衛正斥邪)사상은 19세기 중엽의 민족적 위기를 타개하기 위해서 당시의 양반유생들이 정통파 주자학(朱子學)만을 '바른 것[正]'으로 규정하여 옹호하고서, 서학을 비롯하여 다른 모든 사상들은 '사악한 것[邪]'으로 규정해서 배척할 것을 주창한 사상이었다. 양반유생들은 정통파 주자학사상으로 단결하여 정신무장을 하고 구체제를 강화하여 서양 열강의 침입으로 말미암아 조성된 민족적 위기를 타개하고자 하였다.

　　한국근대사에서 위정척사사상과 운동의 직접적 기원이 되는 것은 18세기 말엽의 서학에 대한 배척에 뿌리를 두고 있다.

　　일찍이 이승훈(李承薰 : 1756-1801)이 1783년에 중국 베이징에 가게 되자, 남천주당에 가서 그라몽(Louis de Grammaunt) 신부로부터 세례를 받고 천주교 서적들을 구입하여 1784년 3월에 귀국하였다. 이 천주교 서적들이 국내에 필사되어 퍼지고, 이승훈 등이 천주교 의식으로 종교행사를 벌이자, 조선정부는 천주교 서적수입과 반포를 엄금하고 천주교 의식을 엄금했으며, '척사문(斥邪文)'을 고시하여 서학의 공부와 신앙을 엄금하였다.

그 이후 '위정척사'는 주로 서학(천주교)을 '사'로, 주자학을 '정'으로 규정하여, 서학배척의 용어로 사용하게 되었다. 1791년에 진산(珍山)에서 천주교도 윤지충(尹持忠), 권상연(權尙然) 등이 자기 어머니와 숙모의 제사를 지내지 않고 신주를 불사르는 사건이 발생하자, 조선정부는 이를 '사교(邪敎)'라 하여 많은 천주교도들을 처형하였다. 이것이 이른바 '신해사옥(辛亥邪獄)'이었다.

또한 1800년에 정조가 승하하고 어린 순조가 임금으로 등극하여 척족의 세도정치가 시작되자, 척족들은 1801년 정적인 남인(南人) 시파(時派) 중에 천주교도와 천주교 서적을 읽은 인물들이 많음을 기화로 '신유사옥(辛酉邪獄)'이라 일컫는 천주교박해사건을 일으켰다. 이 때에 척족은 국왕의 이름으로 '척사윤음(斥邪綸音)'을 반포하고 많은 천주교도들을 처형하거나 귀양보냈다.

1831년에는 천주교의 조선교구가 독립되었고, 1838년에는 교구장 앵베르(Mgr. Imbert) 주교가 극비리에 조선에 잠입하여 본격석으로 조직직 포교를 감행하였다. 이에 조선에서 천주교 세력은 급속히 성장하여 1839년에는 신자가 이미 9천 명에 달하게 되었다. 서학의 침투와 그 세력의 급속한 증가에 위협을 느낀 조선정부는 '위정척사'를 구호로 내걸고 다시 천주교박해를 재개하여 1839년에는 서양인 신부 3명과 많은 천주교도들이 처형된 '기해사옥(己亥邪獄)'이 일어났다. 중국에서의 아편전쟁 후 천주교의 보급에 충격을 받고 1846년에 조선정부는 다시 천주교박해를 강화하여 한국인 최초의 신부인 김대건(金大建)과 8명의 남녀 신도가 처형되었다.

이와 같이 주로 서학배척의 용어와 이념으로 사용되던 '위정척사'가 1866년 '병인양요'를 전환점으로 하여 새로 이론체계를 정립하면서, 서학 (천주교)뿐만 아니라 포괄적으로 서양 세력의 도전에 대한 응전의 사회사상으로 확대·발전하게 되었다.

당시 집권자인 대원군은 '병인양요'를 당하여 이를 물리치고 국정의 원칙을 정립하는 정치적 의견을 재야 유림들에게 구했는데, 이에 응하여 재야 유림들이 올린 헌책(獻策)들에서 위정척사론이 새로운 모습으로 대두되었던 것이다. 이 중에서 이후 가장 큰 영향력을 발휘한 이항로(李恒老)와 기정진(奇正鎭)의 '위정척사'사상을 통하여, 1866년에 재등장한 새로운 모습의 위정척사사상의 특징을 고찰하기로 한다.

2. 이항로의 위정척사사상

이항로(李恒老 : 호 華西, 1792-1868)는 19세기 전반기의 가장 저명한 성리학자로서, 송시열(宋時烈 : 호 尤庵, 1607-89)을 계승하여 주리론(主理論)을 주장·발전시켰다. 그는 이 부문에서 큰 학자가 되어 그 문하에서 김평묵(金平默 : 호 重庵, 1819-89), 최익현(崔益鉉 : 호 勉庵, 1833-1906), 양헌수(梁憲洙 : 1816-85), 서상렬(徐相烈 : 호 敬菴, ?-1896), 유중교(柳重教 : 호 省齋, 1821-93), 유인석(柳麟錫 : 호는 毅庵, 1842-1915) 등을 비롯해서 유명한 유림들과 의병장들이 배출되었다. 그는 19세기 중엽의 대표적 성리학자요 위정척사 사상가였다고 말할 수 있다.

1866년 프랑스 동양함대가 침입한 '병인양요'에 직면하여 대원군이 이항로를 동부승지(同副承旨)로 발탁해서 그 대책을 물었을 때, 이항로는 서양 세력의 침입에 대한 대응책으로서 '위정척사'사상을 다음과 같은 요지로 체계적으로 정립하여 제시하였다.

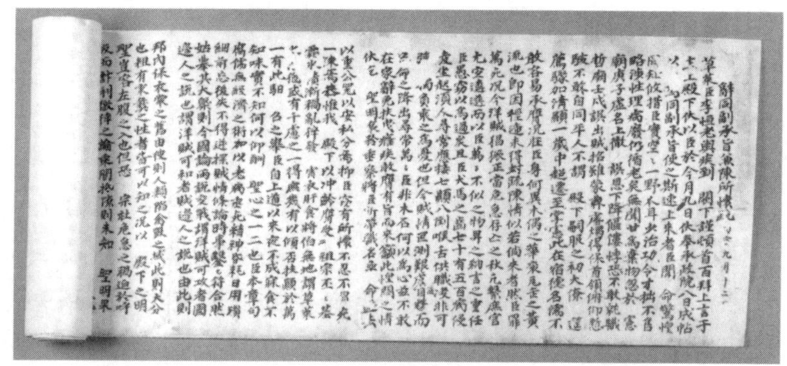

이항로의 상소문

(1) 존화양이(尊華攘夷)론

이항로에 의하면 찬란한 문명의 중심인 '화(華)'는 중국이고, 그 밖의 모든 민족은 '이(夷 : 오랑캐)'이다. 그러나, 오직 조선만은 공자와 맹자의 교화를 받았기 때문에 '소중화(小中華)'가 되었다.

이항로는 자기의 시대가 서양 도적[洋賊]들이 설치는 위급하고 존망이 달려 있는 시대라고 보았으며, 북쪽 오랑캐가 중원을 차지하고 있는 가운데 또 서양 오랑캐인 양이(洋夷)가 밀려와서 '정론(正論)'이 위협을 받고 '사설(邪說)'이 소란을 피우는 시대라고 보았다. 그는 이러한 시대의 과제와 징책의 큰 목적은 '화(중화 : 중국, 소중화 : 조선)'를 높이고 '이(倭夷 : 일본 오랑캐, 洋夷 : 서양 오랑캐)'를 배격하는 '존화양이(尊華攘夷)'라고 주장하였다.

특히 서양 오랑캐는 삼강오륜을 전혀 모르는 야만이어서 오랑캐라기보다 '금수(禽獸)'와 같은 것이라고 규정하였다. 그는 "중국의 도(道)가 망하면 이적(夷狄)과 금수가 이른다. 북방 오랑캐는 이적이어서 가히 말할 거리가 되지만 서양은 금수인지라 말할 거리도 못 된다"《華西集》, 부록, 권3, 語錄)고 설명하였다. 그가 서양을 '금수'로 규정한 이유는 공자와 맹자의 유교 교화를 전혀 받지 못했을 뿐만 아니라, 아버지와 임금의 제사도 지낼 줄 모르는 무부무군(無父無君)의 교리인 천주교를 신봉하기 때문이라고 설명되었다.

(2) 전수척화(戰守斥和)론

프랑스를 비롯하여 서양 열강이 통상과 화친을 명분으로 내세우면서 도전해 오고 있는데, 조선은 이에 대응하여 싸워서 그들을 물리침으로써 나라를 지켜야 하며, 그들과의 친화적인 교섭을 배척해야 한다고 이항로는 주장하였다.

그는 서양 오랑캐와 싸워서 이를 물리치면 나라가 옛 풍습과 의상(衣裳)을 보전할 수 있고, 서양 오랑캐와 화친하여 교섭하면 나라가 '금수의 영역'으로 떨어지고 말 것이라고 강조하였다. 그는 이것이 큰 갈림길임을 지적하고, 나라가 옛 풍습과 의상을 보전할 수 있도록 서양 오랑캐와 싸워서 이를 물리쳐야 한다고 강조하였다.

그는 서양 오랑캐의 도전을 받아 지금 나라 안의 국론이 화교(和交)인가, 전수(戰守)인가의 양론으로 나뉘어 있는데, 서양 오랑캐와 화교해야 한다는 주장은 서양 오랑캐 편의 설이고, 서양 오랑캐를 공격해야 한다는 주장은 우리 편의 설이라고 구분하면서, 서양 오랑캐를 공격하여 싸워서 물리칠 것을 주장하였다.

(3) 통상절금(通商絶禁)론

한편, 이항로는 서양과는 통상을 절대로 금해야 한다고 주장하였다. 왜냐하면 저들의 물건은 손으로 만든 것이어서 일계(日計)로도 남음이 있지만, 우리의 물건은 땅에서 생산된 것이어서 세계(歲計)로도 부족한 것으로서, 부족한 것을 가지고 남는 것과 교역하면 우리는 날로 빈곤해지고 저들은 날로 부유해지기 때문이라는 것이다.

서양의 물건들은 '기기음교'로 만든 것이어서 사람의 눈을 현혹하는 사치품들이 대부분이고, 이러한 물건들은 사람의 마음을 타락시키고 병들게 할 뿐이라고 그는 강조하였다.

　그는 이러한 서양 물건이 국내에 몰래 들어오지 않게 하기 위해서, 먼저 국왕 스스로 주위의 물건들 중에서 서양 물건을 모두 찾아내어 대궐 마당에 모아서 소각시킬 것을 주장하였다. 국왕이 이를 솔선수범하면 대궐 밖의 온 나라에 이에 따르지 않는 자가 없게 되어 나라가 바르게 되고, 나라가 바르게 되면, 서양 물건이 필요 없게 되어 교역이 그치게 된다. 그리고, 교역이 중단되면 서양의 '기기음교'가 통할 수 없게 되고, '기기음교'가 통할 수 없게 되면 저들은 어찌할 수 없어 반드시 통교하자고 찾아오지 않게 될 것이라고 그는 주장하였다.

⑷ 이승기패(理勝氣敗)론

　이항로는 주리론(主理論) 성리학의 관점에서 이기론을 해석하여 서양은 족히 두려워할 만한 것이 못 된다고 주장하였다. 그에 의하면 조선은 '이(理)'이기 때문에 '선(善)'이고 '양(陽)'이며 '주의(主義)'를 원리로 한다. 반면에 서양은 '기(氣)'이기 때문에 '불선(不善)'이고 '음(陰)'이며 '주리(主利)'를 원리로 한다. 성리학의 주리론에 의하면, '이'가 '기'를 지배하는 원리이고 '기'는 '이'의 명령을 따라야 하는 것이므로, 현상적으로는 서양이 강한 듯하지만, 본질과 원리에서는 조선이 더 강한 것이다.

　그에 의하면, 궁극적으로 '이'가 이기고 '기'가 지배당하는 것이기 때문에, 조선과 서양의 대결에서 조선이 이기고 서양이 패한다. 서양이 '이(利)'와 '기'를 내세워 천하의 '정도(正道 : 성리학)'를 어지럽히는 상황에서 '정도'를 마지막까지 지키며 갖고 있는 것은 오직 조선뿐이기 때문에, 우리는 국가의 존망 이상으로 '정도'를 지키고 '사도(邪道)'를 배격해야 할 책임이 있는 것이라고 그는 주장하였다.

　이러한 위정척사론의 관점에서 이항로는 조선정부가 시급히 실시해야 할 8개조의 대책을 다음과 같이 제의하였다.

유인석의 글씨 '위국투쟁'

① 현자를 임명하고 사악한 자를 제거하여 조정을 맑게 할 것
② 조세와 부역을 가볍게 하여 민력을 피어나게 할 것
③ 장교를 뽑고 병사를 훈련하여 무비(武備)를 갖출 것
④ 병·농(兵農)을 합일시키고 군량을 풍족하게 비축할 것
⑤ 사치품을 엄금하여 재앙의 근본을 종식시킬 것
⑥ 공공의 정도를 넓히고 사사로운 지름길을 단절시킬 것
⑦ 안으로 성실(誠實)을 쌓고 겉만 꾸미는 것을 제거할 것
⑧ 밖으로 상·벌을 합해 써서 기강을 확립할 것

3. 기정진의 위정척사사상

기정진(奇正鎭 : 호 蘆沙, 1798-1876)은 경사(經史)에 정통한 대성리학자로서 역시 주리론(主理論)을 따랐다. 그의 문하에서는 기우만(奇宇萬 : 호 松沙), 기삼연(奇參衍 : 호 省齋, 1851-1908) 등의 유림 의병장이 배출되었다.

기정진도 '병인양요'에 대한 대응책으로서 다음과 같은 요지의 위정척사론을 체계적으로 정립하여 제시하였다.

(1) 양이침구(洋夷侵寇)론

기정진은 프랑스 등 서양 열강이 수호통상(修好通商)을 요구해 오는

것은 명분이고 그 실은 침구(侵寇 : 침략)를 목적으로 하는 것이라고 경고
하였다. 그는 서양의 침략의 내용을 다음과 같이 5항목으로 정리하여 제
시하였다.

① 우리 국가를 (그들에게) 예속시키려고 한다.
② 우리의 영토를 빼앗아 점령하려고 한다.
③ 우리의 의관(衣冠)과 문화를 노예화하려고 한다.
④ 우리의 어여쁜 여자들을 빼앗아 가려고 한다.
⑤ 우리의 정신을 금수화하려고 한다.

(2) 내수외양(內修外攘)론

기정진은 오늘날 서양 오랑캐의 세력이 중국에 침입하여 뻗치는 것은
천하에 왕의 바른 정치가 떨치지 못하고 있기 때문이라고 진단하였다.
따라서 서양 오랑캐를 소멸시키는 유일한 방법은 안으로는 나라 정치를
바르게 닦고 밖으로는 서양의 접근을 배격하는 '내수외양'밖에 없다고
그는 주장하였다. 그는 밖으로 서양의 모든 개항통상의 요구를 단호히
거절하고 이를 배격할 것을 제의하였다.

(3) 결인심(結人心)론

기정진은 '내수(內修)'의 가장 중요한 핵심은 흩어진 '인심'을 결합시키
고 단결시키는 것이라고 강조하였다. 이를 위해서는 잡다한 다른 사상들
을 통제하고 정학(正學)인 성리학을 중심으로 하여 '위정척사'로서 국론
을 통일해야 한다고 주장하였다.

그는 '내수'의 핵심은 '인심의 결합'에 있으며, 이를 위해서는 '위정척
사'에 의한 국론통일이 요체임을 강조한 것이었다.

⑷ 조선우세(朝鮮優勢)론

기정진은 지금 비록 서양 세력이 물리적으로는 우세하지만 그것은 어디까지나 '기(氣)'의 현상이라고 주장하였다. 이에 비하여 조선은 비록 현실적으로 나약한 듯하지만 어디까지나 천명(天命)과 인륜(人倫)에 따르기 때문에 '이(理)'의 주체임을 강조하였다.

기정진은 '주리론(主理論)' 성리학에 의하면, '기'는 '이'의 명령에 복종하고 '이'의 지배를 받는 것이기 때문에, 서양은 결국 조선의 질서에 복종하고야 말 것이라고 주장하였다.

그는 이러한 그의 '주리론' 철학에 의거하여 현상적으로는 서양이 우세한 듯하지만 본질에서는 조선이 우세하므로 서양의 도전을 배격하여 물리쳐서 승리할 수 있다는 것이었다.

4. 위정척사사상의 재검토

여기서는 대표적으로 이항로와 기정진의 사상만 예로 들었지만, 다른 위정척사 사상가들의 주장도 두 사람의 위정척사사상과 대동소이하였다.

여기서 과연 위정적사사상이 19세기 중엽의 민족적 위기를 타개하는 과제를 담당할 수 있는 성격의 사상인가를 간단히 재검토해 볼 필요가 있을 것이다.

위정척사사상이 19세기 중엽의 상황을 예리하게 관찰하고 있는 측면으로 다음을 들 수 있다.

첫째, 서양 세력의 수호통상 요구의 배후에 있는 침략적 본질을 예리하게 파악하고 있었다.

둘째, 서양 세력의 침략에 대해서는 타협적으로 대응할 것이 아니라, 단호하게 대항하여 전투도 불사해야 함을 강조하는 전투적 국가수호 의지를 발하여 높이고 있었다.

한편 위정척사사상은 당시의 민족적 과제를 해결하기 위해서는 다음과 같은 문제점을 갖고 있었음을 지적할 수 있다.

첫째, 서양과 일본의 도전에 대해서는 강렬한 자주성과 응전태세를 갖추면서도 중국에 대해서는 비자주적 사고를 갖고 있는 모순이 있었다. 자주성의 기준이 조선의 내부에 있지 않고 외부인 '화(華)'에 있었기 때문에 민족주의 보편성에서 결함이 나타나고 있었다.

둘째, 서양의 선진 과학기술을 '기기음교'라고 비하하고 경시하면서 서양 과학기술의 본질을 전혀 파악하지 못한 문제점이 있었다. 19세기의 민족문제를 해결하려면 근대 과학기술에 대한 정확한 개념과 관점을 가져야 하는데, 위정척사사상에는 그러한 것이 정립되어 있지 않았다.

셋째, 서양 세력과 서양 문명에 대한 가치판단의 기준이 성리학의 주리론과 삼강오륜에만 기초하고 있고, 주관주의적 독선에 의거하고 있었다. 주리론에 따라 '이'가 '기'를 지배하며, 조선은 '이'이고 서양은 '기'라는 설명 자체가 주관주의적 관념론에 의해 현실을 자의로 설명한 것이었다. 또한 삼강오륜의 유교 윤리와는 다른 기독교 윤리에 의거한 것은 이를 '금수'라고 보는 주관주의적 독선이 지배하고 있었다.

넷째, 위정척사사상의 대응책은 체제 내부에서 하위신분층을 비롯한 백성들의 대개혁 요구와 압력을 무시하고, 도리어 구체제(舊體制)를 강화함으로써 이에 대응하려 하였다. 당시 위정척사사상은 유림들이 양반신분제의 기강을 확립하면서 성리학 이외의 모든 사상과 종교와 학설을 배척하고 위정척사에 의한 국론통일을 주장한 것이었기 때문에, 그 자체가 사회신분제도를 골간으로 하는 전근대적 구체제를 강화하는 것이었다.

이러한 특징을 가진 위정척사사상은 간단히 말하면, 당시 유림들이 이론체계를 세운 양반신분층의 사상이었다고 할 수 있다. 양반신분층은 당시 제1지배신분으로서 강대한 세력을 갖고 있었다. 위정척사사상은 19세기 중엽 '민족적 위기'에 직면하여 당시 강대한 세력을 가진 집권신분인 양반신분층의 유림들이 전근대적 '구체제'를 유지·강화함으로써 위기를 타개하려고 정립하여 발전시킨 사상이었다고 볼 수 있다.

위정척사사상에는 중국을 받드는 '존화(尊華)'의식이 있었기 때문에, 만약 19세기 중엽의 침략세력이 중국이었다면, 이 사상은 역사에서 논의할 가치가 없는 것으로 되었을 것이다. 그러나, 위정척사사상은 일본과 서양을 '오랑캐'와 '금수'로 규정하고 있었는데, 19세기 중엽의 침략세력이 서양과 일본이었으므로, 위정척사운동은 침략에 대항하여 많은 애국적 활동을 하게 되었다. 특히 위정척사사상은 일본제국주의 침략에 대항하여 그후 의병운동을 일으키는 데 중요한 역할을 수행하였다.

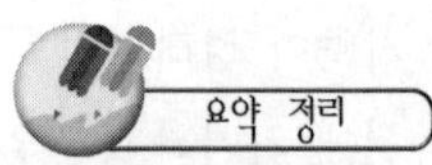

- 원래 '위정척사'는 유림과 조선 조정이 18세기에 양명학과 서학 등을 '사'로, 주자학을 '정'으로 규정하여, 주자학의 윤리를 지키고 주로 새로 침투한 서학(천주교)을 배척하는 사상과 정책으로 정립된 것이었다. 그러다가 1866년 '병인양요'를 계기로 하여 '위정척사사상'은 단지 '서학'만이 아니라, 포괄적으로 서양 세력의 침입에 대해 응전하는 사상으로 체계적 이론을 정립하여 발전되었다. '병인양요' 시기에 '위정척사론'을 가장 체계적으로 새롭게 이론화하여 정립한 사상가는 이항로와 기정진이었다.
- 이항로는 병인양요를 당하여 '위정척사'의 내용으로서 ① 중국과 조선을 높이고 서양 오랑캐를 배격하자는 존화양이(尊華攘夷)론, ② 서양의 통상요구 도전에 대해 싸워서 지키고 화친적인 교섭을 배척하자는 전수척화(戰守斥和)론, ③ 서양과는 통상을 절대로 금해야 한다는 통상절금(通商絶禁)론, ④ 조선은 '이'이고 서양은 '기'이므로 조선이 반드시 승리하고 서양이 패배한다는 이승기패(理勝氣敗)론을 주장하였다.
- 한편 기정진의 위정척사론은 ① 서양 열강의 통상요구는 명분이고 실제는 침략해 오는 것이라는 양이침구(洋夷侵寇)론, ② 안으로는 나라 정치를 바르게 닦고 밖으로는 서양의 접근을 배격하자는 내수외양(內修外攘)론, ③ 안으로 흩어진 민심을 결합시키고 단결시키자는 결인심(結人心)론, ④ 서양은 '기'이고 조선은 '이'이므로 외견상 서양이 우세한 듯하지만 그 실은 조선이 더 우세하다는 조선우세(朝鮮優勢)론 등을 주장하였다.

- 이러한 위정척사사상의 장점으로는 ① 서양 열강의 수호통상 요구의 배후에 있는 침략적 본질을 예리하게 파악하고, ② 서양 세력의 침략에는 단호하게 대항하여 전투도 불사하는 전투적 국가수호 의지를 들 수 있다.
- 위정척사사상의 문제점으로는 ① 오랑캐라고 본 서양과 일본의 도전에 대해서는 강렬한 자주성과 응전태세를 갖추면서, 중국에 대해서는 비자주적 사고를 갖고 있던 점, ② 서양의 과학기술을 '기기음교'라고 비하하면서 과학기술의 본질을 전혀 파악하고 있지 못한 점, ③ 서양 문명에 대한 가치판단의 기준이 주자학의 삼강오륜에만 있어 주관주의적 독선에 빠져 있는 점, ④ 체제 내부에서 백성들의 개혁 요구를 무시하고 구체제를 강화함으로써 대응하려고 한 점 등을 들 수 있다.
- 그러나 19세기 중엽의 침략세력이 주로 서양과 일본이었으므로, 위정척사는 사상적 한계에도 불구하고 운동에서는 침략세력에 저항하여 민족운동(의병운동 등)을 전개하는 사상이 되었다.

● **구체제(舊體制)** ▶ 사회의 변동을 단계론적으로 설명할 때, '이전의 옛 낡은 체제'를 가리키는 용어이다. 여기서는 '전근대체제'로부터 '근대체제'로의 변동·이행을 전제로 하여, '전근대체제'를 가리키고 있다.

● **내수외양(內修外攘)** ▶ '대내적으로는 닦고 대외적으로는 배격한다'는 뜻으로서, 위정척사사상이 외국의 개국통상 요구에 반대할 때 자주 사용한 용어이다. 개화파가 자주 사용했던 '내수외교(內修外交 : 대내적으로는 개혁하고 대외적으로는 통교한다)'의 용어와 대비되기도 한다.

● **사옥(邪獄)** ▶ '사교(邪敎) 신도에 대한 집단적 투옥'을 가리키는 용어이다. 18세기 말에서 19세기 전반기에는 주로 천주교도에 대한 집단 투옥의 경우를 지칭하였다. 1791년(辛亥)의 '신해사옥(辛亥邪獄)', 1801년(辛酉)의 '신유사옥(辛酉邪獄)', 1839년(己亥)의 '기해사옥(己亥邪獄)', 1846년(丙午)의 '병오사옥(丙午邪獄)' 등이 대표적 '사옥'들이다.

● **삼강오륜(三綱五倫)** ▶ 유교 윤리에서 '사람이 지켜야 할 세 가지 근본적 큰 도덕과 다섯 가지 도리'를 표현한 용어이다. 삼강은 '군위신강(君爲臣綱)' '부위자강(父爲子綱)' '부위부강(夫爲婦綱)'으로서, 임금과 신하, 아버지와 자식, 남편과 아내 사이에 지켜야 할 큰 도덕을 가리킨 것이다. 오륜은 '부자유친(父子有親)' '군신유의(君臣有義)' '부부유별(夫婦有別)' '장유유서(長幼有序)' '붕우유신(朋友有信)'을 가리키는 것으로, 연령의 서열과 친우 사이의 믿음이 추가되었다.

● **존화양이(尊華攘夷)** ▶ '화(華)'를 존숭하고 '이(夷 : 오랑캐)'를 배격한다는 뜻. 중

국에서는 고대이래 중국만이 중심적 문명국가이고 그 밖에 주위의 모든 나라들은 오랑캐라고 보는 '화이(華夷)사상'이 형성되어 내려왔다. 조선의 위정척사사상은 이 '화이사상'을 수용하되 조선을 '소중화'라고 하면서, '화'에 중국(중화)과 조선(소중화)을 포함시켰다. 따라서 조선 위정척사사상이 사용한 '존화양이'는 "중국과 조선을 존숭하고 (서양과 일본의) 오랑캐를 배격한다"는 뜻이라고 해석할 수 있다.

● 주리론(主理論) ▶ 고려 말기에 주자학이 도입된 이래, 조선 유학은 '이기론(理氣論)'에 대한 논쟁을 여러 차례 전개하여 이를 중심으로 학파가 형성되기도 하였다. 그 중에는 양극단에 주리론(主理論)과 주기론(主氣論)이 있고, 그 중간에 여러 가지 타협적 이론들이 형성되었다. '주리론'은 이 중에서 사물의 구성과 운동을 전적으로 '이(理)'가 결정한다는 견해를 취하는 학설을 통칭하는 것이다.

참 고 문 헌

- 홍순창, 〈한말 위정척사론에 관한 연구〉, 《동양문화》 제11집, 1970.
- 최창규, 《한국인의 정치의식》, 일조각, 1971.
- 이이화, 〈척사위정론의 비판적 검토〉, 《한국사연구》 제18집, 1977.
- 진덕규, 〈척사위정론의 민족주의적 비판의식〉, 《이화여대 한국문화연구논총》 제31집, 1978.
- 김도형, 〈의암 유인석의 정치사상 연구〉, 《한국사연구》 제25집, 1979.
- 문소정, 〈위정척사운동에 관한 지식사회학적 연구〉, 《한국학보》 제36·37집, 1984.
- 신용하, 〈한말 지식인의 위정척사사상과 개화사상〉, 《한국근대사회사상사연구》, 일지사, 1987.
- 이택휘, 〈조선후기 척사논의의 전개와 그 의의〉, 《조선조정치사상연구》, 1987.
- 강대덕, 〈화서 이항로의 국방의식〉, 《사학연구》 제55·56집, 1998.
- 권오영, 〈정재학파의 형성과 위정척사 운동〉, 《한국근현대사연구》(한국근현대사연구회) 제10집, 1999.
- 권오영, 〈임헌회와 그 학파의 사상과 행동〉, 《한국학보》 제96집, 1999.
- 박민영, 〈화서학파의 형성과 위정척사 운동〉, 《한국근현대사연구》(한국근현대사연구회) 제10집, 1999.
- 오영섭, 《화서학파의 사상과 민족운동》, 국학자료원, 1999.
- 홍영기, 〈노사학파의 형성과 위정척사 운동〉, 《한국근현대사연구》 제10집, 1999.

6

대원군의 내정에 대한 '개혁정치'의 내용

단원개요   철종이 안동김씨의 세도정치 속에서 아무런 치적도 없이
왕자도 낳지 못하고 승하하자, 대원군은 1863년 12월(음력) 12세의 둘째 아들
(고종)을 왕으로 즉위시키고 섭정하여 정권을 장악하게 되었다. 대원군은 집권
하자마자 평소에 생각하던 '개혁'을 단행하기 시작하였다. 대원군의 '개혁정치'
는 19세기 중엽에 조성된 '민족적 위기'와 '체제적 위기'에 대한 왕실쪽에서의
대응이었다고 볼 수 있다.

　대원군의 '개혁정치' 가운데에서 먼저 내정에 관한 것으로는 ① 서원철폐
② 국가재정의 개혁과 확충 ③ 국방의 개혁과 강화 ④ 법전과 외교문서의 간행
⑤ 사회관습의 개혁 ⑥ 사색 파쟁의 완화 ⑦ 경복궁 중건 ⑧ 천주교 금압(禁壓)
등을 가장 중요한 것으로 들 수 있다.

　대원군의 이러한 '내정개혁'에 대해서는 당시부터 찬반논쟁이 있었으며, 오늘
날에도 관점에 따라 다르게 평가하고 있다.

1. 대원군의 집권과 서원철폐

철종이 안동김씨의 세도정치 속에서 아무런 치적도 없이 왕자도 낳
지 못하고 승하하자, 흥선군 이하응(李昰應)은 조대비의 힘을 빌려
둘째 아들 명복(命複)을 1863년 12월(양력 1864년 1월) 국왕으로 즉위시키
는 데 성공하였다. 이가 고종(高宗)이다. 고종은 즉위 당시 12세였으므로,
관례에 따라 조대비가 수렴청정을 하게 되었고, 조대비는 모든 정사의
총결정권을 흥선대원군에 위임하여, 흥선대원군은 섭정으로서 권력을
장악하게 되었다.

　대원군은 집권하자마자 그가 평소에 생각했던 '개혁'을 단행하기 시작
하였다. 대원군의 집권과 이른바 '개혁정치'는 19세기 중엽에 조성된 '민
족적 위기'와 '체제적 위기'에 대하여 '왕실'쪽에서 대응한 것이었다고 볼
수 있다.

　대원군이 집권하자마자 맨 먼저 단행한 '개혁'은 서원(書院)의 철폐였다. 원래 서원은 선대 유학자의 위패를 모시고 제사지내는 곳으로 17세기 말까지는 교육의 발전에 큰 공헌을 하였다. 그러나 18세기 후반부터 서원은 양반토호들의 세력확장을 위한 기반으로 변질되어 폐해가 크고 백성들의 원망이 자자한 곳이 되었다.

흥선대원군

　1864년 7월 대원군은 전국의 서원과 향사(鄕祠)의 존폐문제를 협의하도록 의정부에 명령하고, 8월에는 서원과 향사의 설치를 긴급히 금지함과 동시에 기존 서원의 폐단을 낱낱이 조사하여 보고하도록 지방관에게 명령하였다.

　이때 조사된 서원은 전국에 약 650개였다. 서원의 폐단으로는 ① 서원의 부속 토지인 학전(學田)의 면세특권 ② 압량위천(壓良爲賤)에 의한 원노(院奴)라는 노비의 자의적 설치 ③ 원보(院保)라는 이름의 일종의 세금 불법징수 ④ 봄·가을 제사를 구실로 한 기부금의 강요 ⑤ 백성들의 토지 투탁(投託)과 자진 노비의 증가 ⑥ 청의(淸議)라는 이름의 서원의 여론을 조성하여 당쟁(黨爭)·파쟁(派爭) 조장 ⑦ 유통(儒通)이라는 연판장을 돌려 국정을 비방하고 지방관을 핍박하는 것 등이었다.

　서원은 이미 지방 양반토호들의 정치적 기관이 되어 위로는 왕정에, 옆으로는 지방관에, 아래로는 평민과 농민들에게 대항해서 양반유림층의 이익을 확보하는 세력집단의 거점으로 기능하고 있었던 것이다.

　서원 중에서도 가장 폐해가 많은 곳은 송시열의 위패를 모신 청주의 화양동서원(華陽洞書院)과 송시열의 유지로 명나라 황제 신종(神宗)과 의종(毅宗)의 위패를 모신 만동묘(萬東廟)였다. 이곳에서는 정신적으로 사대사상을 배양할 뿐만 아니라, '화양묵패(華陽墨牌)'라는 기부금 고지서를 발부하여 백성들로부터 불법으로 준조세를 징수하였으며, 이를 제지하는 지방관은 '청의'와 '유통'을 돌려 파면운동을 전개하기도 하였다.

1865년 3월 9일 대원군은 '서원철폐령'을 반포하였다. 그 내용은 ① 선유(先儒) 1인에 대하여 2개 이상 거듭 설립된 서원은 모두 폐지하며, ② 선유 중에서도 학문이 뛰어나서 문묘(文廟 : 서울 동대문 부근에 있던 공자의 위패를 모신 곳)에 배향(配享)된 인물에만 1개소의 서원을 인정한다는 것이었다. 이 법령에 의해 전국에 47개소의 서원만 남고, 600여 개의 서원이 철폐당하게 되었다.

서원철폐령이 한번 반포되자 전국의 유생들이 일어나서 이에 반대했으며, 유생대표들은 서울로 몰려와 궁궐을 에워싸고 상소를 올리며 호소하였다. 대원군은 이에 대하여 "진실로 백성을 해롭게 하는 것이면 공자가 살아와도 내가 용서치 않을 터인데, 하물며 서원은 우리나라의 선유를 제사하는 곳이거늘 지금에 이르러 도적의 소굴이 되었음에야"라 하고, 군졸을 풀어 유생들을 모두 한강 건너로 축출케 하였다.

대원군은 서원철폐를 강력하게 실행하여, 1865년 3월 29일에는 역사적인 '만동묘' 철폐를 단행하였다. 이어서 계속 서원철폐를 실행하다가 1866년 '병인양요'로 잠깐 멈춘 후에 다시 서원철폐를 단행해서, 결국 47개의 서원만 남기고 600여 개의 서원을 모두 철폐하기에 이르렀다.

서원철폐는 당시로서는 강대한 양반세력의 발호에 철퇴를 가한 대용단의 개혁이었다. 백성들은 대원군의 서원철폐를 열광적으로 지지하고 그를 칭송하였다. 그러나 유림들은 대원군에 원한을 품고 기회만 있으면 그를 권좌에서 추방하려고 노리게 되었다.

대원군의 서원철폐로 양반토호들의 발호는 약화되고, 중앙집권적 왕권은 강화되었다.

2. 국가재정의 확충

대원군은 국가재정을 충실히 하고 확충하는 정책을 강력하게 실행하였다. 그 대표적인 몇 가지를 들면 다음과 같다.

① 왕실과 종친 토지의 면세특권을 폐지하고 조세를 징수케 함.
② 무토궁방세(無土宮房稅)를 폐지함.
③ 지방관리들의 잡세징수를 금지함.
④ 각도 환상곡과 전세미 등의 미납분을 조사하여 수납함.
⑤ 징세관계 관리와 조운(漕運) 책임자의 농간·횡령을 엄벌에 처함.
⑥ 진상(進上)제도를 폐지함.
⑦ 양반토호들의 면세토지를 철저히 조사하여 전세를 징수함.
⑧ 종래 양반은 군포를 면제하고 양인만 군포를 부담하던 군포제도(軍布制度)를 폐지하고, 양반도 양인과 균일하게 매호당 2냥씩 군포세를 납부하는 호포제도(戶布制度)로 개혁함.
⑨ 도고(都賈 : 도매상인)의 폭리를 단속함.
⑩ 청국 및 일본과의 무역을 제한적으로 허용하고 세금을 징수함.
⑪ 은광의 채굴을 허용하고 이를 장려하기 위해 감세를 단행함.
⑫ 서울 도성의 문세(門稅)를 폐지함.

이러한 대원군의 정책으로 국가재정은 상당히 충실하게 되었고, 군량미와 군수전도 비축분이 크게 증가하게 되었다.

3. 국방의 개혁과 강화

대원군은 서양 세력의 중국 침입과 일본 국내의 정변에 대한 소식을 들고 무엇보다도 국방을 튼튼히 강화해야 할 때라고 판단하고 국방의 강화에 진력하였다. 그의 국방강화를 위한 몇 가지 정책을 들면 다음과 같다.

① 정치와 군사를 분립시켜서, 종래 문관들이 지배하여 전문성이 없던 비변사(備邊司)를 사실상 폐지하고, 정치는 의정부에서 담당하며 군사는 전문적인 무관들로 구성되는 삼군부(三軍部)를 부활시켜서 이 기관에서 담당하도록 개혁함.

② 수군(水軍)을 강화하고, 1865년부터 삼도수군통제사의 처우를 육군 총융사(總戎使)와 동등하게 함.

③ 서해안에 포대시설을 강화하고, 강화부를 진무영(鎭無營)으로 승격시킴.

④ 무기를 개량하기 위하여 1867년에 신관호(申觀浩)로 하여금 수뢰포(水雷砲)를 제작케 해서 실험에 성공함.

⑤ 소총의 탄환이 뚫지 못하도록 가는 면포 13겹을 누빈 면제배갑(綿製背甲 : 방탄 조끼)을 제작함.

⑥ 포병들에게 종래의 철모 대신 투구를 제작하여 쓰게 함.

⑦ 박규수의 건의에 따라 제너럴셔먼호의 엔진을 한강에 수송해와서 증기선의 진수 실험을 시행함.

국방을 강화하기 위한 대원군의 이러한 정책 노력은 당시 관료와 국민들에게 국방의식을 높이고 실질적으로 해안방어의 강화에도 상당한 기여를 하였다.

4. 법전과 외교문서의 간행

대원군은 국가기강과 왕권의 강화 및 법질서를 확고하게 정립하는 정책의 일환으로 다음과 같이 법전을 정리·편찬하고, 외교문서를 간행하였다.

① 《대전회통(大典會通)》의 간행

1865년 윤 5월에 편찬소를 설치하고, 《대전통편》이후의 법률과 수교(受教)를 모아 첨가해서 11월에 이를 완성하였다.

② 《양전편고(兩銓便攷)》의 간행

1865년 9월에 이조(吏曹)와 병조(兵曹) 두 부처의 조례(條例)를 별도로 수집해서 간행하였다.

③ 《육전조례(六典條例)》의 간행

중앙정부 6조(曹)의 각종 사례(事例)를 《대전회통》의 격식에 의거하여 엮어서 1867년에 간행하였다.

④ 《동문휘고(同文彙考)》의 속간

그간 중국과의 외교문서를 정리하여 1864년 7월에 속간하였다.

⑤ 《교린지(交隣志)》 원편(原編)의 증보간행

일본·여진·몽고와의 교린에 왕래된 공적인 외교문서와 사적을 수집하여 1864년에 이를 증보간행하였다.

대원군의 이러한 법전과 외교문서의 편찬·간행은 국가기강과 왕권을 바로 세우기 위한 사업으로 설명되었다.

5. 사회관습의 개혁

대원군은 사회관습과 생활양식 중에서 폐습의 경향이 심화되어 간다고 생각되는 작은 부문들에 대해서도 개혁을 추진하였다. 그 중에서 몇 가지를 들면 다음과 같다.

① 향촌에서의 양반토호들의 행패를 엄금하고 징계함.

② 지방을 돌아다니는 과객당(過客黨 : 깡패집단) 및 부랑배를 엄단함.

③ 색옷 입기를 장려함.

④ 큰 갓은 폐기하고 모두 실용적인 작은 갓을 착용하도록 함.

⑤ 두루마기와 도포의 넓은 소매를 좁은 소매로 통일해서 줄여 면포를 절약케 함.

⑥ 긴 담뱃대를 짧은 담뱃대로 줄이게 함.

⑦ 긴 갓끈을 짧은 갓끈으로 줄이게 함.

⑧ 허식과 사치를 금함.

6. 사색(四色) 파쟁의 완화

대원군은 노론의 60여 년에 걸친 세도정치를 폐지함과 동시에 사색 당쟁과 파쟁을 완화하기 위한 인사를 추구하였다.

그는 세도정치 아래서 등용되지 않고 박해당하고 있던 남인계를 우의정까지 발탁하여 썼고, 오랫동안 폐기되었던 북인계 인사들도 발탁하여 좌의정·우의정의 관직까지 승진시켰다. 그리고 종래 양반·벌열들의 압력으로 종친을 관직에 쓰지 않던 관례를 깨뜨리고, 능력 있는 종친은 발탁하여 고위관직에 임명하였다. 대원군이 그의 조카 이재원(李載元)을 이조판서와 병조판서로 중용한 것이 그 한 예이다.

그는 또한 관직 임명에서의 지방차별을 폐지하였다. 관직에 전혀 임명하지 않던 서북(평안도·황해도)의 인사들과 개성 사람들 및 왕씨에게도 관직을 주어, 개성출신 왕정양(王庭陽)은 관직에 임명되어 병조참판에까지 승진했다.

대원군은 또한 양인(상민) 중에서도 일부 인사를 발탁하여 썼다. 대원군이 쇠락한 시절에 사귀어 그후 가신같이 쓰던 천희연(千喜然)·하정일(河靖

一)·장순규(張淳圭)·안필주(安弼周) 등은 모든 양인·천인 출신이었다.

그러나 대원군은 사회신분제도의 폐지나 개혁은 전혀 고려하지 않았다. 그는 사회신분제도를 그대로 두고 양반사족들 중에서 편중되지 않고 인재를 뽑아 쓰려고 했으며, 양인·천인의 인재를 쓴 것은 제도 밖의 예외적 조치에 불과한 것이었다.

7. 경복궁 중건

대원군은 집권하자 왕권강화의 한 상징으로 경복궁(景福宮)의 중건을 추진하였다. 원래 경복궁은 조선왕조가 시작되어 1395년에 서울로 천도하자 정도전이 건설책임자가 되어 1396년에 준공한 궁궐이었는데 임진왜란 때 불타버리고 말았다.

그후 왕실은 경복궁 중건을 몇 차례 논의했으나 재정궁핍으로 말미암아 추진하지 못했던 것을, 대원군이 왕실의 권위를 높이기 위하여 1865년 4월에 중건을 시작한 것이었다.

대원군은 경복궁 중건의 재정조달을 위하여 대왕대비의 교명으로 국

중건된 경복궁

민들에게 노동력과 함께 재력도 아낌없이 제공해 줄 것을 호소하고, 경복궁 중건자금을 자진원납(自進願納)하는 자에 대해서는 벼슬을 내리거나 포상하겠다는 내용을 공포하였다. 대원군의 진력에 힘입어 원납전의 총액은 착공한 지 10개월만에 총액 496만 491냥의 거액에 달하였다.

그는 전국적 규모로 자재와 일꾼을 동원해서 처음에는 경복궁 중건사업을 비교적 순조롭게 진행하였다. 그러나 1866년 3월 공사현장에서 대화재가 발생하여 다듬어 놓은 목재가 모두 불타버리는 재앙이 발생하였다. 타격은 매우 컸다. 경복궁 중건공사는 중지될 것이라는 소문이 자자했지만, 대원군은 이 재난에 굴하지 않고 경복궁 중건사업을 강행하였다.

하지만 이번의 중건사업 강행은 많은 무리를 수반하였고, 백성들의 저항을 받기 시작하였다. 다시 전국에서 좋은 목재와 거석을 채취하여 서울로 운반했는데, 거듭되는 벌채와 운반이어서 이번에는 각 지방의 민간신앙이 되어 온 거목, 각 사찰의 거목, 보호림까지도 벌목하였다.

이제는 원납전의 징수가 자발적 기부금이 아니라 공공연히 강요된 기부금으로 변질되었다. 원납전을 내면 관직을 주는 매관매직이 성행하였고, 농민들에게는 '결두전(結頭錢)'이라는 이름으로 토지 1결에 대해 100문(냥)의 부가세를 징수하여 부족한 경복궁 중건경비에 충당하였다. 또

중건된 경복궁 광화문

한 전국에서 백성들을 선발하여 부역노동에 동원하였으며, 실질적 가치가 없는 '당백전(當百錢)'이라는 악화를 주조·발행하여 경비에 충당했으므로, 전국적으로 물가등귀가 일어났다. 이로 말미암아 백성들 사이에서 종래의 대원군에 대한 칭송은 사라지고 원망이 자자하게 되었다.

이러한 경복궁 중건사업 강행으로, 3년 만에 마침내 1869년 7월 경복궁이 준공되었다. 대원군은 경복궁과 함께 종묘, 종친부, 6조의 각 관서와 도성까지도 동시에 수축하였다(일제가 그후 경복궁 전각 약 5,000칸을 철거하였으므로, 현재의 경복궁은 대원군이 중건한 경복궁의 일부에 불과하다).

경복궁 중건으로 왕궁은 다시 복구되고 왕실의 권위와 위엄은 강화되었으나, 대원군은 백성들의 지지를 잃게 되었다.

8. 천주교도 투옥

대원군의 집권 이전인 철종 연간 조선왕조의 유교 통치세력의 기강이 해이해진 시기에, 중국을 거쳐서 프랑스인 신부 12명이 국내에 잠입하고 천주교 포교가 성행하여 신도가 약 2만여 명에 달하게 되었다.

이러한 천주교에 대하여 대원군은 처음에는 굳이 금지하고 탄압할 생각이 없었으며, 도리어 천주교에 대한 자유주의적 태도를 갖고 있었다. 그의 부인 민씨가 천주교 신도였고, 고종의 유모도 독실한 천주교 신도였는데, 대원군이 이것을 묵인한 것에서도 이를 알 수 있다. 또한 그가 천주교 신도가 많은 남인계 인사들을 등용시킨 것도 이를 방증해 준다.

대원군 집권 직후인 1864년 2월 연해주 블라디보스토크에 군항을 설치한 러시아측에서 5명의 러시아인이 두만강을 건너 경흥에 월경해 들어와 통상을 요구한 사건이 일어났다. 대원군은 일단 이를 거절하여 돌려보낸 후 북방 러시아의 압력을 방어하는 대책수립에 부심하게 되었다.

이 무렵인 1865년 이른봄에 천주교 신도로서 관직을 갖고 있던 남인계

남종삼(南鍾三), 홍봉주(洪鳳周) 등이 조선·프랑스·영국의 3국동맹에 의해 러시아의 침략을 방어하는 '방아책(防俄策)'이라는 정책건의안을 작성하여 대원군에게 제출하였다. 대원군은 이 건의안에 큰 관심을 표시하고 남종삼 등을 비밀리에 회견하였다. 이 회견에서 합의된 것은 대원군과 국내에 잠입한 베르뇌 주교와의 회담을 주선하여, 프랑스 제국의 힘을 빌려 러시아 침략을 막고, 그 대신 조선정부는 천주교 포교의 자유를 허락한다는 것이었다.

이 합의 후에 대원군은 국방문제를 다루는 일이므로 초조하게 베르뇌 주교와의 회담을 기다렸으나, 천주교 신도들과 베르뇌 주교의 입장은 초조할 이유가 없었다. 남종삼 등은 사실상 천주교 포교가 대원군에 의해 묵인되고 있는 상태이므로 '방아책'만 내놓고 베르뇌에게 바로 연락하지 않은 채 시간을 늦추었고, 베르뇌도 천주교 포교의 자유에만 관심이 있었지 정치문제에는 관여할 뜻이 없어서 이 문제에 매우 소극적이었다. 대원군은 마침내 천주교도 및 프랑스의 힘을 빌리는 것을 완전히 단념하고 다른 대책안을 찾고 있는 가운데, 1866년 1월에야 베르뇌로부터 만나겠다는 응답을 받게 되었다. 그러나 이번에는 대원군이 이를 거절하였다.

대원군은 그 사이에 천주교 신도들과의 접촉에 의한 '방아책'의 구상으로 궁정 내에서 웃음거리가 되어 있었다. 특히 대원군의 후원자인 조대비와 풍양조씨들은 천주교를 증오하고 천주교 금압을 주장해 왔었는데, 대원군이 천주교도들을 믿고 국책을 수립하다가 뜻대로 되지 않았다는 소문을 듣고, 천주교 금압의 압력을 가하였다. 대원군이 천주교에 대한 종래의 호의를 거두고 반감과 모멸감을 갖게 되었다는 소문을 듣고, 조정 안의 반서학파들은 압력을 가중시켰다. 대원군은 이에 신뢰할 수 없는 천주교도들과 만나 오해를

베르뇌

사는 것보다 앞장서서 천주교를 금지하여 지지세력의 여론에 호응하는 것이 상책이라고 판단하게 되었다. 대원군은 먼저 1866년 2월 베르뇌 신부의 시종 이선이(李先伊)를 극비리에 체포하여 그를 배교(背敎)시키고, 그의 진술로 천주교도의 분포를 파악한 다음, 1866년 2월 '천주교도 체포'를 명령하였다. 천주교도 체포가 시작된 것이었다.

국내에 잠입한 프랑스인 신부 12명 중에서 9명이 체포되었고, 3명은 국외(중국)로 탈출하였다. 체포된 9명 중에서 베르뇌와 다블뤼 두 신부는 끝까지 배교를 거부하고 순교하겠다고 자원하였다. 대원군은 9명 전원을 처형하였다. 국내 신도로서는 8천여 명의 신도들이 체포되어 처벌당했으며, 그 중에서 끝까지 배교를 거부한 남종삼, 홍봉주 등 다수의 신도들이 처형당하였다.

이 천주교 금압에 대해서는 개화파 비조 박규수로부터 '무익한 살상'이라고 강력한 반대가 있었다.

대원군의 천주교 금압은 양측 모두 큰 손실을 입은 것으로 평가되었다. 천주교측은 이 때의 금압으로 국내 천주교 세력의 80-90퍼센트가 뿌리를 뽑혔다고 간주되었고, 대원군은 이 때부터 살상을 서슴지 않는 잔인한 통치자로 간주되기 시작하여 백성들이 멀리하게 되었다.

이상과 같은 대원군의 국내정치를 종합적으로 평가해 보면 서원철폐, 국가재정의 확충, 국방의 개혁과 강화, 법전과 외교문서의 간행, 사회관습의 개혁, 사색 파쟁의 완화 등은 당시부터 대체로 긍정적인 평가를 받았다. 경복궁 중건에 대해서는 처음부터 찬반논쟁이 있었으며, 천주교 금압에 대해서는 잔인한 정책으로 비평되었다.

- 1863년 음력 12월 집권한 대원군은 오래된 안동김씨의 '세도정치'를 청산하고, 그가 평소 생각했던 개혁을 단행하기 시작하였다. 대원군의 10년간 '개혁정치'는 19세기 중엽에 조성된 '민족적 위기'와 '체제적 위기'에 대한 조선왕조 왕실의 대응이었다고 볼 수 있다.

- 대원군의 개혁정치 중에서 우선 '내정'개혁을 보면, 그는 먼저 '서원철폐'를 단행하였다. 원래 서원은 선대 유학자의 위패를 모시고 제사지내면서 교육도 하는 곳이었다. 그러나 19세기 중엽에 이르면 서원은 이미 지방 양반토호들의 정치기관이 되어 위로는 왕정에, 옆으로는 지방관에 대항하면서 양반유림층의 집단이익을 추구하고, 아래로는 평민과 농민들을 불법적으로 수취하는 세력집단의 거점이 되었다. 대원군은 650여 개의 서원 중에서 47개만 남기고, 600여 개의 서원을 철폐하여, 모든 폐단들을 혁파하였다.

- 대원군은 국가재정의 확충도 도모하여 각종 면세지를 폐지하고, 징세관계의 부정을 철저히 혁파했으며, 진상제도를 폐지하고, 양인만 부담하던 '군포제도'를 양반도 양인과 균일하게 매호당 2냥씩 부담하는 '호포제도'로 개혁하였다. 은광채굴을 허용하고 감세조치를 단행했으며, 도매상인의 폭리를 단속하였다.

- 대원군은 국방의 개혁과 강화에 힘을 기울여, 수군을 강화하고, 삼도수군통제사의 지위를 육군 총융사와 동등하게 했으며, 서해안에 포대시설을 강화하고 강화부의 지위를 격상시켰다. 또한 대원군은 수뢰포, 면제배갑, 투구 등 무기와 군사장비를 개량하였다.

- 대원군은 사회관습과 생활양식 중에서 폐습이 극심한 것은 개혁하여, 지방 양반토호들의 행패와 과객당(깡패)을 엄단했으며, 허식과 사치를 금하고, 큰 갓, 넓은 소매, 긴 담뱃대, 긴 갓끈은 모두 실용적으로 고쳤고, 색옷 입기를 장려하였다.

- 대원군은 왕권의 권위를 높이고 기강을 세우기 위하여 온 힘을 기울여서 경복궁을 중건하고, 법전과 외교문서를 편찬·간행하였다. 또한 사색 당쟁과 파쟁을 완화시키고, 종래 세력 잃은 정파에서도 인재를 발탁해 중용하였다.

- 또한 천주교도들의 국가수호 의식이 약함을 알고 이의 포교를 엄금하고, 국내에 잠입한 서양 신부들을 체포하여 처형했으며, 국내 신도들도 엄중하게 처벌하여 천주교의 확산을 금지시켰다.

● **결두전(結頭錢)** ▶ 토지 1결당 부가하여 징수한 토지부가세이다. 대원군은 토지 1결에 100문(냥)의 '결두전'이라는 부가세를 징수하였다.

● **과객당(過客黨)** ▶ 지방에 횡행하던 깡패집단의 별칭이다. 조선 후기에는 깡패들이 작당하여 지방에 돌아다니면서 약한 백성들을 위협하여 금품을 갈취했는데, 한 곳에 정착하지 않고 이 군현에서 저 군현으로 돌아다니기 때문에 지방군현 관아도 단속을 잘 하지 못하고 폐해가 많았다.

● **군포제도(軍布制度)** ▶ 조선왕조의 병제는 모든 양인신분의 장정들에게 병역의무를 지게 하되, 대개 3~4명의 장정을 1조로 편성하여 한 명의 장정이 현역병으로 입대하면 나머지 장정은 현역이 된 병사의 경비로 '군포세'를 내어 병역의무를 다하게 했는데, 이를 '군포제도'라 불렀다. 이때 군포는 포 약 1~2필 정도였다. 이 군포는 양인층만이 부담하게 하고 양반신분은 면제되었다.

● **당백전(當百錢)** ▶ 주조화폐(엽전)를 크게 만들어서 한 개가 상평통보 100개에 해당하도록 표시한 100냥 명목의 동전이다. 원래 조선왕조는 숙종 때 상평통보 1개를 1냥(兩)으로 법으로 정하여, 그 주조의 구리 가치가 1냥을 포함하도록 양화(良貨)를 주조하였다. 대원군은 경복궁 중건에 재정이 부족하자, 크기는 하지만 1냥짜리 상평통보의 100배에는 훨씬 못 미친 큰 엽전을 만들어 '당백전(100냥에 해당한다는 뜻)'이라는 이름을 붙이고 100냥 가치로 통용케 하였다. 그러나 '당백전' 구리의 실질가치가 100냥에 훨씬 못 미친 악화(惡貨)이므로, 액면가 이하로 교환되었고, 물가등귀를 크게 촉진하였다.

● **무토궁방세(無土宮房稅)** ▶ 국왕이 출가한 왕자와 공주들에게 하사한 토지를 '궁방전'이라고 하였다. 그러나 비빈(妃嬪)이 증가하고 왕자·공주가 증가하여 하사해 줄 토지가 부족하자, 국왕은 일반 농민 경작지의 조세징수권만을 비빈·왕자·공주에게 주는 제도를 만들어 내었다. 이에 실제로 궁방전의 토지소유권을 주고 조세를 징수하는 것을 유토궁방세(有土宮房稅)라고 하고, 토지의 소유권은 농민에게 있는데 조세징수권만은 궁방에게 주어 농민이 조세를 국가가 아니라 궁방에 납부하게 한 것을 '무토궁방세'라고 불렀다.

● **방아책(防俄策)** ▶ '러시아에 대한 방어책'의 뜻이다. 일찍이 중국에서 러시아를 '아라사(俄羅斯)'로 불렀기 때문에, 이러한 용어가 만들어졌다.

● **압량위천(壓良爲賤)** ▶ '양인을 억눌러서 천인이 되게 한다'는 뜻. 사회신분제도 사회에서 권력자가 양인신분의 사람들을 천인신분으로 만든 것을 가리키는 용어이다. 여기서는 서원이 양인들을 억압하여 원노(院奴)라고 부르는 천인으로 만들었음을 가리킨 것이다.

● **원납전(願納錢)** ▶ '자원하여 납부하는 돈'이라는 뜻으로서, 대원군이 경복궁을 중건할 때 기부금의 자발성을 강조하기 위해 기부금에 붙인 용어이다.

● 투탁(投託) ▶ 백성들이 토지나 신분을 권세가에게 '던져 맡기다'는 뜻의 용어이다. 조선왕조 후기에는 토지의 면세를 위하여 토지소유자가 궁방이나 서원에 토지를 '투탁'하여 국가의 전세는 면세받고 그보다 약간 낮은 세금을 궁방이나 서원에 납부하는 일이 성행했었다.

● 호포제도(戶布制度) ▶ 양반신분이 온갖 특권을 누리면서 국방의 의무는 면제받는 문제점이 끊임없이 비판되어 오자, 양반도 양인과 함께 '군포세'를 부담하되 매호당 균일하게 군포세를 배정하는 제도가 제안되었는바, 이를 '호포제도'라고 불렀다. 대원군은 '군포제도'를 폐기하고 '호포제도'를 채택하여 양반과 양인 모두 매호당 군포세 2냥씩을 납부하게 하였다.

● 화양묵패(華陽墨牌) ▶ 화양동서원이 발부하는 기부금 요청서의 별칭이었다. 그것이 먹물로 쓴 마패 같은 위력을 가진 것이라고 해서 이러한 별칭이 생긴 것으로 보인다.

참 고 문 헌

• 한우근, 〈대원군의 세원확장정책의 일단〉, 《김재원박사회갑기념 사학논총》, 1969.
• Chin-Yang, Choe, *The Rules of the Taewongun*, Harvard, 1972.
• James B. Palais, *Politics and Policy in Traditional Korea*, Harvard, 1975.
• 성대경, 〈대원군 초기집정기의 권력구조〉, 《대동문화연구》 제15집, 1982.
• 성대경, 〈대원군정권의 정책〉, 《대동문화연구》 제18집, 1984.
• 강재언, 《조선의 서학사》, 민음사, 1990.
• 정만조, 《조선시대 서원연구》, 집문당, 1997.
• 배 섭, 〈대원군 집권기 군제의 정비와 군비의 강화〉, 《한국군사사연구》(국방군사연구소)
　　　　제1권, 1998.
• 윤희면, 〈고종대 서원철폐와 양반유림의 대응〉, 《한국근대사 연구》 제10집, 1999.

7

대원군의 대외정책 및 쇄국정책의 내용과 두 차례의 '양요'

  대원군의 집권시기에는 또한 외부로부터의 서양 열강의 무력도발도 여러 차례 받게 되었다.

1866년 8월부터는 프랑스 동양함대가 천주교 신부의 처형을 문책한다는 구실로 통상을 요구하며 무력침공을 준비하여, 9월에는 군함 7척을 이끌고 침공을 시작해서 강화도를 1개월간이나 점령했다가 조선군의 반격을 받고 패퇴하여 돌아갔다. 이것이 '병인양요'이다.

또한 1866년 7월에는 미국 상선 제너럴셔먼호가 대동강을 거슬러 올라와서 주민들을 위협하며 통상을 요구하다가 평안도 관찰사와 주민들에 의해 소각당한 사건이 일어났다. 이것이 이른바 '제너럴셔먼호 사건'이다.

1868년 4월에는 독일 국적의 유대계 상인 오페르트와 조선에서 탈출해간 천주교 신부 페롱이 야합하여, 충청도 덕산군 가야동에 있는 대원군의 아버지 무덤을 도굴하는 사건이 발생하였다. 바로 '오페르트 일당의 남연군묘 도굴사건'이다. 이것은 서양을 '금수'로 보는 위정척사의 이론에 실증자료를 제공해 주어, 대원군의 위정척사 정책과 쇄국정책을 굳히는 데 작용하였다.

1871년에는 미국 동양함대가 군함 5척을 이끌고 와서 통상을 요구하다가 거절당하자 초지진(草芝鎭)에 상륙하고 이어서 김포지방에 상륙했다가 조선군의 완강한 저항을 받고 물러간 사건이 발생하였다. 이것이 '신미양요'이다.

또한 일본도 1869년 종래의 양식과 다른 새로운 서계(書契)를 일방적으로 만들어 조선정부에 보냈다가 접수를 거부당하자, 그 이전에 정립된 '정한론'에 더욱 박차를 가하였다.

이러한 외부로부터의 위협은 한국민족과 한국사회가 더욱 엄중한 '민족적 위기'에 직면하고 있었음을 나타내는 것이기도 하였다.

1. 병인양요

18 66년 1월 천주교 탄압 때 중국으로 탈출한 3명의 신부 리델(Felex Clau Ridel), 페롱(Stanisas Féron), 칼래(Adolphe Nicolas Calais) 중에서 맨 먼저 탈출에 성공한 리델은 톈진에 있는 프랑스 동양함대 사령관 로즈(Pierre Gustave Roze)를 찾아가 대원군의 프랑스 신부 9명의 처형과 천주

교도 박해를 설명하고 천주교도의 구원을 요청하였다.

이에 로즈는 베이징주재 프랑스 대리공사 벨로네(Henri de Bellonett)와 의논한 결과 이 기회에 조선침략을 감행하기로 합의하였다. 로즈는 안남(베트남)을 정복하여 보호령으로 종속시킨 데 주역을 한 해군제독이었다. 1866년 당시는 프랑스가 왕정복고하여 나폴레옹 3세(재위 1852-70)의 치하에서 강력한 제국주의 정책을 채택하고 해외 식민지 정복에 열중하던 때였다. 당시 나폴레옹 3세는 국가의 목적과 종교의 목적을 혼동하여 천주교를 침략의 도구로 활용하고 있었다. 벨로네는 이 기회에 큰 공을 세우려고 결심하고, 베이징주재 외교계에 프랑스 신부들의 죽음을 설명하면서 "며칠 안으로 우리 프랑스 군대를 조선 정복을 위하여 출발시킬 것이다. 조선의 국토와 빈 왕권을 마음대로 처분할 권리는 나의 고귀한 절대군주인 프랑스 황제만이 갖는다"고 호언하였다. 로즈와 벨로네는 프랑스 동양함대의 무력으로 조선을 제2의 안남으로 만들려고 하였다.

벨로네는 조선침공에 청국의 간섭이 있을 것을 염려하여 이에 간여하지 말 것을 요구하였다. 청국 조정은 중간에서 중재를 해 보려고 조선정부에 천주교 신부 처형여부를 질문하고 프랑스측의 동태를 알려 주었다. 대원군은 이를 설명하려고 1866년 4월 유후조(柳厚祚)를 정사(正使)로 한 사신단을 청국에 파견하면서 오경석을 청국 및 프랑스의 동태를 탐지·보고할 외교관 겸 통역관으로 베이징에 파견하였다.

그러나 로즈는 마침 이때 안남에서 일어난 반침략 무장항쟁으로 움직이지 못하고 이의 '진압'을 지원하고 있다가, 이 문제가 일단락되자 리델 신부를 통역으로 하고 한국인 교도 3명을 길안내로 하여 1866년 8월 10일(양력 9월 18일) 3척의 군함을 이끌고 산둥반도의 즈푸(芝罘)를 출발하여 먼저 한강의 침입로를 조사하려고 서강(西江)까지 들어왔다.

그들은 수심을 측정하고 지도를 그린 후 8월 19일 일단 돌아갔다. 대원군은 이에 대비하여 해안에 군사력을 증강하고 조야(朝野)에 대책 건의를 요구하였다. 중국에 파견된 오경석으로부터는 중국인 관료와 친우들로부터 얻은 정보로 프랑스군의 약점은 군량을 1개월분밖에 싣지 못했으므로 속전속결을 피하고 지구전으로 방어만 하다가 1개월 후 군량이 떨어졌을 때 공격해야 한다는 정확한 보고가 도착하였다. 유림들은 이항로·기정진 등이 앞장서서 '위정척사'론을 새로이 체계적으로 정립하면서 프랑스 침략군과 싸울 것을 주장하였다. 대원군은 이항로를 동부승지(同副承旨), 기정진을 부호군(副護軍)으로 임명하여 위정척사파의 정신적 지원을 동원하였다. 특히 이항로는 그의 제자 양헌수(梁憲洙)를 산포수 중심의 의병대와 함께 파견하여 방어를 도왔다.

로즈는 군함 7척을 이끌고 1866년 9월 5일(양력 10월 13일) 마침내 조선 침공을 시작하였다. 프랑스 해병대는 9월 8일 먼저 강화부를 공격하여 점령하고 9일에 상륙하여 통진부를 습격해서 약탈과 방화를 한 후 강화부로 돌아갔다. 로즈는 이 작전으로 한강 하류를 완전히 봉쇄하여 서울로 향하는 식량과 물자의 해상 반입을 완전히 차단시켜 놓고 서울로 진격하려고 하였다.

그러나 로즈의 작전은 두 번의 패전으로 실패로 돌아갔다. 첫 번째 패전은 통진에 상륙한 프랑스 해병대가 9월 18일 문수산성(文殊山城) 전투에서 조선의 초관 한성근(韓聖根)이 지휘하는 방어군에게 50여 명의 사상자만 내고 패퇴한 것이었다.

프랑스의 침공 이후 1개월쯤 지나 조선군은 양헌수가 지휘하는 산포수 중심의 500명을 강화도에 들여보내 정족산성(鼎足山城)에 매복케 하였다. 천주교도로부터 이 정보를 입수한 로즈는 이 부대가 죽음을 각오한 민첩한 포수 의병임을 모르고 초조한 나머지 10월 3일 160명의 해병대로 이를 공격했다가 도리어 역습을 당해서 36명의 사상자를 내고 완패하여 도망갔다. 조선군은 1명 전사에 부상자 3명의 완승이었다.

로즈는 군량도 떨어지고 두 번의 참패에 의기소침하여, 10월 4일 강화부의 방화와 파괴를 명령하고, 앞서 강화부 점령 때 약탈해 두었던 외규장각(外奎章閣) 도서들과 금·은괴들을 군함에 옮겨 실었다. 그리고 1개월

만인 10월 5일 강화도를 출발하여 한강 하구로 돌아서 10월 12일 완전히 조선에서 물러갔다. 이것이 약 36일간 있었던 '병인양요'라 부르는 프랑스 동양함대의 조선침공 사건이었다.

2. 제너럴셔먼호 사건

'병인양요'가 일어난 해 여름에 평안도에서는 미국 상선과 관련된 두 개의 사건이 있었다.

그 하나는 1866년 5월 미국 상선 서프라이즈호(The Surprise)가 철산군 선천포(宣川浦)에 표류하여 도착한 것이었다. 이 범선은 산둥반도 즈푸를 출발하여 류추(琉球)로 향해 항해 도중 풍랑을 만나 난파당해서 표류해 온 것이었다. 철산부사와 관리들은 미국인 6명과 중국인들을 심문한 후, 음식과 의류를 제공하고, 그들의 청원에 따라 의주를 거쳐서 그들을 중국 베이징으로 보내주었다.

다른 하나는 1866년 7월 미국 상선 제너럴셔먼호가 통상을 요구하며 대동강을 거슬러 올라온 것이었다. 이 상선에는 서양인 5명, 중국인 13명, 흑인 2명 등 20명과 통역으로 한국어를 약간 배운 영국인 선교사 토머스(Robert Jermain Thomas : 崔蘭軒)가 타고 있었다. 평안도 관찰사 박규수는 중군 이현익(李玄益) 등을 파견하여 물었더니 야소교(기독교 신교)는 천주교와 다른 것이므로 통상을 하자고 요구하였다. 박규수는 야소교도 천주교와 함께 조선 국책으로 금지되어 있음을 설명하고 통상도 불가하니 돌아갈 것을 요구하였다.

그러나 제너럴셔먼호는 관찰사 박규수의 거절을 무시하고 오히려 대동강 상류로 더 거슬러 올라갔다. 당시 폭우가 내려 대동강 물이 크게 불었는데, 그것을 평상시 수위로 잘못 알고 깊숙이 들어온 것이었다. 뿐만 아니라 그들은 너무 거슬러 올라오는 제너럴셔먼호를 만류하려고 나간 중군 이현익을 7월 16일 붙잡아 제너럴셔먼호 안에 가두어 버렸다. 관찰사는 관리를 파견하여 그의 석방을 교섭했으나 제너럴셔먼호는 이를 거절하고, 7월 19일에는 소총을 난사하면서 더욱 거슬러 올라왔다. 평양 시민들이 강가에 나와 구경하다가 격분하여 돌을 던지며 대항하는 가운데, 용감한 퇴역 군인 한 사람이 작은 배로 제너럴셔먼호에 잠입하여 이현익을 구출해 왔다.

평안도 관찰사 박규수는 제너럴셔먼호가 지나치게 방자할 뿐 아니라 조선 관원과 국권을 무시하며 총기를 난사하고 순순히 물러갈 뜻이 없자, 마침내 강변에 나와 현장을 시찰한 후 7월 22일 화공으로 격침시키도록 명령하였다. 조선군의 반격에 당황한 제너럴셔먼호는 이에 대항하여 응전하다가 뱃머리를 돌리려 했으나 이미 강물이 줄어들어 움직이지 못하고 소각당하였다. 이것이 '제너럴셔먼호 사건'이었다. 이 제너럴셔먼호 사건으로 조선측도 13명의 사상자가 생겼다.

박규수는 대동강에 불타 가라앉은 제너럴셔먼호의 엔진을 건져 올려 서울 한강으로 보내어서 대원군으로 하여금 《해국도지》의 증기기관 도해를 참고하여 증기선 실험을 하도록 요청하였다.

대동강에서 침몰된 제너럴셔먼호에 실렸던 대포

3. 오페르트 사건

병인양요와 제너럴셔먼호 사건이 있은 지 두 해 뒤인 1868년 4월에, 이번에는 대원군의 아버지이며 국왕 고종의 할아버지인 남연군(南延君)의 무덤을 독일 상인 오페르트 일당이 무장하여 도굴하는 해적사건이 일어났다.

오페르트(Ernst Oppert)는 독일 국적의 유태계 상인으로 중국 상하이에서 상업무역에 종사하였다. 그는 조선이 미개항국이므로 조선에 먼저 들어가면 일확천금을 할 수 있다고 생각하고, 1866년에 기선으로 두 차례나 충청도 해미 지방에 찾아와 통상을 요청했다가 거절당하고 돌아간 일이 있었다.

1868년에 오페르트는 조선에서 탈출해 온 페롱 신부의 권유를 받고 남연군묘 도굴을 음모하게 되었다. 오페르트는 무덤의 부장품을 노렸고, 페롱은 남연군의 유골을 파내어 대원군에게 복수를 하며, 두 사람 모두 협상을 할 수 있다고 판단한 것이었다.

오페르트는 두 척의 기선을 빌려, 페롱 신부와 한국인 천주교도 최선일(崔善一)을 통역 겸 길안내로, 상하이 미국 영사관에서 중국어 통역을 지낸 미국인 젠킨스(F. B. Jenkins)를 보좌역으로 승선시키고, 서양인·말레이시아인·중국인으로 구성된 약 100여 명을 무장시켜 태워서 1868년 4월 18일(양력 5월 10일) 충청도 덕산군 구만포에 상륙하였다. 그들은 러시아인들이라고 사칭하면서 덕산군청을 습격하여 무기를 빼앗고 건물을 파괴하였다. 이어서 덕산군 가야동에 있는 남연군의 묘로 가서 도굴을 시작하였다.

그러나 무덤의 겉과는 달리 안은 시멘트보다 더 견고한 굳은 석회로 깊이 덮여 있었다. 도굴이 채 끝나기 전에 날이 밝아오자, 보고를 받은 조선군과 주민들이 달려오고 썰물 시간도 다가왔으므로, 오페르트 일당은 도굴을 중단한 채 황급히 바다로 철수하였다.

오페르트 일당은 바로 상하이로 돌아가지 않고 북상하여 제물포 앞 영종진(永宗鎭) 앞바다에 도착하였다. 그들은 수십 명의 무장한 선원을 영종도에 상륙시켜 대원군 앞으로 "대관을 보내어 우리와 협상하지 않으면 수개월 내에 나라를 위태롭게 하는 환란을 당할 것이다"라는 요지의 협박편지를 수비대에 전하도록 하고, 총검으로 위협하면서 성문 안으로 들어가려고 하였다. 영종첨사 신효철(申孝哲)이 지휘하는 100명의 수비대가 이를 막아 전투가 벌어져서, 오페르트 일당은 두 명의 희생자를 내고 도망하였다.

대원군은 오페르트 일당의 남연군묘 도굴사건에 격노하였다. 조선의 관습과 가치관으로는 죽은 사람의 무덤을 파는 것은 짐승이나 하는 10악 중의 하나였다. 더욱이 그 무덤이 대원군의 아버지의 무덤이요 국왕 고종의 할아버지 무덤이니, 대원군이 얼마나 격분하고 서양인을 경멸했으리라는 것은 짐작되고도 남음이 있다.

그렇지 않아도 위정척사사상은 서양을 '금수'로 규정하고 있었는데, 오페르트 일당의 야만적 해적행위는 이 위정척사의 논리에 확고한 '실증'을 제공한 것이었다. 대원군은 오페르트 일당의 남연군묘 도굴사건에 큰 충격을 받고, 철저한 위정척사의 동조자가 되어 어떠한 개항과 개화도 거절하려는 확고한 태도를 갖게 되었다.

1868년을 한 시점으로 하여 조선과 일본은 지배세력의 정책이 완전히 다른 방향으로 향하게 되었다. 일본은 1868년 1월 하급 사무라이들이 정변을 일으켜 왕정복고의 메이지유신 정권을 수립한 한 후 급속한 '개화'를 추구하게 되었다. 한편 조선은 1868년 4월 오페르트 일당의 남연군묘 도굴사건에 큰 충격을 받고 대원군 등이 '위정척사'로 국론을 통일하여 개화를 '사설'로서 더욱 배척하게 된 것이었다.

4. 신미양요

베이징주재 미국공사관은 일찍이 1866년에 조선을 향해 출항한 제너럴셔먼호가 행방불명되어 돌아오지 않자, 탐문조사를 한 결과, 서양 배한 척이 대동강에서 소각되었다는 소식을 듣게 되었다. 미국측은 두 차례 청국측에 그 진상조사를 의뢰했으나 효과가 없었다. 이에 베이징의 미국공사관은 제너럴셔먼호 사건에 대한 조사를 미국 동양함대 사령관에게 위촉하였다.

미국 동양함대는 두 차례 군함을 파견하여 탐문조사를 하였다. 첫 번째는 1867년 1월 와추세트호(The Wachusett)를 대동강과 장연에 파견하여 탐문한 것이었다. 두 번째는 1868년 4월 세난도아호(The Shenandoah)를 파견하여 대동강과 진남포 일대에서 탐문조사를 한 것이었다. 그러나 별로 효과가 없었다. 단지 대원군이 청국에 보낸 외교문서를 통하여 대동강에 불법 진입해서 오만하게 굴다가 불태워졌다는 미국 상선이 바로 제너럴셔먼호라는 심증을 확고하게 얻은 것뿐이었다.

미국측은 제너럴셔먼호 수색을 단념하고, 이 기회에 일본을 개항시킨 것과 같이 조선을 개항시키기로 결정하였다. 당시의 미국 대통령 그랜트(Grant)는 베이징주재 미국공사 로(Frederich F. Low)에게 전문을 보내어 조선과 통상조약을 체결하고 난파선의 안정보장을 약속받도록 훈령을 보내고, 포함외교의 책임자로 미국 동양함대 사령관 로저스(John Rodgers)를 임명하였다.

로는 먼저 청국의 총리아문을 방문하여 조선 국왕에게 보내는 공적서한을 위탁하였다. 그 내용은 "1866년에 미국 상선 2척이 귀국에 갔는데, 1척은 구호를 해주고, 1척은 피해를 입힌 이유가 무엇이며, 미해군 제독이 군함을 이끌고 귀국에 가서 금후 미국 상선이 귀국 영토 내에서 곤란을 당하지 않도록 협상을 하고자 하니 화목하게 대해 주기 바라며,

만일 거절하게 되면 불행을 자초하게 될 것이니 잘 상의하기 바란다"는
것이었다.

로저스는 청국이 전해 준 공한이 상당한 효력이 있으리라는 전제 하에
1871년 4월 3일(양력 5월 21일) 군함 5척에 병력 1,230명을 태우고 경기도
남양부 풍도 앞바다에 나타났다.

그러나 대원군은 정기원(鄭岐源)을 진무사, 어재연(魚在淵)을 진무중
군으로 하여 방어태세를 갖추었다. 그는 이미 오페르트 사건으로 위정척
사사상에 경도되어 있어서 미국측이 아무리 격식을 갖추어도 개항할 생
각이 없었다. 조선정부가 4월 14일 중국어 역관을 군함에 파견하자 로공
사는 미국 대통령의 국서(國書)를 가져 왔는데, 하급관리를 보냈다고 돌
려보내었다.

로저스가 4월 14일 작은 배로 해안정찰을 시켜 배가 손돌목을 지나서
광성진(廣城津)으로 나가려 하자, 광성진에서는 포사격을 가하여 이를
저지시켰다. 덕진진(德津鎮)과 초지진(草芝鎮)도 합세하였다. 미국측도
대항했으나 더 이상 거슬러 올라오지 못하였다.

손돌목 전투 후 로저스의 함상 작전회의 광경

대원군은 4월 15일 함상의 미국공사에게 공문을 보내어, 조선영토를 불법 월경한 것에 대해 문책하고 통상조약체결을 거절하였다. 이때 오경석은 미국측이 대통령의 국서를 갖고 왔으니, 이 기회에 개항하는 것이 현명하며 미루면 상황은 악화될 것이라고 대원군에게 건의했다가 해임당하였다. 미국측은 대원군에게 3, 4일 내에 협상할 뜻을 보이지 않으면 자유행동을 하겠다고 협박하였다.

미국 동양함대는 4월 23일(양력 6월 10일) 공격작전을 개시하여, 450명의 해병대로 치열한 저항을 받으며 초지진에 상륙하였다. 미군은 24일 덕진진을 점령하고 이어서 광성보(廣城堡)를 공격하였다. 광성보를 지키고 있던 중군 어재연 이하 100명의 수비대는 열 배의 미군에 결사항전하여 결국 처절한 백병전까지 전개되었다.

이 전투에서 화력의 압도적 격차로 말미암아 조선군 수비대는 큰 손실을 입고 광성보를 점령당했으며, 어재연 이하 53명이 전사하고 24명이 부상을 입었다. 미군의 손실은 중대장 1명 등 3명의 전사자와 부상자 10명이었다. 그러나 미군측은 광성보 전투에서 조선군의 용감성에 경탄하였다.

미군 육전대의 초지진 포대 점령

광성진 포대 점령 광경

로저스는 광성보 전투에서 이겼으므로 대원군이 협상의 자세로 나올 것이라고 희망하고 25일 물치도로 물러가 반응을 기다렸다.

그러나 대원군은 협상은커녕 이날(4월 25일) 종로 네거리를 비롯한 전국 주요 도시에 척화비(斥和碑)를 세우도록 명령하였다. 이 비의 정면에는 "서양 오랑캐가 침범했는데 싸우지 않으면 화친하는 것이요, 화친을 주장하면 매국하는 것이다[洋夷侵犯 非戰則和 主和賣國]"라고 새기고, 옆면에는 "우리의 만년 자손들에게 경계케 하노라[戒我萬年子孫]"와 "병인년에 지었고 신미년에 (비를) 세운다[丙寅作 辛未立]"라는 글을 새기었다. 또한 대원군은 국왕의 이름으로 "서양 오랑캐가 화친을 하고자 함은 무슨 일인지 알 수 없으나 수천년 예의의 나라가 개·양과 어찌 서로 화친할 수 있겠는가. 이처럼 몇 해를 서로 버티더라도 끝까지 양보하지 않고 배척할 것이

척화비

며, 만약 '화(和)'자를 말하는 자가 있으면 매국한 죄로 다스리겠다"는 교
서를 조보(朝報)를 통해 전국에 반포하였다.

　로저스는 대원군측을 협상에 끌어내려고 20명의 포로를 석방시킬 터
이니 포로인수 교섭을 하자고 제의했으나, 대원군의 응답은 포로들이니
"귀관이 자의대로 처리하라"는 초강경한 응답뿐이었다.

　로저스와 로 등 미국측은 무력으로 대원군 통치하의 조선을 개국시키
는 목적 달성은 불가능하다고 결론짓고, 1871년 5월 16일 나포한 어선,
무기, 포로들을 내버린 채 40여 일만에 퇴각하였다. 이것이 '신미양요(辛
未洋擾)'라고 부르는 미국 동양함대의 침입사건이었다.

5. 일본의 '정한외교'와 새 서계의 접수거부

　대원군 통치하의 조선이 병인양요(1866), 제너럴셔먼호 사건(1866) 등
외침으로 시달리고 있을 때, 일본에서 정립된 '정한론'의 영향을 받은 팔
호순숙(八戶順叔)이라는 일본인이 홍콩에 체류하면서 광둥에서 발행되
는 《중외신문(中外新聞)》에 일본이 근래 군사력을 증강하면서 군함 80
여 척을 구입하여 조선을 정복하려 하고 있다는 투고를 하였다. 1867년
3월에 청국측으로부터 이 정보와 내용을 통지받은 대원군은 예조참판을
시켜서 대마도에 공적 서한을 보내 이를 힐문하게 하였다.

　일본에서는 1868년 1월 정변이 일어나 새로이 왕정복고의 메이지 정
부가 수립된 직후 이 해(1868) 12월에 메이지유신 정부 자체가 '정한론'을
대조선정책으로 채택하였다. 그리고 이와 동시에 일본측에서 새정부 수
립을 알리고 새로운 국교확립을 요구하는 '외교문서'가 1869년 1월 동래
에 도착하였다. 그런데, 이 일본측의 외교문서에는 이전에 두 나라가 합
의한 격식과 조선측이 새겨서 보내준 도장을 사용하지 않고, 조선과는
전혀 의논도 없이 일방적으로 도장을 새로 새겨 사용했을 뿐 아니라, '아

방황조(我邦皇朝)' '황상지성의(皇上之盛意)' '봉칙(奉勅)' 등 중국 황제만
이 사용하던 용어를 사용하면서 조선 국왕을 한 단계 내려보는 문구로
쓰여 있었다. 이에 놀란 왜학훈도(倭學訓導) 안동준(安東晙)은 격식과 도
장이 이전의 서로 약속한 것과 다르다는 이유로 서계(書契)의 접수를 거
절하였다.

　　일본측은 그후 1870년 3월과 10월에 외무성 관리들을 부산 왜관에 보
내어 앞서의 일본측 외교문서를 접수하도록 강요하였다. 일본이 이러한
오만한 외교문서를 일방적으로 만들어 보낸 것은 당시 '정한외교(征韓外
交)'라 하여 조선측이 받아들이기 어려운 용어를 사용해서 분개케 하는
동안에 '정한'의 구실을 축적해 나가려는 의도와 관련되어 있었다. 국교
회복을 실현할 수 없게 되자 1872년 6월에 일본 외교관들은 부산에서
철수하였다.

6. 대원군의 '개혁정치'에 대한 평가

　　대원군의 이러한 개국 불허·쇄국정책은 어떻게 평가되는가? 당시의
사정을 객관적으로 보면 다음과 같은 사실을 주목할 필요가 있을 것이다.

　　첫째, 서양과 일본의 수호통상 요구가 단순히 개국과 통상만 하려는
것이 아니라 침략의도를 내포한 것이었다는 사실이다. 병인양요와 일본
의 정한외교가 그 전형적인 경우였다. 따라서 이러한 위선적 개국 통상요
구는 대원군으로서는 국가를 지키기 위해서 격퇴할 수밖에 없었다고 볼
수 있다.

　　둘째, 서양의 개국통상 요구가 진정한 비폭력의 친선외교 방식이 아니
라, 언제나 폭력을 휘두르는 '포함외교(gun-boat diplomacy)'와 난폭한 방법
에 의거했다는 사실이다. '병인양요' '제너럴셔먼호 사건', '오페르트 사건'
'신미양요' '정한외교' 등이 모두 그러한 것들뿐이었다.

셋째, 그럼에도 불구하고 세계 대세를 정확히 파악하여, 개항·개국을 위한 준비를 철저히 하고, 적절한 시기를 포착하여 개항해서 서양문명과도 대등하게 활발한 교류를 하면서 배울 것은 배워서 나라를 근대적으로 부강하게 발전시켜야 했는데, 대원군은 지식의 부족으로 세계 정세를 정확히 파악하지 못하여 '쇄국'으로만 일관한 맹점이 있었다.

박은식(朴殷植)은《한국통사(韓國痛史)》(1915)에서 대원군의 정치는 득(得)과 실(失)이 절반씩이라고 평가하였다. 나라의 개혁에 통치자가 성공하려면, '위(位)' '력(力)' '시(時)' '학식(學識)'을 다 갖추어야 하는데, 대원군은 '위'와 '력'이 족하며 '시'도 맞았는데, 오직 세계 정세를 잘 아는 '학식'이 부족하여 성공하지 못한 것이 '가통(可痛)'하다고 애석해 하였다.

대원군은 주관적으로 열심히 '개혁'을 했으나, 그의 학식이 부족하여 '개혁'은 세계 대세에 보조를 같이하면서 선진 열강의 침입에 맞설 수 있는 '근대적 개혁'이 되지 못하였다. 그가 수행한 것은 왕실의 권위와 권력을 강화하여 나라를 지키려고 한 '전근대적 개혁'이었다. 당시의 국내외 정세는 '전근대적 개혁'으로서는 민족과 국가를 지키고 민족적 위기를 타개해 나가기에는 부족한 것이었다.

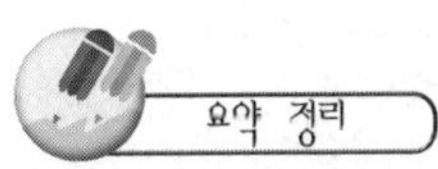

요약 정리

- 대원군의 천주교 탄압 때 탈출한 신부인 리델이 프랑스 동양함대 사령관 로즈에게 찾아가 구원을 요청하자, 프랑스 대리공사 벨로네와 로즈는 이 기회에 조선을 침공하여 제2의 안남으로 만들려고 하였다. 프랑스 동양함대는 1866년 8월에 준비하여 9월에 군함 7척을 이끌고 침공을 시작해서 먼저 강화도를 1개월간 점령했는데, 이것이 이른바 '병인양요'이다. 조선군은 유격대를 강화도에 밀파하여 기습공격해서 프랑스군을 패퇴시켰다.
- 또한 1866년 7월에는 미국 상선 '제너럴셔먼호'가 대동강을 거슬러 올라와서 통상을 요구하며 무례하게 조선 주민과 장교를 폭행하고 배 안에 감금하는 등 방자한 행동을 하다가 분노한 평안도 관찰사와 주민들에 의해 소각당한 '제너럴셔먼호 사건'이 발생하였다.

- 1868년 4월에는 독일 국적의 유대계 상인으로 중국 상하이에서 상업무역에 종사하고 있던 오페르트와 조선에서 탈출한 천주교 신부 페롱이 야합하여 대원군 아버지 남연군(南延君)의 묘를 도굴하는 음모가 추진되었다. 오페르트는 묘의 값비싼 부장품을 노렸고, 페롱은 남연군의 유골을 파내어 대원군에게 복수하며 협상할 수 있다고 판단하였다. 오페르트 일당은 배 2척에 100명의 고용인을 상륙시켜 1868년 4월 18일 남연군묘를 도굴하다가 날이 밝아 실패하고 도주하였다. '오페르트 일당의 남연군묘 도굴사건'은 서양을 '금수'로 보는 위정척사 이론에 확고한 실증자료를 제공해 주었다. 대원군은 남연군묘 도굴사건에 심대한 충격을 받고 위정척사의 철저한 동조자가 되어 어떠한 개항과 개화도 거절하는 확고한 태도를 갖게 되었다.

- 1871년 4월에는 미국 동양함대가 대통령의 명령을 받고 통상조약체결을 위한 '포함외교'의 방식으로 군함 5척을 이끌고 경기만에 침입하였다. 그들은 통상을 요구하다가 거절당하자 무력공격을 시작하여 조선군과 치열한 전투를 전개하였다. 대원군은 전국 주요 지점에 척화비(斥和碑)를 세우고, 한걸음도 물러서지 않는 치열한 항전을 감행하였다. 미국 해병대는 조선군의 결사적 항전에 놀라 40여 일 만에 돌아갔다. 이것이 이른바 '신미양요'이다.

- 한편 일본은 1868년 1월 메이지 정권이 수립되자 1869년 1월 종래의 양식과는 다른 새로운 양식의 서계(書契)를 조선측에 보내왔다. 종래에는 조선측이 대마도주에게 새겨 보낸 도장을 찍도록 합의되어 있었는데, 새 서계에서는 마치 중국 황제가 조선 국왕에게 보내는 서계처럼 일본 국왕을 '황상(皇上)' '황조(皇朝)' 운운하는 문구로 표현하고 도장도 일방적으로 새로 새겨 찍은 것이었다. 일본측이 사전양해 없이 독단적으로 새로운 양식의 서계를 보낸 것은 '정한외교(征韓外交)'라 하여 조선측을 무력공격할 구실을 확보하려는 의도가 배경에 깔려 있었다. 대원군은 이러한 일본측의 새로운 서계의 접수를 거부하여 돌려보내었다.

- 대원군은 서양 열강과 일본의 방자하고 거친 무력도발에 대하여 단호하게 대응하면서, 개항·개국을 불허하고 쇄국정책을 지속하였다.

● 양요(洋擾) ▶ '서양이 일으킨 난리'의 뜻. 1866년(병인)에 프랑스 동양함대가 침입하여 일으킨 '병인양요(丙寅洋擾)'와 1871년(신미)에 미국 동양함대가 침입하여 일으킨 '신미양요(辛未洋擾)'가 있다.

● 외규장각(外奎章閣) ▶ 역대 왕의 초상화·어진·어필·왕실 족보를 비롯해서 각종 도서를 수집하여 보관하고 열람하는 일종의 왕립도서관으로 1776년 규장각(奎章閣)을 서울의 궁궐 안에 설립하고, 이어서 병란에 대비하여 강화도에 전각을 짓고 그 도서의 일부를 비치해서 '외규장각'이라 하였다. '병인양요' 때 프랑스군은 강화

도를 점령하여 '외규장각' 도서와 금·은괴를 약탈해서 프랑스에 가져 갔는데, 외규장각 도서는 현재 프랑스 국립도서관에 보관되어 있어 반환이 약속된 바 있다.

● 정한외교(征韓外交) ▶ 일본이 1856년경부터 한국을 정복하여 식민지로 만들겠다는 '정한론'을 정립한 이후, 메이지 정권 수립 때부터 정한을 실행하기 위한 준비로서 전개한 외교를 가리키는 용어이다. 일본의 메이지 정권이 1868~1905년까지 조선에 대해 전개한 외교의 많은 부분이 '정한외교'였다.

● 척화비(斥和碑) ▶ 신미양요 때 대원군이 1871년 4월 25일을 기하여 서울 종로와 전국 주요 지역에 서양의 침입에 대항해서 싸울 전투의식을 고취하기 위해 세운 비석이다. 비의 정면에는 "서양 오랑캐가 침범했는데 싸우지 않으면 화친하는 것이요, 화친을 주장하면 매국하는 것이다[洋夷侵犯 非戰則和 主和賣國]"라고 새겼다. 한 옆면에는 "우리의 만년 자손들에게 경계케 하노라[戒我萬年子孫]"라고 새기고 다른 한 옆면에는 "병인년에 지었고 신미년에 (비를) 세우다[丙寅作 辛未立]"라고 새겼다.

● 초지진(草芝鎭) ▶ 해안을 방위하기 위해 경기도 강화군 길상면 초지리에 설치된 조선왕조 후기의 군사 진지. 1716년(숙종 42)에 처음 설치되었으며, 1763년에 진장(鎭將)을 종3품 무관으로 임명하고, 군관 11명, 사병 98명, 포대 9개를 설치한 진(鎭)으로 격상되었다. 1871년의 '신미양요' 때 미국 동양함대와 전투를 했으며, 1875년 '운양호 사건' 때 일본군함 운양호와 대결하였다.

● 포함외교(砲艦外交, gun-boat diplomacy) ▶ 포함(해안 방위용 작은 군함) 또는 군함을 투입하여 함포로 무력위협하면서 전개하는 외교를 가리키는 용어이다. 19세기에 제국주의 국가들이 약소국과 불평등조약을 체결하거나 열강에 유리하도록 조약을 체결할 때 상투적으로 사용했던 무력위협의 외교방식이다.

참고문헌

• 유홍렬, 《고종치하 서학수난의 연구》, 1962.
• 백종기, 〈General Sherman호 사건을 둘러싼 한·미관계의 사적 고찰〉, 《국제문화》 제3권 제1호, 1966.
• 최석우, 〈병인양요 소고〉, 《역사학보》 제30집, 1966.
• 김원모, 〈로저스함대의 래침과 어재연의 항전, 1871〉, 《동방학지》 제29집, 1981.
• 김원모, 〈로즈함대의 래침과 양헌수의 항전, 1866〉, 《동양학》 제13집, 1983.
• 이원순, 《조선서학사연구》, 1986.
• 연갑수, 〈병인양요 이후 수도권 방비의 강화〉, 《서울학연구》(서울시립대) 제8호, 1997.
• 김원모, 〈셔먼호 사건과 미국함대의 침입, 1866~1871〉, 《동양학》 제28집, 1998.
• 송병기, 〈구미 열강의 조선진출과 대응〉, 《동양학》 제28집, 1998.

8

1876년 '조·일수호조규'에 의한 개항의 사회적 역사적 의미

　　1873년 음력 11월 국왕 친정의 명분 아래 수립된 새 민비 정권은 대원군과 다른 정책을 시행한다는 구실로 대원군의 '전근대 개혁'을 백지화하기 시작하였다. 우선 '만동묘(萬東廟)'를 복구하도록 명령했으며, 대(對)일본 강경정책을 주도하던 관리들을 파면하고, 일본의 새 서계(書契)를 허접(許接)하겠다는 유화정책을 채택하였다.

　　조선조정의 이러한 변화를 본 일본정부는 외교관을 파견하여 정탐한 결과 군함을 동원하여 '포함외교'로 무력위협을 가해서 일본측에 유리한 불평등조약을 체결하여 조선을 '개항'시키기로 결정하였다. 일본측은 그 준비의 일환으로 군함 운양호를 강화도에 보내어 초지진에 도발케 해서 1875년 8월 '운양호 사건'을 일으켰다.

　　일본정부는 군함 6척을 동원하여 부산을 거쳐 강화도에 찾아와 무력위협을 가했으며, 마침내 그들이 작성해 온 대로 '조·일수호조규'가 체결되었다. 이어서 김기수(金綺秀)가 수신사로 일본을 다녀온 후에 1876년 7월 6일 '조·일수호조규 부록'과 '조·일통상장정'이 조인되었다. 이 조약들은 불평등조약으로서 일방적으로 일본에게 유리하고 조선에게는 불리한 조약이었다. 이러한 불평등조약에 의거하여 1876년 10월에 부산을 개항하고, 이어서 원산(1880)과 인천(1883)을 개항하여 조선은 '개방체계'로 들어가게 되었다.

1. 대원군의 하야와 국왕의 친정(親政)

대원군이 1871년 신미양요 직후에 그 동안 두 차례 양요로 말미암아 일시 중단되었던 '서원철폐'를 강행하여 완료하자, 유생들 사이에서 대원군에 대한 본격적 저항이 일어나게 되었다.

　　대원군은 척족세도를 근절시키기 위하여 고아인 고(故) 민치록(閔致祿)의 딸을 1866년 왕비로 간택했는데, 또한 민비가 서서히 그의 일가친척들을 관직에 끌어들여 하나의 세력을 형성하기 시작하였다.

　　마침내 1873년 10월 유생을 대표하여 최익현(崔益鉉)이 대원군의 그 동안의 실정을 비판하는 상소를 올렸다. 대원군은 이에 격분했으나 민비일파의 지원을 받은 국왕은 도리어 최익현을 호조참판에 임명하였다. 이 때에는 대원군이 집권한 지 10년이 되고, 국왕 고종의 나이도 22세나 되어 친정(親政)을 하고 싶었던 것이다.

국왕과 민비의 동태를 파악한 최익현은 다음달인 1873년 11월 더욱 격렬한 문구로 만동묘(萬東廟)를 철폐한 대원군을 규탄하는 상소를 올리고 대원군의 하야를 요구하였다.

한복 입은 고종

국왕은 지나치게 격렬한 문구의 결례를 문책하여 최익현을 제주도로 귀양 보냄과 동시에 전격적으로 대원군을 정계에서 은퇴하도록 하고, 친정을 선포하였다. 민비와 그의 친척 민승호(閔升鎬) 등이 이를 적극 지원하였다. 대원군은 친정을 지연시켜 보려고 시도했으나, 국왕이 호위대를 보내어 강경하게 대응했으므로 할 수 없이 하야하였다.

이에 대원군 정권은 붕괴되고, 국왕의 친정 아래 민비의 영향력이 막강하게 된 민비정권이 탄생하게 되었다. 1873년 음력 11월 5일 국왕 친정과 동시에 새로이 집권한 민비정권은 대원군과 다른 정책을 시행한다는 구실로 대원군이 10년간 이루어 놓은 '전근대적 개혁'을 백지회하기 시작하였다. 우선 유생들의 환심을 사기 위하여 1874년 2월 13일 이미 철폐한 화양동의 만동묘를 복구하도록 명령했으며, 이어서 철폐된 '서원'들을 복구하도록 하였다.

또한 정계의 대원군파를 숙청하는 도중에, 일본에 대한 강경정책을 온건정책으로 바꾸겠다고 하여, 대원군 집권 때에 강경정책을 집행했던 동래부사 정현덕(鄭顯德)을 파면하고, 왜학훈도 안동준(安東晙)을 파면했을 뿐만 아니라 처형하여 일본인의 비위를 맞추기 위해 목을 베어 왜관

앞에다 매달았다.

민비정권의 이러한 정책전환을 본 일본 메이지정부는 1874년 5월 외무성 고관 모리야마(森山茂)를 부산 왜관에 파견하여 조선의 정세를 내탐해 보고하도록 하였다. 모리야마는 조선조정에 내분이 있고 민비정권이 대일본 강경파를 숙청했으므로 조선을 개항시킬 좋은 기회가 왔다고 보고하였다. 이에 일본정부는 다시 히로쓰(廣津弘信)를 부관으로 임명하여 부산 왜관에 추가 파견하면서 조선을 개항시킬 준비를 추진케 하였다.

민비는 1874년 8월 심복인 금위대장 조영하(趙寧夏)를 부산 왜관에 파견하여 일본관헌을 '허접(許接)'하겠다는 조영하의 비밀편지를 모리야마에게 전달하게 하였다. 물론 이것은 민비가 자기의 정권을 튼튼히 하기 위해 일본의 환심을 사려고 대원군이 접수거부한 새 양식의 일본 국서를 받겠다는 정도의 것이었다. 그러나 일본측은 이러한 태도변화에서 허점을 발견하고 이 기회를 조선을 위협하며 개항케 하는 데 활용하려고 하였다.

2. 운양호(雲揚號) 사건

부산 왜관에서 조선 정세의 내탐활동을 하고 있던 히로쓰는 1875년 4월 본국 정부에 군함을 조선에 파견해서 무력위협으로 조선을 개항케 하자는 건의서를 제출하였다. 일본 내각회의는 이를 채택하여 운양호 등 군함 5척을 조선 연안에 파견하였다.

이 중에서 운양호와 제2정묘호(第二丁卯號)는 부산항에 들어와 훈련을 구실로 함포의 위력을 과시하며 조선 관리들을 위협하였다. 운양호는 다시 5월에 북상하여 영흥만에 들어갔다가 나가사키(長崎)로 돌아갔다.

운양호는 나가사키에서 조선측을 도발하여 사건을 일으키라는 비밀훈

운양호

일본군의 강화도 침입 광경

령을 받고 1875년 8월 강화도 앞바다에 늘어왔나. 운양호는 초지진(草芝鎭) 앞에서 정박한 채 배를 한 척 내리어 20여 명의 병사를 태우고 초지진 포대에 접근시켰다. 초지진을 지키고 있던 조선 포병은 신호를 보내어 접근치 말라는 경고를 여러 번 알렸으나 이 배는 경고를 무시하고 계속 포대 앞으로 접근해 왔다. 위험을 느낀 조선 포병은 당연한 책무로 더 이상의 접근을 중단시키기 위해 대포 한 발을 배 앞쪽에 발사하였다. 배는 물론 피해 없이 모함인 운양호로 돌아갔다.

운양호는 기다렸다는 듯이 초지진으로 다가오면서 초지진 포대를 향하여 맹렬히 함포사격을 가하였다. 그러나 초지진은 막강한 진지여서 더 이상 접근하기 어려웠다. 운양호는 방향을 바꾸어 약 100명의 군인과 500명의 주민이 살고 있는 영종진(永宗鎭) 포대에 함포사격을 가하여 포대를 완전히 파괴한 후에 영종도에 상륙하였다.

조선 군인 35명이 전사하는 등 완강히 저항했으나 일본군은 이 저항을 뚫고 성안에 들어와 민간인들에 대한 살육과 영종진 시설에 대한 방화 등을 자행한 뒤 철수하였다. 이것이 소위 '운양호 사건'이라고 하는 것이다.

'운양호 사건'은 일본측이 고의로 일으켜 조선의 초지진 포대에 피해를 주고, 영종진을 유린해서 조선 군인과 일반 민간인들을 대규모로 학살한 일본군의 침략 범죄행위 사건이었다.

3. '조·일수호조규'의 강요와 체결

일본측은 '운양호 사건'을 조작하는 데 성공하자, 적반하장(賊反荷杖)으로 이 사건을 역이용하여 조선을 무력위협으로 개항시키기로 결정하였다.

이 사이에 민비정권은 어떠한 대책을 세웠는가? '운양호 사건'이 발생한 지 3일 만에야 의정부는 국왕에게 사건을 보고하여 일본 군함의 침입인 것을 알면서도 정체불명의 이양선(異樣船)이 내해 안에 들어와 대포를 쏘고 불을 질렀는데 어느 나라 이양선인지, 왜 이런 짓을 했는지 모른다고 하였다. 또한 삼군부의 보고는 그것이 일본 군함의 짓인 줄 알면서도 민비의 대일본 유화정책에 비위를 맞추어 전날의 프랑스·미국 군함과 동류의 군함이라고 모호한 보고를 하였다. 국방에 허점과 무능무책이 드러난 것이었다.

이 사실의 정보를 입수한 일본측은 완전히 자신을 가지고 '포함외교

조약체결을 위한 일본군의 위협

(砲艦外交 : gun-boat diplomacy)'를 강행하였다. 일본정부는 전권대사에 구로다(黑田淸隆), 부대사에 이노우에(井上馨)를 임명하고, 군함 6척에 약 800명의 병력을 탑승시킨 다음, 1875년 음력 12월 19일(양력 1월 15일) 부산에 찾아왔다. 그들은 무력시위를 한 다음 병력 4,000명을 탑승시키고 강화도로 간다고 조선 관리에게 통고하였다. 일본 군함들은 1876년 1월에 강화부 앞 남양만에 출현하였다.

조선조정은 1876년 음력 1월 3일 대신회의를 열고 대책을 논의하였다. 이 회의에서는 민비파의 의견에 따라 그들을 맞아 담판회담을 갖기로 하고, 징사(正使)에 신헌(申櫶 : 일명 申觀浩), 부사에 윤자승(尹滋承)을 임명하였다.

강화부 안의 연무당(鍊武堂)에서 1876년 음력 1월 12일부터 시작된 근대 최초의 한·일회담은 3차례 열렸다. 제1차회담은 일본측이 평화적으로 '짜지 않은 물'을 구하는 운양호에 먼저 포격을 가한 초지진을 비판하면서 만일 수호조약을 체결하면 별문제이지만 조약을 체결하지 않으면 그냥 물러나지 않겠다고 위협하였다. 조선측은 운양호의 배가 승낙 없이 초지진 포대에 접근한 잘못과 영종진을 침범한 만행을 규탄하였다. 제2

차회담에서는 일본측이 작성해 온 '조·일수호조규'(12개조) 초안을 제출하여 조약체결을 강요하였다. 제3차회담에서는 조선측이 '금칙(禁則) 6조'를 일본측에게 제시하여 초안의 수정을 요구하였다.

이 강화도 연무당의 한·일회담 도중에 조선측은 심하게 무력위협을 받았다. 일본측은 군함에 탑승한 4,000명(실제는 800명)의 병력을 제물포·부평 지방에 상륙시키고자 한다고 위협했고, 회담 도중에 군함에서 '연습'이라 하여 해중에 함포사격을 실시해서 회담장의 목소리가 잘 안 들릴 정도였다.

결국 조선측은 이 무력위협에 위축되어 일본측이 초안해 온 '조·일수호조규'(12개조)를 승인해서 조약을 체결하기로 하고, 조선측이 제의한 '금칙 6조'의 추가는 문서가 아닌 구두로 약속하기로 합의하였다. 마침내 1876년 음력 2월 3일(양력 2월 27일) 일본측의 원안대로 거의 수정을 가하지 못한 채 '조·일수호조규(朝·日修好條規 : 일명 강화도조약)'가 체결되었다. 그 내용을 조목별로 간추려 보면 다음과 같다.

제 1 조. 조선국이 자주국이며, 일본과는 평등권을 갖는다는 조항(이 당연한 조항은 장차 일본의 대조선정책에 청국측이 간섭할 여지를 배제하기 위하여 명문화한 것이었다.)

제 2 조. 15개월 후 일본대사의 서울파견과, 조선사절단의 수시 일본파견에 대한 조항

제 3 조. 양국의 왕래 공문을 일본측은 일본문을 사용하되 10년간 한문 번역본 1통을 첨가하고, 조선측은 한문을 사용한다는 조항

제 4 조. 부산을 개항하고, 초량을 일본인 거주지로 한다는 조항

제 5 조. 경기·충청·전라·경상·함경 5도 연해 중 통상에 편리한 2개 항구를 20개월 이내에 개항하기로 한 조항

제 6 조. 조난당한 일본 선박의 구조의무에 관한 조항

제 7 조. 일본이 조선국 연해를 조사하여 지도를 편제할 수 있도록 허용한 조항

조·일수호조규 체결 광경

제 8 조. 조선국 지정항구(개항장)에 일본이 일본관리(영사)를 주둔시
　　　　켜 일본 상인들을 관리하도록 허용한 조항
제 9 조. 양국 국민의 무역에 대하여 양국 관리가 조금도 간여하지 못
　　　　하도록 금지한 조항
제10조. 조선국 지정항구(개항장)에서의 일본인의 범죄와 범법행위에
　　　　대해서는 일본국 관리(일본영사)가 재판하도록 영사재판권의
　　　　치외법권을 인정한 조항
제11조. 양국의 통상무역 편의를 위하여 6개월 이내에 별도의 '통상장
　　　　정(通商章程)'을 만들기로 약속한 조항
제12조. 양국이 영원히 신의를 갖고 위의 조항을 준수하기로 하여 조약
　　　　서 2통을 작성해서 각국이 소지하기로 약속한 조항

　조선조정은 일본측의 요구에 응하여 1876년 4월 김기수(金綺秀)를 제1
차 수신사로 파견하였다. 김기수가 일본을 다녀온 후, 일본측은 다시 '수
호조규부록(修好條規附錄)'(13개조)과 '통상장정'(10개조)의 체결을 요구
하였다.
　이에 1876년 음력 7월 6일(양력 8월 24일) 체결된 '수호조규부록'에서는

일본에 파견된 수신사 김기수 일행의 요코하마 통과 광경

다음의 내용 등이 허용되었다.

① 개항장 10리(4㎞) 이내에서 일본 상인의 자유로운 상업활동(제5조)
② 개항장에서 일본 화폐의 법화(法貨)와 같은 자유로운 사용(제7조)
③ 일본 관리의 조선 내지의 여행 허용(제2조)

또한 같은 시각에 체결된 '통상장정'(통칭 무역규칙, 10개조)에서는 다음
의 내용이 허용되었다.

① 일본 상인의 미곡 및 잡곡 수출의 허용(제6조)
② 관세를 부과하지 않는 무관세 무역 허용(제7조)

일본측은 일찍이 1854년 미국과 제1차 화친조약을 체결할 때 미국측
에 기만당하여 무관세 무역을 허용했다가 속은 것을 알고, 1858년 미·일
수호통상조약에서 간신히 이를 개정하여 저율관세를 겨우 설정했었다.

일본측은 만일 조선측이 끝까지 관세 설정을 주장하면 종가 5퍼센트의 저율관세를 설정하도록 훈령을 받고 왔다가, 조선 관리가 '관세'의 중요성을 모르고 있음을 알고 이를 기만하여 '무관세 무역'에 동의를 받은 것이었다.

조선과 일본은 1876년 체결한 '조·일수호조규' '수호조규부록' '통상장정(무역규칙)'에 의거하여 개항을 하고 본격적 통상무역에 들어가게 된 것이었다.

4. '조·일수호조규' 등의 불평등조약의 성격

그러나 1876년 조선과 일본 사이에 체결된 '조·일수호조규' '수호조규부록' '통상장정(무역규칙)' 등은 전형적인 불평등조약이었다. 그 몇 가지 특징을 들면 다음과 같다.

① 개항장에 일방적으로 일본인의 독립된 전관조계(專管租界 : 居留地)의 설치를 인정한 것은 국토 내에 일본의 상업무역기지와 치외법권 지역을 인정한 허점을 가진 것이었다. 조선측은 일본 개항장에 이러한 전관조계 설치의 인정을 받지 못하였다.

② 개항장에서의 일본인의 범죄와 범법행위에 대하여 소선 관헌이 이를 재판하지 못하고 일방적으로 일본영사의 영사재판권을 인정한 것은 개항장에서 일본의 치외법권을 인정한 허점을 가진 것이었다. 이것은 조선의 자주독립 주권을 훼손한 것이었다. 또한 이것은 일본 상인이 상업상의 책략으로 삼은 기만과 약탈을 일본영사가 보호하도록 특권을 허용한 것이었다. 조선측은 일본의 개항장에서 동일한 조건의 영사재판권을 갖지 못하였다.

③ 조·일 무역에서 관세를 배제하고 무관세 무역을 규정한 것은 조선

국내의 유치산업 보호의 제일차적 기구가 되는 제도를 배제하여
국내 상공업을 무방비 상태에 둔 것이며, 국내 시장을 외국상품의
시장으로 범람케 만드는 허점을 가진 것이었다. 중상주의적 무역에
서 논책가들이 관세의 중요성을 얼마나 크게 강조했는가와 비교해
보면, 관세의 배제는 국내 상공업 보호·육성의 가장 중요한 제도를
상실한 것을 의미하는 것이었다.

④ 개항장에서 일본 화폐의 법화와 다름없는 통용은 일본 상인들 상행
위의 일방적 편의, 환율조작, 조선 개항장 경제의 일본경제에의 종
속을 가져오도록 만드는 허점을 가진 것으로서, 일본 상인에게만
일방적으로 유리한 것이었다. 조선 화폐는 일본의 개항장에서는 통
용이 허용되지 않았다.

⑤ 일본측이 조선의 해안과 연안을 조사·측량하여 지도를 편제할 수
있도록 허용한 것은 해안방위와 국방에 허점을 만든 것이었다. 조
선측은 일본의 해안과 연안에 대한 동일한 조사·측량·지도편제의
권리를 갖지 못하였다.

이러한 불평등조약으로 1876년 10월에 부산(釜山)을 개항하고, 1880년
4월에 원산(元山), 1883년 1월에 인천(仁川) 등 3개 항구를 개항한 것이
'제1차개항'이다.

5. 1876년 개항의 사회사적 성격

이상과 같은 과정으로 시작된 우리나라의 개항은 사회사적으로 '근대
의 기점'이 아니라 '개방체계의 기점'이라는 사실을 주목할 필요가 있다.
한국근대사에서의 '근대의 기점'은 1850-60년대의 사회신분제의 해체,
매뉴팩처의 성장, 자본주의적 사회경제관계의 발전, 개화사상과 동학사

상 등 근대사상의 성립의 시기라고 볼 수 있다.

이러한 '근대의 기점' 이후의 근대적 사회요소들은 상대적인 '폐쇄체계 (closed system)' 안에서 성장해 나가다가 '개항'을 맞이하였는데, 1876년 개항은 '개방체계(open system)'의 기점이 되어, 그후 근대적 요소는 '개방체계' 안에서 다른 여러 나라의 근대적 요소들과 교류·경쟁·갈등을 겪으면서 성장하게 된 것이었다.

세계체제론의 관점에서 보면, 1876년 조선의 개항은 종래 은둔의 나라가 제2차 세계체제(산업자본주의 세계시장체제) 속으로 최후 편입했음을 의미하는 것이었다고 볼 수 있다. 여기서 우리가 처음부터 주의하지 않으면 안될 것은 1876년 한국의 개항은 중국·일본을 포함하여 다른 어떤 나라의 개항과도 다른 두 가지 불리한 특징을 가지고 있었다는 점이다.

그 첫째는, 한국 개항 후의 외래 자본주의의 도전이 중상주의와 산업자본주의의 이중의 중첩된 도전이었다는 사실이다. 다른 나라의 개항은 산업혁명을 거친 서구 제국이 근대공장제 상품을 판매할 시장을 확대하기 위한 산업자본주의적 개항이었다. 이러한 조건 밑에서는, 자기 나라 토착상인은 외국무역과 국내상업에 종사하여 비교적 자유로운 분위기 속에서 용이하게 상업자본의 축적을 진전시킬 수 있는 것이며, 또 국가의 산업정책 여하에 따라서는 이 축적된 상업자본이 산업자본으로 전화될 수 있는 것이었다.

이와 달리, 1876년 한국의 개항은 산업자본을 성립시키기 이전의 일본 상인이 우리나라에 건너와서 상업자본의 축적을 목적으로 하여 이루어진 중상주의적 개항이라는 데 문제가 더욱 심각한 것이었다. 일본이 한국의 개항을 강요했을 때, 일본은 산업자본을 확립시킬 수 있을 것인가의 전망도 전혀 뚜렷하지 못한 훨씬 그 이전의 단계에서, 일부의 상인자본과 무사계급이 결합하여 서구의 근대국가체제와 군사체제를 도입하고 있었다. 따라서 우리나라에 대한 일본의 개항요구는 한국을 일본 상업자본의 원시적 축적을 위한 수렵장으로 이용하고, 무사층의 불만의 배출구로 사용하려는 중상주의와 군국주의가 결합한 형태의 개항이었다. 이러한 조건 밑에서 우리나라의 상업자본과 정부는 개항초부터 개항을 강요한 측의 힘과 충돌하여 자기 나라 상업자본 축적마저도 어려운 험난한 길을 걷게 되었다.

또 이 도전을 극복하여 상업자본을 성공적으로 축적한 경우에도 다시 이를 산업자본으로 전화시키려 할 때에는 이번에는 선진 서구산업자본의 압력과 충돌에 직면하게 된다. 한국의 개항은 한국을 약탈적인 중상주의적 원시축적의 수렵장으로 하려는 일본의 요구와 그것을 근대상품의 새로운 추가시장으로 하려는 서구산업자본의 잠재적 요구가 이중으로 중첩된 도전의 시작이었다.

둘째는 개항이 앞서 언급한 바와 같이 기만적인 불평등조약에 의하여 이루어졌다는 사실이다. 일본측에 일방적으로 유리하고 조선측에 일방적으로 불리한 불평등조약을 강요하기 위하여 일본측은 앞서 밝힌 바와 같이 '운양호 사건'을 조작하고, 또한 자기들이 초안해 온 '조·일수호조규'를 그대로 조인하라고 강요하면서 '포함외교'를 전개했던 것이다.

따라서 오늘날의 일본 역사교과서 및 《현대사회》교과서들이 '운양호 사건'에 대하여 "정부는 조선과의 수호를 꾀하였으나 교섭은 진전되지 않았다. 강화도 앞바다에서 측량 등의 시위행동을 한 일본 군함이 한국 포대로부터 공격을 받고 일본측도 포격을 가했다"《新編日本史》)고 운양호의 침략 범죄행위를 '정당방위'처럼 기술한 것은 전적으로 역사의 진실을 왜곡한 것이었다.

또한 일본의 역사교과서들이 일본측의 1876년 '조·일수호조규' 체결 요구에 대하여 "선의의 수호통상을 하고자 하나 조선측이 응하지 않았기 때문에 무력위협을 가했다"고 한 것도 '불평등조약' 강요를 은폐한 역사적 사실의 전적인 왜곡인 것이다.

일본이 강요한 '불평등조약'의 불리한 조건하에서 한국은 종전까지의 통상과는 질적으로 다른 산업자본주의 세계체제 안에 들어가게 된 것이다.

그러나 1876년 '조·일수호조규'에 의한 한국의 개항은 일본만을 대상으로 한 부분적 개항이며 서구와는 간접적으로 접촉하게 된 것이었다. 한국이 서구 자본주의와 직접적으로 접촉하여 전면적 개항을 하게 된 것은 1882년 '조·미수호조규'를 비롯하여 서구 제국과 일련의 통상조약을 체결하고 3개 항구 이외에 다수의 항구를 개항한 후부터이다.

한국은 1876년 일본의 무력위협 아래서 '불평등조약'으로 개항＝개방 체계로 들어갔고 일본 상업자본의 중상주의적 원시 자본축적의 장으로 되었기 때문에, 극히 불리한 조건에서 자주적 근대화를 추구하지 않으면 안되게 되었다.

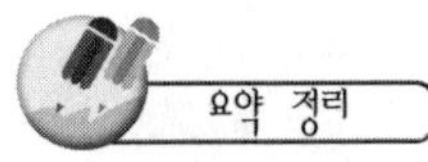

요약 정리

- 1873년 음력 11월 새로 집권한 민비정권이 일본에 대해 유화정책을 채택하자마자, 일본정부는 이 기회에 군함을 동원하여 '포함외교'로 무력위협을 가해서 일본에 유리한 불평등조약을 체결하여 조선을 '개항'시키기로 결정하였다.
- 이에 일본측은 그 준비의 일환으로 군함 '운양호'를 강화도에 보내어 고의로 보트를 내어서 조선군의 정지명령을 무시하며 초지진(草芝鎭) 포대 앞 요새 안으로 들여보내었다. 조선 포병이 당연한 의무로 요새 안에 불법침입한 운양호의 보트에 위협발사하여 돌려보내자 모함 운양호가 다가와 초지진에 대대적인 함포사격을 가했다. 운양호는 물러가면서 영종진(永宗鎭)에도 함포사격을 가한 후 상륙하여 조선군 수비병과 주민들을 다수 살상하는 만행을 자행하였다. 이것이 '운양호 사건'이다.
- 일본측은 '운양호 사건'을 조작하는 데 성공하자 이 사건을 역이용하여 조선측이 일본 선박에 먼저 사격을 가한 책임을 묻는다는 구실을 만들어서, 군함 6척에 800명의 병력을 싣고 부산을 거쳐 강화도에 들어왔다. 일본측은 무력시위를 하면서 그들이 작성해 온 '조·일수호조규' 초안에 조인할 것을 요구하였다. 이에 강화도에서 세 차례 회담 끝에 1876년 2월 3일(양력 2월 27일) '조·일수호조규'(12개조)가 체결되었다. 이어서 김기수가 수신사로 일본에 다녀온 직후인 1876년 7월 6일(양력 8월 24일) '조·일수호조규부록'(13개조)과 '조·일통상장정(무역규칙)'(10개조)이 조인되었다.

- 1876년 조선과 일본 사이에 조인된 이러한 조약들은 일본에게만 일방적으로 유리하고 조선에게는 불리한 전형적 '불평등조약'이었다. 그 불평등조약의 주요 내용으로서 ① 개항장에 일방적으로 일본인의 독립된 전관조계(專管租界 : 거류지) 설치를 인정한 것, ② 개항장에서 일본인 범죄행위에 대하여 조선 관헌이 재판하지 못하고 치외법권으로서 일본영사재판을 인정한 것, ③ 관세를 배제하고 '무관세 무역'을 규정한 것, ④ 개항장에서 일본 화폐의 법화와 다름없는 통용을 인정한 것, ⑤ 일본측이 조선의 해안을 조사·측량할 수 있도록 한 것 등이 가장 큰 문제점이었다.
- 조선은 이렇게 불리한 '불평등조약'으로 1876년 10월 부산을 개항하고, 이어서 원산(1880년)과 인천(1883년)을 개항함으로써 종래의 '폐쇄체계'로부터 '개방체계'로 들어가게 되었다.

<table><tr><td>

용어 정리

</td><td>

● **금칙6조(禁則六條)** ▶ 1876년 '조·일수호조규' 체결 회담 때 조선측이 제출한 "금해야 할 규칙 6개조"의 뜻이다. 그 내용은 ① 일본인의 상평통보(常平通寶 : 엽전) 사용금지 ② 미곡의 일본수출 금지 ③ 외상선매와 고리대의 금지 ④ 일본인의 타국인 혼래(混來)의 금지 ⑤ 아편과 서교(西敎)의 금지 ⑥ 표류민과 망명자의 상호 환송 등이었다. 이 '금칙6조'는 구두로만 양해한다 하고 문서로는 전혀 수용되지 않았다.

● **산업자본주의(産業資本主義)** ▶ 공장제도에 의한 상품의 생산과정에서 산업이윤을 축적하는 자본주의를 가리키는 용어이다. 산업자본주의는 산업혁명 이후에 생산부문에서 공장제도 생산방법이 대두함과 함께 형성되었다.

● **상업자본(商業資本)의 원시적 축적(原始的蓄積)** ▶ 상업자본이 자영업자나 소상품 생산자의 생산물 유통거래를 통하여 자영업자나 소상품 생산자에게 귀속되어야 할 이윤(또는 이익)을 상업이윤으로 수취해서 자본을 축적하는 것을 가리키는 용어이다. 상업자본의 본원적(本源的) 축적이라고도 한다.

● **영사재판권(領事裁判權)** ▶ 국내에서 일어난 외국인의 범법행위를 자기 나라 법률에 의거해 자기 나라 관헌이 재판하지 못하고, 외국영사가 외국법에 의거하여 재판하는 것을 가리키는 용어이다. 영사재판권은 자기 나라 안에 통치권이 미치지 못하는 외국의 특권을 승인한 것으로서 주권을 침해당한 것이었다.

● **왜학훈도(倭學訓導)** ▶ 동래부에서 초량의 왜관과 교섭하며 일본에 대한 외교의 실무를 담당하던 관직이다.

● **전관조계(專管租界)** ▶ '외국인이 전적으로 관리하는 조계'의 뜻으로, 개항장에 설

</td></tr></table>

치된 치외법권적 외국인 거주지역을 가리키는 용어이다. 이곳에서는 행정도 외국인이 전적으로 담당하고 모든 것을 외국인이 자치하였다.

● 중상주의(重商主義) ▶ 상업과 무역을 부의 원천으로 생각하여 금·화폐·무역차익의 축적에 집중하는 사상과 정책을 가리키는 용어이다.

● 치외법권(治外法權) ▶ '자기 나라 통치권 밖의 외국법 시행권'을 가리키는 용어이다. 주권국가는 국법을 온 나라 안에 펴야 하는데, 19세기에는 제국주의 열강이 약소국과 '불평등조약'을 체결하여 '전관조계' 설정, '영사재판권' 등 치외법권을 다수 설정했었다.

참고문헌

• 신국주, 〈한국의 개국-운양호 사건을 중심으로〉, 《일본외교사연구》, 1961.
• 김경태, 〈병자개항과 불평등조약 관계의 구조〉, 《이대사원》 제11집, 1973.
• 이현종, 〈수호통상조약의 체결과 개항장〉, 《한국 개항장 연구》, 1975.
• 이병천, 〈개항과 불평등조약의 확립〉, 《경제사학》 제8집, 1984.
• 모리야마 시게노리(森山茂德), 《근대일한관계사연구》(도쿄대출판회), 1987.
• 신용하, 〈1876년의 개항 = 개방체계의 시작과 불평등수호통상조약〉, 《한국학보》 제88집, 1997.
• 안종철, 〈친정 전후 고종의 대일관과 대일정책〉, 《한국사론》(서울대) 제40집, 1998.
• 이재광, 《식민과 제국의 길》, 나남출판, 1998.

9

개항 직후 초기개화정책의 내용과 방향

단원개요　　　　　　조선은 1876년 개항 후 외국과의 통상교섭이 확대되고
열강의 도전이 증대되자, 국내외 정세변화에 대응하여 초기개화파들을 중심으
로 '개화정책'이 본격적으로 추진되었다.

　갑신정변 직전까지 대표적인 개화정책을 예로 들면 ① 최초의 신식 정부기구
로서 통리기무아문의 설치(1880), ② 최초의 신식 군대인 별기군의 창설(1881),
③ 중국에 병기제조 과학기술 유학생 사절단인 '영선사'의 파견(1881), ④ 일본
국정시찰단(신사유람단)의 파견(1881), ⑤ 기무처의 설치(1882), ⑥ 감성청의
설치(1882), ⑦ 대외 균세정책의 실시(1882), ⑧ 해방책(海防策)의 수립(1882),
⑨ 보빙사의 파견(1883), ⑩ 해관과 관세제도의 설치(1883), ⑪ 최초의 근대학교
인 원산학사(元山學舍)의 설립(1883), ⑫ 최초의 영어학교인 동문학(同文學)의
설립(1883), ⑬ 최초의 근대신문인 《한성순보》의 창간(1883), ⑭ 근대우편제도
의 창설(1883), ⑮ 치도국의 설치와 서울시내의 도로확장 정리(1883), ⑯ 서울시
내의 근대경찰제도 창설(1883), ⑰ 복식제도의 개혁(1883), ⑱ 해외 유학생 파견
(1881-84), ⑲ 최초의 근대농업 시험장인 '농무목축시험장'의 설치(1884), ⑳
26개 근대상공업 기업체의 설립(1881-84) 등과 같은 것이었다.

1. 초기개화정책의 추진

1876년 조선은 '조·일수호조규'에 의해 개항된 뒤 근대 열강과의 통
상교섭이 확대되고 열강의 도전이 증대되기 시작하자, 국내외 정
세변화에 대처하여 본격적인 개화정책을 추진하려는 노력이 선각자들과
초기개화파 관료들 사이에 나타났다. 그들은 근대 열강의 도전에 대항하
여 나라의 독립과 안전을 지키기 위해서는 하루바삐 개화정책을 실시하
여 자주부강한 조국을 건설해야 한다고 생각하였다. 또, 개항 이후의 정
세변화에 대처하기 위해서는 전통을 계승하면서 열강의 선진 과학기술
을 배우고 제도개혁을 단행하여 부강한 근대국가 체제를 갖추는 것이
급선무임을 깨달았다. 초기개화정책의 움직임은 1878년부터 뚜렷이 나

타나기 시작하였다. 열강의 약육강식 정책 아래 늦게 출발한 개화정책은 수많은 시련에 부닥쳤지만, 우여곡절 속에서도 줄기차게 진전되어 많은 성과를 내기 시작하였다. 1876년 개항부터 1884년 갑신정변 직전까지 개화정책의 내용을 살펴보기로 한다.

2. 신식 행정기구 통리기무아문의 설치

개항 이후 국내외 정세의 급격한 변화에 대처하기 위해서는 종래의 국가기구는 부적합한 것이었다. 즉, 대외통상의 새로운 과제에 적응하기 위한 정부기구의 개편이 불가피하게 되었다. 1880년 음력 12월(양력 1881년 1월) 통리기무아문(統理機務衙門)의 설치는 이러한 새 과제에 대응하기 위한 정부기구 개혁의 첫출발이었다. 통리기무아문이 처음 신설된 때에는 〈표 1〉과 같이 12사(司)를 두어 사무를 분담, 관장하도록 하였다. 그 후 통리기무아문은 신설된 뒤 세 차례 개편을 하였다.

〈표 1〉 통리기무아문의 12사와 관장사무

사(司)	관장사무
사대사(事大司)	중국에 대한 외교와 사신왕래 및 민간인의 왕래를 관장
교린사(交隣司)	일본 및 기타 각국에 대한 외교와 문서를 관장
군무사(軍務司)	서울과 지방의 군사를 통솔하는 사무를 관장
변정사(邊政司)	변정의 사무와 이웃 나라 동정의 정탐 등 사무를 관장
통상사(通商司)	중국 및 이웃 나라와의 통상사무를 관장
군물사(軍物司)	병기제조 등의 사무를 관장
기계사(機械司)	각종 기계제조 등의 사무를 관장
선함사(船艦司)	각종 선박제조와 통령(統領) 등의 사무를 관장
기연사(譏沿司)	연안을 왕래하는 선박검사 등의 사무를 관장
어학사(語學司)	각국의 언어, 문학 등을 번역·해석하는 사무를 관장
전선사(典選司)	재예(才藝)를 택하여 취하고 각사 수용(各司需用) 등의 사무를 관장
이용사(理用司)	재용(財用)의 경리 등 사무를 관장

이 무렵 통리기무아문에는 김윤식(金允植), 박정양(朴定陽), 어윤중(魚允中), 김홍집(金弘集), 홍영식(洪英植), 김옥균(金玉均), 김명균(金明均), 변원규(卞元圭), 윤기진(尹起晉), 이원긍(李源兢), 윤치호(尹致昊), 이건호(李健鎬), 여규형(呂圭亨), 고영철(高永喆), 장박(張博), 김기준(金基駿) 등 초기개화파들이 다수 진출하였다.

3. 신식 군대의 창설

조선은 개항 전후 열강의 도전, 특히 두 차례의 양요(洋擾)와 운양호 사건 및 무력을 배경으로 한 일본의 고압적 외교의 경험에 비추어 군사력의 강화가 시급한 것임을 절감하고 군제개편과 신식 군사훈련을 시작하였다. 먼저 1880년에 수신사 일행으로 일본을 다녀온 별군관(別軍官) 윤웅렬(尹雄烈)이 중심이 되어 오영(五營)의 군인들 중에서 지원자 80명

별기군의 처음 모습

을 선발해 1881년 4월에 무위영(武衛營) 소속으로 별기군(別技軍)을 창설하였다. 이 별기군은 우리나라 최초의 근대적 군대로서, 근대식 소총으로 무장하고 신식 군사훈련을 받았다. 별기군의 교련소 당상(堂上)에는 민영익(閔泳翊), 정령관(正領官)에 한성근(韓聖根), 좌부령관(左副領官)에 윤웅렬, 우부령관에 김노원(金魯元), 참령관(參領官)에 우범선(禹範善), 교관에는 일본군 육군소위 호리모토(掘本禮造)를 초빙하여 신식 교련을 시켰다.

별기군은 소부대로서 구식 군대를 완전히 대치할 만한 대규모의 것은 아니었다. 그러나 교련·무장·제복·계급·전투실기를 모두 근대화하여 시행함으로써 한국사상 최초의 근대식 군대가 창설된 것이었다. 또한, 정부는 장차 별기군을 확대하여 구식 군대를 모두 신식 군대로 바꾸려는 계획을 가지고 있었다. 별기군은 임오군란에 이르러 구군대와의 차별대우로 한때 문제가 되기도 했으나, 군대의 근대화는 초기개화정책의 기본적 내용의 하나가 되었다.

4. 병기제조 과학기술 유학생의 파견

개항에 뒤따른 무비자강(武備自强)의 일환으로 김윤식·어윤중 등의 개화파들이 중심이 되어 중국에 들어와 있는 서양의 과학기술 및 병기제조 기술의 도입과 학습을 시도하였다. 개화파들은 젊은 국왕 고종을 움직여 중국으로부터 병기제조 기술의 학습을 위한 기술학도의 유학파견을 건의하였다.

조선정부에서는 변원규를 파견하여 청나라와 유학생 파견에 대한 장정(章程)을 체결하도록 하였다. 변원규가 4개조로 된 조약을 성공적으로 체결하고 1880년 11월에 귀국하자 본격적인 유학생 파견 준비가 추진되었다.

그러나, '영선사(領選使)'라는 이름의 유학생 파견은 처음 4월 11일을 출발일자로 정했다가 우여곡절 끝에 다섯 차례나 날짜를 지연 변경하여 결국 9월 26일에야 출발하게 되었다. 영선사 단원은, 영선사에 김윤식, 종사관에 윤태준(尹泰駿), 별관당상에 변원규·이근배(李根培), 관변(官辯)에 백낙륜(白樂倫) 등을 비롯하여, 관원 12명, 수종(隨從) 19명, 학도 20명, 공장(工匠) 18명 등 모두 69명으로 구성되었다.

청나라에 도착한 유학생들은 톈진기기국(天津機器局)에 배속되었다. 톈진기기국에 파견된 학도와 공장들은 화약이나 탄약제조법만 학습한 것이 아니라, 각 분야의 자연과학지식과 외국어도 익혔다. 이것은 영선사 일행에 의한 유학생 파견이 좁은 의미에서 병기제조뿐만 아니라 넓은 의미로 신(新)과학기술 도입을 위한 개화정책의 하나였음을 나타내는 것이다.

조선정부와 개화파들은 1882년 5월에 통리기무아문 주사 어윤중과 이조연(李祖淵)을 문의관(問議官)으로 파견하여 유학생들을 격려하게 하였다. 이때 초기개화파들은 중도에 낙오자들이 다수 발생했음에도 불구하고 끝까지 남아서 과학기술을 배워온 학도와 공장들을 중심으로 신병기창(新兵器廠)을 건설하고 근대적 병기를 제조하며 신과학기술을 도입 발전시키려 하였다. 그러나 이 유학생 파견은 중도에 중단되어 1882년 10월에 철수하지 않을 수 없게 되었다.

그 이유는 첫째, 1882년 6월 9일 일어난 임오군란의 영향이었다. 6월 18일에는 임오군란의 소식이 유학생들에게 알려져, 본국의 정부가 붕괴되었다는 소식을 들은 유학생들은 학습하러 들어가지 않고 동요

어윤중

하였다고 한다. 둘째, 학도와 공장 중에서 각종 사유로 귀국자가 많이 생긴 탓으로, 1882년 5월 초까지 38명의 유학생 중에서 19명이 여러 가지 사유로 탈락하였다. 셋째, 재정의 빈곤으로, 당시 정부는 영선사 일행을 톈진기기국에 파견해 놓고도 그들의 학습을 뒷받침해 줄 충분한 경비를 보내지 않았다. 넷째, 서울에 기기창(機器廠) 건설계획이 수립된 사실이다. 당시 조선조정에서는 영선사 일행이 불리한 여건에 직면하고,

영선사 김윤식

공학도들의 학습기간이 장기화할 전망이 뚜렷해짐에 따라, 서울에 기기창을 설치하여 이곳에서 자연과학을 교육시키는 것이 경제적일 것이라는 판단으로 기기창 설립이 추진되었고 공학도 귀환이 추진되었다.

마침내 1년 만인 1882년 10월 18일 김윤식은 유학생들을 인솔하고 기기창 설립을 위한 다수의 기계들을 구입한 후 톈진을 출발하여 11월 1일 인천에 도착함으로써 공학도 유학생의 청나라 파견은 중단되었다.

영선사 일행의 파견은 우리나라의 근대화에 이바지하였다. 첫째, 이때 유학한 공학도들이 처음으로 서양의 과학기술을 체계적으로 배웠으며, 그것이 이후 선진 과학기술을 배우게 되는 하나의 토대를 이루게 되었다. 둘째, 우리나라에서 처음으로 각종 근대기계와 과학기술 서적이 대량으로 도입되어 국내 과학기술 지식의 발전에 큰 공헌을 하였다. 셋째, 우리나라 최초의 근대병기 공장인 기기창이 1883년 3월에 서울 삼청동 북창(北倉)에 건립되었다. 넷째, 구미제국에 대한 자주개국의 실현이 촉진되었다. 영선사 김윤식은 톈진과 베이징에 체류하면서 공학도의 감독과 함께 일본을 견제하기 위한 다변외교와 통상을 청나라와 협의하여 추진하였다.

5. 일본국정시찰단의 파견

조선정부는 청나라에 영선사 일행의 파견을 준비하면서, 다른 한편으로 일본의 개화상황을 정확히 알고자 이른바 신사유람단의 파견을 준비하였다. 1881년 초에 일본국정시찰단이 구성되었는데, 이는 일본측의 권고나 주도에 의한 것이 아니라 전적으로 조선측이 독자적으로 서둘러 준비하여 일본측에 협조를 요청한 것이었으며, 이것을 주선한 것은 개화승 이동인(李東仁)이었다. 이동인은 일본 히가시혼겐사(東本願寺) 부산 분원의 일본승과 서로 알고 지내면서 이를 준비했기 때문에, 시찰단이 구성될 때까지 주한 일본공사 하나부사도 이를 모르고 있었다.

당시 국내에서는 김홍집이 가져온 황준헌(黃遵憲)의 《조선책략(朝鮮策略)》을 둘러싸고 유생들의 위정척사운동이 비등하고 있었으므로, 일본국정시찰단의 파견은 극비리에 진행되었다. 조정은 시찰단원을 동래 암행어사로 발령하여 비밀리에 동래에 모여서 일본으로 출발하도록 하였다. 시찰단의 구성을 보면, 전원을 12반으로 편성하여, 각 반에는 책임자인 조사(朝士) 1명, 수원(隨員) 2명, 통사(通事) 1명, 하인 1명씩을 배치하여 1개 반을 5명으로 구성하였으며, 총인원은 62명에 달하였다. 12개 반원의 시찰단 명단과 시찰 대상은 〈표 2〉와 같다.

일본국정시찰단 일행은 1881년 4월 10일 부산을 출발하여 〈표 2〉와 같은 부서의 문물을 시찰, 조사하였다. 일본국정시찰단의 파견은 3개월 간의 짧은 것이었지만 상당한 성과를 거두었으며, 그 뒤의 개화정책에 큰 영향을 끼쳤는데, 그 중요한 것들을 들면 다음과 같다.

첫째, 근대적 제도개혁에 참조가 될 수 있는 방대한 자료를 수집했고, 각 부분의 시찰보고서와 견문록은 조선의 제도개혁에 참고자료로 사용되었다. 둘째, 시찰단에 참가했던 조사와 수원들이 모두 각 부문의 전문가가 되어 정부기구 안에서 중요한 지위와 역할을 수행하였다. 셋째, 개

〈표 2〉 시찰단의 구성과 시찰 대상

조사(朝士)	수원(隨員)	시찰 대상
조준영(趙準永)	이봉식(李鳳植) 서상직(徐相直)	문부성
박정양(朴定陽)	왕제응(王濟膺)	내무·농상성
엄세영(嚴世永)	엄석주(嚴錫周) 최성대(崔成大)	사법성
강문형(姜文馨)	강진형(姜晉馨) 변택호(邊宅浩)	공부성
조병직(趙秉稷)	안종수(安宗洙) 유기환(兪箕煥)	세관
민종묵(閔種默)	민재후(閔載厚) 박회식(朴會植)	외무성
이헌영(李𨥭永)	이필영(李弼永) 민건호(閔建鎬)	세관
심상학(沈相學)	유진태(兪鎭泰) 이종빈(李鍾彬)	
홍영식(洪永植)	고영희(高永喜) 성낙기(成洛基) 김낙운(金洛雲)	육군
어윤중(魚允中)	유길준(劉吉濬) 유정수(柳定秀) 윤치호(尹致昊) 김양한(金亮漢)	대장성
이원회(李元會)	송헌빈(宋憲斌) 심의영(沈宜永)	군사
김용원(金鏞元)	손붕구(孫鵬九)	

화파 세력이 크게 강화되었다. 청국 파견 영선사 일행과 일본국정시찰단 일행은 일부의 척족세력을 제외하고는 거의 모두 개화자강을 주장하게 되었으며, 그 영향을 받은 사람들도 개화파에 가담함으로써 단기간에 초기개화파의 세력이 증강되었다.

6. 관세제도의 신설

조선정부는 일본과의 통상조약에서 기만당하여 무관세 무역을 인정하는 실책을 저질렀기 때문에 그 뒤 관세의 설정을 당면 개화정책의 중요한 과제의 하나로 정하여 해관(海關) 설치에 노력하였다.

조선정부는 1880년 5월 김홍집을 수신사로 일본에 파견하여 관세의 설정, 인천개항의 연기 또는 변경, 식량수출의 완화 등의 안건을 교섭하게 하였다. 이때, 김홍집은 수출입상품에 5퍼센트의 관세를 부과하는 관세세목초안을 일본측에 제시하였으나 일본측은 이를 회피만 하고 전혀 협의에 성의를 보이지 않았다. 김홍집은 외교적 노력을 거듭하다가 일본이 서양 각국과 30퍼센트의 관세율 인상을 교섭하고 있다는 귀중한 정보를 입수하고 황준헌의 《조선책략》만 가지고 돌아왔다.

조정은 다시 1881년 11월에 조병호(趙秉鎬)를 수신사로 일본에 파견하여 관세설정을 교섭하게 하였다. 조선측은 수입상품을 6종으로 분류하여 5-35퍼센트의 관세설정을 제안하였다. 이에 대하여 일본측은 조병호가 수신사일 뿐 전권대사가 아니라고 트집 잡아 협상을 파기하고 수출입세를 5퍼센트로 평준화할 것을 주장하였다. 조병호는 일본측의 협상불응으로 다시 관세설정 교섭을 중단한 채 귀국하였다.

일본측이 끝까지 관세설정에 응하지 않자, 초기개화파들은 구미제국과 자주개국을 하여 수호통상조약을 맺을 때 해관세칙(海關稅則)을 포함시킴으로써 관세를 설정하는 해결방법을 택하기로 하고, 이홍장의 알선으로 미국과의 수호통상조약 체결을 추진하였다. 조선측은 김윤식·어윤중·김홍집 등의 노력과 일본견제를 노린 이홍장의 지원으로 1882년 음력 4월 4일(양력 5월 22일) 체결된 '조·미수호조규(朝·美修好條規)' 제5관에 조선조정이 주장하는 관세자주권(關稅自主權)과 10퍼센트 기준의 관세율을 명기하는 데 성공하였다. 즉, 수입관세는 일용품이 10퍼센트, 사

치품은 30퍼센트로 정하고, 수출세를 5
퍼센트로 정했으며, 선세(船稅)를 매 톤
5전으로 정하였다. 이에 문제의 일본에
게 미국과 동률인 관세율을 요청할 수
있게 되었다. 일본측은 이러한 상황을
우려하여 온갖 방해를 했으나 조선조
정은 이를 물리치고 관세율을 조선정
부의 주장대로 결정하였다.

이것은 일단 초기개화정책의 성공한
업적의 하나가 되었다. 조선조정은 해
관설치가 급박하게 되었으므로 이홍장

조선 관복을 입은 묄렌도르프

의 추천에 의해 독일인 묄렌도르프(P. G. V. Möllendorf, 穆麟德)를 실무자
로 고빙(顧聘)하였다. 그러나 1882년 6월 임오군란이 일어나고, 그 뒤 청
나라의 적극간섭정책이 강화되자 사태는 급변하였다. 통리교섭통상사무
아문의 협판에까지 승진한 묄렌도르프는 총세무사(總稅務司)의 직책을
겸임하여 해관을 창설하고 이홍장의 지시에만 의거하면서 일본과의 관
세설정 문제를 조선측에 불리하게 합의해 주었다.

해관은 1883년에 설치되어 11월부터 수세사무를 시작하였다. 그 기구
를 보면 부산·원산·인천에 감리서(監理署)를 설치하고 조선정부는 감리
를 임명했으며, 한편 총세무사 묄렌도르프 밑에 중국인을 비롯한 외국인
세무사를 두는 이원체제가 수립되었다. 그러나 이때는 청나라가 적극간
섭정책을 할 때이며, 실권이 총세무사에게 집중되어 있었기 때문에 해관
의 실제사무는 조선인 감리에 의해서 관리된 것이 아니고 외국인 세무사
에 의해서 관리되었다.

7. 근대학교의 설립

개항 이후 선각자들은 열강의 도전에 대처하여 나라의 독립과 발전을 지키기 위해서는 신지식을 갖춘 강건한 인재를 교육 양성해야 한다고 보고 교육이 가장 급무라고 강조하였다. 이 근대교육을 담당하는 기관이 학교이므로 그들은 근대학교의 설립을 자주적 근대화를 달성하는 동력 기관의 창설이라고 생각하고 그 설립을 추진하였다. 이에 1878년에는 개항장인 동래에 무예교육을 위한 새 제도를 창설하였다.

1883년 이른 봄부터 여름에 걸쳐 개항장인 원산에서는 민간인들이 개화파 관료들의 지원을 받아 원산학사(元山學舍)를 설립하였다. 이 학교는 설립된 뒤 덕원부사 겸 원산감리 정현석(鄭顯奭)이 민간인들의 요청과 출자(出資)에 의하여 이미 학교를 설립했음을 1883년 8월 28일 정부에 보고하여 정부의 승인까지 얻음으로써 우리나라 최초의 근대학교이자 최초의 민립학교가 되었다. 원산학사 설립의 출자비율을 보면, 총설립기금의 88.8퍼센트를 지방민과 개화파 관료가 출자했고, 11.2퍼센트를 원산감리서에 고용되어 있는 외국인 세무사들이 출자했다. 출자를 민간인과 관료로 나누어 보면 민간인이 95.0퍼센트, 관료가 5.0퍼센트를 출자하였다. 이것은 원산학사가 민간인들이 설립한 학교라는 사실을 단적으로 나타내고 있다.

이 학교는 학급을 문예반과 무예반으로 편성하였다. 문예반은 지방의 연소하고 총민한 자제를 약 50명 입학시키고, 다른 읍의 사람이라도 수업료를 내면 입학을 허가하였다. 무예반은 동래의 예에 따라 정원을 200명으로 하여 무사를 입학시켰으며, 다른 지방의 무사도 입학을 희망하는 자는 모두 허가하도록 하였다. 원산학사가 문예반과 함께 특히 무예반을 병설한 것은 일본의 무력도발이 개항장에서 자주 자행되는 사태와 관련하여, 무비자강을 실현해야 할 긴급한 필요성에 대응하기 위한 창의적인 것이었다.

교과목은 특수과목으로서 문예반은 경의(經義)를, 무예반은 병서(兵書)와 사격술을, 문무 공통과목으로서 산수·물리로부터 각종의 기계기술·농업·양잠·광채(礦採) 등을 가르쳤다. 그 밖에 일본어 등 외국어와 만국공법(국제공법), 그리고 각국 지리도 가르쳤다.

원산학사는 민중들이 자발적으로 재력을 모아서 개항장에 밀려오는 외세에 대항하고 실학적 전통을 계승하면서 새로운 정세변화에 대응하기 위해 설립한 우리나라 최초의 근대적 민립학교라는 점에서 큰 역사적 의의를 가진다.

원산학사와 같은 일반학교는 아니지만 같은 해인 1883년에 통역관 양성을 위하여 통리기무아문 부속의 동문학(同文學)이라는 영어학교가 설립되었다. 동문학은 연소하고 총민한 어학생 약 40명을 뽑아서 오전반과 오후반으로 나누어 영어·일본어·서양산술 등을 가르쳤다. 학생 중에서 우수한 자는 학용품과 기숙비를 통리기무아문에서 제공하여 주었다. 동문학은 1883년 8월 영국인 핼리팩스(T. E. Hallifax, 奚來百士)를 초빙하여 영어를 가르치기 시작했다가, 1886년 육영공원(育英公院)이 설립되자 발전적으로 통합되었다. 동문학은 우리나라 최초의 관립학교인 셈이다.

8. 근대신문의 발간

초기개화파들은 1880년대에 들어서자 근대신문의 발간을 추진해 오다가 1883년 10월 1일(양력 10월 30일) 우리나라 최초의 근대신문인 《한성순보(漢城旬報)》를 발간하게 되었다. 처음 신문발간을 추진한 개화인사는 박영효(朴泳孝)로서, 그는 1880년부터 신문발행을 주장해 오다가 한성판윤이 되자 국왕의 허가를 얻어 유길준을 등용해서 본격적으로 신문발간을 준비하였다. 그러나 박영효가 수구파의 미움을 받아 광주유수(廣州留

守)로 좌천됨으로써 이 신문발간의 계획은 중단되었다.

　박영효의 신문발간 계획을 인계받은 개화인사는 김윤식이었다. 김윤식은 동문학 장교(掌交)인 김만식(金晩植)에게 신문발간사업을 위임하였다. 김만식은 신문발간의 담당부서로서 박문국(博文局)을 신설하여 편집주사로 김인식(金寅植)을 선발하고, 양력 10월 30일 역사적인 《한성순보》 창간호를 발행하게 되었다. 《한성순보》는 세로 25㎝, 가로 19㎝ 크기의 8면에 달하는 규모로 오늘날의 주간지와 비슷한 것이었다. 내용은 순한문으로 표기하고, 대체로 매호마다 내국기사와 각국 근사와 교양을 위한 해설기사가 《한성순보》의 주요내용을 이루었다. 《한성순보》는 이름 그대로 순간(旬刊)으로 10일마다 한 호씩 빠짐없이 발행되어 1884년 10월 17일(양력 12월 4일) 갑신정변으로 인하여 박문국이 파괴되고 신문 간행이 중단될 때까지 40호 이상 발간되었다.

　《한성순보》폐간 뒤 신문이 없어서 큰 불편을 느끼게 되었으므로, 김윤식이 그 복간을 서둘러 인쇄기를 다시 구입하고 편집부원도 11명으로 늘려서 1885년 12월 21일(양력 1886년 1월 25일) 《한성주보(漢城周報)》 창간호를 발행하였다. 이 《한성주보》는 《한성순보》를 계승하고 그와 비슷한 체재를 갖춘 것이었으나, 이번에는 발간 횟수를 주 1회로 했으며, 신문기사를 국한문혼용으로 발간하였다. 《한성주보》는 1888년 5월 28일(양력 7월 7일)까지 100호 이상을 내고 운영난으로 정간되었다.

9. 근대적 산업시설의 대두

　개항 이후 개화정책의 내부적 추진력이 되어 오던 초기개화파들은 부국강병의 중요한 기초의 하나가 근대적 산업시설을 세우는 것이라고 생각하고 산업개발과 근대적 상공업 기업체의 설립을 고취하고 추진하였다. 이러한 개화정책의 영향으로 1880년대에 들어서자 서울과 전국 각

지방에서 각종의 근대적 회사들이 속출하기 시작하였다. 개항 이후부터 갑신정변 직전까지 설립된 근대적 회사형태의 상공업 기업체는 약 26개에 달하였다. 그 밖에 전통적 상업자본으로서 개항 이후 크게 성장한 서울의 시전상인(市廛商人), 전국 각 지방의 객주(客主)·보부상(褓負商) 등이 급속히 성장하면서, 일부는 근대적 변화에 저항하여 몰락했지만, 대부분은 1884년까지도 계속 성장하여 객주상회사(客主商會社) 또는 상무사(商務社)로서 근대적 형태로 변모해 가는 도중에 있었다.

농업 부문에서도 개화정책이 실현되어 1884년 잠상공사(蠶桑公司)가 설치되고, 근대적 양잠법을 적극적으로 장려하기 시작하였다. 또한, 외국의 농법과 양잠법을 소개하고 보급할 목적으로 각종의 새로운 농서가 편찬되기 시작하여, 1881년에 안종수(安宗洙)의 《농정신편(農政新編)》, 1884년에 이우규(李祐珪)의 《잠상촬요(蠶桑撮要)》 등이 나왔다. 특히, 1884년의 농무목축시험장(農務牧畜試驗場)의 설립은 이 시기의 주목할 만한 개화사업이었다.

또한, 기선해운 부문에서도 1884년에 기선회사(汽船會社)가 설립되어

최초의 미국파견 사절단 보빙사 일행

큰 발전이 이루어졌다. 기선회사는 통리기무아문의 전운국(轉運局)에서 미국 상인의 중개를 통하여 기선 3척을 도입해서 설립했으며, 연해의 화물운송과 조곡(租穀) 운송, 군대와 그 밖의 관용화물 운송에 종사하였다.

이 밖에 초기개화정책으로 특기할 것은 기무처(機務處)와 감성청(減省廳)의 설치, 대외 균세정책과 해방책(海防策)의 수립, 보빙사(報聘使)의 파견, 김옥균 등에 의한 수많은 유학생의 해외파견, 박영효가 한성판윤으로 있을 때의 치도국(治道局) 설립과 서울시내의 도로정리, 홍영식의 우정국 설립과 근대적 우편제도의 창설, 초기개화파들이 추진한 복식제도의 간소화 등이었다. 국내 위정척사파로부터의 반발과 국외로부터 열강의 압력이 있었음에도 불구하고 1880년대에 들어오면서 개화정책은 빠르게 진전되었다. 그러나, 1882년 임오군란 이후에는 청나라가 종주권을 내세우며 개화정책을 청나라로부터의 독립정책이라 보고 간섭하고 탄압했으며, 갑신정변 이후에는 급진개화파가 모두 꺾이고 온건개화파만 남아 청나라의 압력 밑에서 큰 시련에 부닥치게 되었다.

요약 정리

- 개항 후 초기개화파들이 정부 내에 중견관료로 진출하자 본격적으로 '개화정책'을 추진·실시하기 시작하였다.
- 먼저 1880년에는 최초의 근대적 정부기구로서 통리기무아문을 설립하였고, 이어서 1881년에는 최초의 신식 군대로서 '별기군'을 창설하였다. 또한 중국에 들어와 있는 서양의 병기제조 과학기술을 학습시키기 위해 1881년에는 '영선사'를 중국에 파견하였고, 일본의 근대화 실상을 직접 시찰하기 위하여 이른바 '신사유람단'이라는 일본국정시찰단을 파견하였다. 1882년에는 일본을 견제하기 위해 대외 균세정책을 채택·실시해서 서양 각국과의 통상을 추진했으며, 해안 방비를 위한 해방책(海防策)을 수립하여 실시하였다. 또한 정부기구로서는 '기무처'와 '감성청'을 설치하여 행정기구의 축소와 능률화를 추구하였다.
- 또한 1883년에는 최초의 근대학교로서 원산학사와 최초의 영어학교로서 동문학을 설립했으며, 최초의 근대신문인 《한성순보》를 창간하였다. 또한 일본측에 기

만당해서 '무관세 무역'을 허용했던 것을 시정하여 관세를 설정하고 해관을 설치하였다. 미국에는 '보빙사'를 파견하여 서양 근대문물을 시찰하고 필요한 것을 도입케 하였다. 또한 처음으로 근대우편제도를 창설했으며, 치도국을 설치하고 서울시내 도로를 확장·정리했고, 서울시내에 근대경찰제도를 창설하였다. 그리고 정부 관료의 복식제도를 개혁하여 간소화하였다.

• 미국에서 '보빙사' 일행이 구입하여 보낸 서양의 농산물·축산물 신품종과 농기계 등이 도착하자, 1884년에는 '농무목축시험장'을 설치하여 시험재배와 보급을 시작하였다. 또한 1881-84년에 걸쳐 수십명의 유학생과 사관생도를 일본 등지에 보내 그곳에 들어와 있는 서양문물과 기술과 신학문을 배워 오도록 하였다. 이 시기에 근대적 상공업 기업체도 설립되기 시작하여 1881-84년 사이에 26개 근대 상공업 기업체가 설립되었다.

• 초기개화파가 중심이 되어 추진한 이러한 '개화정책'은 방해를 받지 않고 그대로 계속 추진될 수 있었다면, 당시 낙후된 제도와 기술을 개혁하여 세계 대세의 변동과 합치된 방향과 방법으로 개화하여 근대국가체제와 근대시민사회를 수립할 수 있었다고 볼 수 있다.

● 감리서(監理署) ▶ 조선정부가 개항장의 해관(海關) 사무를 관장하기 위해 1883년에 설치한 관서이다. 조선정부는 처음으로 해관을 설치하면서 이홍장(李鴻章)의 추천을 받아 총세무사로 독일인 묄렌도르프(Möllendorf, P. G. V)를 고용하였다. 그러나 해관이 개설되자 그는 임오군란 후 조선에 주둔한 청군의 비호를 받으며, 이홍장의 지시를 받고 외국인들로만 세무사를 임명하여 해관을 청국해관에 종속시키려고 하였다. 이에 조선은 '감리서'를 설치하여 이를 견제·감독했으므로, 초기 해관사무는 이원적 관리가 시행되었다.

● 감성청(減省廳) ▶ 1882년에 초기개화파들이 행정기구를 간소화하면서 설립했던 '행정개혁청'의 명칭이다.

● 객주상회사(客主商會社) ▶ 조선왕조 시대에는 교통과 상업의 요지에 '객주(客主)' '여각(旅閣)'이라는 명칭의 도매상인이 활동하고 있었다. 이들은 개항 후에 근대적 회사가 설립되기 시작하면서 그 호칭을 통상 '상회사'로 부르자, 객주들도 근대화하여 '객주상회사'라는 명칭을 사용하였다.

● 기기창(機器廠) ▶ 보통명사로서는 '병기창' '병기공장'을 의미한다. 여기서는 고유명사로 김윤식이 '영선사(領選使)'로 텐진기기국에 다녀올 때 구입한 기계와 공장 설비로서 1883년 3월에 서울 삼청동에 설립한 병기제조공장인 '기기창'을 가리킨다. 이 '기기창'은 증기기관을 동력기관으로 사용했는데, 한국 최초의 병기 제조공장임과 동시에 최초의 근대공장이었다.

● **기무처(機務處)** ▶ 1882년에 초기개화파들이 국가정책을 토의하기 위하여 설치했던 자문기관의 명칭이다. 중간에 폐지되었다가, 1894년 갑오개혁 때에 '군국기무처(軍國機務處)'라는 명칭의 비상 입법기관으로 계승되었다.

● **농정신편(農政新編)** ▶ 1881년에 안종수(安宗洙)가 지은 신서(新書)의 이름이다. 그는 1881년에 일본국정시찰단(신사유람단)의 수원(隨員)으로 일본에 갔다가, 일본 농학자로부터 네덜란드·프랑스 등 서양의 근대농법에 대한 자료를 입수하고, 귀국 후에 이 책을 지어 서양의 근대농법을 처음으로 한국에 상세히 소개하였다. 이 책은 널리 필사되어 사용되다가, 1885년 광인사(廣印社)에서 활자(4권 4책)로 출판되었다.

● **보빙사(報聘使)** ▶ 조선정부가 1883년 6월 미국에 파견한 친선사절단의 명칭이다. 1882년 '조·미수호조규' 체결 후 미국정부가 조선정부의 요청에 미국인 고빙 등 협조적으로 응해주었기 때문에 '초빙에 답한다'는 뜻으로 이 명칭을 사용하였다. 보빙사의 정사(正使)는 민영익(閔泳翊), 부사(副使)는 홍영식(洪英植), 종사관은 서광범(徐光範), 수원(隨員)은 변수(邊樹) 등이었다. 홍영식은 서양문물과 기술의 도입에 매우 열성적이어서, 귀국할 때 많은 신품종과 서양 기계들을 구입해 왔다.

● **조선책략(朝鮮策略)** ▶ 주일 청국공사관 참찬관(參贊官) 황준헌(黃遵憲)이 1880년 김홍집(金弘集)에게 써준 책이다. 조선정부는 관세설정의 협의를 위해 김홍집을 1880년 6월 제2차 수신사로 일본에 파견했는데 일본측의 회피로 목적을 달성하지 못하였다. 김홍집은 이때 정보를 얻기 위해 재일 청국공사관의 공사 및 참찬관 황준헌과 6차 회담을 하며 조선의 대외정책을 토론했는데, 토론내용을 황준헌이 정리하여 김홍집에게 준 것이 이 책이다. 이 책은 열국과 우호관계를 맺어 균세정책(均勢政策)을 실시함과 동시에 자강(自强)을 도모하고, 러시아의 남하를 막기 위해 미국 및 일본과 친선관계를 맺으라는 내용이 강조되었다. 김홍집은 이 책을 국왕께 바치고 동시에 필사시켜 여러 사람들에게 배포하였다.

● **조사(朝士)** ▶ '조정관리' '중앙정부 고급인사'의 뜻이다. 1881년 조선조정이 일본에 국정시찰단(신사유람단)을 파견할 때 12개 반의 각 반 책임자도 '조사(朝士)'라고 지칭하였다.

참고문헌

- 권석봉, 〈영선사행고〉, 《역사학보》 제17·18합집, 1962.
- 정옥자, 〈신사유람단고〉, 《역사학보》 제27집, 1965.
- 이광린, 《한국개화사연구》, 일조각, 1969.
- 송병기, 〈근대한중관계사 연구〉, 단대출판부, 1985.
- 허동현, 〈조사일본시찰단에 관한 일 연구〉, 《한국사연구》 제57집, 1986.
- 이광린, 〈개화파와 개화사상 연구〉, 1989.
- 조성윤, 〈19세기 서울의 상비군제도와 하급군병〉, 《연세사회학》 제10·11집, 1990.
- 신용하, 〈한국 근대사회의 구조와 변동〉, 일지사, 1994.
- 김필동, 〈한국 근대관료의 초기형성과정과 그 역사적 성격, 1881–1894〉, 《한국사회사학회 논문집》 제50집, 1996.
- 김원모, 〈견미 조선보빙사 수원 최경석·오례당·로우웰 연구〉, 《동양학》 제27집, 1997.
- 박은숙, 〈개항기 군사정책 변동과 하급군인의 존재형태〉, 《한국사학보》 제2호, 1997.
- 신용하, 《초기개화사상과 갑신정변연구》, 지식산업사, 2000.

1884년의 '갑신정변'이 추진한 국가와 사회

단원개요　　초기개화파는 근대국가 건설을 위한 '개화정책'을 열성적으로 추진하는 도중에, 1882년 '임오군란'을 계기로 조선에 진주한 청군의 방해를 받고 큰 장애에 부딪치게 되었다. 청군은 '임오군란'이 진압되었음에도 불구하고 철군하지 않고, 조선을 실질적으로 '속방화'하기 위한 적극간섭정책을 강행했으며, 개화파의 개화정책을 청국간섭으로부터의 독립정책이라고 보고 탄압했을 뿐 아니라 개화파 인사들을 계속 좌천시켰다. '임오군란' 때 정권을 잃었다가 청군의 도움으로 재집권한 민비정권은 청국의 이러한 적극간섭정책에 저항하기는커녕 청군에 야합하여 개화파 탄압에 동조하였다.

이에 김옥균을 중심으로 한 개화당(급진개화파)은 안남문제를 둘러싸고 1884년 8월 청프전쟁이 일어난 기회를 이용하여 1884년 10월 17일(양력 12월) 정변을 일으켜 정권을 장악하였다. 개화당은 이재원(李載元)을 영의정, 홍영식(洪英植)을 좌의정으로 한 신정부를 수립하고, 나라를 전면적으로 개혁하기 위한 '혁신정강'을 발표하였다. 국왕도 혁신정강에 따라 대개혁정치가 시작되었음을 각국 공사들을 불러 알리고 전국민에게 조서로써 공포하였다.

그러나 청군은 10월 19일 오후 3시에 무력으로 정변을 붕괴시키는 군사작전을 시작해서 1,500명의 병력으로 궁궐을 침범하여 신정부를 붕괴시켰다. 이에 갑신정변의 개화파 정권은 '3일천하'로 끝나고 말았다.

1. 갑신정변의 원인

김옥균(金玉均)을 중심으로 하여 1874년경부터 본격적으로 형성되기 시작한 개화당(급진개화파)은 개항 후 자주부강한 근대국가 건설을 위해 여러 가지 자주근대화 개혁을 추진하다가 1882년 7월 임오군란을 전환점으로 하여 커다란 장애에 부딪치게 되었다. 임오군란이 일어나서 민비정권이 붕괴되고 흥선대원군이 집권하자 민비수구파는 청국에 구원을 요청하였으며, 청국은 이에 한림원학사 장패륜(張佩綸)의 '동정선후육책(東征善後六策)'이라는 건의안을 채택하여 이 기회에 군대를 파견해서 임오군란을 '진압'한 다음 조선을 실질적으로 '속방화(屬邦化)'하기로 결정하였다. 이에 청국은 3,000명의 병력을 조선에 파병하여 주둔시키고, 집권자이며 국왕의 아버지인 대원군을 청국 군함에 초청하고서 그대로 납치하여 청국에 데려가 보정부(保定府)에 유폐시키는 만행을 자행하였다.

청국은 대원군 정권을 붕괴시킨 다음 민비정권을 세워 원상복구를 해놓고서도 청군을 철수시키지 않고 장기주둔시킨 채 이 무력을 배경으로 허구의 종주권을 주장하면서 조선속방화(朝鮮屬邦化)를 위한 적극간섭 정책을 자행하고 조선의 자주독립권을 크게 침해하였다. 조선에 주둔한 청나라 장수 오장경(吳長慶)은 병권을 장악하고, 재정고문으로 파견된 진수당(陳樹棠)은 재정권을 장악했으며, 이홍장이 파견한 묄렌도르프(P. G. V. Möllendorf)는 해관을 장악했을 뿐 아니라 외교권까지 장악하려 하였다.

당시 청국이 조선의 독립을 얼마나 침해했는가의 한두 가지 사례를 들면, 청국은 임오군란 진압 직후에 민비정권에게 압력을 가하여 그동안 조선왕조가 각국과 맺은 불평등조약 중에서도 가장 불평등하고 청국의 특권을 허용한 '조·중상민수륙무역장정(朝·中商民水陸貿易章程)'을 1882년 음력 8월 23일 체결하게 하고, 그 전문(前文)에 조선을 청국의 '속방(屬邦)'이라고 써넣었으며, 재정고문 진수당은 방자하게 '조선은 청국의 속국'이라는 구절을 넣은 방문을 공공연히 남대문에 써붙이기까지 하였다. 또한, 청국은 조선왕조 정부에 대하여 "무릇 외교에 관한 일은 일체를 청국에 문의하라"고 지시했으며, 청장 오장경은 조선 국왕 고종을 면전에서 협박하기까지 하였다. 서울에 주둔한 청군의 행패도 극심하였다.

뿐만 아니라 청국과 청군은 김옥균을 중심으로 한 개화당의 개화정책과 개화운동이 궁극적으로 청국으로부터의 조선의 독립을 추구하는 것이라 보고 온갖 방법으로 개화당을 탄압하고 개화운동을 저지하였다. 청국은 조선 내정에 깊숙이 간섭하면서 개화당을 정계에서 숙청하기 시작하여 김옥균 등 개화당의 정치적 지위는 매우 위험한 처지에 놓이게 되었다.

민비수구파는 임오군란으로 정권이 한번 붕괴되었다가 청국의 구원으로 재집권하게 되자, 청국의 조선속방화 정책에 순응하여, 나라의 독립이 크게 침해되고 자주근대화가 저지되는 것은 전혀 돌아보지 않고 사리사욕을 채우기에 급급하였다. 결국 갑신정변의 원인은 청국의 조선 자주독립의 침해와, 개화당의 자주근대화 정책에 대한 청국 및 민비수구파의 저지와 탄압에 있었다고 말할 수 있다. 개화당은 청국의 조선속방화 정책과 개화정책 탄압에 대하여 무장정변의 방법으로 단호하게 대항해서 나라의 독립과 자주근대화를 달성하려 한 것이었다.

1882-84년 무렵의 조선의 사회정치세력은 대체로 ① 급진개화파(개화당) ② 온건개화파 ③ 민비수구파 ④ 대원군수구파 ⑤ 위정척사파 등 5대 세력으로 분화되어 있었다. 1884년의 갑신정변은 이 5대 사회정치세력 중에서 급진개화파와 친청사대 민비수구파 사이의 정치투쟁이었다.

2. 갑신정변의 준비

김옥균을 중심으로 한 개화당(급진개화파)은 청군을 몰아내고 나라의 완전독립을 찾음과 동시에 먼저 정권을 장악하여 '위로부터의 대개혁'을 단행하기 위해서, 1883년 무장정변을 모색하며 준비하기 시작하였다.

첫째, 박영효(朴泳孝)가 1883년 3월에 한성판윤에서 광주유수(廣州留守)로 좌천되어 간 것을 계기로 약 500명의 장정을 모집하여 신식 군대를 양성하였다. 민비수구파들은 이 군대를 위험시해서 이를 접수하여 민비수구파의 윤태준(尹泰駿)이 지휘관으로 있는 친군영전영(親軍營前營)에 편입시켜 버렸다. 그러나 이 군대는 뒤에 갑신정변의 무력으로 동원되었다.

둘째, 윤웅렬(尹雄烈)을 1883년 1월 함경남병사(咸鏡南兵使)로 임명하여 북청(北靑)에서 윤웅렬의 주관하에 약 500명의 장정을 모집하고 신식 군대로 양성하였다. 이 병력은 1884년 10월에 상경하여 그 중 일부가 친군영후영에 편입되어서 갑신정변의 무력으로 동원되었다.

셋째, 김옥균 등이 일본에 유학시킨 서재필(徐載弼) 등 14명의 사관생도들이 1884년 7월 귀국하여 갑신정변의 중요한 지휘 무력이 되었다.

넷째, 김옥균은 정변을 준비하기 위한 비밀무력조직으로 충의계(忠義契)라는 비밀결사를 만들어 신복모(申福模)로 하여금 지휘하게 하였다. 43명의 충의계 맹원들은 갑신정변의 중요한 무력으로 활약하였다.

1884년 봄부터 청국과 프랑스 사이에 안남문제를 둘러싸고 청불전쟁의 조짐이 짙어지자 청국은 1884년 4월 29일(양력 5월 23일)경 서울에 주둔시켰던 3,000명의 청군 병력 중에서 1,500명을 안남전선으로 이동시켜, 서울에는 1,500명만 남게 되었다. 뒤이어 1884년 8월에 청불전쟁이 발발하여 프랑스 함대가 청군의 복건함대(福建艦隊)를 격파했고, 청군은 계속해서 패배하였다. 김옥균 등 개화당은 이때가 정변을 일으킬 시기라고 판단하고, 1884년 음력 8월(양력 9월) 정변의 단행을 결정하였다. 왜냐하면, 이 시기에는 청군이 안남전선에 묶여 조선에서 대규모 군사행동으로

갑신정변의 4주역(왼쪽부터 김옥균, 서광범, 박영효, 홍영식)

전선 두 개를 동시에 만들 여력이 없다고 보았기 때문이었다. 여기서 주목해야 할 것은 정변 결정이 전적으로 개화당의 독자적 결정에 의하여 주체적으로 이루어졌다는 사실이다.

개화당이 독자적으로 정변 단행의 결정을 내려 본격적 준비가 진행된 약 1개월여 후에 본국에 갔던 일본공사 다케조에(竹添進一郞)가 1884년 9월 12일(양력 10월 30일) 서울로 귀임하여, 종전의 개화당에 대한 적대적 태도를 바꾸어 호의를 적극적으로 보이면서 접근해 왔다. 이에 김옥균 등 개화당은 부족한 무력을 보충하고 청군에 대한 견제력으로 일본공사관 호위병인 일본군 150명을 빌려 이용하기 위해서, 일본측의 호의에 응하여 공사관 호위병을 정변에 끌어넣기로 하였다. 일본측은 그들의 공사관 병력 150명과 일화 300만 엔을 빌려주겠다고 약속하였다. 이렇게 해서 다시 일본군 150명이 정변의 무력 준비에 추가되었다. 개화당은 일본군의 소임에 대해서 왕궁호위와 청군에 대한 방비만을 분담하고, 국내 수구파 제거와 내정개혁에는 관여하지 않으며, 이것은 오직 개화당이 맡을 것을 요구하여 일본측의 동의를 얻었다.

3. 정변의 경과와 신정부의 수립

개화당은 마침내 1884년 10월 17일(양력 12월 4일) 홍영식(洪英植)이 총판으로 있던 우정국 낙성식 축하연을 계기로 정변을 일으켰다. 개화당은 우선 국왕과 왕비를 창덕궁에서 방어하기 좋은 경우궁(景祐宮)으로 옮기고 군사지휘권을 가진 수구파 거물 한규직(韓圭稷)·윤태준·이조연(李祖淵) 등을 국왕의 이름으로 불러들여 처단하였다. 개화당은 또한 민비수구파 거물인 민태호(閔台鎬)·민영목(閔泳穆) 등도 국왕의 이름으로 불러들여 처단하고, 개화당의 배신자인 유재현(柳在賢)도 처단하였다.

개화당은 뒤이어 곧 신정부 수립에 착수하였다. 여러 단계의 인사발령

우정국

이 있었으나, 최종적인 신정부의 각료는 영의정 이재원(李載元 : 국왕의 종형), 좌의정 홍영식, 전후영사 겸 좌포장(前後營使兼左捕將) 박영효, 좌우영사 겸 대리외무독판(左右營使兼代理外務督辦) 및 우포장(右捕將) 서광범, 좌찬성 겸 우참찬(左贊成兼右參贊) 이재면(李載冕 : 대원군의 사자(嗣子)), 이조판서 겸 홍문관제학 신기선(申箕善), 예조판서 김윤식(金允植), 병조판서 이재완(李載完 : 이재원의 아우), 형조판서 윤웅렬, 공조판서 홍순형(洪淳馨 : 왕대비의 조카), 호조참판 김옥균, 병조참판 겸 정령관(兵曹參判兼正領官) 서재필, 도승지 박영교(朴泳敎) 등이었다.

신정부 각료의 구성은 개화당 요인과 국왕 종친의 연립내각으로 되어 있었다. 개화당으로서는 신정부를 튼튼히 하기 위해서 임시로라도 종친을 중용하지 않을 수 없었다. 개화당의 소임 분담은 개화당 대표(좌의정)에 홍영식이 추대되고, 재정은 김옥균, 군사는 박영효와 서재필, 외교는 서광범, 국왕의 비서실장 책임은 박영교가 담당하도록 하였다. 물론, 정변과 신정부의 실질적인 지도자가 김옥균이었음은 두말할 필요도 없다.

개화당의 신정부는 10월 18일(양력 12월 5일)에 새로운 개혁정부가 수립되었음을 내외에 공포하였다. 개화당은 동시에 국왕의 이름으로 미국 공사·영국총영사·독일총영사 등 각국 외교관들을 불러 신정부의 수립과 대개혁정치 실시를 알렸다.

개화당의 정변에 놀란 청군측은 10월 18일 개화당의 지지자로 위장한 심상훈(沈相薰)을 경우궁으로 들여보내 민비와 연락해서 공격을 준비하였다. 이에 신정부가 자기세력을 적으로 하고 있음을 알게 된 민비는 청군의 공격을 유리하게 해주기 위하여 경우궁은 너무 좁아 불편하니 창덕궁으로 환궁하자고 주장했으며, 고종도 이를 지지하였다. 창덕궁은 너무 넓어 개화당의 소수병력으로는 방어에 극히 불리한 곳이었다. 김옥균은 할 수 없이 경우궁 옆 이재원의 집인 계동궁(桂洞宮)으로 국왕과 왕비의 거처를 옮겼다. 이곳은 경우궁보다 넓었으나 창덕궁보다는 방어가 유리한 곳이었다. 민비는 계동궁이 넓은 곳임에도 불구하고 다시 창덕궁으로 환궁하자고 졸랐다. 국왕은 또 민비를 지지하였다. 김옥균은 방어에 불리하다고 단호히 이를 거절했으나, 김옥균이 자리를 비운 사이에 일본공사 다케조에가 자기의 일본군 병력이면 청군의 공격도 물리칠 수 있다고 장담하면서 이를 받아들였다. 김옥균이 다케조에를 크게 꾸짖었으나, 국왕의 명을 거절하기 어려워 할 수 없이 10월 18일 오후 5시에 창덕궁으로 국왕과 왕비의 거처를 옮겼다.

개화당의 국왕에 대한 호위는 경우궁에서와 마찬가지로 창덕궁에서도 국왕을 중심에 놓고, ① 내위(內衛)는 개화당의 장사들(충의계 맹원들과 사관생도 등 약 50명), ② 중위(中衛)는 일본군(약 150명), ③ 외위(外衛)는 조선군 친군영 전후영병(약 1,000명)으로 하여금 3중으로 방위하게 하였다. 그러나, 창덕궁이 너무 넓어서 개화당은 극히 불리한 입지적 조건에서 방어에 임하게 되었다.

4. 혁신정강의 공포

정변을 일으켜 신정부를 수립한 개화당은 그들의 새로운 개혁정치의 지침인 혁신정강을 제정·공포하였다. 갑신정변의 혁신정강은 고종이 계동궁에서 창덕궁으로 옮긴 10월 18일(양력 12월 5일) 저녁에 승정원을 진선문(進善門) 안방에 설치하고, 김옥균의 주도하에 영의정 이재원, 좌의정 홍영식, 서리독판교섭통상사무 서광범, 병조판서 이재완, 좌우영사 박영효, 호조참판 김옥균, 도

홍영식

승지 박영교 등 신정부의 주요 각료들이 협의하여 결정하였다. 여기서 결의된 것을 우승지 신기선으로 하여금 청서하게 하여 홍영식이 국왕에게 상주하였다.

갑신정변의 혁신정강은 10월 18일 저녁부터 19일 새벽까지 식사도 거른 채 밤을 새워 협의되어, 19일 9시경에 국왕의 전교(傳敎) 형식으로 공포되고 서울 시내의 요소에 게시되었다. 또한, 이날 오후 3시에는 국왕 고종이 개혁성치를 천명하는 조서(詔書)를 내려서, 공포한 혁신정강의 실시를 선언하였다. 혁신정강의 조항은 상당히 많아 일본인의 기록에는 80여 개 조항에 달했다고 하나, 현재 정확하게 전해지고 있는 것은 김옥균의 《갑신일록》에 수록되어 있는 다음의 14개 조항이다.

① 대원군을 가까운 시일내에 돌려보낼 것, 조공하는 허례를 폐지할 것
② 문벌을 폐지하여 인민평등의 권을 제정하고, 사람의 능력으로써 관

직을 택하게 하지 관직으로써 사람을 택하지 않을 것

③ 전국의 지조법(地租法)을 개혁하여 간사한 관리들을 근절하고 백성의 곤란을 구하며, 겸하여 국가재정을 유족하게 할 것

④ 내시부(內侍府)를 폐지하고 그 중에서 재능있는 자가 있으면 등용할 것

⑤ 그 동안 국가에 해독을 끼친 탐관오리 중에서 심한 자는 처벌할 것

⑥ 각도의 환상제도(還上制度)는 영구히 폐지할 것

⑦ 규장각을 폐지할 것

⑧ 순사제도(巡査制度)를 시급히 실시하여 도적을 방지할 것

⑨ 혜상공국(惠商公局)을 폐지할 것

⑩ 그 동안 유배, 금고(禁錮)된 사람들을 다시 조사하여 석방할 것

⑪ 4영(營)을 합하여 1영을 만들고, 영 가운데서 장정을 선발하여 근위대(近衛隊)를 시급히 설치할 것

⑫ 모든 국가재정은 호조(戶曹)로 하여금 관할하게 하며 그 밖의 모든 재무관청은 폐지할 것

⑬ 대신과 참찬은 합문(閤門) 안의 의정소(議政所)에서 매일 회의를 하여 정사를 결정한 후에 왕에게 아뢴 다음 정령(政令)을 공포해서 정사를 집행할 것

⑭ 정부는 육조 외에 불필요한 관청에 속하는 것은 모두 폐지하고 대신과 참찬으로 하여금 토의하여 처리하게 할 것

갑신정변의 혁신정강 14개조는 당시 개화당 신정부의 개혁정치 의지와 기본내용을 집약적으로 나타낸 것이었다.

혁신정강의 제1조는 1882년 임오군란 이후 청국의 조선에 대한 속방화정책(屬邦化政策)을 거부하고 철폐함과 동시에, 1882년 이전의 조공허례의 이행도 폐지할 것을 공포하여, 조선왕국이 완전 자주독립국가로서 이름과 실제를 같게 하여 세계 열강과 어깨를 나란히 할 것을 선언한

것이었다.

혁신정강의 제2조는 양반신분제도 폐지에 의한 인민평등권의 제정, 문벌의 폐지, 능력에 따른 인재의 등용을 공포한 것이었다.

혁신정강 제3조·제9조·제12조는 재정의 호조에의 통일, 지세제도 등 조세제도의 개혁, 환곡제도의 폐지, 보부상 등 봉건적 특권독점상업의 폐지와 근대적 자유산업의 장려 등 경제개혁의 단행을 공포한 것이었다.

혁신정강 제7조는 전근대적 양반귀족문화의 제도인 규장각제도를 폐지하고 일반국민 중심의 신교육을 기본으로 한 근대문화 수립의 조건을 만들려는 개화당의 정책의지를 나타낸 것이었다.

혁신정강 제4조, 제13조, 제14조는 전제군주제에 근본적 제한을 가하고 대신·참찬회의(내각회의)에서 국정을 회의·결정하여 국왕의 재가만 받는 '내각제도'를 수립하고, 정부조직의 개편을 공포한 것이었다.

혁신정강 제11조는 군사제도의 개혁과 근대적 근위대를 신설하려는 것이었다.

혁신정강 제8조와 제10조는 순사제도의 설치를 중심으로 한 경찰제도의 근대화, 가혹한 중세적 행형제도(行刑制度)로 억울하게 유배되고 금고된 사람들의 석방에 의한 인심의 수렴, 근대적 재판제도와 행형제도를 추구한 것이었다.

혁신정강 제5조는 종래 민비수구파 정권 때의 극심한 탐관오리들을 숙청하여 처벌하고, 그 처벌의 기준은 국가이익에 얼마나 해독을 끼쳤는가에 두겠다고 공포한 것이었다.

이것을 부문별로 보면, 정치적으로는 당시 중국의 종주권 주장과 내정간섭을 단호히 철폐하여 완전자주독립을 실현하고, 중세적 전제군주제를 근대적 입헌군주제의 방향으로 개혁하면서 내각제도의 수립을 공포한 것이었다. 사회적으로는 양반신분제도와 문벌제도를 폐지하고 국민평등권을 제정하여 신분사회를 시민사회로 변혁하려고 하였다. 경제적으로는 중세적 특권상업제도를 폐지하고 회사형태의 상공업 자유기업에

의한 근대자본주의적 경제와 산업을 발전시키려고 하였다. 문화적으로
는 양반중심의 귀족문화를 철폐하고 일반민중 중심의 근대문화와 신교
육을 건설하려고 하였다. 군사적으로는 군사제도를 근대적으로 개혁하
고 사관학교와 근위대, 신식 육군과 해군을 창설해서 국방을 자주적으로
실행하려고 하였다. 또한 그들은 근대적 경찰제도 및 재판제도와 행형제
도의 수립을 추구하였다.

갑신정변 신정부의 혁신정강은 이와 같이 국정 전반을 전근대적 체제
로부터 근대체제로 개혁하여 근대국가와 근대사회체제를 건설하려고 추
구한 획기적인 것이었다. 그것은 비록 갑신정변이 실패하여 그 당시는
실행되지 못했지만 그 뒤의 개혁운동에 중요한 지침과 영향을 준 역사적
의의가 매우 큰 개혁정책 정강이었다.

5. 갑신정변의 실패와 그 원인

국왕 고종이 혁신정강을 재결하고 대개혁정치 실시의 조서를 내린 10
월 19일(양력 12월 6일) 오후 3시에 청군은 마침내 1,500명의 병력을 두
부대로 나누어 창덕궁의 돈화문과 선인문으로 각각 공격하여 들어왔다.
이에 대항하여 외위를 담당한 친군영 전후영의 조선군이 용감히 응전하
였으나, 수십 명의 전사자를 내고 중과부적으로 패퇴하여 흩어졌다. 다음
은 중위를 담당한 일본군의 차례였으나, 그들은 제대로 전투도 하지 않고
철병하여 버렸다. 일본군은 그 이전부터 철병을 준비하고 있었다. 창덕궁
의 넓은 지역에서 개화당의 50명 장사와 사관생도로 편성된 내위만으로
는 정면에 부딪친 1,500명의 청군에 도저히 대항할 수 없어, 갑신정변은
청군의 무력공격에 패배함으로써 여기에서 붕괴되고 실패로 돌아가게
되었으며, 개화당의 집권은 '3일천하(三日天下)'로 끝나고 말았다.

이에 김옥균·박영효·서광범·서재필·변수(邊樹)와 일부 사관생도 등 9

명은 일본으로 망명하고, 홍영식·박영교와 사관생도 7명은 고종을 호위하여 청군에 넘겨준 후 피살되었다. 그 뒤 국내에 남은 개화당들은 민비수구파에 의하여 철저히 색출되어 수십 명이 피살되고 개화당은 몰락하였다.

갑신정변의 실패 원인으로 다음 몇 가지를 들 수 있다.

① 청군의 불법적인 범궐(犯闕)과 군사적 공격
② 개화당의 일본군 차병(借兵)의 실책과 일본군의 배신적 철병
③ 개화정책을 지지할 사회계층으로서 시민층의 미성숙
④ 민중의 지지 결여
⑤ 개화당의 민비와 청군의 연락에 대한 감시소홀과 정변수행 기술의
   미숙

6. 갑신정변의 사회사적 성격

이상과 같이 갑신정변이 실패했지만 중요하게 다루어지고 그 실패를 애석해 하는 이유는, 그것이 한국근대사에서 처음으로 자주부강한 근대국가를 건설하려는 과감한 운동이었으며, 갑신정변의 신정부가 최초의 근대적 정권이었고, 그들의 혁신정강의 개혁정책이 열강의 침략 속에서 나라를 구할 수 있는 '대경장개혁(大更張改革)' 정책이었기 때문이다. 갑신정변 이전에 김옥균은 그의 개화당 동지들을 양성하는 과정에서 "일본이 동방(東方)의 영국 노릇을 하려 하니 우리는 우리나라를 아시아의 프랑스로 만들어야 한다"고 교육했음을 서재필은 다음과 같이 회고하였다.

그러는 때마다 그(김옥균)는 우리를 친제(親弟)와 같이 대접하고 숨김없고 남김없는 폐간(肺肝) 속의 말을 우리에게 들려주었다. 그는 조국쇄

신(祖國刷新)에 대한 우리의 중차대한 임무를 말하는 동시에 나라에 돌아가 우리가 빛나는 대공훈을 세울 것을 믿어 마지아니하였다. 그리고 그는 늘 우리에게 말하기를 일본이 동방의 영국 노릇을 하려 하니 우리는 우리 나라를 아시아의 프랑스로 만들어야 한다고 하였다. 이것이 그의 꿈이었고 또 유일한 야심이었다. 우리는 김씨의 말을 신뢰하고 우리의 전도에 무엇이 닥쳐오든지 우리의 책임을 이행하고야 말겠다는 굳은 결심을 하였던 것이다.(서재필, 〈회고갑신정변〉, 민태원, 《갑신정변과 김옥균》, pp.84-85)

즉, 김옥균 등 개화파들이 건설하려고 한 '힘있는 현대적 국가'는 비유하면 '아시아의 프랑스'와 같은 국가였다. 그들은 일본이 영국처럼 부강한 근대국가가 되어가고 영국처럼 다른 나라를 침략하려 하고 있으니, 개화파들은 우리나라를 '아시아의 프랑스'와 같은 나라를 만들어야 '조선도 힘있는 현대적 국가'가 되어 '외국의 침략'을 막아낼 수 있다고 판단한 것이었다. 이것을 현대어로 바꾸면 개화파들은 열강의 침략을 막아내기 위하여 '자주부강한 근대국가의 건설'을 추구한 것이었다고 말할 수 있다.

우리가 동아시아 근대사를 성찰해 보면, 정한론 이후 한국을 침략하려고 기회를 노려 온 일본제국주의가 실제로 이웃 나라를 식민지화할 능력을 갖게 된 것은 빨리 잡아보면 청일전쟁(1894) 무렵이고, 늦게 잡아보면 러일전쟁(1904) 무렵이라고 할 수 있다. 빠른 것을 잡아보면 갑신정변(1884)의 10년 후에 일본제국주의는 한국을 침략할 능력을 갖게 되는 것이다. 초기개화파의 영민한 청년들이 열강의 침략 속에서 자기 조국의 자주독립을 지키고 나라를 구하기 위하여 10년의 급속한 근대국가 건설기간을 가지려고 시도한 것은 지극히 당연한 것이었다고 볼 수 있다. 또 당시 초기개화파가 집권을 해도 나라의 독립을 반석 위에 놓기 위해서는 10년간의 근대국가 건설기간이 필요했던 것은 쉽게 알 수 있는 일이다.

결국 초기개화파들은 외세의 침략압력의 급박성 때문에, 그리고 개항 직후 한국사회의 상대적 낙후성 때문에, 국민대중의 성숙을 기다려 '아래로부터의 자주근대화'를 수행할 시간적 여유를 갖지 못하고, 먼저 정변의 방법으로 정권을 장악하여 국민을 교육하면서 '위로부터의 자주근대화'를 단기간에 대대적으로 수행하려 한 것이었다.

세계사에서 뒤늦게 근대화를 시작하여 성공한 나라들이 모두 '위로부터의 근대화' 유형임을 고려하면, 조선의 영민한 개화파 청년들이 갑신정변을 일으켜 '위로부터의 자주근대화'를 추구한 것은 긍정적 각도에서 재평가해야 할 필요가 있을 것이다. 또한 갑신정변이 성공했더라면 우리나라도 이때부터 자주부강한 근대국가 건설이 시작되어 그후 다른 나라의 식민지로 되는 고통과 치욕을 받지 않았을 것이라고 애석해 하는 이유를 이해할 수 있게 되는 것이다.

갑신정변의 실패 원인에는 여러 가지 요인들이 있으나 가장 중요한 것은 '외세(外勢)'에 있었다. 청군이 군사 공격으로 불법적 범궐(犯闕)을 해서 무력으로 개화당의 신정부를 붕괴시킨 것도 '외세'였고, 개화당이 청군을 견제하며 막으려고 주한 일본공사관의 일본군 무력을 정변에 끌어들였다가 일본군의 철병으로 신정부의 방어력이 급격히 약화되어 정변이 와해된 것도 '외세'의 문제였다. 갑신정변은 나라를 구할 수 있는 아무리 훌륭하고 적절한 개혁안과 개혁운동도 자기의 힘으로 수행해야 확실히 성공할 수 있는 것이지, 외국(특히 일본)의 힘을 빌리거나 이용하여 수행하려 해서는 실패하게 된다는 뼈아픈 역사적 교훈을 남겨주었다.

갑신정변은 실패했지만 그 사회사적 의의는 큰 것이었다.

첫째, 갑신정변은 세계사적으로 한국민족이 개혁 단행에 가장 적절한 시기에 가장 적극적으로 중세국가체제를 청산하고 자주부강한 근대국가를 건설하려 한 첫 번째 큰 자주근대화운동이었다.

둘째, 갑신정변은 한국근대사에서 개화운동의 방향을 정립해 주었다. 갑신정변이 추구한 자주부강한 근대국가와 시민사회와 자본주의 경제와 근대문화와 자주적 국방의 건설은 그 이후의 모든 개화운동이 계승하여 추구한 것이었다. 10년 후의 갑오개혁은 갑신정변의 개혁안을 다른 상황에서 실현한 것이었다. 이 점에서 갑신정변은 개화사상과 개화운동의 발전에 하나의 이정표를 세운 것이었다고 말할 수 있다.

셋째, 갑신정변은 한국의 반침략 독립운동에도 하나의 기원을 정립한 것이었다. 갑신정변의 독립운동은 당시 중국의 조선에 대한 속방화 정책을 반대해서 일어난 응전 형태를 가진 것이었지만, 이 운동의 내부 성격은 모든 외세의 침략에 대한 저항과 독립의 추구가 본질을 이루고 있었다. 박은식이 그의 고전적 저서 《한국독립운동지혈사(韓國獨立運動之血史)》의 제1장을 '갑신독립당의 혁명실패'로부터 시작한 것은 이 때문이었다.

넷째, 갑신정변은 한국 근대민족주의의 형성과 발전에 하나의 이정표를 세운 운동이었다. 한국근대사에서 모든 민족주의운동은 갑신정변을 계승하여 그것을 반성하여 발전시키고 있다. 그후의 독립협회·만민공동회운동과 애국계몽운동은 직접적으로 갑신정변을 성찰하면서 계승하고 발전시킨 운동이었다고 볼 수 있다.

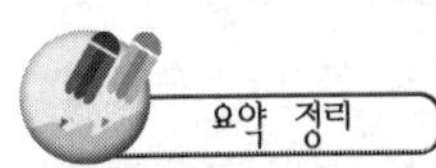

- 청군이 '임오군란'을 진압하기 위해 조선에 진주한 후 철군하지 않고 조선을 실질적으로 '속방화'하기 위한 적극간섭정책을 강행하며, 초기개화파의 개화정책을 청국간섭으로부터의 독립정책이라고 보아 방해하고 개화파 인사들을 탄압하자, 김옥균(金玉均)을 중심으로 한 개화당(급진개화파)은 정변을 일으켜 정권을 장악해서 청군을 몰아내고 부강한 근대국가체제 수립을 위한 '위로부터의 대개혁'을 단행하려고 하였다.
- 개화당은 1883년부터 무장정변을 모색하면서 준비하기 시작하여 ① 1883년 3월 박영효(朴泳孝)가 광주유수로 좌천되자 500명의 장정을 모집하여 신식 군대를 양성했으며, ② 윤웅렬(尹雄烈)을 함경남병사로 임명하여 북청에서 500명의 장정을 모집하여 역시 신식 군대를 양성하였고, ③ 일본에 유학시킨 서재필(徐載弼) 등 14명의 사관생도를 귀국시킬 예정이었으며, ④ 43명의 비밀결사 충의계(忠義契)

를 조직하여 정변 지휘의 핵심세력으로 만들었다. 청국과 프랑스 사이에 안남문제를 둘러싸고 1884년 8월 청프전쟁이 일어나자, 개화당은 이 기회에 정변을 일으켜 정권을 장악하기로 결정하였다.

- 개화당은 정변 단행의 결정을 내린 1개월여 후에 본국에 갔던 주한 일본공사 다케조에(竹添進一郎)가 적극 협력의 의사를 보이자, 일본공사관 경비대 150명의 일본군을 빌려 정변에 이용하기로 하였다 .

- 개화당은 1884년 10월 17일(양력 12월 4일) 홍영식이 총판으로 있는 우정국의 낙성식 축하연을 계기로 정변을 일으켰다. 개화당은 이재원(李載元)을 영의정, 홍영식(洪英植)을 좌의정으로 한 개화당 중심의 신정권을 수립하여 정권을 장악하였다. 개화당은 10월 18일 새로운 개혁정부가 수립되었음을 내외에 공포하였다. 동시에 개화당은 국왕의 이름으로 각국 공사·총영사들을 불러 신정부의 수립과 대개혁정치의 실시를 알렸다.

- 개화당은 10월 18일 저녁부터 19일 새벽까지 밤새워 정부회의를 열고 '혁신정강'을 제정하여 국왕의 재가를 얻어서 19일 9시경에 국왕의 전교형식으로 공포하고 서울 시내의 요소에 게시하였다. 혁신정강의 내용은 나라 정치의 모든 부문을 개혁하여 새로운 근대국가를 건설하는 내용이었다. 국왕은 이날 오후 3시에 대개혁정치 실시의 조서를 내렸다.

- 그러나 바로 이 시각에 청국은 무력으로 정변을 와해시키기로 결정하여, 10월 19일 오후 3시에 1,500명의 청군이 궁궐을 침범하여서 무력으로 신정부를 붕괴시켰다. 이에 갑신정변에 의한 개화당의 신정부는 '3일천하'로 끝나고 말았다.

<table>
<tr><td rowspan="2">용어
정리</td></tr>
</table>

● 내각제도(內閣制度) ▶ 정사를 국무총리가 주재하는 내각의 각료회의에서 결정하여 정령(政令)을 만들어 집행하는 제도이다. 전제군주제에서 전제군주가 주재하는 어전회의를 열어 대신들의 의견을 듣고 전제군주가 결정해서 대신들에게 하교하는 방식을 택한 것과 비교된다. 군주제 아래에서 내각제도가 성립되면 군주는 내각회의에 참석하지 못하고 총리대신이 회의를 주재하며, 내각회의에서 결정된 사항을 총리대신이 군주에게 아뢰어 그 가부만 재가하게 된다. 따라서 내각제도는 입헌군주제도에로 접근하는 제도라고 할 수 있다.

● 동정선후육책(東征善後六策) ▶ '조선(동국) 원정에 대한 사전 사후 6개대책'의 뜻이다. 이홍장(李鴻章)은 민비의 '임오군란' 진압 요청을 받고 막료들에게 대책을 물었는데 3가지 안이 제출되었다. 하나는 이 기회에 조선에 군대를 파견하여 '임오군란'을 진압하고 조선을 중국에 편입시켜 '조선성(朝鮮省)'을 만들자는 제안이었다. 다른 하나는 청군을 파견하되 '임오군란' 진압 후에는 즉각 군대를 철수하여 원래 조선의 상태로 두자는 안이었다.

다음은 한림원 학사 장패륜(張佩綸)의 '동정선후육책'이었다. 그 골자는 군대를 파견하여 '임오군란'을 진압한 후 청군을 철수시키지 말고 서울에 주둔시켜 무력배경으로 삼으면서 조선내정에 적극 간섭하여 조선을 중국의 실질적인 '속방(屬邦)'으로 만들자는 안이었다. 이홍장은 이 안을 채택하였다.

◉ 삼일천하(三日天下) ▶ 김옥균을 중심으로 한 개화당이 1884년 10월 17일(양력 12월 4일) 갑신정변을 일으켜서 신정부를 수립하고 정권을 잡았다가 사흘째인 10월 19일(12월 6일) 저녁에 몰락했으므로, 개화당의 3일간 집권을 비유한 용어이다.

◉ 조중상민수륙무역장정(朝中商民水陸貿易章程) ▶ 1882년 8월 23일(양력 10월 4일) 체결된 '조·중수호통상조약'의 당시 공식명칭이다. 청군이 '임오군란' 진압을 이유로 서울에 주둔하여 조선내정에 대한 '속방화' 적극간섭정책을 자행하면서 압력을 가하여 청국측이 만든 초안에 조인을 강요했으므로 심한 불평등조약이 되었다. 청국측은 조선은 '속방'이므로 서양 각국처럼 '조약' '조규'의 명칭은 합당치 않다고 강변하면서 '장정(章程)'을 주장하여 이러한 명칭을 갖게 되었다.

◉ 지조법(地租法) ▶ '토지조세법' '전세(田稅)제도'를 가리키는 용어이다. 19세기 초의 '전정(田政)'에 해당한다.

◉ 충의계(忠義契) ▶ 김옥균이 정변을 준비하기 위해 1883년에 조직한 비밀결사이다. 계원은 43명이었으며 친군영 군관 신복모(申福模)가 지휘하였다.

◉ 혜상공국(惠商公局) ▶ 종래의 보부상(褓負商)들을 민비정권이 1883년 8월에 특권상인단체로 조직화한 명칭이다. 민비수구파는 보부상들에게 전근대적 상업독점 특권을 강화시켜 줌과 동시에 그들을 민비수구파의 정치폭력세력으로 이용하였다. 혜상공국 당상은 민비수구파 거물 민태호(閔台鎬)였다.

◉ 환상제도(還上制度) ▶ '환곡제도'를 말한다. '환자제도'라고 읽기도 한다. 원래는 정부나 관청이 봄 춘궁기에 양곡을 백성들에게 대여해 주었다가 가을 추수기에 10퍼센트의 감모곡을 붙여서 돌려 받던 복지제도였으나, 감모곡을 20-30퍼센트로 올리고 온갖 부정을 자행하여 폐해가 극심한 고리대제도로 변질되고 말았다. 19세기 초의 '환정(還政)'에 해당한다.

참고문헌

- 강재언, 〈개화사상·개화파·갑신정변〉, 《조선근대사연구》, 1970.
- Harold F. Cook, *The Korea's 1884 Incident*, 1972.
- 이광린, 《개화당 연구》, 1973.
- 신용하, 〈김옥균의 개화사상〉, 《동방학지》 제46·47합집, 1985.
- 한국정치외교사학회, 《갑신정변 연구》, 1985.
- 김운태, 〈한말 개화사상과 그 운동의 전개〉, 《조선정치사상연구》, 1987.
- 조성윤, 〈19세기 서울의 상비군제도와 하급군병〉, 《연세사회학》 제10·11집, 1990.
- Shin, Yong-ha, "The Coup d'etat of 1884 and Pukch'ong Army of the Progressive Party", *Korea Journal*, Vol. 33 No. 2, 1993.
- 박명규, 〈개화파와 토막파(討幕派)의 사회경제적 배경과 근대지향성에 관한 비교연구〉, 《한국사회사학회논문집》 제42집, 1994.
- 박은숙, 〈문벌폐지를 통한 인민평등권 제정과 인재등용〉, 《역사와현실》 제30호, 1998.
- 신용하, 〈갑신정변의 주체세력과 개화당의 북청·광주 양병〉, 《한국학보》 제95집, 1999.
- 신용하, 《초기개화사상과 갑신정변연구》, 지식산업사, 2000.

11

1885-1893년의 한국사회

단원개요　　갑신정변 실패 후 조선왕국에 대한 외국의 내정간섭과
침입 시도는 더욱 강화되었다. 특히 청국의 간섭은 근위병까지 장악하는 정도로
극심하였다. 이에 국왕과 조선조정 일부에서는 러시아의 군사교관을 초빙하여
근위병을 훈련시킴으로써 청국의 간섭을 견제하려는 움직임이 대두하였다. 이
에 영국이 러시아 남하에 민감하게 반응하여 1885년 2월 29일 영국 동양함대가
불법으로 거문도(巨文島)를 점거하는 사건이 발생하였다. 청국은 원세개(袁世
凱)를 조선에 파견하여 조선내정에 적극 간섭하도록 하고, 대원군을 돌려보내어
민비정권의 견제에 이용하려 하였다. 청국은 조선정부가 외국에 전권공사를
파견하는 일까지도 온갖 방법으로 방해하였다.

　　이러한 국제환경 속에서 청국과 조선정부의 개화파에 대한 탄압은 집요하게
자행되었으며, 개화정책도 부진할 수밖에 없었다. 국왕이 신식 병원인 광혜원
(廣惠院)과 신식 학교로 육영공원(育英公院) 및 연무공원(鍊武公院)을 설립한
정도였다. 그러나 이 두 문·무학교는 양반신분의 자제만을 한정해서 입학시켰
기 때문에 학습열 부족으로 부진하였다.

　　반면에 민비척족들과 양반관료들은 이 시기를 태평성세로 착각하고 사복을
채우기 위해 농민에 대한 가렴주구를 경쟁적으로 강화하였다. 이에 농민들은
동학교도를 중심으로 조직적 저항을 시작하여 1892-93년에는 교조신원(敎祖伸
冤)운동이라는 형태로 집단 저항운동을 적극적으로 전개하였다.

1. 청국의 내정간섭과 열강의 각축

갑신정변이 실패로 끝난 후 청국은 내정간섭을 더욱 강화하였다. 반면
에 일본은 갑신정변 때 일본공사관이 불탄 것과 정변에 끌려들어간
일본군 사망자를 구실로 조선정부를 위협해서 일본에 유리한 조약을 체
결하여 조선침략에 유리한 발판을 만들려고 하였다.

　　일본은 외무대신 이노우에(井上馨)가 군함 7척에 2개 대대의 병력을
이끌고 1884년 음력 11월 14일 인천항에 들어와 조선정부에 무력시위를
자행하였다. 이러한 무력위협 아래서 1884년 11월 24일 조선정부 관리와
이노우에는 '한성조약(漢城條約)'을 체결하였다. 이 조약은 불탄 일본공

사관을 새로 옮겨지을 건물부지와 건축비용
2만원 그리고 청국군에 의해 살해된 일본공
사관 호위군의 배상금 11만원을 조선정부가
일본측에 지불하도록 규정된 침략적 조약이
었다.

　또한 일본은 갑신정변에의 청국군의 개입
을 구실로 하여 조선에서의 청국세력을 약
화시키려고 이토 히로부미(伊藤博文)가 청
국에 건너가서 이홍장(李鴻章)과 회담하여

이홍장

1885년 3월 '텐진조약(天津條約)'을 체결하였다. 그 내용은 ① 청국과 일
본 두 나라가 조선에서 동시에 철병하고, ② 청국·일본 두 나라는 조선에
군사교관을 파견하지 않으며, ③ 조선에서 '변란'이나 그밖에 중대한 사건
이 일어나서 청국·일본 두 나라 또는 한 나라가 조선에 군대를 파견할
때에는 그에 앞서 서로 통지할 것이며, 그 사건이 진정된 다음에는 곧
철병한다는 것 등을 규정하였다. 이것은 남의 나라인 조선에 대하여 침략
야욕을 품은 두 나라가 부당하게 간섭의 타협을 한 침략적 조약이었다.
　'텐진조약'에 따라 청국과 일본 두 나라 군대는 철수했으나, 청국측의
내정간섭은 조금도 완화되지 않았다. 이에 조선조정 일부에서는 청국의
극심한 내정간섭을 러시아의 힘으로 견제해 보려는 움직임이 대두하였
다. 국왕 고종은 갑신정변 직후인 1884년 10월 하순(양력 12월) 권동수(權
東壽), 김용원(金鏞元) 등 4명을 경흥을 거쳐 블라디보스토크에 파견해서
러시아 황제에게 국왕근위대를 훈련시키기 위한 러시아 군사교관의 파
견을 요청하였다. 또한 국왕의 밀명을 받은 묄렌도르프는 주일본 러시아
공사관에 전보를 쳐서 동일한 요청을 하였다. 이에 주일본 러시아공사관
에서 서기관 스페이어(Alexei de Speyer)가 1884년 11월 12일(양력 12월 28일)
서울에 와서 국왕을 알현하여 그 밀명을 확인하고 11월 17일 일본으로
돌아갔다. 당시 국왕 고종은 근위대까지 청군의 지배하에 있었으므로 러

시아의 군사교관을 끌어들여 근위병을 훈련시킴으로써 이를 독립시켜 왕실의 지배하에 두고자 하였고, 러시아는 블라디보스토크 군항이 1년에 약 4개월은 얼기 때문에 더 남하하여 얼지 않는 영흥만 일대에까지 진출하는 네 관심을 갖고 있었다. 이것이 이른바 '제1차 조·러밀약사건'이라는 것이다.

이러한 정세에 가장 민감하게 반응한 것은 영국이었다. 영국은 전세계에 걸쳐 러시아의 남하정책을 저지해오다가 1885년 2월 29일(양력 4월 14일) 영국 동양함대가 군함 3척을 파견하여 거문도(巨文島)를 점령하였다. 조선과 영국은 1882년 4월 조·영수호조약이 체결되고 주한 영국총영사가 임명되어 있었음에도 불구하고, 영국은 조선정부에 어떠한 교섭도 없이 일방적으로 남의 국토를 불법으로 점거한 것이었다. 이것이 이른바 영국의 '거문도 점거사건'이었다. 조선정부는 영국측에 강력하게 항의하였다(영국측은 이를 무시해 오다가 1886년에 이르러서야 청국으로 하여금 다른 나라가 거문도를 포함하여 조선의 어느 지점의 점거도 허락하지 않는다는 보장을 요구하여 그 답을 받고, 1887년 2월 27일 철수하였다).

청국은 조선이 러시아 등 다른 국제열강을 끌어들여 청국의 영향력에서 벗어나려 함을 견제하기 위하여, 1885년 10월 10일(양력 11월 25일) 진수당을 귀국시키고 원세개(袁世凱)를 주차조선총리교섭통상사의(駐箚朝鮮總理交涉通商事宜)에 임명하여 조선정치에 적극 간섭하도록 하였다. 또한 청국은 그 동안 보정부(保定府)에 유폐시켰던 대원군을 1885년 8월 27일(양력 10월 5일) 환국시켜 국왕과 왕비 세력을 견제케 하였다. 그리고 이홍장은 조선에서 러시아 세력을 끌어들이

원세개

는 일에 참가했던 묄렌도르프를 해임하여 청국으로 불러들였다.

청국의 조선에 대한 실질적 속방화 적극간섭정책을 집행하기 위하여 조선에 온 원세개는 우선 조정 내에 다시 러시아에 접근하여 청국의 간섭정책을 벗어나려고 시도하는 '제2차 조·러밀약사건'을 들추어내어 이를 저지하였다. 원세개는 이어서 일본 이외의 서양 각국에 대한 조선의 직접 공사파견을 저지하려고 획책하였다.

조선정부가 1887년 5월에 민영준을 주일공사, 6월에 박정양(朴定陽)을 주미공사, 조신희(趙臣熙)를 영국·독일·러시아·이탈리아·프랑스 5개국 주재 전권공사에 임명하여 출발시키려 하자, 원세개는 주일공사 파견에만 간섭하지 않고, 주미 및 주유럽 5개국 공사의 파견에는 강력히 반대하였다. 국왕이 이에 불복하여 박정양을 출발시키자 박정양 공사를 남대문 밖에서 저지하여 돌아가게 하였다.

조선조정과 미국정부 양측이 청국에 강력하게 항의하자, 할 수 없이 주미공사의 파견을 인정하면서, 소위 '영약 3단(令約三端)'이란 조건을 제시하여 지키라고 요구하였다. 그 내용을 보면 ① 조선공사가 주차국에 가면 처음에는 먼저 청국공사관에 알리고 청국공사에게 청하여 외무부에 같이 갈 것, ② 조회(朝會)나 공·사연회에 참석하는 경우에 조선공사는 청국공사 다음에 앉을 것, ③ 대외관계에서 중대교섭 사항이 있으면 마땅히 청국공사와 먼저 협의할 것 등이었다. 이것은 조선의 대외주권을 침해하는 조건이었다. 주미 조선공사 일행이 '영약 3단'을 무시하자 청국측은 조선측에 온갖 압력을 가하였다.

조선이 유럽 5개국 전권공사로 파견한 조신희는 임지로 가기 위하여 홍콩에 도착했다가 청국측의 방해로 결국 귀국하였다.

원세개는 서울에 주재하여 내정에도 일일이 간섭하면서 청국 상인의 조선 내지 침투 활동과 상권획득에 열중했으며, 서울 복판에 중국인가(中國人街)를 설치하였다. 또한 개항장이 아닌 황해도와 평안도 일대의 각 포구에서 중국 상인이 공공연히 밀무역을 자행하도록 고취하였다.

이러한 여건 속에서 청국과 일본의 이권침탈 시도도 전선가설권과 연안어채권 침탈을 중심으로 경쟁적으로 추구되었다.

2. 개화파에 대한 탄압과 개화정책의 부진

갑신정변 실패 후 재집권한 민비수구파 정권은 개화당(급진개화파)에 대한 숙청을 대대적으로 감행하였다. 그들은 정변 실패 직후 국왕을 호위해서 청군 진영에 보낸 홍영식 및 박영교와 사관생도 7명을 재판도 없이 무참하게 살해하였다.

또한 민비수구파 정부는 정변에 참가했다가 피신한 신중모·이희정·김봉균 등을 비롯해서 11명의 개화당을 체포하여 처형하였다. 이듬해인 1885년 12월에는 또 윤경순 등 개화당 7명을 체포하여 사형에 처하고, 1887년 4월에는 개화당에 동조한 인사들까지 체포하여 재판하였다. 어윤중은 1886년 여름에 사형장에 방치된 개화파 가족의 시체를 묻어 주었다고 파면당하였고, 김홍집은 1889년에 수원유수로 좌천당하였다. 김윤식까지도 파면되어 충청도 면천으로 유배당하였다.

이러한 사회적 분위기였으므로 개화정책이 이전처럼 급속히 진행될 수가 없었다.

이 시기에 설립된 개화시설을 살펴보면, 우선 갑신정변 때 개화파의 공격으로 중상을 입은 민영익(閔泳翊)을 치료해 준 선교의사 알렌(Horace N. Allen)의 제의로, 1885년 2월 29일(양력 4월 14일) 한국 최초의 서양식 병원인 광혜원(廣惠院)을 설립하였다. 광혜원은 10여일 후에 명칭을 제중원(濟衆院)으로 바꾸었다.

또 알렌의 건의를 받아들여 민비정부는 1885년 기독교 포교의 자유를 인정하였다. 이것은 단지 프로테스탄트(기독교 신교)의 포교뿐만 아니라 천주교(기독교 구교) 포교의 자유도 포함한 것이었다.

한편 국왕은 1886년 12월 21일(양력 1886년 1월 25일) 주간신문으로《한성주보(漢城周報)》를 발행하도록 하였다.《한성주보》는《한성순보》를 발전시켜서 '주보'로 하고, 국한문 혼용체를 사용하도록 하였다.

그리고 종래의 동문학(同文學)이 영어번역학교이므로, 1886년 8월에는 종합적 신식 교육기관으로서 '육영공원(育英公院)'을 설립하였다. 이 학교에

알렌

는 미국으로부터 헐버트(Homer B. Hulbert), 벙커(Delzell A. Bunker), 길모어(George W. Gilmore)가 교사로 초빙되어 서양학문을 교육하였다. 그러나 학생을 양반신분 출신 자제에 한정한 결과 학생들의 신학문 학습열의가 부족하여 크게 발전하지 못하였다. 또한 사관양성기관으로 1888년 2월 6일(양력 1887년 12월 5일) 연무공원(鍊武公院)을 설립하고, 미국인 교관들을 초빙하였다. 이 학교도 역시 학생을 양반신분 출신 자제들 중에서 선발한 결과, 학생들이 엄격한 규율과 훈련에 잘 견디지 못하고 이를 싫어하여

광혜원

소기의 성과를 거두지 못하였다.

또한 1887년에는 미국 상회사를 통하여 기술자를 초청해서 경복궁에 처음으로 전등을 가설하였다.

이러한 개화정책은 그 자체로 중요한 시도였으나, 9년의 긴 시간에 걸쳐 이룬 것으로는 비교적 지지부진한 것이었다고 볼 수 있다. 이 시기는 개화정책의 실시가 절실하게 필요한 때였으나, 집권층이 개화정책에 흥미가 없었고, 청국측이 '개화'를 반청저항운동이라고 억제했으므로 개화정책이 활발하게 추진되지 못하고 시간만 허송한 것이었다.

3. 농민에 대한 가렴주구와 동학농민들의 저항운동

1885-93년에 집권한 민비정권은 갑신정변에 의해 한 번 붕괴되었다가 청군의 '진압'과 구원으로 재집권하게 되었으므로 본질적으로 청국의 내정간섭에 사대적으로 굴종하였다. 청국측의 견디기 어려운 내정간섭에 대해 대책을 세우는 경우에도 다른 외세를 끌어들여 견제할 방책만 추구했지 스스로 힘을 결집하고 배양하려고 추구하지 않았다.

도리어 민비정권과 그 비호를 받는 척족들은 국제정세로 볼 때 자주근대화 정책을 실시하기에 가장 좋은 기간에, 국력을 기르기 위한 자주근대화 정책의 단행은커녕 도리어 이 시기를 태평시기로 착각하여 부정부패와 농민에 대한 가렴주구만 강화하였다.

민비정권은 개화파가 궤멸된 이상 그들의 구체제에 도전할 어떠한 위협적 사회정치세력도 국내에는 없는 것으로 간주하였다. 그들은 외세 침략을 막아 나라를 지키기 위한 근대적 부국강병체제도 수립하지 않고, 나라의 방위는 청국에 맡긴 채 다투어 농민을 수탈함으로써 사복을 채우기에 급급하였다.

예컨대 매관매직이 성행하여 군수·현감 등 지방관의 직책이 공공연히 매매되었다. 척족들은 서울과 평양에 설치된 주전소를 장악하여 대량으로 악화를 주조해서 사복을 채웠으나, 나라 안에는 악화가 범람하여 물가가 폭등하였다. 척족들을 비롯한 양반지주들은 토지겸병에 열중하면서도 전세(田稅)는 면세를 추구하여, 1893년 당시 토지 총결수 144만 5천결 중에 약 45퍼센트에 해당하는 약 64만 2천결이 면세전 및 진전(陳田 : 휴경지)이었다.

민비정권은 재정수입이 줄어들자 모든 재정과 경비의 부족분을 농민들에게 부과하였다. 법률로 정한 세금 이외에 온갖 이름의 가결전(加結錢 : 토지부가세)과 가호전(加戶錢 : 호구부가세)을 설정하여 농민들을 착취하였다. 향촌에 약간 여유가 있는 사람이 있으면, 온갖 애매한 죄목의 혐의를 씌워 관청에 불러다가 재화를 빼앗고는 석방하였다.

외세의 침입과 민비척족 및 양반관료들의 가렴주구에 대하여 농민들을 비롯한 백성들의 저항운동이 이 시기에 광범위하게 일어나기 시작하였다.

일본의 연안 어업권 침탈과 일본 어선들의 침입에 대항하여 1884－1900년에 제주도 어민들이 일어나 완강하게 국가권익수호를 위한 반일운동을 전개하였다. 또한 1889년에는 서울에 들어온 일본 상인과 청국 상인을 철수시키기 위하여 서울 상인들이 철시를 하면서 완강하게 투쟁하였다.

농민들의 저항운동도 1885년 이후에는 더욱 격렬하게 전개되었다. 특히 농학에 들어간 동학농민들은 조직화되어 있었기 때문에 더욱 체계적으로 저항운동을 시작하였다. 1884년 음력 10월 갑신정변이 일어나서 정권을 한 번 잃은 경험이 있는 민비수구파들은 정적인 개화파의 추적에 정력을 투입하느라고 동학도에 대해 이전과 같은 가혹한 추적을 할 수 없었다.

동학의 제2대 교주 최시형(崔時亨)은 최제우가 처형당한 직후 태백산 속으로 들어가 그곳에 본부를 설치하고 화전민들 사이에서 포교하였다.

1871년에 동학교도 이필제(李弼濟)가 교조신원(敎祖伸寃 : 최제우의 억울
함을 호소하는 것)을 주장하여 '민란'을 일으켰다가 관군에 패하여 동학에
대한 탄압이 가중되자, 최시형은 본부를 다시 소백산으로 옮겨 산간지방
에서 포교하였다. 그들은 1880년에 강원도 인제에서 비밀리에《동경대
전(東經大全)》을 간행할 만큼 교세를 확대했으나 아직도 산간촌락에 머
물러 있었다.

　최시형과 동학도들은 1884년 갑신정변으로 정부와 관군의 추적이 완
화되자, 1885년에는 대담하게 대대적으로 평야지대로 내려와 '6임제도
(六任制度)'의 조직을 두고 1885년 충청도 보은군 장내리(帳內里)에 동학
대도소(본부)를 설치하였다. 이 시기에는 평야지대에서도 동학이 농민들
로부터 열렬한 환영을 받아 교세가 농촌사회로 급속히 팽창했으며, 각
지방으로부터 최시형을 만나보고 그의 동학강의를 들으려고 수많은 농
민들이 보은 장내리로 모여들었다. 최시형은 1888년 1월부터 전라도 지
방에서의 포덕(전도)을 강화하고 조직을 체계화하기 위해 전주 지방을
순회하였다.

　동학의 급속한 세력팽창에 당황한 지방관들은 보은의 도소를 습격하여
최시형을 체포하고자 시도했다. 최시형은 1889년 7월에 충청도 괴산군
신양동에 은거했다. 충청감영은 보은 도소를 기습했으나 최시형을 놓치
고 다른 하급 교도들만 체포하여 돌아갔다.

　1892년에 들어서자 정월부터 충청관찰사 조병식(趙秉式)은 비밀리에
동학 금령(禁令)을 발하여 동학교도들을 색출 단속하게 하였다. 이에 충
청도의 동학교도들은 관리들의 박해와 수색과 체포로 편안히 생활할 수
가 없게 되었다. 이해 7월에 서인주(徐仁周)·서병학(徐丙學) 등이 최시형
을 만나, 동학교도들의 생명과 재산을 보호하기 위해서도 교조신원을 하
여 동학의 합법화와 포덕의 자유를 얻는 일이 긴급한 일임을 강조하고
최시형에게 교조신원운동을 일으킬 것을 요청하였다. 최시형은 시기상
조임을 들어 이를 허락하지 않았다. 서인주·서병학 등은, 각지의 교도들

이 관청의 핍박을 견디지 못하여 그들을 지지했으므로, 교주 최시형의 허락을 받지 못한 상태에서 1892년 10월 동학교도들을 공주에 모이게 하여 '공주취회(公州聚會)'를 열고, 이 자리에서 민소(民訴) 형식으로 충청관찰사 조병식에게 ① 교조의 신원과 ② 동학교도에 대한 폭압의 금지를 요청하는 소장(訴狀)을 제출하였다.

최시형은 교조신원운동이 일어나자 운동을 본격적으로 전개하기로 결심하고 전라관찰사 이경직(李耕稙)에게도 소장을 제출하기 위해 각 지방 접주들에게 통문(通文)을 발송해서, 1892년 11월 1일을 기하여 삼례역(參禮驛)에 집합하도록 하였다. 이에 수천 명의 동학교도들이 모이자 이른바 '삼례취회(參禮聚會)'를 개최하고, 교주 최시형의 이름으로 전라관찰사 이경직에게 소장을 제출하였다. 그 요지는 ① 교조 최제우가 사학(邪學)의 누명을 쓰고 순도(殉道)한 지 30년에 이르도록 억울하고 원통함[抑冤]을 풀지[伸] 못하여 대도를 드러내어 밝히지[彰明] 못하고 있은 즉, 정부가 공자학 이외의 다른 종교에게 자유를 주고 있는 것과 마찬가지로 동학에 대해서도 교조의 억울함을 인정하고 포덕의 자유를 허용할 것과

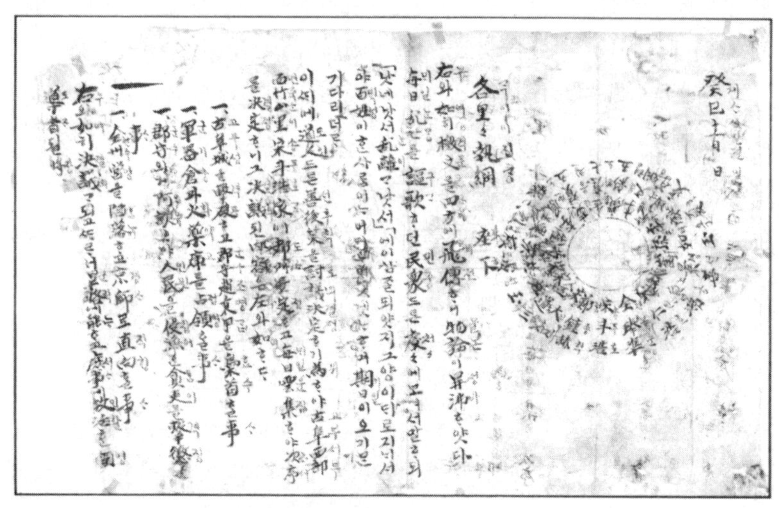

농민군의 봉기를 호소한 사발통문

② 지방 관리들의 동학교도들에 대한 수색·체포·구금과 재산수탈을 엄금해 줄 것을 강력하게 요구한 것이었다.

1892년 10월의 '공주취회'와 11월의 '삼례취회'는 동학운동에 교도들이 군중대회를 개최하여 시위와 소장을 통해서 요구조건을 관철시키려 한 새로운 방식을 도입한 것이었다. 전라관찰사는 몇 차례의 소장과 응답 끝에 ① 동학의 교조신원과 포덕자유의 문제는 중앙조정에서만 결정할 수 있는 일이요, 지방관들이 결정할 수 있는 일이 아니며, ② 지방 관리들의 동학교도들에 대한 체포와 재산수탈 등은 금지시키겠다고 약속하였다.

이에 동학 간부들은 교조신원과 포덕자유를 얻기 위해서는 지방 관찰사를 상대로 해서는 목적을 달성할 수 없고 바로 국왕과 중앙조정의 승인을 획득해야 한다고 판단하였다. 이에 최시형과 동학 간부들은 1893년 초에 서울로 올라가서 2월 11일 상소문을 올리고 광화문 앞에 엎드려 3일간 밤낮으로 슬피 울면서 교조신원을 호소하였다. 당시 복합상소(伏閤上疏)의 현장에 나간 교도들 이외에도 많은 동학교도들이 비밀리에 서울에 들어와 있었으므로 동학교도들의 복합상소는 조정과 서울 시민들에게 큰 충격을 주었다. 마침내 국왕 고종은 "각기 모두 집으로 돌아가서 안심하고 생업에 종사하면 소원대로 시행하겠다"는 비답(批答)을 내렸다.

동학교도들이 국왕의 약속을 믿고 상경복합상소단을 해산하여 지방으로 돌아오자, 국왕과 조정은 약속한 교조신원을 해주기는커녕 동학교도들의 상경을 미리 막지 못한 전라관찰사 이경직을 파면하고, 지방의 동학교도들이 다시 소요를 일으키지 못하도록 엄중히 단속할 것을 지방관들에게 지시하였다. 이 때문에 지방관리들의 동학교도들에 대한 감시와 탄압이 도리어 가중되었다.

동학교도들의 상경복합상소가 국왕과 조정의 배신으로 실패로 돌아가자, 최시형은 각지의 동학교도들에게 보은 장내로 모이도록 통문을 발송하라고 지시하였다. 최시형은 1893년 3월 11일 보은 장내로 돌아가 여기에서 다시 동학의 총본부인 '대도소(大都所)'를 설치하였다. 또한 종래의

'접(接)' 위에 몇 개의 접들을 지휘하는 '포(包)'를 두고, 각 포에는 그 책임자로 '대접주'를 두는 제도를 신설하였다.

동학의 1893년 3월 보은에서의 이 대도소 설치와 포제도의 실시는 동학교단 조직의 발전에서 획기적 중요성을 가진 것이었다. 포제도의 설치에 의하여 동학조직의 지휘체계는 대도소(북접대도주 : 최시형) → 포(대접주) → 접(접주)으로 되어 '포접제도(包接制度)'가 확립된 것이었다.

최시형 등은 동학교도들이 통문에 응하여 보은 장내에 모여들자 '보은취회(報恩聚會)'를 개최하였다. 최시형이 보은에 도착하기도 전에 모여들기 시작한 동학교도 대표들이 결국 이 보은취회에 27,000명이나 참가하였다. 보은취회는 제2대 교주 최시형이 직접 대회장에 나와 대접주들을 지휘하면서 개최했기 때문에 매우 질서정연하였다.

여기서 주목할 것은 보은취회에서 교조신원을 주창하지 않고 뜻밖에 '척왜양창의(斥倭洋倡義)'를 내세웠다는 사실이다. 그들은 냇가의 평지에 돌담으로 경계를 정하여 보은취회장을 만들고 사방에 출입문을 세웠으며, 중앙에는 '척왜양창의'라는 대기(大旗)를 높이 세웠다. 그 주위에는 각 포를 표시하는 중기(中旗)와 다섯 방향을 표시하는 오색 소기(小旗)를 세우고 동학가사를 읊으며 격렬한 시위를 전개하였다. 보은 군수가 대회장에 찾아와 조정의 명령을 들어 해산할 것을 요구했을 때, 동학교도들은 취회의 목적이 오직 '척왜양'에 있을 뿐이므로 절대로 해산할 수 없다고 응답하였다.

보은취회가 교조신원을 주창하지 않고 '척왜양창의'를 주창한 것은 동학교도들의 조직적 운동목표의 일대전환을 나타낸 것이었다. 즉, 그들의 조직적 운동을 종교운동에 한정하지 않고 민족운동·구국운동으로 확대할 것임을 공식적으로 나타낸 것이기도 하였다.

보은취회는 매우 질서정연했지만 조정의 눈에는 극히 불온한 민중집회로 보였다. 이에 조정은 충청관찰사를 파면하고 교체하였다. 그리고 강경책과 온건책을 모두 채택하여 온건책으로는 어윤중을 양호도어사

(兩湖都御使 ; 뒤에 양호선무사로 바뀜)로 임명 파견해서 동학교도들을 달래어 보은취회를 해산시키도록 하고, 강경책으로는 장어영 정령 홍계훈(洪啓薫)을 지휘관으로 하여 경군 600명을 파견해서 무력으로 집회를 해산시키도록 하였다.

어윤중이 보은에 도착하자 보은취회의 동학교도들은 그들의 집회 목적이 '척왜양창의'에 있음을 강조하는 내용의 글을 어윤중에게 제출하였다. 어윤중은 이를 받아들여 동학교도들의 취회를 '민회'라고 하고 동학교도들을 '민당(民黨)'이라고 부르면서 동학교도들의 애국충절을 인정했다. 아울러 교조신원과 지방관들의 동학교도들에 대한 탄압 금지를 약속함으로써 양측의 협상은 급진전되어, 홍계훈이 인솔한 경군이 보은에 도착하기 전에 보은취회는 해산하기로 합의되었다.

보은취회는 경군의 무력탄압이 있기 전에 해산되었지만, 전국에서 모여 27,000명이 1893년 3월 11일부터 20여일 동안 진행된 대규모 동학민중 취회였고, 교조신원을 위해 소집된 취회가 '척왜양창의'의 민족구국운동으로 전개된 집회였다. 이것은 바로 갑오농민전쟁의 전주곡이나 다름없는 것으로 농민봉기의 준비대회와 같은 성격을 나타낸 취회였다고 볼 수 있다.

개화당의 몰락으로 정적이 없어진 민비수구파 정부와 척족들은, 자주근대화와 근대적 부국강병체제를 시급히 수립해야 할 귀중한 이 기간(1885-93년)에 나라를 지킬 정책을 펴지 않고 농민들에 대한 가렴주구만 자행했다가, 동학이라는 민족종교에 의해 조직화된 거대한 농민세력의 저항에 부딪치게 된 것이었다.

- 갑신정변 실패 후 청국과 일본의 한반도와 조선왕국에 대한 간섭과 침입은 더욱 강화되었다. 청국과 일본은 1885년 3월 '톈진조약'을 체결하고, 두 나라가 조선에서 군대를 철수하는 대신 '변란'이나 중대사건이 일어나서 군대를 파견할 때에는 사전에 서로 통지할 것이며, 사건이 진정된 뒤에는 곧 철병할 것을 약정하였다. 이것은 남의 나라인 조선에 대하여 침략야욕을 품은 두 이웃 나라가 군대파견까지 전제로 한 부당한 간섭을 타협한 침략적 조약이었다.

- '톈진조약'에 따라 청국과 일본 두 나라의 군대는 철수했으나, 청국측의 내정간섭은 조선왕궁 근위병까지 장악할 정도로 극심하였다. 그래서 국왕과 조선조정 일부에서는 러시아의 군사교관 등을 초빙하여 근위병을 훈련시킴으로써 청국의 간섭을 견제하려는 움직임이 대두하였다. 이에 러시아의 남하를 견제한다는 구실로, 1885년 2월 29일 영국 동양함대가 군함 3척을 파견하여 거문도(巨文島)를 불법 점거하는 사건이 발생하였다. 청국은 원세개(袁世凱)를 통상총리로 조선에 파견하여 조선내정을 더욱 장악해서 적극 간섭하도록 하고, 대원군을 돌려보내어 민비정권의 견제에 이용하려 하였다.

- 청국은 조선정부가 1887년 6월에 박정양(朴定陽)을 주미공사, 조신희(趙臣熙)를 영국·독일·러시아·이탈리아·프랑스 5개국 주재 전권공사에 임명하여 출발시키자 이를 극력 방해하였다. 조선조정이 저항하여 주미공사를 파견하자, 이른바 '영약 3단(令約三端)'의 굴욕적 조건을 제시하여 속박하려 하였다. 주유럽 5개국 전권공사는 홍콩까지 갔다가 청국측의 방해로 결국 귀국하였다.

- 이러한 외압 속에서도 민비정권의 개화파에 대한 탄압은 집요하고 잔인하게 계속되었다. 자연히 개화정책은 부진할 수밖에 없었다. 10년 동안의 개화정책으로는 《한성주보(漢城周報)》를 발행하고, 갑신정변 때 중상을 입은 민비의 조카 민영익을 치료해 구해 준 보답으로 선교의사 알렌의 제의를 받아들여 1885년에 한국 최초의 서양식 병원인 광혜원(廣惠院)을 설립했으며, 1886년에 신식 학교로 육영공원(育英公院)과 1887년 연무공원(鍊武公院)을 설립한 정도였다.

- 반면에 민비척족들과 양반관료들은 이 시기를 태평성세로 착각하고 척족 세도정치를 또 시작했으며, 사복을 채우기 위해 농민에 대한 가렴주구를 경쟁적으로 자행하였다.

- 이에 농민들이 저항하여 전국 각지에서 농민소요가 일어났다. 이러한 상황 속에서 농민들로 구성된 동학교도들은 교조신원(敎祖伸寃)을 요구하면서 1892년에는 공주취회(公州聚會)와 삼례취회(參禮聚會)를 개최하고, 1893년에는 서울 궁궐 앞에서의 복합상소(伏閤上疏)운동과 보은취회(報恩聚會)를 개최하면서 대규모로 조직적 저항운동을 전개하였다.

● 가결전(加結錢) ▶ '토지부가세' '토지부가 공과금'에 대한 당시의 용어이다. '결 (結)'이 '토지면적'의 의미이다.

● 가호전(加戶錢) ▶ '호구부가세' '호구부가 공과금'에 대한 당시의 용어이다. 당시 에는 '가결전', '가호전' 등 부가세·잡세가 법정 조세보다 훨씬 더 많았다.

● 교조신원(教祖伸寃) ▶ '교조의 원통한 일을 푼다'는 뜻. 동학 교조 최제우(崔濟愚) 는 조선조정으로부터 사학(邪學)인 일종의 서학(西學)을 퍼뜨려 혹세무민한다는 죄목으로 1864년에 처형당하였다. 동학은 서학이 아닐 뿐더러 그 '서학'조차도 합법적으로 승인되었으니, 교조 최제우의 '원통함을 풀어달라'는 것이 1892-93 년의 '교조신원운동' 내용이었다.

● 대도소(大都所) ▶ '중앙본부' '본부' '센터'에 대한 당시의 용어이다. 동학 제2대 교주 최시형이 1893년에 있었던 대도소는 충청도 보은(報恩) 장내리(帳內里)에 있었다.

● 복합상소(伏閤上疏) ▶ '왕궁의 앞문에 엎드려 상소하는 것'을 뜻한다. 국왕이 거처 하는 왕궁의 앞문을 '합문(閤門)'이라고 하는데, 여기서는 경복궁의 앞문인 '광화 문'을 뜻한다. 동학도 대표들이 광화문 앞에 엎드려 상소를 올려서 호소했다는 뜻 이다. 단지 동학도뿐만 아니라 유생들도 중요한 일에는 '복합상소'를 올렸다.

● 영약 3단(令約三端) ▶ 조선정부의 주미 조선공사(박정양) 파견에 대하여 청국정 부가 조선의 외국 공사파견 때에 약속을 요구한 3개항 조건이다. 그 내용은 ① 조선공사가 주차국에 가면 처음에 먼저 청국공사관에 알리고 청국공사에게 청하 여 외무부에 같이 갈 것, ② 조회나 공·사연회에 참석하는 경우에 조선공사는 청국 공사 다음에 앉을 것, ③ 조선공사는 대외관계에서 중대교섭 사항이 있으면 청국 공사와 먼저 협의할 것 등이었다. 이것은 조선의 대외주권을 크게 침해하는 조건 이었다.

● 6임제도(六任制度) ▶ 동학 제2대 교주 최시형이 1884년 12월에 각 '접(接)'의 접주(接主) 밑에 둔 교도를 관리하는 6개 직임을 가리키는 용어이다. ① 교장(教 長) ② 교수(教授) ③ 도집(都執) ④ 집강(執綱) ⑤ 대정(大正) ⑥ 중정(中正) 등이 그것이다.

● 척왜양창의(斥倭洋倡義) ▶ '일본과 서양(의 침입)을 배척하고 의로움을 일으킨다' '일본·서양을 배격하고 의병을 일으킨다'는 뜻이다. 동학이나 유생들이 집회를 열 거나 의병을 일으킬 때 자주 사용하던 용어이다.

● 취회(聚會) ▶ '집회'를 의미하는 당시 용어이다. '보은취회'는 '보은집회'와 동일한 것이다. 갑오농민전쟁 이전의 동학도들의 대규모 취회는 '공주취회', '삼례취회', '보은취회' 등이 있었다.

● 포접제도(包接制度) ▶ 동학의 '포(包)'와 '접(接)'의 조직체계 제도를 가리키는 용어이다. 동학은 1862년 11월 최제우가 최시형의 제의를 받아들여 교도를 관리하는 단위조직으로 '접'을 창설하고 그 책임자를 '접주(接主)'라고 하였다. 그 후 동학교도의 수가 크게 증가하자 최시형은 1893년 3월에 종래의 '접' 위에 몇 개의 '접'들을 지휘하는 '포'를 두고 그 책임자는 '대접주(大接主)'라고 하였다. 이렇게 해서 동학의 지휘체계는 '대도소'(북접대도주 최시형) → 포(대접주) → 접(접주)으로 '포접제도'가 확립되었다.

참고문헌

• 이광린, 〈육영공원의 설치와 그 변천〉, 《동방학지》 제26집, 1963.
• 이용희, 〈거문도 점령 외교에 대한 종합적 고찰〉, 《이상백교수 회갑기념논총》, 1964.
• 이광린, 〈미국 군사교관의 초빙과 연무공원〉, 《진단학보》 제28집, 1965.
• 김의환, 〈1892-3년 동학농민운동과 그 성격 – 삼례취회 · 복합상소 · 보은취회를 중심으로〉, 《한국사연구》 제5집, 1970.
• 林明德, 〈袁世凱與朝鮮〉(中國), 1970.
• Young-Ick Lew, "Yüan Shih-Kai's Residency and the Korean Enlightenment Movement, 1885-94", *The Journal of Korean Studies,* Vol.5, 1984.
• 임계순, 〈한 · 로밀약과 그 이후의 한 · 로관계〉, 《한로관계 100년사》, 1984.
• 권석봉, 《청말 대(對)조선정책 연구》, 일조각, 1986.
• 김봉진, 〈'한성주보'의 발행과 조선의 만국공법수용〉, 《한국사회사학회논문집》 제4집, 1986.
• 김필동, 〈조선시대 말기의 계의 변모〉, 《한국사회사학회논문집》 제11집, 1988.
• 박명규, 〈한말 지방사회 상품유통의 구조와 그 변화〉, 《한국사회사학회논문집》 제11집, 1988.
• 조성윤, 〈조선후기의 도시와 농촌〉, 《한국사회사학회논문집》 제29집, 1991.
• 신용하, 〈동학과 갑오농민전쟁의 결합〉, 《한국학보》 제67집, 1992.
• 신영우, 〈1893년 보은집회와 동학교단의 역할〉, 《실학사상연구》 제10·11합집, 1999.

12

1894년 동학농민혁명운동과 한국사회의 변동

일본·청국·서양 열강 등 외세의 침입과 양반관료의 전근
대적 가렴주구에 시달리던 농민들은 동학에 의해 조직화되고 힘이 결집되자
1894년에 자연발생적으로 '동학농민혁명운동'을 일으켰다.

전봉준의 지휘하에 전라도에서 봉기한 농민들은 곧 전주성을 점령하였다.
이에 놀란 민비정권이 청군의 차병을 요청하자, 요청받지 않은 일본이 불법으로
조선에 많은 병력을 상륙시켰다. 청군과 일본군을 한반도에서 철수시키기 위해,
조선정부 및 관군과 동학농민군은 1894년 5월 7일(양력 6월 10일) '전주화약'을
맺고 전주성을 관군에게 내주었다. 동학농민군은 각기 출신지로 돌아가 전라도
53개 군현에 '집강소(執綱所)'를 설치하고 농민통치를 시작하였다. 집강소의 농
민통치는 전근대적 구체제를 사실상 해체시키고 농민들이 바라는 새로운 체제
의 수립을 추구하였다.

그러나 일본군은 철수하지 않고 6월 21일 궁궐에 침입하여 민비정권을 해산
시키도록 압력을 가함과 동시에 온건개화파 정부의 성립을 성원하였다. 또한
일본군은 청군을 공격하여 한반도에서 '청일전쟁'을 도발하였다. 청일전쟁의
전세는 일본군에게 유리하게 전개되었다.

동학농민군은 일본군이 끝까지 철수하지 않고 내정간섭을 자행하며 조선을
일본의 '보호국(=반식민지)'으로 예속시키려 하자 1894년 9월 13일(양력 10월
11일) 제2차 봉기를 일으켰다. 동학농민군은 서울로 진군하다가 공주성을 점령
하려고 공격한 '우금치 전투'에서 패배하여 동학농민혁명운동은 좌절당하게 되
었다.

그러나 동학농민혁명운동은 전근대적 '구체제'를 완전히 해체시켜, 다른 개화
파가 개혁정책을 실시할 수 있는 넓은 길을 열어 주었다고 볼 수 있다.

1. 동학농민혁명의 폭발과 4단계 진전

외세의 침입과 양반관료의 전근대적 가렴주구에 시달려 오던 농민들은 동학에 의해 조직화되고 힘이 결집되자 1894년에 자연발생적으로 '동학농민혁명운동'을 일으켰다. 1894년 동학농민혁명운동은 4단계로 진전되었다.

제1단계는 '고부민란'의 단계이다. 전라도 고부(古阜)에서 고부군수의 봉건적 가렴주구에 견디지 못한 농민 약 1천 명이 고부군 동학 접주 전봉준(全琫準)을 대표로 추대하고, 고부군아를 습격하였다. 이들은 탐관오리를 징계하고 군수 조병갑(趙秉甲)이 수탈해 간 수세(水稅) 등의 양곡을 원주인에게 돌려주었으며, 군수가 교체되고 신임군수 박원명(朴源明)이 농민들의 요구를 들어주겠다고 설득하자 해산하였다. 이것은 아직 '농민혁명운동'이라 할 수 없고 그 전주곡에 해당하는 '소민란' 또는 '소폭동'의 성격을 가진 민요(民擾)의 단계이다. 1894년 음력 1월 11일(양력 2월 17일) 무렵부터 3월 3일(양력 4월 8일) 무렵까지가 이 단계에 해당한다.

제2단계는 동학농민혁명운동의 '제1차 농민혁명운동'의 단계이다. 이것은 호남 일대의 농민들이 전봉준·손화중(孫化中)·김개남(金開男) 등의 지휘하에 무장(茂長)에 남접도소(南接都所)를 설치하고 봉기를 준비한 후 동학교도들을 중심으로 약 4천 명의 동학농민군을 편성해서 무장에서 기포(起包)하여 먼저 고부를 비롯해 20여 개 군현을 점령하고 관군을 무찌른 다음 전라도 수도인 전주에 입성한 단계이다. 이 단계부터 본격적 '동학농민혁명운동'이 시작되었다. 1894년 음력 3월 20일(양력 4월 25일, 일설 음력 3월 21일) 무렵부터 5월 7일(양력 6월 10일) 무렵까지가 이 단계에 해당한다.

제3단계는 동학농민혁명운동의 '집강소(執綱所) 단계'이다. 이것은 청군과 일본군이 동학농민혁명운동에 개입하여 조선에 침입하자 두 나라 군대를 철수시키기 위하여 동학농민군과 관군 사이에 '전주화약(全州和約)'이 성립되고, 그 결과 동학농민군이 형식상 자진해산하여 외국군 철수의 조건을 만들어 주면서 전라도 53개 군현에 '집강소'를 설치해서 농민통치를 실시했던 단계이다. 1894년 5월 8일(양력 6월 11일) 무렵부터 9월 12일(양력 10월 10일) 무렵까지가 이 단계에 해당한다.

제4단계는 동학농민혁명운동의 '제2차 농민혁명운동'의 단계이다. 이것은 '동학란' 진압을 구실로 조선에 불법 침입한 일본군이 철수하지 않고 도리어 조선에서 청일전쟁을 도발하며 궁궐을 침범하여 조선왕궁 시위대를 무장해제시키고 마음대로 정권을 농단하며 내정간섭을 자행하자, 전봉준의 지휘하에 동학농민군이 재봉기하여 일본군을 한반도에서 몰아내기 위해 혈전을 전개했으나 일본군의 현대적 화력에 눌려 패배한 단계이다. 1894년 9월 13일(양력 10월 11일) 무렵부터 그 해 연말까지가 이 단계에 해당한다.

2. 고부'민란'

고부군수 조병갑은 부임한 뒤 수세를 면제해 준다고 약속하고 만석보의 구보 아래에 군민들의 무상 부역으로 신보를 축조하였으나, 추수 뒤에는 약속을 어기고 신보의 수세를 징수하여 약 700여 석을 착복하였다. 그밖에 황무지 개간이 국법상 면세임에도 수세하여 거액을 착복했으며, 군내 부호들에게 온갖 죄목을 씌워 2만 냥을 빼앗았다. 1893년 11월 전봉준과 농민대표 40여 명은 조병갑에게 수세의 감세를 진정했으나 거절당하였다. 전봉준과 농민대표들은 또다시 진정차 군청을 찾아갔으나 이번에는 문안에 들어가지도 못하고 쫓겨났다.

이에 고부의 농민들은 조병갑과 같은 탐관에는 무력응징이 필요하다고 판단하고, 군민 약 1,000여 명이 전봉준을 대표로 추대한 후 1894년 1월 10일 봉기하여 고부군아를 습격하였다. 군수 조병갑은 전주로 도망하였다. 전봉준 등은 억울한 죄인들을 석방해 주고, 수세곡들은 모두 원주인에게 돌려주었다.

조선조정은 고부에서 '민란'이 일어났다는 소식에 경악하여 조병갑을 파면하고, 한편으로는 박원명을 신임군수로 임명하여 무조건 농민의 요구를 들어주어 선무케 함과 동시에, 다른 한편으로 이용태(李容泰)를 고부군 안핵사로 파견하여 농민해산 뒤에는 주모자를 철저히 색출하게 하였다.

신임군수 박원명이 농민의 봉기와 수세반환의 정당성을 인정하고 주모자를 처벌하지 않겠다고 약속하자, 농민들은 전봉준의 만류에도 불구하고 보름 뒤에 해산해 버렸다. 이에 뒤이어 안핵사 이용태가 약 800명의 군졸과 역졸을 데리고 들어와 고부군을 완전히 장악하고 고부민란의 주동자와 가담자를 색출하여 체포·투옥하면서 온갖 탄압을 자행하여 정세가 역전되었다. 전봉준은 비밀리에 손화중이 대접주로 있는 무장(茂長)에 잠행해서 무장 대접주 손화중과 태인 대접주 김개남을 설득하여 무장에 남접도소를 설치하고 그 지휘자가 되는 데 성공하였다. 이때부터 전봉준은 조그마한 고부접의 접주로부터 남접의 총지휘자가 되었으며, 전봉준 지휘하의 호남 동학을 '남접'으로 부르기 시작하였다.

3. 제1차 동학농민혁명운동

전봉준 등은 손화중포, 김개남포, 김덕명포를 중심으로 하여 무장(茂長)·고창(高敞)·태인(泰仁)·정읍(井邑)·부안(扶安)·홍덕(興德)·금구(金溝)·김제(金堤) 등의 동학교도 농민들로 약 4,000명의 동학농민군을 비밀리에 편성하였다. 이들은 무기와 군량을 준비한 다음, 북접대도소와 사전협의 없이 무장의 남접도소 독자적으로 1894년 음력 3월 20일 마침내 봉기하였다. 이것이 '제1차 농민전쟁'이라고도 부르는 농민혁명운동의 봉기였다. 종래 제1차 농민혁명운동이 고부에서 봉기했다는 학설은 사실이 아닌 잘못된 것이며, 제1차 농민혁명운동은 무장(茂長)에서 봉기한 것이었다.

제1차 농민혁명운동에 봉기한 농민군은 먼저 고부를 점령하여 감옥에 갇혀 있는 고부민란 때의 동지들을 구출하고, 군행정의 폐단을 우선 교정하였다.

동학농민군의 백산봉기

　농민군이 4일간 고부에 머무는 동안 고부에 모인 농민군의 총수가 약
7천여 명으로 증가하자 고부의 무기고에서 무기를 꺼내어 무장을 강화한
다음, 고부의 태인쪽 접경에 가까운 백산으로 이동하였다. 3월 25일 무렵
농민군은 백산에서 다음과 같이 농민군 간부를 확대 개편하였다.

　총대장 : 전봉준
　총관령 : 손화중·김개남
　총참모 : 김덕명(金德明)·오시영(吳時泳)
　영솔장 : 최경선(崔景善)
　비　서 : 송희옥(宋憙玉)·정백등(鄭伯等)

　또한 농민군 지도부는 일종의 농민군 강령에 해당하는 다음과 같은
'사대명의(四大名義)'를 공포했는데, 이 속에서 반봉건 혁명선언과 함께
반일제 투쟁이 선언되었다.

① 사람을 죽이지 않고 물건을 파괴하지 않는다.[不殺人 不殺物]

② 충과 효를 모두 온전히 하여 세상을 구하고 백성을 편안케 한다.[忠孝雙全 濟世安民]

③ 일본 오랑캐를 몰아내어 없애고 왕의 정치를 깨끗이 한다.[逐滅倭夷 澄淸聖道]

④ 군대를 이끌고 서울로 들어가 권세가와 귀족을 모두 없앤다.[驅兵入京 盡滅權貴]

농민군이 발표한 이 '사대명의' 가운데에서 ③의 "일본 오랑캐를 몰아내어 없애고 왕의 정치를 깨끗이 한다[逐滅倭夷 澄淸聖道]"는 개항 뒤 국내에 침투한 일본제국주의 세력을 쫓아내려는 명확한 반제국주의 투쟁의 선언이며, ④의 "군대를 이끌고 서울로 들어가 권세가와 귀족을 모두 없앤다[驅兵入京 盡滅權貴]"는 구체제의 골간인 민비정권과 양반귀족을 타도하겠다는 분명한 반봉건 혁명의 선언이라고 해석된다.

또한 농민군이 3월 27일 무렵에 전라도 일대와 전국에 발송하여 백성들의 호응과 궐기를 촉구한 격문에서도 반제·반봉건 투쟁이 선언되어 있다. 이 격문은 제1차 농민혁명운동의 반제·반봉건 투쟁 목적을 극명하게 선언하고 있다. 즉 '안으로는 탐학한 관리의 머리를 베고', '창생(蒼生)을 도탄의 중에서 건지고'는 반봉건 투쟁의 목적을 선명하게 상징적으로 표현한 것이고, '밖으로는 횡포한 강적의 무리를 구축(驅逐)코자 함이다', '국가를 반석 위에 두자 함이라'는 반제국주의 투쟁의 목적을 극명하게 상징적으로 선언한 것이었다.

동학농민군은 반봉건·반제 혁명운동의 대오가 갖추어지자 진군을 시작하여, 농민군을 '진압'하겠다고 찾아온 영병(營兵 : 전주 지방군)을 고부의 황토현 전투(黃土峴戰鬪)에서 쳐부수고 전주로 향하였다. 동학농민군이 봉기했다는 보고를 받은 민비수구파 정부는 민비의 심복 부하인 홍계훈(洪啓薰)을 양호초토사(兩湖招討使)로 임명하여 장위영군(壯衛營軍)

전봉준, 김개남, 손화중

800명과 강화영군(江華營軍) 500명을 이끌고 농민군을 '토벌'케 하였다. 이 경군(京軍)은 당시 관군의 최정예부대로서 신식 장총과 쿠르프식 야포 2문, 캇트링식 기관총 2문으로 무장한 신식 군대였다.

이에 동학농민군은 방향을 남쪽으로 돌리어 지나는 군현을 점령해 가면서 영광(靈光)을 공격하여 점령하였다. 동학농민군은 제1차 농민혁명운동에 봉기한 이후, 고부, 태인, 부안, 정읍, 흥덕, 무장, 고창, 금구, 원평, 영광, 함평, 무안, 장흥, 장성 등 무려 20여 개 군현을 점령하였다. 농민군의 공격으로 남쪽 군현에서 구원의 요청이 빗발치듯 하자 전주에 주둔하고 있던 홍계훈은 경군을 이끌고 전주를 떠나 영광을 향해 출발했다. 그러나 홍계훈은 농민군의 뒤만 따라다니면서 중앙정부에 중과부적이라고 증원병을 요청함과 동시에 청군의 차병(借兵)을 건의하였다. 동학농민군은 뒤따라오는 경군을 분산시키려고 두 부대로 나뉘어 진군했으며, 이 분산책에 말려들어서 양쪽으로 나누어 뒤쫓아오는 한 부대의 경군 300명을 장성의 황룡촌 전투(黃龍村戰鬪)에서 대파하고 기관총과 야포 1문까지 노획하는 대승리를 거두었다.

동학농민군은 경군의 한 주력 부대를 대파하게 되자 갑자기 북쪽으로 방향을 돌려 빠른 속도로 강행군을 해서 전주성을 공격하였다. 농민군은 수성병(守城兵)의 저항을 가볍게 물리치고 4월 27일(양력 5월 30일) 마침내 전라도 수도인 전주성에 입성하여 이를 점령하였다. 제1차 동학농민혁명운동은 동학농민군의 대승리로 귀결된 것이었다.

동학농민군이 제1차 농민혁명운동에서 승리하여 전주성에 입성한 뒤에 초토사 홍계훈의 경군은 전주성 밖에 도착하여 완산(完山)에 진을 치고 성안의 동학농민군과 대치하게 되었다.

4. 집강소의 설치와 농민통치

동학농민군이 전주를 점령하자 민비정권의 유지에 위기감을 느낀 민영준(閔泳駿) 등은 이원회(李元會)를 양호순변사(兩湖巡邊使)로 임명하여 1,400명의 관군을 이끌고 농민군의 '진압'을 돕도록 하는 한편, 어리석게도 자기들의 권력을 유지하기 위하여 주조선 청국통상총리로서 서울에 주재한 원세개(袁世凱)를 통하여 4월 29일(양력 6월 29일) 청군의 파견을 요청하였다. 청국의 북양대신(北洋大臣) 이홍장(李鴻章)은 즉시 병력을 출발시키면서 '톈진조약(天津條約)'에 따라 일본에게는 5월 4일(양력 6월 7일) '출병' 사실을 통보하고, 5월 5-7일에 걸쳐 약 2,500명의 청군을 동학농민군 '진압'을 목적으로 충청도 아산만에 상륙시켰다.

한편 일본측은 4월 30일 조선조정이 청군차병 요청의 공문을 청국에 보냈다는 보고를 받자 즉시 총리대신 이토 히로부미(伊藤博文)의 주재하에 참모총장과 차장을 참석시킨 내각회의를 열어 조선정부의 요청이 없었음에도 불구하고 조선에 '출병'하기로 결정하였다. 일본은 5월 6일(양력 6월 9일)부터 약 6,000명의 혼성여단(混成旅團)을 인천·부평지구에 상륙시키고, 또한 주조선 일본공사 오오도리(大鳥圭介)는 농민혁명운동 진압을 구실로 420명의 육전단과 20명의 순사에 대포 4문을 이끌고 경군이 모두 남하하여 무방비 상태에 있는 서울에 불법 입성하였다.

이제 사태는 급변하여 조선조정과 동학농민군에게는 일본군과 청군을 말썽없이 철수시키는 것이 심각한 초미의 공동의 과제가 되었다. 특히 일본군은 무방비 상태에 있는 서울에 침입하고 지척에 6,000명의 대군을 배치했으니 일본군의 작전 여하에 따라 나라의 운명이 위태로운 상태에 놓이게 되었다.

일본군과 청군의 침입 정보가 들어오자 그 이전까지 결사적으로 관군에게 공격적이었던 농민군 총대장 전봉준은 나라의 앞날을 염려하여 관군과의 화약(和約)을 모색하게 되었다. 국왕은 전라관찰사에 김학진(金鶴鎭)을 임명하여 화약을 모색하게 하였고, 김학진은 농민군에게 농민들이 원하는 폐정개혁 요구사항을 제출하면 이를 실행할 것을 약속했다. 이에 농민군은 13개조의 폐정개혁 요구조항을 제출함과 동시에 그의 실행여부를 감시하기 위하여 집강을 농민군측에서 임명할 것을 주장했고, 김학진은 '면·리집강'에 동학농민들이 임명되어도 좋다는 약속을 하였다. 농민군은 또한 양호순변사 이원회에게도 14개조의 폐정개혁 요구조항과 24개조의 추가 요구조항을 제출하였다.

동학농민군의 폐정개혁 요구가 관변측에 의하여 받아들여지자 마침내 5월 7일(양력 6월 10일) '전주화약'이 성립되었다. 이에 동학농민군은 5월 8일 전주성을 관군에게 내주고 형식상 자진해산하여 일본군과 청국군의 철수를 위한 조선조정의 외교교섭 조건을 만들어 주면서 '집강소' 설치에 들어갔다.

전봉준·김개남 등을 주축으로 한 수만의 동학농민군은 음력 6월 15일 무렵에 남원에서 대회를 개최하여 전라도 53개 군현에 빠짐없이 집강소를 설치하고, 농민군이 선임한 집강이 통치권력을 완전히 장악하여 수령의 일을 하면서 농민군의 힘으로 폐정개혁을 단행할 것을 결의하였다.

이에 전라관찰사 김학진은 동학농민군의 도움 없이는 행정과 치안이 전혀 불가능하게 되어 있음을 알고, 전봉준 등을 전주의 감영에 초청하여 관민상화지책(官民相和之策)을 상의한 뒤에, 전봉준의 요구에 따라 6월 하순에 각 군에서의 집강소 설치를 공식적으로 승인하였다.

동학농민군 집강소는 폐정개혁의 농민통치를 단행함에 있어서 다음과 같은 12개조의 폐정개혁 요강을 제정하여 이에 의거하였다.

① 도인(道人)과 정부 사이에는 숙혐(宿嫌)을 탕척(蕩滌)하고 서정(庶
　政)에 협력할 사
② 탐관오리는 그 죄목을 사득(査得)하여 일일이 엄징(嚴懲)할 사
③ 횡포한 부호배(富豪輩)는 엄징할 사
④ 불량한 유림과 양반배는 징습(懲習)할 사
⑤ 노비문서는 소각(燒却)할 사
⑥ 칠반천인(七班賤人)의 대우는 개선하고 백정 두상(頭上)에 평양립
　은 탈거할 사
⑦ 청상과부는 개가를 허할 사
⑧ 무명잡세는 일병(一幷) 물시(勿施)할 사
⑨ 관리 채용은 지벌(地閥)을 타파하고 인재를 등용할 사
⑩ 왜와 간통한 자는 엄징할 사
⑪ 공사채를 물론하고 이왕의 것은 일병 물시할 사
⑫ 토지는 평균으로 균작케 할 사

　이 집강소의 폐정개혁 요강을 보면, 집강소 시기에 동학도인과 정부가
상호 협력한다는 원칙 조항 이외에 사회신분해방에 관한 것이 ④⑤⑥
⑦⑨의 5개 조항이고, 그 밖에 탐관오리의 처벌, 대부민 투쟁, 무명잡세
의 혁파, 친일분자의 처벌, 고리채의 무효화, 지주제도의 개혁 등이 각각
1개 조항씩 되어 있다.
　여기서 주목할 것은 동학농민군의 집강소가 제정한 폐정개혁의 대상
이 사회신분제도를 비롯해서 봉건적 구체제의 전반에 걸쳐 있다는 사실
이다. 이 중에서도 가장 비중을 많이 두고 있는 것이 사회신분제 폐지에
의한 신분해방이었다. 그 밖에는 봉건체제의 각 부문의 폐정에 대한 조항
이 골고루 하나씩 제기되어 있고, 일제침략을 농민쪽에서 저지하기 위해
서 일제와 통한 친일분자를 처벌하는 반침략 조항이 하나 제기되어 있다.
　이러한 집강소의 12개조 폐정개혁 요강은, 간단히 말해서, 집강소의

농민통치를 통해서 구체제 전부를 모든 부문에서 '근대'의 방향으로 변혁시키려고 하는 동학농민군의 강력한 의지와 목표를 나타내고 있는 것이라고 말할 수 있다.

집강소의 농민통치는 실제로 ① 탐관오리의 징계 ② 신분해방운동과 사회신분제의 폐지 ③ 횡포한 부호의 응징과 토재(討財) ④ 3정(전정, 군정, 환정)의 개혁 ⑤ 고리채의 무효화 ⑥ 미곡의 일본 유출 방지 ⑦ 지주제도의 개혁·폐지 시도 ⑧ 인민소장(人民訴狀)의 처리 ⑨ 관리 문부(文簿)의 검열 ⑩ 동학의 전도와 농민군의 강화 ⑪ 농민군의 무기와 마필(馬匹)의 공급 ⑫ 군수전(軍需錢)과 군수미(軍需米) 비축 등의 행정을 실시하였다.

집강소의 농민통치는 당시 농민에 대한 전근대적 착취제도를 모두 철폐하고 농민들이 희망하는 새로운 근대적 정치를 농민들의 힘으로 실시하기 시작한 것이었다고 볼 수 있다.

5. 제2차 동학농민혁명운동

전주화약 이후 조선조정은 청국과 일본 양측에 철병을 요구하였다. 청국은 이를 수락했으나 일본군은 이 기회에 조선을 지배하려고 끝까지 철병을 거부하였다.

일본군은 마침내 6월 21일(양력 7월 23일) 새벽 4시에 계획된 군사작전을 시작하여 조선왕궁을 포위 공격하였다. 일본군은 저항하는 왕궁호위 조선군을 일부 학살하고 무장해제시킨 다음, 무력으로 민비정권을 무너뜨리고 흥선대원군을 섭정으로 하는 온건개화파 김홍집 내각의 수립을 지원하였다. 이와 동시에 일본군은 아산만에 정박해 있는 청국 군함을 선제공격으로 격침시켜 청일전쟁을 도발한 다음 이틀 뒤에 선전포고를 하여 남의 나라에서 침략전쟁을 일으켰다. 또한 일본 내각회의는 1894년 7월 17일(양력 8월 17일) 조선을 일본의 '보호국(=반식민지)'으로 만드는 것을 당면의 조선에 대한 정책으로 채택하여 결정하였다.

동학농민군은 그 사이에 전라도 일대에서 집강소를 설치하여 폐정개혁의 농민통치를 단행하면서 사태를 바라보고 있었으나, 이제 일본군이 조선의 전국토를 유린하며 내정간섭을 자행하고, 청일전쟁의 대세가 일본군에 유리하게 전개되어 가는 것을 보고 더 이상 관망만 할 수가 없게 되었다. 드디어 전봉준은 9월 13일(양력 10월 11일) 삼례역에서 각도 동학접주들에게 봉기 격문을 띄우고 다시 봉기하였다. 전봉준의 재봉기 통문에 즉각 호응하여 전라도 지방에서만 약 114,500명의 농민군이 봉기하였다.

충청도 보은에 대도소를 두고 있던 동학의 제2대 교주(북접대도주) 최시형은 종교적 입장을 고수하여 처음에는 무력투쟁에 가담하기를 꺼려하며 남접의 무장봉기에 반대했었다. 그러나, 항일구국투쟁이라는 대의와 급박해진 나라의 형편 앞에 대동단결하게 되었다. 그 결과 최시형이 이끄는 북접도 무장봉기하여 손병희(孫秉熙)의 지휘하에 10만 명의 북접 동학농민군이 봉기하게 되었다.

남접과 북접의 동학농민군이 논산에 집결할 무렵에 그 밖의 여러 지방에서도 통문을 받은 동학농민들이 봉기하여 항일무장투쟁을 전개하였다. 특히 경기도·황해도·강원도·경상도의 곳곳에서는 동학농민들의 봉기가 더욱 거세었다. 전국에서 봉기한 동학농민군은 약 60만 명에 달하였다.

정부는 이에 당황하여 신정희(申正熙)를 양호순무사(兩湖巡撫使)로 임명하여 관군을 추가로 남하시켰다. 일본군도 조선군을 신뢰히지 않고 스스로 주동이 되어 동학농민군을 '진압'하겠다고 나섰다. 일본측은 청일전쟁에 파견된 부대의 잔류대 이외에 순전히 동학농민군을 '토벌'하기 위해 독립보병 제19대대를 급파하였다.

각지에서 봉기한 동학농민군은 곳곳에서 일본군 병참부를 공격하여 청일전쟁을 자행하고 있는 일본군 병참에 큰 타격을 주었다. 일본군과 관군은 공주(公州)를 중심으로 병력을 셋으로 나누어 방어태세를 갖추었다. 제1진은 계룡산 뒤 판치(板峙)에, 제2진은 이인역(利仁驛)에, 그리고 제3진은 공주영에 배치하였다.

전봉준이 인솔하는 동학농민군은 먼저 판치를 공격하여 '판치 전투(板峙戰鬪)'에서 일본군과 관군을 쳐부수고 공주로 쫓아 버렸다. 농민군은 다음에 이인역을 포위 공격하여 '이인 전투(利仁戰鬪)'에서도 일본군과 관군을 패배시키고 승리하였다. 동학군에 쫓겨가던 일본군과 관군은 효포(孝浦)에서 기다리던 일본군과 합세하여 저항했으며, 동학농민군은 이를 공격해서 '효포 전투(孝浦戰鬪)'에서도 승리하여 일본군과 관군을 공주로 쫓아 버렸다.

이에 동학농민군은 일본군의 방어진지인 공주를 세 방면으로 포위하고 공격하기 시작하였다. 동학농민군의 공주 공격은 양력 11월 9일(양력 12월 5일)부터 시작하여 공주의 우금치(牛金峙)에서 제1차로 6-7차례 대혈전을 전개했으나, 이 전투에서는 일본군의 근대적 화력을 뚫지 못하고 막대한 희생자를 내면서 전세는 농민군측에 불리하게 작용하였다. 동학농민군은 제2차로 4-5차례의 대공격을 우금치에서 감행했으나 역시 일본군의 우세한 무기와 화력에 눌려 '우금치 전투'에서 대패하고 말았다.

전봉준의 동학농민군은 공주의 우금치 전투에서 패배한 뒤 전세가 역전되어 일본군에게 추격당하는 형편이 되었다. 동학농민군은 남쪽으로 후퇴하다가 11월 25일(양력 12월 21일) 전라도 금구에서 반격작전을 감행했으나 탄약의 부족으로 역시 일본군의 근대적 무기와 화력에 패배하고

우금치 전투

회복하지 못하였다.

일본군은 동학농민군 여당(餘黨)을 계속 추격하여 전라도 남단의 광양·순천·장흥 등지까지 침입했으며, 다시 부산을 경유하여 도우러 온 일본군과 군함 2척으로 다도해까지 들어가서 완강하게 저항하는 동학농민군 여당을 처절하게 학살하였다. 1895년 1월에는 남해안의 동학농민군들도 완전히 패배하여 농민군의 저항은 수그러졌다. 박은식(朴殷植)은 동학농민혁명운동에서 학살당한 동학농민들의 총수가 약 30만 명에 달했다고 추산하였다.

전봉준은 정읍으로 피신했다가 다시 순창(淳昌)으로 가서 동지들과 재의거를 모의하던 중 1894년 12월 4일(양력 12월 30일) 밤 불의의 습격을 받아 관군에게 체포되고, 곧 일본군에 넘겨져서 서울로 압송되어 1895년 3월 29일(양력 4월 23일) 사형선고를 받고 처형당하였다.

제2차 동학농민혁명운동은 동학농민들이 자기 조국에 불법 침입하여 철수하지 않는 일본침략군을 몰아내려고 거대한 규모로 봉기해서 혈전을 벌였다가 일본군의 근대적 무기와 화력을 이기지 못하여 좌절당한 것이었다.

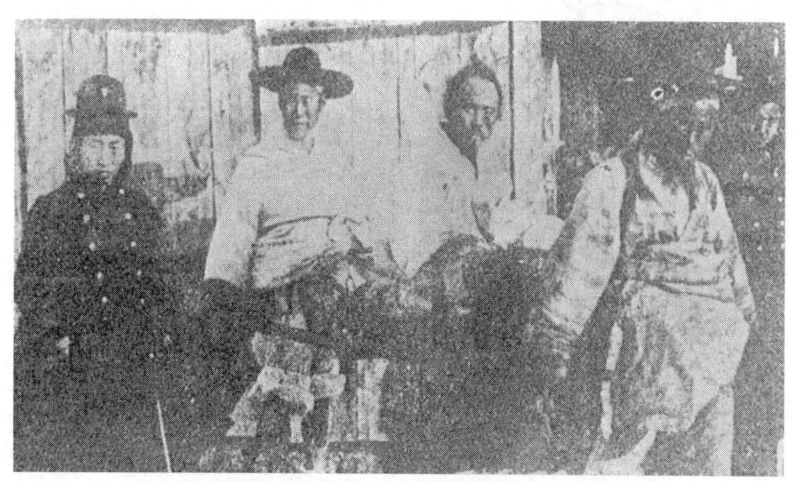

동학농민혁명운동 실패 뒤 서울로 압송되는 전봉준

6. 동학농민혁명운동 실패의 원인

동학농민혁명운동의 실패 원인으로서는 특히 다음과 같은 몇 가지 점이 주목된다.

첫째, 일본군의 무장침입과 농민군에 대한 공격을 들 수 있다. 청일전쟁에서의 일본군의 승리에서도 증명되는 바와 같이 당시 일본군의 전력과 근대적 화력은 동학농민군이 감당하기에는 벅찬 것이었다. 이러한 근대적 무기와 화력을 동원한 일본침략군의 동학농민군에 대한 공격과 탄압과 학살은 동학농민혁명운동 실패의 첫째 요인이 되었다.

둘째, 동학농민군의 무기 및 탄약의 결핍과 농민군의 훈련 부족이 실패의 한 요인이 되었다. 동학농민군은 민병의 집합이었으므로 군사훈련이 제대로 되어 있지 않았고, 그들의 무장은 보잘 것이 없었다. 뿐만 아니라 계속된 전투에서 탄약이 지속적으로 공급되지 못한 것은 농민군의 전투력을 상실케 하여 동학농민혁명운동 실패의 중요한 요인이 되었다.

셋째, 당시 갑오개혁을 추진한 개화파 정부의 관군이 일본군의 지휘와 자문을 받으며 그들과 협조하여, 농민군과 개화파 정부가 적대관계에 들어간 것이 또 하나의 중요한 실패의 요인이 되었다.

최시형

넷째, 제2차 동학농민혁명운동 시기에 양반유림들이 민보군(民堡軍) 등 각종의 이름으로 반혁명군을 조직하여 동학농민군을 공격한 것이 실패의 요인으로 작용하였다.

다섯째, 농민군 지도부의 군사전략·전술 부족이 실패의 요인이 되었다. 특히 무기와 화력이 부족한 상태에서 측면으로 광범위한 유격전을 전개하지 않고, 공주성 우금치 전투에서 볼 수 있는 바와 같이, 막강한 일본군의 화력 앞에서 정면 전투와 중앙 공격을 되풀이 시도한 것은 군사전술상의 실책이었다고 볼 수 있다.

7. 동학농민혁명운동의 사회사적 의의

동학농민혁명운동은 위와 같은 요인들 때문에 실패했다 할지라도 한국근대사에서 매우 큰 사회사적 의의를 가진 민족운동이었다. 특히 다음과 같은 몇 가지 사실이 주목된다.

첫째, 동학농민혁명운동은 우리나라 농민들의 대표적인 반봉건 반침략 애국운동이었다. 제1차 농민혁명운동은 반봉건 반침략의 목적이 복합된 농민운동으로서 반침략보다는 반봉건적 성격이 더욱 강한 농민혁명운동이었다. 제2차 농민혁명운동은 반봉건적 성격보다 일본침략군을 한반도에서 몰아내기 위한 반침략적 성격이 전면에 부각된 민족혁명운동으로서, 이 농민혁명운동에서 동학과 한국 농민들의 보국안민을 위한 애국운동이 높이 떨치었다.

둘째, 동학농민혁명운동은 양반신분제도와 당시까지 수천 년 묵어 온 사회신분제도를 폐지하는 데 결정저 역할을 하였디. 1894년 조선의 사회신분제 폐지는 하위신분층의 농민들이 동학농민혁명운동에 의하여 먼저 아래로부터 사회신분제를 폐지해 나가자 그 뒤에 갑오개혁 개화파들이 이를 받아서 법령으로 사회신분제를 폐지한 것이었다.

셋째, 동학농민혁명운동은 당시까지 지속되면서 나라의 자주근대화를 완강하게 막았던 전근대 구체제(ancient regime)를 근본적으로 붕괴시켰다. 당시 민족국가의 자주독립과 근대화를 위해서는 민비정권을 권력의 핵심으로 하는 구체제를 붕괴시키는 것이 선결의 대전제가 되어 있었는데,

한국사회의 근대화 과정에서는 이 과제를 시민세력이나 개화파가 수행하지 못하고 농민세력이 동학농민혁명운동을 통하여 수행함으로써 근대사회 확립의 길을 열어 주었다.

넷째, 동학농민혁명운동은 '집강소'의 농민통치를 실시하여 한국역사에서 처음으로 농민이 권력을 장악하고 농민에 의한, 농민을 위한, 농민의 농민 민주주의적 근대개혁정치를 실시하였다. 이것은 동학농민들이 그들이 원하는 신체제와 근대화의 모형을 제시한 것으로서, 만일 일본군의 간섭 없이 농민군이 패전하지 않고 서울에 입성했었다면 전국에 걸쳐 집강소형 근대적 신체제가 수립될 수 있는 모형이 정립된 것이었다.

다섯째, 동학농민혁명운동은 개화파 정부의 갑오개혁에 아래로부터의 원동력이 되어 대개혁을 단행하는 근원적 힘이 되어 주었다. 동학농민혁명운동이 없었더라면 당시 개화파의 힘으로서는 집권할 기회가 없었다. 또한 개화파 집권 뒤의 갑오개혁은 동학농민들의 개혁요구를 개화파식으로 번역하고 수정하여 단행한 것이 대부분이었다. 동학농민혁명운동은 동학농민들 자신이 집권하지는 못했다 할지라도 집권한 개화파 정부로 하여금 갑오개혁 정책을 집행하도록 사회적 압력을 주입했다는 면에서도 큰 사회사적 의의를 가진 것이었다. 갑오개혁이 단행한 여러 가지 개혁정책들은 동학농민혁명운동 및 그 농민들의 개혁요구 조항들과 분리해서는 정확하게 이해하기 어려운 것임을 주목할 필요가 있다.

여섯째, 동학농민혁명운동은 광범위한 각계 각층 국민들의 정치적·사회적 각성을 크게 촉진하였다. 동학농민혁명운동이 제기한 여러 가지 민족적·사회적·신분적 문제들에 대하여 전 국민이 충격을 받고 정치의식과 사회의식이 크게 계발되었다고 볼 수 있다.

일곱째, 동학농민혁명운동은 그 뒤 반일의병운동의 토대를 튼튼히 만들었으며, 반일역량을 크게 높였다. 동학농민혁명운동에 참가했던 다수의 농민군 병사들은 그 뒤 의병부대의 병사가 되어 항일무장투쟁을 기회 있을 때마다 완강하게 전개하였다. 관찬 문헌들에서 의병의 병사에 '동비

여당(東匪餘黨)'이 많다고 기록한 것은 이것을 가리킨 것이었다.

동학과 동학농민혁명운동은 한국근대사에서 수천 년 묵어 온 낡은 전근대적 구체제를 붕괴시키는 데 결정적 작용을 하여 근대사회의 길을 열어주었으며, 이 열린 길 위에서 개화파들이 역할을 분담하여 근대사회와 근대국가 수립의 대개혁 운동을 전개하고 대개혁 정책을 실시한 것이었다.

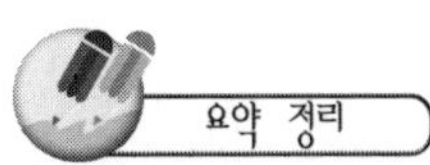

요약 정리

- 동학농민혁명운동은 1894년 1월 '고부민란' 뒤 안핵사의 폭압으로 말미암아 비밀리에 무장(茂長)으로 가서 남접도소를 차린 전봉준의 지도 아래 약 4천 명의 동학농민군이 무장에서 제1차 농민혁명운동을 일으켰다. 동학농민군은 '황토현 전투'에서 전주영군을 대파하고 남으로 돌아 20여 개 군현을 점령한 뒤 전라도 수도인 전주를 점령하였다. 이때 동학농민군의 목적은 서울로 진군하여 일본 등 외세를 몰아내고 민비정권을 타도하며 양반귀족들을 숙청하여 전근대적 구체제를 해체시키고 새로운 정치를 실시케 하기 위한 것이었다.
- 동학농민군이 전주성을 점령했다는 보고에 놀란 민비정권은 어리석게 청군의 차병을 요청하여 2,500명의 청군이 한반도에 진주하게 되었고, 일본군은 조선정부의 요청이 없었는데도 6천 명의 대규모 병력을 인천 부평에 상륙시켰다. 그리고 주한 일본공사는 육전대 1개 대대를 경군이 동학농민군 진압차 남하하여 비어 있는 서울로 이끌고 들어왔다. 이에 조선정부 및 관군과 동학농민군은 '전주화약'을 맺고 전주성을 관군에게 내준 뒤 각기 출신지로 돌아갔다.
- 동학농민군은 전라도 53개 군현의 각 출신지에서 '집강소'를 설치하고 농민통치를 시작하였다. 집강소의 농민통치는 사회신분제도를 폐지하여 신분해방을 실행하고, 각종 전근대적 가렴주구를 폐지하며, 탐관오리를 처벌하고, 고리채를 무효화하며, 전근대적 지주제도의 개혁 및 폐지를 추진하는 등 전근대적 구체제를 사실상 해체시키고, 농민들이 바라는 신체제의 수립을 추구한 것이었다. 그러나 조선정부의 수차례의 강경한 요구에도 철수하지 않고, 마침내 6월 21일(양력 7월 23일) 계획된 군사작전으로 조선왕궁을 침범해서 민비정권을 폐하도록 국왕에게 압력을 가하고 온건개화파 정부의 수립을 성원하였다. 동시에 일본군은 아산만의 청군을 공격하여 남의 영토인 한반도에서 '청일전쟁'을 일으켰다.
- 동학농민군은 일본군이 철수는커녕 더욱 내정간섭을 자행하면서 조선을 일본의 '보호국(=반식민지)'으로 예속시키려 한다고 판단하고, 전봉준의 지휘 아래 1894년

9월 13일(양력 10월 11일) 제2차 동학농민혁명운동을 일으켰다. 그 목적은 일본침략군을 조국 땅에서 몰아내어 조국의 자주독립과 권익을 지키려 한 것이었다.

- 동학농민군은 처음에는 승승장구했으나, 공주성 '우금치 전투'에서 일본군의 근대적 화력을 이기지 못하여 동학농민혁명운동은 좌절당하게 되었다.
- 동학농민혁명운동은 그들이 원하는 새로운 체제를 수립하는 일까지는 성공하지 못하고 실패했지만, 사회신분제도와 민비정권을 골간으로 하는 전근대적 구체제(ancient regime)를 해체시키는 데에는 성공하여, 그 뒤 개화파의 새로운 근대체제 수립을 위한 대개혁 실행의 넓은 길을 열어 주었다고 볼 수 있다.

<table><tr><td rowspan="100">용어
정리</td></tr></table>

● 관민상화지책(官民相和之策) ▶ 동학농민군은 '전주화약' 뒤 고향에 돌아가서 면(面)의 '집강'만 임명한 것이 아니라 군(郡)의 '집강소'를 설치하기 시작하면서, 1894년 6월 15일 남원에서 '남원대회(南原大會)'를 개최하여 전라도 53개 군현에 빠짐없이 '군집강소(郡執綱所)' 설치를 결의하였다. 이에 전라관찰사 김학진은 전봉준을 초청하여 '관과 백성이 서로 화합하는 정책'으로서 '군집강소'를 공식적으로 인정하고 동학농민군과 기존행정이 서로 협력할 것에 합의하였다.

● 남접도소(南接都所) ▶ 전봉준이 '고부민란' 이후 고부군 안핵사 이용태에게 추격당하고 있는 동안 이웃 고을인 무장(茂長)에 숨어 들어 설치한 전라도 동학도의 본부이다. 당시 동학의 대도소(大都所 : 총본부)는 북접대도주(北接大道主) 최시형이 있는 충청도 보은(報恩)에 있었다. 고부접주였던 전봉준은 무장에서 도소를 차리고 대접주들인 손화중·김개남·김덕명을 동지로 포섭함으로써 전라도 동학도를 지휘할 수 있게 되었다.

● 동비여당(東匪餘黨) ▶ 위정척사의 영향을 받은 관변인측이 동학도에 대하여 사용하던 용어로서 '동학비도의 (처형을 면하여 아직도) 살아남아 있는 무리'라는 뜻이다. 동학농민혁명운동의 남은 동학도 세력이 그 뒤 항일의병운동에 병사로 참가하자, 일부 관료들은 이를 '민당(民黨)'이라고 부르기도 했지만, 일부 관료들은 '동비여당'이라고 부르기도 하였다.

● 민보군(民堡軍) ▶ 양반유림들이 동학농민군에 반대하여 제2차 동학농민혁명운동 말기에 조직한 반혁명군의 명칭이다. 보통 '민보군'이라고 불렀으나, 이 밖에도 유회군(儒會軍)·향회군(鄕會軍)·의병(義兵) 등 여러 가지 이름이 있었다.

● 북접·남접(北接·南接) ▶ 동학도들의 계보에 대한 관습적 구분이다. 일찍이 동학교조 최제우는 동학도의 수가 급증하자 최시형을 북접주인(北接主人)에 임명하여 주로 경상도 북부지방의 '접(接)'들을 관리케 했었다. 그 뒤 최시형은 제2대 교주가 된 뒤에도 공식적으로 '북접대도주(北接大道主)'란 명칭을 자주 사용했으므로, 최

시형의 직접 통솔을 받는 동학도들을 '북접(北接)'이라 불렀다. 1894년에 이르러 전봉준이 무장에서 '도소'를 차리고 최시형의 허락 없이 봉기했으므로, 전봉준의 직접 통솔을 받는 동학도들을 보통 '남접(南接)'이라고 부르게 되었다.

● **우금치 전투(牛金峙戰鬪)** ▶ 전봉준이 지휘하는 동학농민군이 충청도 수도인 공주(公州)를 점령하려고 1894년 11월 8-9일(양력 12월 4-5일) 공주성 입구 우금치에서 일본군 보병 19대대 및 관군과 수십 차례 혈투를 벌인 동학농민전쟁에서 가장 치열한 전투이다. 이 '우금치전투'에서 전봉준의 동학농민군은 일본군의 현대적 무기와 화력에 눌려 패전하였다.

● **전주화약(全州和約)** ▶ 동학농민군이 전주성을 점령한 직후 동학농민혁명운동 '진압'을 구실로 청군과 일본군이 한반도에 상륙하자, 이를 철수시키기 위한 조건을 만들기 위해 1894년 5월 7일(양력 6월 10일) 전라관찰사 김학진(金鶴鎭) 등 관변측과 전봉준 등 동학농민군 사이에 '화의(和議)'를 약속한 것을 가리키는 용어이다. '화약'의 내용은 관변측은 동학농민군이 제출한 폐정개혁 요구조항을 실행하여 개혁을 단행하며, 그 대신 동학농민군은 전주성을 관군에게 내주고 해산해서 귀향하여 '집강'을 임명해서 관변측의 폐정개혁의 실행여부를 감시하고 자문한다는 것이었다. 이 약속에 따라 동학농민군은 5월 8일 전주성을 관군에게 내주고 귀향하여 '집강소' 설치사업을 시작하였다.

● **집강소(執綱所)** ▶ '전주화약' 뒤 동학농민군이 귀향하여 전라도 53개 군현에 설치한 농민통치 기관이었다. 집강소는 ㉠ '집강'의 지휘 아래 통치행정을 담당하는 집행기관 ㉡ 10여 명의 의원으로 구성되는 의사(議事)기관 ㉢ 집강소 호위군 ㉣ 기존 관리들로 편성된 방조기관 등으로 구성되어 있었다. 이 가운데서 '집행기관'은 또 ㉠ 집강 ㉡ 서기 ㉢ 성찰(省察 : 집강소 경찰에 해당) ㉣ 집사 등으로 구성되어 있었다.

● **황룡촌 전투(黃龍村戰鬪)** ▶ 동학농민군이 제1차 농민혁명운동 때 1894년 4월 22일 장성군 황룡촌에서 초토사 홍계훈(洪啓薰)이 지휘하는 경군(京軍) 350명을 격파하고 대포 1문과 기관총 1정을 노획하여 승리한 전투이다.

● **황토현 전투(黃土峴戰鬪)** ▶ 동학농민군이 제1차 농민혁명운동 때 1894년 3월 말경 고부군 황토현에서 전주감영군(全州監營軍)과 보부상대 수천 명(또는 일설 약 1만 명)을 격퇴하여 승리한 전투이다.

참고문헌

- 한우근, 《동학란 기인에 관한 연구》, 서울대 한국문화연구소, 1971.
- 조경달, 〈동학농민운동과 갑오농민전쟁의 역사적 성격〉, 《조선사연구회논문집》 제19집, 1982.
- 정창렬, 〈고부민란의 연구〉, 《한국사연구》 제50·51합집, 1985.
- 김의환, 《근대조선동학농민사의 연구》, 1986.
- 박명규, 〈동학사상의 종교적 전승과 사회운동〉, 《한국사회사학회논문집》 제7집, 1987.
- 정진상, 〈농민집강소를 통해서 본 갑오농민전쟁의 사회적 지향〉, 《한국사회사학회논문집》 제27집, 1991.
- 한국역사연구회, 《1894년 농민전쟁연구》 제1권-제4권, 역사비평사, 1991-95.
- 구양근, 《갑오농민전쟁원인론》, 아세아문화사, 1993.
- 동학농민혁명기념사업회, 《동학농민혁명과 사회변동》, 1993.
- 신용하, 《동학과 갑오농민전쟁의 연구》, 일조각, 1993.
- 우 윤, 《전봉준과 갑오농민전쟁》, 창작과비평사, 1993.
- 동학혁명 100주년 기념사업회, 《동학혁명 100년사》(상·하), 1994.
- 한국정치외교사학회, 《갑오동학농민혁명의 쟁점》, 1994.
- 동학농민혁명기념사업회, 《동학농민혁명의 지역적 전개와 사회변동》, 1995.
- 김양식, 《근대한국의 사회변동과 농민전쟁》, 신서원, 1996.
- 박맹수, 〈동학농민전쟁기 최시형의 활동〉, 《조선시대의 사회와 사상》(조선사회연구회), 1998.
- 표영삼, 〈포접 조직과 남북접〉, 《동학연구》 제4집, 1999.
- 이희근, 〈1894년 동학지도부의 제2차 기병추진과 그 성격〉, 《동학연구》 제6집, 2000.

13

1894-1895년의 갑오개혁과 한국사회의 근대화

단원개요   동학농민군 '진압'을 구실로 한반도에 불법 침입한 일본
군이 철수를 거부하고 '개혁'을 구실로 내세우면서 정권교체를 모색하자, 온건
개화파는 이 기회를 이용하여 정권을 장악하였다. 온건개화파는 1894년 6월
25일 '군국기무처'를 설립하여 대개혁을 시작하였다.

군국기무처가 단행한 수많은 개혁들 가운데서 특히 중요한 것으로는 정부사
무와 궁중사무의 엄격한 구분, 내각제도의 수립, 중앙정부조직의 근대적 개혁,
사회신분제도의 폐지, 과거제도의 폐지와 신식 전문관리 채용 시험제도 시행,
관료제도의 근대화, 국가재정의 탁지부에의 통일, 조세의 금납화, 지세제도 개
혁, 잡세 폐지, 환곡제도 영구 폐지, 은본위 신식 화폐제도의 수립, 도량형제도의
통일 등이 단행되었다.

일본은 청일전쟁의 승리가 예견되자 내각회의에서 조선을 '보호국화(=반식
민지화)'하기로 결정하고, 주한공사를 이노우에로 교체하여 파견하였다. 신임
일본공사는 고종에게 압력을 가하여 군국기무처를 폐지케 하고 심하게 내정간
섭을 하였다. 그 결과 1894년 군국기무처의 자율적 대개혁과는 달리 1895년의
'을미개혁'은 타율성이 강하게 되었다.

이러한 한계 속에서도 개화파 정부는 1895년에 개혁을 계속하여, 지방행정제
도의 개혁, 교육제도의 개혁과 신식 학교의 수립, 사법제도의 개혁 등을 단행하
였다. 그러나 이러한 '을미개혁'에서는 일본측의 간섭이 심하여 자주성을 지킬
수 없었다.

개화파 정부는 일본측이 자행한 '민비시해사건'으로 대타격을 입고 뒷수습을
못하고 있다가 1896년 2월 11일 '아관파천'으로 붕괴되고, 갑오개혁도 중단되
었다.

1. 온건개화파 정권의 수립과 군국기무처

18 94년 3월에 동학농민혁명운동이 폭발하여 아래로부터 농민들이
대개혁을 요구하고, 청군과 일본군이 국내에 상륙하여 내정에 간
섭하며, 일본군이 철수를 거부하고 '개혁'을 구실로 내세우면서 정권교체
를 모색하자, 온건개화파는 이 기회에 정권 장악을 시도하였다.

일본군은 1894년 6월 21일(양력 7월 23일) 조선왕궁을 기습하여 억지로

왕명을 끌어대서 조선군을 무장해제
시키고 왕궁을 점령한 후 국왕을 협
박해서 민비정권을 무너뜨림과 동시
에, 대원군을 섭정으로 하고 김병시
(金炳始)를 영의정으로 한 과도정부
를 수립케 하였다. 일본군은 이틀 뒤
인 6월 23일에는 아산만의 청국 군함
을 선제공격하여 격침시킴으로써 청
일전쟁을 일으켰다.

김홍집

온건개화파는 과도정부 안에서 대
개혁을 단행할 주체적 기관으로 군
국기무처(軍國機務處)의 설립을 추진하였다. 대원군은 군국기무처의 성
격을 민비정권 말기의 교정청(校正廳) 정도로 이해하고 이를 승인하였다.

온건개화파는 이에 6월 25일(양력 7월 27일) '군국기무처'를 설립하여 김
홍집(金弘集) 등 17명의 의원을 임명함과 동시에, 김병시 과도정부를 해임
하고 김홍집을 영의정(뒤에 총리대신으로 개정)으로 한 온건개화파 정권을
수립하였다. 이때 설치한 '군국기무처'는 일종의 '비상개혁입법기관'으로
서 갑오개혁의 초기 주체기관이었고, 그 집행부가 개화파 정부였다고 볼
수 있다. 군국기무처는 출범하자마자 국정 전반에 걸쳐 과감한 개혁을
단행하였다.

2. 1894년의 개혁

(1) 중앙 국가기구의 근대적 개혁

온건개화파의 군국기무처는 근대국가 체제의 확립을 위하여 국가기관
인 중앙정부 조직의 개혁을 우선적으로 서둘러 단행하였다. 우선 군국기

무처는 중국과의 대등한 관계와 자주독립을 거듭 명백히 하기 위하여 연호를 조선왕조 개창을 기준으로 한 '개국기년(開國紀年)'을 사용하도록 하였다. 그리하여 1894년은 '개국 503년'이 되었다.

군국기무처는 종래 전제군주제 아래서 혼잡하고 중복되었던 정부사무와 궁중사무를 엄격히 구분하여 제도화하며, '내각제도(內閣制度)'를 수립해서 전제군주제에 일정한 제한을 가하고 총리대신의 주재로 각료들로만 구성되는 '내각회의'에서 국정을 운영하도록 하는 근대국가 체제를 수립하였다.

군국기무처의 개혁에 의하면, 중앙정부 조직은 크게 의정부(議政府)와 궁내부(宮內府)로 엄격히 구분되어, 국가사무는 의정부에서 전담하고 궁중사무는 궁내부에서 전담하되 그 재정은 의정부의 탁지부가 관장하도록 하였다.

의정부 아래에는 내무·외무·탁지(度支)·군무·법무·학무·공무·농상 등 8아문[뒤에 부(部)라 개칭]을 두었다. 이것은 종래의 6조(六曹) 체제에 수정을 가하여 근대화한 것이었다. 의정부 장관에는 '총리대신'을 두고, 총리대신 밑에는 좌찬성·우찬성을 두어 총리대신을 보좌하게 하였다. 8개 아문의 장관은 모두 '대신(종래의 판서)'으로 호칭하게 하고, 차관은 '협판(協辦)'으로 부르게 하였다.

행정조직은 각 부 장·차관 밑에 국(局) → 과(課)를 두는 근대적 체계를 갖추었다.

모든 국가재정은 탁지아문에 일원화되어 예산과 결산을 편성하게 하고, 종래 왕실이 직접 관장하던 각 궁(宮)과 사(司)의 국민에 대한 조세와 지대 징수권도 폐지했으며, 왕실의 경비도 국가재정의 예산 범위 안에서 탁지아문이 지출하도록 하였다.

(2) 사회신분제도의 폐지

군국기무처는 동학농민들이 먼저 추진하고 있던 사회신분제 폐지운동을 수용하여, 군국기무처가 수립된 사흘 뒤인 6월 28일(양력 7월 30일)부터 과감하게 사회신분제도 폐지의 법령을 제정 공포해서 이를 단행하였다.
　군국기무처가 단행한 사회신분제의 폐지를 항목화해서 보면 다음과 같이 정리할 수 있다.

　① 양반·상민의 신분차별제도 폐지
　② 문벌제도의 폐지
　③ 귀천의 출신 신분에 구애받지 않는 인재등용
　④ 문관과 무관의 차별 폐지
　⑤ 서얼차별제도의 폐지
　⑥ 연좌제도의 폐지
　⑦ 공사(公私) 노비제도의 폐지
　⑧ 인신매매의 금지
　⑨ 과부 재가금지제도의 폐지
　⑩ 조혼제도의 폐지(남자 20세, 여자 16세 이상의 결혼 허용)
　⑪ 평민의 정치적 의견 제출 승인
　⑫ 신량역천(身良役賤)제도의 폐지
　⑬ 천인(賤人)제도의 폐지
　⑭ 퇴직 양반관료의 상업활동 자유의 보장

　사회신분제도는 중세사회(전근대사회)의 골간이 되는 제도로서, 어느 사회에서나 전근대사회로부터 근대사회로 이행하는 변혁적 계기와 전환점을 만드는 것이 바로 전근대적 사회신분제도의 폐지라고 할 수 있다.
　1894년은 한국사회사에서 사회신분제도가 폐지된 역사적인 해로서, 아래로부터의 동학농민혁명운동의 사회신분제 폐지운동의 흐름과 위로부터의 개화파 군국기무처의 사회신분제 폐지 법령의 흐름이 1894년의 시점에서 합류했기 때문에, 양반관료 세력들의 강력한 반발을 극복하고 마침내 한국역사에서 몇천년 묵어 온 사회신분제도 폐지의 대과업을 자주적으로 성취하였다. 그리고 이러한 사회신분제도 폐지에 의해 한국사회의 전근대사회로부터 근대사회로의 변혁과 발전의 길이 널리 열리게 된 것이었다.

(3) 근대관료제도 수립과 과거제도 폐지

군국기무처는 관료제도의 근대화를 위하여 '국(局)·과(課)체제'를 확립하고, 관리의 등급을 칙임관(勅任官)·주임관(奏任官)·판임관(判任官)의 3등급직제로 하였다. 또한 관료의 봉급제도를 종래의 과록제(科祿制)에서 월봉제(月俸制)로 바꾸었다.

그리고 군국기무처는 1894년 7월 3일(양력 8월 3일) 마침내 폐해가 많던 전근대적 과거제도(科擧制度)를 폐지하고, 새로운 서양식 전문관리 채용시험제도를 도입하였다.

(4) 재정·경제제도의 개혁과 금납제 실시

군국기무처는 재정제도와 일부 경제제도에 대해서도 과감한 개혁을 단행하였다. 그 대표적 항목을 보면 다음과 같은 것들이었다.

① 국가재정의 탁지부에의 통일
② 조세의 금납화
③ 중앙은행의 설립 추진
④ 미상회사(米商會社)의 설립
⑤ 궁방전·역토·둔토의 면세지 폐지와 지세개혁
⑥ 모든 잡세의 혁파
⑦ 환곡제도의 영구 폐지
⑧ 사창(社倉)의 설립
⑨ 전매제도의 시작

⑩ 은본위 신식 화폐제도의 개혁

⑪ 도량형제도의 통일

군국기무처가 실제로 활동한 것은 1894년 6월 25일(양력 7월 27일)부터 10월 1일(양력 10월 29일)까지 약 3개월에 불과하였다. 이 짧은 기간에 군국기무처는 약 210건의 개혁의안을 의결하여 공포하였다. 그 가운데 어떤 것은 '종이 위의 개혁(reform in paper)'에 그치고 만 것도 있지만, 국민의 요구에 부응한 개혁들은 대부분 실행되어 한국사회의 근대적 발전에 큰 계기를 만들었다.

당시 일본군은 청일전쟁에서 승리가 전망·보장되지 않은 시기였으므로, 군국기무처의 활동에 간섭하여 조선의 개화파 정부를 잃으려 하지 않았기 때문에 자율적으로 과감한 개혁이 추진되었다.

3. 일본의 조선 '보호국화(保護國化)' 정책과 침략강화

그러나 온건개화파의 군국기무처에 의한 개혁에는 곧 어두운 그림자가 드리워지기 시작하였다. 일본은 청일전쟁중에 조선을 일본의 '보호국'으로 예속시켜 반식민지화하고 궁극적으로는 식민지화하기 위한 정책을 적극적으로 실행하였기 때문이다. 일본 외무대신 무쯔(陸奧宗光)는 일본 정부의 조선에 대한 정책을 확정하고 통일하기 위해서 1894년 7월 17일(양력 8월 17일) 일본 내각회의에 ① 독립국안(獨立國案) ② 보호국화안(保護國化案) ③ 일·청 양국 담보에 의한 독립국안 ④ 영세중립국화안(永世中立國化案) 등의 4개 안을 제출하였다. 일본 내각회의는 토의한 결과 ②의 '보호국화안'을 채택하여 외무대신이 이를 집행하도록 하고, 뒤에 다시 내각의 의논을 확정하기로 의결하였다.

여기서 '보호국화'는 '반(半)식민지화'를 의미한 것이었다. 일본 외무대신 무쯔는 '조선의 보호국화안'을 영구적 목표로 확정하지 않고 잠정적 목표로만 의결한 데 대해 불만이었지만, 그는 내각회의의 의결에 따라 '조선 보호국화'를 추진하였다.

일본군이 1894년 음력 8월 16-17일 평양 전투에서 청군에 대승을 거두고, 해전에서도 8월 17일 압록강 어구에서 청국 군함 4척을 격침시키자 청일전쟁에서 일본군의 승리가 예견되었다. 따라서 일본정부는 종래 조선 군국기무처의 개혁에 대해 간섭을 자제하던 정책을 바꿔 조선을 '보호국'으로 일본에 예속시켜 지배하기 위한 침략정책을 급속히 강화하였다.

일본정부는 '보호국화' 침략정책을 담당할 새 주한 일본공사로 이노우에(井上馨)를 임명하여 조선에 파견하였다. 이제 조선은 (그후 1905년 11월 '을사 5조약' 때와 같이) 주요한 국권의 일부를 박탈당하고 '보호국'의 예속상태로 떨어질 큰 위협을 (10여 년 앞서) 1894-95년에 당면하게 된 것이었다.

일본의 신임 특명 전권공사 이노우에는 1894년 9월 27일(양력 10월 25일) 서울에 도착하자 먼저 여러 이권침탈부터 추구하였다. 그 주요 항목을 들면 다음과 같은 것들이었다.

① 경부철도 부설권
② 경인철도 부설권
③ 경부전선 가설의 유지권
④ 경인전선 가설의 유지권
⑤ 군용 경부·경인전선 신가설권과 유지
⑥ 전국 전선 가설권
⑦ 금광·광산 채굴권
⑧ 일본 제일은행권의 통용권 확대
⑨ 부산·인천·원산의 해관 수세권
⑩ 해관 총세무사 추천권

일본공사 이노우에는 도착하자마자 일본군 무력으로 직접 국왕을 위협하여 극심한 내정간섭을 자행하였다. 즉, 그는 다음과 같은 정책을 적극적으로 추진하였다.

① 대원군의 실각과 대원군 세력의 제거
② 내정간섭 통로의 확보
③ 공무아문(工務衙門)의 폐지
④ 박영효(朴泳孝), 서광범(徐光範) 등 자기파 세력의 입각
⑤ 동학당의 발본색원
⑥ 조선정부 내 일본인 고문관들의 대거 기용
⑦ 군국기무처의 폐지

이노우에는 군국기무처가 비상입법기관으로서 자기의 지배아래 들어오지 않으리라고 판단하여, 국왕 고종에게 압력을 가해서 마침내 1894년 11월 21일(양력 12월 17일) 국왕으로 하여금 군국기무처를 폐지하는 칙령을 반포하게 하였다. 국왕도 친재(親裁)를 희망하여 군국기무처 해체에 동조한 측면이 있었다.

국왕 고종은 군국기무처를 폐지한 이날 이노우에의 압력을 받고 그의 추천에 따라 박영효를 내무대신, 서광범을 법무대신으로 입각시킨 제2차 김홍집내각을 구성하였다. 이것이 군국기무처가 폐지된 상태에서 이른바 '을미개혁'이라 부르는 1895년의 개혁을 담당할 주체세력이 된 내각이었다.

4. 1895년의 개혁

(1) 홍범 14조의 서고(誓告)

1894년 12월 하순부터 1896년 정월 초까지 진행된 이른바 '을미개혁 (1895년 개혁)'은 일본측의 내정간섭 속에서 다분히 타율성을 내포한 채 제2차 김홍집내각과 그 뒤 박정양내각 및 제3차 김홍집내각에 의하여 정부주도로 단행된 위로부터의 개혁이었다.

군국기무처가 폐지되고 국왕의 친재로 일본측의 간섭을 받으며 내각이 개혁의 주체가 되자, 국왕은 일본공사 이노우에의 권고를 받고 개혁의 기준이 되는 '홍범(洪範) 14조'를 종묘에 고하는 형식으로 반포하게 되었다. '홍범 14조'를 간단히 정리하면 다음과 같다.

① 청국에 의부(依附)하는 생각을 끊어버리고 자주독립하는 기업(基業)을 세우는 일
② 왕실전범을 제정하여 대통(大統)의 계승과 종실·척신(戚臣)의 분업(分業)을 밝히는 일
③ 대군주가 정전(正殿)에 나아가 각 대신에게 정사를 친히 물어 재결(裁決)할 때 왕후(王后)와 비빈(妃嬪), 종실과 척신이 간여함을 용납하지 아니하는 일
④ 왕실사무와 국정사무는 곧 분리하여 서로 섞지 아니하는 일
⑤ 의정부와 각 아문의 직무 권한을 명확히 제정하는 일
⑥ 인민이 조세를 납부함은 모두 법령으로 정하고 망령되게 각목(各目)을 더하여 함부로 징수하지 아니하는 일
⑦ 조세의 부과 및 징수와 경비의 지출은 모두 탁지아문에서 관할하는 일
⑧ 왕실비용을 솔선 절감하여 각 아문과 지방관청의 모범이 되게 하는 일
⑨ 왕실비용과 각 관부(官府)의 비용은 미리 1년 예산을 정하여 재정의

기초를 확립하는 일

⑩ 지방관제를 속히 개정하여 지방관리의 직권을 한정하는 일

⑪ 나라 안의 총명한 자제를 널리 외국에 파견하여 학술과 기예를 전습(傳習)하는 일

⑫ 장관(將官)을 교육하고 징병법을 정하여 군제(軍制)의 기초를 확정하는 일

⑬ 민법과 형법을 엄격하고도 명백하게 제정하고 감금(監禁)과 징벌(懲罰)을 남용치 못하게 하여 인민의 생명과 재산을 보전하는 일

⑭ 사람을 씀에 문벌에 구애받지 말고, 선비를 구함에 조야에 두루 미쳐 인재등용의 길을 넓히는 일

이러한 홍범 14조의 내용은 이전의 군국기무처에서 단행한 개혁보다 나아진 것은 없고, 그것을 계속할 것을 조상의 신령에게 맹세한 것뿐이었다. 오히려 군국기무처는 비상입법기관으로서 일종의 '비상의회(상원)'의 성격을 가져 국왕의 전제군주권을 제한하면서 재빠른 개혁을 단행할 수 있었던 데 비해서, '홍범 14조'는 국왕이 전제군주권을 복구한 후 계속해서 개혁을 진행시키겠다는 다짐을 하고 '대강령'을 반포한 것이므로, 제도상으로는 군국기무처보다 후퇴한 것이었다고 볼 수 있다.

(2) 지방행정제도의 개혁

제2차 김홍집내각은 내무대신 박영효의 주도로 지방제도를 개혁하여 종래의 '8도4도제(八道四都制)'를 폐지하고 전국을 23개 부(府)로 구분하는 '전국 23부제(全國二十三府制)'를 채택하였다. 이것은 종래 8도(道)의 감영과 4도(四都 : 廣州·江華·開城·春川)의 유수(留守)제를 폐지하고, 전국을 23부(府)로 구분한 다음 각 부에 관찰사를 두고 337군(郡)을 그에 소속시킨 체제였다.

그러나 그 뒤 23부가 너무 많고 복잡하여, 1896년 8월 전국을 13도(道)

로 구분하고, 그 아래 7부(府) 1목(牧) 331군(郡)을 두도록 개정하였다.

(3) 교육제도의 개혁

제2차 김홍집내각은 교육제도의 근대적 개혁과 신식 학교의 설립에 많은 노력을 기울였다. 그들은 1895년 2월 2일(양력 2월 26일) 국왕의 '교육에 관한 조칙'을 반포하여 신교육의 실시를 천명하였다.

개화파 정부는 이어서 1895년 4월 16일(양력 5월 10일) '한성사범학교관제'를 반포하고, 5월 1일(양력 5월 24일)에는 한성사범학교(漢城師範學校)를 설립하였다. 한성사범학교는 소학교 교사 양성을 목적으로 한 학교로서 교육기간을 본과는 2년, 속성과는 6개월로 하였다.

이어 5월 10일(양력 6월 2일) '외국어학교관제'를 제정·반포하고 외국어학교(外國語學校)를 설립하였다. 이 학교는 처음에는 주로 영어·프랑스어·일본어 등을 교육하고, 뒤에는 러시아어·독일어·중국어 등도 가르쳐 주요 외국어들을 교육하는 종합외국어학교로 발전하게 되었다.

그리고 개화파 정부는 전국에 소학교를 널리 설립하기 위하여 1895년 7월 19일(양력 9월 7일) '소학교령'을 제정·반포하고 스스로 관립소학교를

한성사범학교

외국어학교의 교원과 학생

설립하기 시작하였다. 소학교의 종류는 관립소학교·공립소학교·사립소학교 3종류로 나누었다. 그러나 그 학제는 모두 심상과(尋常科)와 고등과(2년 또는 3년 수학)의 2과를 두도록 하였다.

이어서 내부 소속으로 1895년 11월 7일(양력 12월 22일) ‘종두의양성소규정(種痘醫養成所規程)’을 제정·반포하고 종두의양성소를 설립하였다. 이것은 종두의를 교육 양성하는 의학교육기관이었다. 또한 1895년 11월 27일(양력 1896년 1월 11일) 군부소속으로 무관학교(武官學校)를 설립하였다. 이 학교에서는 20세 이상 30세 미만의 무관 지망자를 모집하여 시험을 거쳐서 학도를 선발하고 장교를 양성하기 시작하였다.

1895년 3월 25일(양력 4월 19일)에는 ‘법관양성소규정(法官養成所規程)’을 제정·공포하여, 법부소속으로 4월 1일 법관양성소를 설립하였다. 이 양성소는 한국 최초의 법률전문 교육기관으로서 초기의 법관들을 다수 양성하였다.

개화파 정부의 이러한 교육제도 개혁은 획기적인 것으로, 그 뒤의 근대교육·신식교육의 보급과 발전에 새로운 길을 열어 준 것이었다.

⑷ 사법제도의 개혁

　개화파 정부는 1895년 3월 25일(양력 4월 19일) '재판소구성법'을 제정·
공포하였다. 이에 따라 재판소는 ① 지방재판소 ② 한성 및 인천 기타
개항장재판소 ③ 순회재판소 ④ 고등재판소 ⑤ 특별법원의 5종이 설치되
었다. 재판은 2심제를 채택하여, 지방재판소와 개항장재판소를 제1심

개혁 전의 구식재판

개혁 후의 신식재판

재판소로 하고, 순회재판소·고등재판소를 제2심 재판소로 하였다. 특별법원은 왕족의 범죄에 관한 형사재판 담당 재판소로 하였다.

이와 동시에 개화파 정부는 또한 전근대적 행형제도와 사법제도를 폐지하였다. 그 대표적인 것으로 다음을 단행하였다.

① 태형(笞刑)·장형(杖刑)제도의 폐지
② 유배(流配)·도배(徒配)제도의 폐지
③ 참형(斬刑)·능형(凌刑)제도의 폐지
④ 형구(形具)의 제한(笞杖·本加·枷鐽의 사용금지)
⑤ 조상의 공의(功議)에 의한 감형 금지
⑥ 모역죄인의 거성제(去姓制) 폐지

(5) 군사제도의 개혁

개화파 정부는 1894년 개혁 때부터 군사제도의 개혁을 추진하려고 했으나, 일본군의 강력한 반대와 저지로 진전을 보지 못하였다. 제1차 김홍집내각은 군무아문을 근대적 관청으로 개편하고, 친군영을 별도로 설치하여 이전의 5영을 통합하려는 원칙만 정해놓고 있었다. 그 뒤 긴급한 필요에 의해 1개 중대 200명의 교도대(敎導隊)를 신설한 것이 전부였다.

군사제도의 개혁은 제2차 김홍집내각 때 박영효 등이 본격적으로 추진했다. 박영효 등은 군대의 새로운 편제를 만들고 1895년 3-4월에 2개 대대의 훈련대(訓練隊)를 신설하였다. 그리고 전국지방에도 훈련대를 설치하려 했으나 일본측의 반대와 저항을 받았다. 또한 국왕 등 왕당파는 1895년 5월에 2개 대대의 시위대(侍衛隊)를 신설하여 왕실호위를 전담시키려고 하였다. 이에 대항하여 박영효는 훈련대로 왕실호위를 담당케 하려다가 일본측과 국왕측의 협공을 받고 실각하여 다시 망명하게 되었다.

그 뒤 일본측의 지나친 감시와 간섭으로 강력한 조선군을 양성할 수 없었다.

5. 일본의 '민비시해'와 개화파 정권의 붕괴

  일본측의 극심한 간섭에 시달리던 조선조정에서는 청일전쟁에서 승리한 일본이 전리품으로 얻은 랴오둥(遼東)반도를 러시아·독일·프랑스의 3국간섭으로 1895년 5월 10일 청국에 돌려주는 것을 보고, 막강한 러시아의 힘을 끌어들여 일본세력을 막아보려는 움직임이 일게 되었다. 민비를 중심으로 친러세력과 정동구락부 세력들이 이를 주도하여 큰 세력을 형성하게 되었다.

  이에 일본정부는 주한 일본공사를 미우라(三浦梧樓 : 일본군 예비역 육군중장)로 임명하고 모종의 밀령을 내렸다. 그는 서울에 부임하자 일본군 수비대 1개 대대, 일본 낭인배(浪人輩), 일본인 신문《한성신보(漢城新報)》의 사장·편집장과 신문기자들, 일본공사관 경찰 등으로 행동대를 편성하여, 1895년 8월 20일(양력 10월 8일) 먼동이 트기 전에 조선궁궐을 야습하였다. 일본야습대는 저항하는 소수의 궁궐수비병들을 죽이고 궁궐 깊숙이 들어가 민비를 시해했으며, 시신을 근처의 숲속으로 끌고 가 석유를 뿌리고 불태우는 천인공노할 만행을 자행하였다. 이것이 1895년의 '민비시해사건'이다.

  일본공사관은 이러한 세기적 만행을 자행하고서도 도리어 국왕 고종을 위협하여 각료들을 교체하도록 강요하였다. 친러세력들은 해임되고 친일세력들이 대거 입각하여 제3차 김홍집내각은 친일내각

민비(명성황후)

으로 변질되었다.

친일내각은 일본공사관이 저지른 '민비시해'의 만행을 조사하기는커녕 이를 은폐하고 국민의 동요를 막기에만 급급하였다. 그러나 그날 밤에 마침 왕궁 안에서 자다가 현장을 목격한 시위대 전교관 다이(W. M. Dye)와 러시아인 기사 사바틴(G. Sabatin)이 이를 폭로하고, 이때 서울에 주재하고 있던 《뉴욕 헤럴드(*The New York Herald*)》의 특파원이 이를 보도함으로써 일본의 이 만행은 전세계에 폭로되어 알려지게 되었다.

일본정부는 '민비시해사건'의 만행이 국제문제화되어 사면초가에 빠지자, 할 수 없이 주한 일본공사를 교체하고 미우라를 비롯한 주모자 48명의 일본인을 체포하였다. 그러나 일본은 뒤에 이들은 증거불충분이라고 모두 석방하여 버렸다.

이런 상황 속에서 친일내각으로 전락한 제3차 김홍집내각은 떨어질 대로 떨어진 불신을 회복해 보려고 1895년 8월 27일(양력 10월 15일) 국호를 '대조선제국(大朝鮮帝國)'으로 개칭한 칭제건원(稱帝建元)을 추진하였다. 그러나 이것도 일본측의 강력한 반대로 실현되지 못하였다.

제3차 김홍집내각은 이런 상태에서 개국 504년 11월 17일(양력 1896년 1월 1일)을 기하여 태양력(양력)을 사용하기로 결정하여 공포하고, 연호를 건양(建陽)으로 하도록 하였다. 또한 1895년 11월 15일(양력 1895년 12월 30일) '단발령'을 공포하고, 국왕이 시범으로 먼저 상투를 잘라 하이칼라 머리의 단발을 하였다. 그리고 1896년(건양 원년) 양력 1월 1일을 기하여 전국민이 단발을 하도록 칙령을 반포하였다.

전국의 유생들은 '민비시해사건' 직후부터 "국모시해의 원수를 갚는다"는 표어 아래 의병봉기를 일으켰는데, '단

전교관 다이

러시아공사관

발령'이 내려지자 더욱 격분하여 의병무장봉기를 강화했으며, 이는 전국 각지에 확산되었다.

제3차 김홍집내각은 지방 진위대(鎭衛隊)만으로는 의병 '진압'이 어렵게 되어, 서울의 왕궁호위 친위대(親衛隊) 병력 일부를 지방에 파견하지 않을 수 없게 되었다. 서울에서 왕궁호위가 약화되자 이를 틈타 친러세력과 전(前)주한 러시아공사 웨베르(K. I. Wäber) 등이 1896년 양력 2월 11일 국왕 고종을 러시아공사관으로 옮기는 '아관파천(俄館播遷)'이 일어나게 되었다.

국왕은 러시아공사관 안에서 김병시를 총리대신으로 한 신정부를 구성함과 동시에, 제3차 김홍집내각을 '역적'으로 규정하면서 '포살령'을 내렸다. 이렇게 해서 온건개화파 정권은 붕괴되고 갑오개혁은 중단되었다.

- 일본군이 1894년 6월 21일 조선왕궁을 기습하여 국왕에게 압력을 가해서 대원군을 섭정으로 하고 김병시(金炳始)를 영의정으로 한 과도정부가 수립되자, 이에 참가한 온건개화파는 이 기회에 정권장악을 시도하였다. 온건개화파는 과도정부 안에서 대개혁을 단행할 비상입법기관으로 '군국기무처'를 설립함과 동시에, 김병시 과도정부를 해체하고 정권을 장악해서 제1차 김홍집내각을 수립하였다.

- 군국기무처는 대개혁을 시작하여, 정부사무와 궁중사무의 엄격한 구분, 내각제도의 수립, 중앙정부기구의 근대적 개혁, 개국기년(開國紀年)의 사용, 사회신분제의 폐지, 근대관료제의 수립, 과거제도의 폐지, 국가재정의 탁지부에의 통일, 조세의 금납화, 지세제도의 개혁, 잡세혁파, 환곡제도의 영구 폐지, 신식 화폐제도의 수립, 은본위제도의 채택, 도량형제도의 통일 등의 개혁을 단행하였다.

- 그러나 일본은 청일전쟁에서 승리가 예견되자 내각회의에서 조선을 '보호국화(=반식민지화)'하기로 결정하고, 이의 실행을 위해 이노우에를 신임 주한 일본공사로 조선에 파견하였다. 이노우에는 국왕에게 압력을 가하여 종래 자율적 개혁을 추진해 오던 '군국기무처'를 폐지케 하고, '홍범 14조'의 서고에 의거해 국왕과 새로 조직한 제2차 김홍집내각이 일본측의 자문을 받으며 개혁하도록 압력을 가하였다.

- 일본측의 이러한 간섭 속에서 제2차 김홍집내각은 1895년에 지방행정제도의 개혁, 교육제도의 근대적 개혁과 한성사범학교·외국어학교·관립소학교·무관학교·종두의양성소·법관양성소 설립, 사법제도의 개혁, 군사제도의 개혁 등 이른바 '을미개혁'을 추진하였다.

- 일본측의 극심한 간섭에 시달리던 조선조정에서 막강한 러시아의 힘을 빌려 일본세력을 막아보려는 움직임이 일게 되자, 일본정부는 예비역 육군중장 미우라를 주한 일본공사로 보내어 '민비시해'의 만행을 자행하게 하였다. 일본정부는 천인공노할 이러한 만행을 저지르고서도 도리어 국왕을 위협하여 친일세력이 대거 입각한 제3차 김홍집내각을 편성케 하였다.

- 친일내각인 제3차 김홍집내각은 '민비시해사건'의 일제만행을 조사하기는커녕 은폐하려 했는데, 서양인들의 폭로로 만천하에 진상이 밝혀지게 되었다. 이러한 상황에서 제3차 김홍집내각은 태양력(양력) 사용을 결정하고, '단발령'을 공포하여 1896년 양력 1월 1일부터 전국민이 상투를 자르고 '단발'을 하도록 칙령을 반포하였다.

- 전국 각지에서 격분한 유림들이 "국모시해의 원수를 갚는다"는 표어 아래 의병을 일으켰다. 지방 진위대만으로는 의병 '진압'이 어렵게 되자, 제3차 김홍집내각은 왕궁호위 친위대 일부를 지방에 파견하였다. 왕궁호위가 약화된 이 기회를 이용하여

친러세력들은 1896년 양력 2월 11일 국왕 고종을 러시아공사관으로 옮기는 '아관파천(俄館播遷)'을 일으키고, 국왕은 러시아공사관에서 김병시를 총리대신으로 한 신정부를 구성하였다. 이렇게 해서 제3차 김홍집내각은 붕괴되고, '갑오개혁'도 중단되었다.

● 교정청(校正廳) ▶ 1894년 동학농민혁명운동이 일어나자 이의 '진압'을 구실로 한반도에 불법 상륙한 일본군은 '전주화약' 후 조선정부의 철수요구에도 응하지 않고 이번에는 '개혁'을 구실로 내정간섭하며 장기주둔을 꾀하였다. 이에 당시 민비정권의 조선조정이 1894년 6월 13일 긴급 설치한 개혁추진 기관이 '교정청'이다. 교정청 당상에 영의정 심순택(沈舜澤), 담당관에 15명의 대신급 관원이 임명되었으나, 일본군이 6월 21일 궁궐을 침범하여 국왕에게 압력을 가해서 민비정권이 붕괴됨에 따라 교정청도 해산되었다.

● 낭인배(浪人輩) ▶ 일본에서 일정한 직업이 없이 떠돌아다니며 소일하는 무리들을 가리키는 용어이다. 1868년 일본에서 메이지유신이 시작되자, 종래의 사무라이들 중에서는 고정직업을 갖지 않고 떠돌아다니면서 첩자나 깡패 노릇을 하는 무리들이 많이 생기게 되었는데, 이를 낭인배라 불렀다.

● 보호국(保護國) ▶ '일정한 조약에 의하여 주권의 일부 또는 전부를 다른 나라에 할양(割讓)하여 보호는 받는 나라'라는 뜻으로서, 영어의 'Protectorate'에 해당한다. 19세기 제국주의 국가들이 다른 나라를 식민지화할 때 그 직전의 단계와 절차로 설정한 경우가 많으며, '반(半)식민지'의 특성을 갖고 있었다.

● 사창(社倉) ▶ 조선왕조 시대에 각 지방 촌락에 흉년 또는 춘궁기에 진휼을 목적으로 곡물을 배치했다가 대여해 주는 기관이었다. 환곡제도와 다른 점은 감모곡(減耗穀)을 취하여 경비에 사용하는 '취모보용(取耗補用)'을 배제하고 순전히 진대(賑貸) 기능만을 하도록 하는 순수 진휼제도라는 것이었다. 갑오개혁 때에는 환곡제도를 영구히 폐지하고 '사창제도'를 시행하였다.

● 이권침탈(利權侵奪) ▶ 여기서 '이권'은 영어 'Concession'의 번역 용어로서 정부 또는 국왕이 '주권까지 할양하며 독점이익을 갖도록 하는 특권'을 의미한다. 예컨대 19세기 청국으로부터 영국이 홍콩을 할양받은 것과 같은 것이 '이권'이다. 따라서 '이권'은 침략의 일종이었다. 19세기 제국주의 국가들은 다른 나라에 들어가서 식민지화 직전의 단계에서 많은 '이권침탈'을 자행하였다.

● 칙임관(勅任官) ▶ 1894년 갑오개혁 때에 관리의 등급을 개혁함에 있어 종래의 품계 18등급을 11등급으로 간소화한 뒤 ① 국왕이 친히 임면(任免)하는 칙임관

(정1품~종2품) ② 총리대신이 국왕에게 상주하여 재가를 받은 뒤에 임면하는 주
임관(奏任官, 3품~6품) ③ 총리대신 또는 대신이 직권으로 임면하는 판임관(判任
官, 7품~9품)으로 구분하였다. 칙임관은 국왕이 친히 임면하는 종2품 이상의 최
고위 관원이었다.

● 칭제건원(稱帝建元) ▶ '황제를 칭하고 연호를 정하는 일'의 뜻이다. 조선왕조 말기
에 국왕 고종은 의식장소인 원구단(圜丘壇)을 만들고 여기에서 1897년 10월 12
일 종래의 공식호칭인 '대군주' 대신 '황제'를 칭하였고, 연호를 '광무(光武)'로 정하
여 '칭제건원'했으며, 이와 동시에 국호도 종래의 '대조선국'에서 '대한제국(大韓帝
國)'으로 고쳐 선포하였다.

● 태형(笞刑) ▶ 조선왕조 시대에 대쪽(또는 곤장)으로 볼기를 치던 형벌이다. 갑오
개혁 때 폐지되었다. 갑오개혁 때에는 이 밖에도 장형(杖刑 : 곤장으로 볼기는 치
는 형벌), 도형(徒刑 : 곤장을 친 후 귀양 보내는 형벌), 참형(斬刑 : 칼로 목을 베어
죽이는 형벌), 능형(凌刑 : 몸을 6부분으로 찢어서 각지에 보내는 형벌), 거성(去
姓 : 모역죄인에게 성을 떼어 사용치 못하게 하고 이름만 사용하게 하는 형벌) 등
잔혹한 형벌들은 모두 폐지하고 징역과 벌금제로 개혁하였다.

● 8도4도제(八道四都制) ▶ 조선왕조 시대 지방행정구역 제도이다. 8도(道)는 경기
도·충청도·전라도·경상도·강원도·황해도·평안도·함경도이고, 4도(都)는 광주
(廣州)·강화(江華)·개성(開城)·춘천(春川)이다. 4도는 서울을 둘러싼 외곽 방어도
시이고, 따라서 유수(留守)를 두어 군대를 양성할 수 있는 권리를 주었다.

● 홍범(洪範) ▶ '일반적 기준이 되는 큰 규범'이라는 뜻으로서, 《서경(書經)》에 우
왕(禹王)이 정했다고 하는 '홍범구주(洪範九疇 : 아홉 가지 큰 규범)'에서 나온 용
어이다. 1894년 12월에 제정하여 국왕이 반포한 '홍범 14조'는 '14개조 대규범'
'14개조 대강령'의 뜻이다.

참고문헌

- 박종근, 〈일·청전쟁과 조선갑오개혁〉, 《일한관계의 전개》, 1962.
- 박종근, 《일청전쟁과 조선》, 1962.
- 강덕상, 〈갑오개혁에 있어서 신식화폐 발행장정의 연구〉, 《조선사연구회논문집》 제3집, 1967.
- 김정기, 〈갑오경장기 일본의 대(對)조선 경제정책〉, 《한국사연구》 제47집, 1984.
- 오두환, 〈갑오개혁의 부세 '금납화'에 관한 연구〉, 《경제사학》 제7집, 1984.
- 신용하, 〈1894년의 사회신분제의 폐지〉, 《규장각》 제9집, 1985.
- 이상찬, 〈1894·5년 지방제도 개혁의 방향〉, 《진단학보》 제67집, 1989.
- 유영익, 《갑오경장 연구》, 일조각, 1990.
- 이해명, 《개화기 교육개혁 연구》, 을유문화사, 1991.
- 신용하, 〈1894년 갑오개혁의 사회사〉, 《한국사회사학회논문집》 제50집, 1996.
- 신용하, 〈1895년 을미개혁의 사회사〉, 《한국학보》 제85집, 1996.
- 도면희, 〈갑오개혁기 형사법규의 개혁〉, 《규장각》 제21집, 1998.
- 이상찬, 〈1896년 의병과 명성황후 지지세력의 동향〉, 《한국문화》 제20집, 1998.

14

《독립신문》과 새 언론의 사회적 역할

　　　　　　　　　　　　서재필은 갑신정변 실패 후 미국에서 망명생활을 하다
가, 1895년에 개화파 동지들로부터 갑오개혁을 단행하고 있는 김홍집내각의
외부협판으로 취임해 달라는 요청을 받고 1895년 12월 귀국하였다. 그러나 서재
필은 개화파 정부와 민중 사이에 틈이 커서 의사소통이 안되고 있음을 알고,
입각을 고사한 후 국민계몽을 목적으로 한 '신문' 창간사업을 하기로 하였다.
　서재필은 갑오개혁 내각에서는 유길준의 도움을 받고 아관파천 뒤에는 박정
양의 도움을 받아, 1896년 4월 7일 마침내 《독립신문》을 창간하였다.
　《독립신문》은 국문전용으로, 띄어쓰기를 하고, 쉬운 국어쓰기를 실행하면서
발행되었기 때문에, 한문을 모르는 일반 민중들과 부녀층까지 광범위한 독자층
을 갖게 되었다. 《독립신문》은 이러한 민중들에게 근대민족주의사상, 민주주의
사상, 자주적 근대화사상을 교육하고 계몽하였다. 《독립신문》은 국민들에게 당
시 대한제국을 둘러싼 국제정세의 급박함을 해설하여 알리고 외세의 침략에
대한 경각심을 높이면서, 나라를 근대적으로 자주부강하게 발전시키기 위한
방책을 계몽하였다. 또한 《독립신문》은 독립협회가 창립되어 자주민권자강운
동을 전개하는 동안에는 독립협회와 만민공동회 '기관지'가 되어 이를 적극 지원
하였다. 이러한 《독립신문》의 계몽적 활동으로, 이 신문은 당시 한국인의 사상
과 의식의 개혁, 그리고 한국사회의 발전에 큰 공헌을 하였다.

1. 《독립신문》의 창간

1884년(고종 21년)의 갑신정변 실패 후 일본을 거쳐 미국에 망명한
서재필(徐載弼)은 미국에 들른 박영효(朴泳孝)로부터 대역부도죄
(大逆不道罪)가 1895년 3월 1일자로 사면되었다는 사실과, 정권을 장악한
개화파 동지들이 자신의 귀국을 기다리고 있음을 전해 듣고 1895년 12월
26일 귀국하였다. 김홍집(金弘集)내각은 서재필을 외부협판으로 내정하
고 입각을 교섭하였으나, 서재필은 정부의 외곽에서 개화정책을 국민에
게 계몽하는 신문 발행사업이 시급함을 강조하고 입각을 거절하였다. 그
는 갑신정변 실패의 주요 원인을 민중의 지지가 결여된 때문이었다고

보았고, 개화파에 의한 이번 갑오개혁의 성패여부도 그들의 정책이 얼마나 국민의 지지를 받을 수 있는가에 달려 있다고 판단하였기 때문이었다.

당시 갑오개혁을 추진하던 개화파 정부는 여러 가지 개혁정책을 단행하면서도 일본측의 방해로 그들의 신문은 갖지 못하였다. 따라서 그들의 개혁정책을 국민에게 알려 국민의 지지를 얻기 위한 대중매체로서 신문을 갖는 것이 시급한 과제였다. 특히 내부대신 유길준(兪吉濬)은 1883년 박영효와 함께 《한성순보(漢城旬報)》의 창간 준비작업을 한 경험이 있었으며, 서양 여러 나라를 여행한 견문을 통하여 신문의 중요성을 잘 알고 있었다.

이에 서재필과 유길준은 1896년 1월 하순에 새로운 신문사를 설립해서 국문판 및 영문판을 동시에 창간하여, 3월 1일부터 발행하기로 원칙적인 합의를 보았다. 김홍집내각도 이 신문 창간사업을 적극 지지하고 신문사 창설자금과 서재필의 생계비를 정부예산에서 지출하기로 결정하여, 승인서를 서재필에게 교부하였다. 뿐만 아니라 갑오개혁을 추진한 개화파들은 신문 창간사업을 지원하기 위해 서재필에게 월봉 300원의 거액을 지불하면서 그를 10년간 중추원 고문으로 임명하였다. 그러나 1896년 2월 11일 아관파천(俄館播遷)이 일어나 김홍집내각이 붕괴되고 유길준도 일본으로 망명하여, 《독립신문》은 창간 준비 단계에서 이를 합작 지원하던 큰 배후세력을 상실하게 되었다.

그러나 아관파천에 의하여 몰락한 것은 친일적 개화파뿐이었으므로 신문 창간사업을 지원할 세력은 여전히 건재하였다. 특히 박정양(朴定陽)·안경수(安駉壽)·한규설(韓圭卨)·김가진(金嘉鎭)·김종한(金宗漢) 등을 비롯한 건양협회(建陽協會)의 잔여세력과, 민영환(閔泳煥)·윤치호

서재필

유길준

(尹致昊)·이상재(李商在)·이채연(李
采淵) 등을 비롯한 정동구락부(貞洞
俱樂部) 세력이 서재필을 지원 보호
하여 신문의 창간계획은 계속 진행
될 수 있었다. 뿐만 아니라, 아관파천
뒤 구성되었던 박정양내각도 신문의
필요성을 인식하고 있었으므로 서재
필이 신정부에 협조적인 태도를 보
이는 한 유길준 등 김홍집내각이 승
인한 신문창간 계획을 재확인하는
것은 어려운 일이 아니었다. 박정양
내각은 서재필의 요청에 따라 유길

준이 작성한 승인서를 재확인해 주었으며, 정부예산에서 신문사 설립자
금으로 3천원과 서재필의 개인생계비 및 가옥임대를 위하여 1,400원을
지출하였다. 서재필은 정부가 지출한 이 자금으로 일본 오사카(大阪)에
서 인쇄기와 국문활자·한문활자·영문활자 등을 구입하여 정동에 있는
정부소유의 건물을 사옥으로 빌려 독립신문사를 설립하고 1896년 4월
7일 창간호를 발행하였다. 따라서 《독립신문》은 김홍집내각과 서재필의
합작으로 출발하여 박정양내각과 서재필의 합작으로 결실을 보게 된 것
이다.

《독립신문》은 가로 22센티미터, 세로 33센티미터의 타블로이드판 크
기로 모두 4면이며, 제3면까지는 국문판으로 편집하고 제4면은 영문판으
로 편집하여, 주 3회(화·목·토)의 격일간지로 창간되었다. 창간 당시의 편
집체제는 제1면에 대체로 논설과 신문사고(광고), 제2면에는 관보·외국
통신·잡보, 제3면에는 물가·우체시간표·제물포 기선출입항시간표·광고
등을 실었다.

영문판(The Independent)을 보면 사설(editorial), 국내잡보(local items), 관

보(official gazette), 최신전보(latest telegrams), 국내외 뉴스요약(digest of domestic and foreign news), 통신(communication), 의견교환(exchanges) 등으로 구분하여 편집하였다.

서재필은 사장 겸 주필로 있으면서 국문판 논설과 영문판 사설을 맡았으며, 주시경(周時經)은 조필(助筆)로 국문판의 편집과 제작을 담당하였다. 주시경은 《독립신문》의 국문판을 편집하기 위하여 국어국문 연구단체로서 1896년 5월 '국문동식회(國文同式會)'를 독립신문사 안에 설립해서 연구활동도 겸하여 수행하였다.

2. 《독립신문》의 발전

《독립신문》은 창간 때부터 1899년 12월 4일 폐간될 때까지 4단계를 거쳐 발전되었다고 볼 수 있다.

제1기는 1896년 4월 7일부터 1896년 7월 2일까지로 《독립신문》이 창

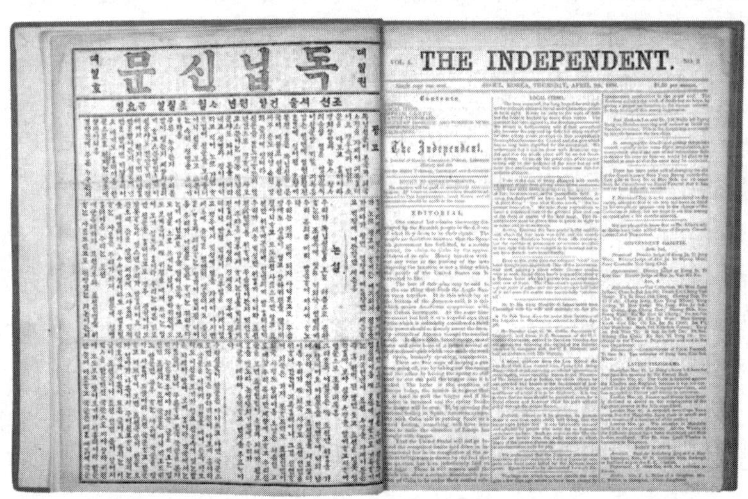

독립신문

간된 이후부터 독립협회가 창립될 때까지의 시기이다. 이 기간의 신문 논조는 국민계몽을 주로 하였으므로 정부에 대해서도 매우 협조적이었다. 정부의 시책을 국민들에게 해설하고 전달해 주었으며, 이 시기에 큰 문제로 대두되었던 지방의 의병을 회유하는 데도 정부의 시책에 협조하였다. 정부도 이 신문이 제시한 제안을 채택하는 데 대단한 열의를 보였다. 이 시기 《독립신문》의 논설은 온건하였지만 국민의 의식과 사상의 변화에 큰 영향력을 발휘하기 시작하였다.

제2기는 1896년 7월 4일부터 1898년 5월 11일까지로 독립협회의 창립 이후부터 서재필이 《독립신문》을 윤치호에게 인계하고 출국할 때까지의 시기이다. 이 기간에는 독립협회가 주관한 독립문·독립공원·독립관의 건립운동을 지원하고 독립협회 회원과 국민의 계몽에 주력하였다. 또한 1897년 1월 1일부터는 영문판을 분리하여 4면의 독립된 신문으로 발행하고, 그 크기도 2배로 확대하였다. 주 3회 발행하는 격일간지 영자신문은 제1면에는 광고(advertisement), 외신(telegram), 제2면에는 사설, 국내 잡보 및 관보(government gazette), 제3면에는 각 부처 소식(departmental news)과 독자통신(correspondence), 단편적 논설(notes)·공고(notice), 제4면에는 광고를 실었다. 또한 중국 상하이와 제물포에 지국을 설치하고 통신원을 두었다.

이때는 개혁파와 수구파 사이의 대립이 격화되어 독립협회를 중심으로 한 개혁파는 친러수구파로부터 탄압을 받기 시작하였다. 따라서 《독립신문》의 논조는 1897년 봄부터 정부를 날카롭게 공격하기 시작하였으며, 탐관오리들을 서슴없이 고발하였다. 특히 1897년 8월부터 러시아가 군사교관과 재정고문을 보내어 내정간섭을 자행하고 각종의 이권을 침탈하자 이를 날카롭게 비판하고 저항하였다. 이로 말미암아 《독립신문》은 정부로부터 탄압이 가중되어 1897년 12월 중순에는 폐간의 위험에까지 직면하게 되었다. 1897년 12월말에 서재필의 추방이 확정되자 일본과 러시아 사이에 독립신문사의 인수 문제가 대두되었으나 결국 윤치호에게 인계되어 속간하는 것으로 결론이 났다. 그 뒤의 《독립신문》 논조는 더욱 비판적이었으며 독립협회의 운동을 적극적으로 지원하였다.

제3기는 1898년 5월 12일부터 1898년 12월 30일까지로 윤치호가 주필이 된 이후부터 독립협회가 해산될 때까지의 시기이다. 이 기간에는 명실공히 《독립신문》은 독립협회의 기관지가 되어 자주민권자강운동(自主民權自强運動)을 지원하고 독립협회의 주장을 대변하면서 민중을 지도 계몽하는 역할을 담당하였다. 1898년 7월 1일부터는 격일간지에서 일간지로 발전하여 그 역할을 더욱 효율적으로 수행하게 되었다.

제4기는 1899년 1월 1일부터 1899년 12월 4일까지로 독립협회가 해산된 뒤부터 신문이 폐간될 때까지의 시기이다. 이 기간에 《독립신문》의 주필이며 독립협회 회장인 윤치호가 독립협회 해산 후 덕원부사(德源府使) 겸 원산감리(元山監理)로 임명되어 지방으로 떠났다. 따라서 《독립신문》의 주필은 처음에는 아펜젤러(H. G. Appenzeller)가 맡다가 1899년 6월 1일부터는 엠벌리(H. Emberley)가 담당하게 되었다. 이 시기 《독립신문》의 논조는 종래의 원칙을 고수하였으나 그 내용과 표현방식은 온건하게 되었다. 정부 시책에 대한 비판보다는 국민의 교육과 계몽에 더욱 주력하였다.

3. 《독립신문》의 내용과 역할

《독립신문》의 내용의 특색은 근대민족주의사상, 민주주의사상, 자주적 근대화사상을 강조하여 국민들을 교육 계몽한 것이었다.

《독립신문》이 강조한 것은 첫째, 자주독립과 애국심 그리고 국가발전이었다. 당시의 정치체제는 군주국이었으므로 《독립신문》은 이것을 '충군애국'이라 표현하고 있는바, 여기서 충군은 곧 국가에 대한 충성을 의미하는 것이었다. 이 신문에서 가장 강조한 것은 나라의 독립이며, 독립을 지키고 강화하기 위해서 국민 개개인의 애국심과 국가에 대한 충성을 강조한 것이었다.

둘째, 《독립신문》은 나라를 부강하게 하고 개화를 빨리 하려면 교육이 가장 급선무라고 보고 신교육의 긴급성과 중요성을 강조하였다.

셋째, 《독립신문》은 국민들에게 처음으로 민주주의사상을 가르쳐 주고 국민의 참정과 의회설립의 필요성을 주장하였다.

넷째, 《독립신문》은 공중도덕의 앙양, 국민적 단결, 중상모략의 폐풍 시정, 사회에 기여하는 생활태도의 배양 등 사회관습의 개혁을 강조하였다.

다섯째, 《독립신문》은 나라의 힘을 강조하고 이것은 근대적 산업개발에서 나오는 것임을 강조하였다.

여섯째, 《독립신문》은 관료들의 횡포와 부정부패를 규탄하고 준법과 공정한 사회적 풍토 조성을 강조하였다.

일곱째, 《독립신문》은 당시 대한제국을 둘러싼 국제정세의 위급함을 알리고, 국민적 각성이 없으면 자주독립을 잃을 위험이 있다고 국민들에게 끊임없이 경각심을 높여 주었으며, 외세를 경계할 것을 강조하였다.

이 신문은 위와 같은 내용으로 국민을 교육 계도하였기 때문에 당시 한국인의 사상과 의식의 변화, 한국사회의 발전을 위하여 커다란 계몽적 역할을 수행하였다. 그 중요한 점을 몇 가지 들면 다음과 같다.

첫째, 《독립신문》은 논설과 보도를 통하여 근대사회의 확립에 필요한 지식과 사상을 공급하여, 개명진보를 위한 국민의 의식과 사상의 변혁에 공헌하였다.

둘째, 《독립신문》은 당시 한국에 대한 열강의 침략간섭정책을 낱낱이 폭로비판하고, 나라의 독립과 국가이익을 수호하는 데 진력하였다. 특히 친러수구파와 결합하여 이권침탈과 내정간섭을 가장 적극적으로 전개하였던 제정러시아의 남하정책에 대하여 격렬한 논조로 이를 비판하고, 또 개항장에서 외국인의 국권침해나 한국인의 권익침해 사실을 고발하여 자주독립과 국권을 수호하는 데 공헌하였다.

셋째, 《독립신문》은 백성이 나라의 주인이고 관리는 임금의 신하요 백성의 종에 불과하다고 하여, 국민을 관리뿐만 아니라 군주보다도 위에 둠으로써 국민주권사상과 민주주의사상을 대대적으로 보급하였다. 또 국민이 권리를 갖고 그 권리를 행사할 때 나라의 독립도 지킬 수 있다고 주장하고 국민의 참정과 의회의 설립을 주장하였다. 그리하여 국민주권사상과 민주주의사상을 보급하고 민권을 신장시키는 데 큰 공헌을 하였다.

넷째, 《독립신문》은 국문전용, 국문 띄어쓰기, 쉬운 국어쓰기 등을 실행하여 국문(한글)의 발전에 큰 공헌을 하였다. 이는 서재필의 민주주의적 결단과 주시경의 민족주의사상이 결합하여 이루어진 획기적인 것으로, 그 뒤의 민족언어와 문자의 발전, 나아가서는 민중에 의한 민족문화 창달에 큰 공헌을 하였다.

다섯째, 《독립신문》은 당시 만연되어 있던 탐관오리들의 부정부패와 관리들의 횡포를 고발하고 지탄하여 백성들의 사랑과 지지를 받았다.

여섯째, 《독립신문》은 독립협회의 창립을 위한 일종의 사상적 준비작업을 하고 창립 뒤에는 그 기관지의 역할을 하면서, 독립협회의 사상형성과 자주민권자강운동의 전개에 공헌하였다.

일곱째, 《독립신문》은 1898년에 있었던 만민공동회 운동의 기반을 형성하는 데 공헌하였다. 민중의 자발적 참여와 만민공동회의 독자적 발전은 이 신문이 창간 이후 전개해 온 계몽활동에 의한 것이었다. 이는 독립신문이 순전히 국문으로 편집되어 민중의 이익을 대변하고 민권신장을 위한 논설에 치중하여 평민층에 많은 독자들을 가진 데도 기인한 것이었다.

여덟째, 《독립신문》은 역사상 최초의 민간지로 창간되어 국민에게 신문의 사회적 역할과 그 중요성을 알게 하고, 여론과 공론을 형성하여 정치활동을 전개하는 방법을 확립하였으며, 한말 신문과 출판문화의 발흥에도 큰 영향을 끼쳤다.

아홉째, 《독립신문》은 한국인에게 세계 사정을 알게 하고 국제정세의 변동 속에서 자기의 위치를 인식하게 하였으며, 세계 각국의 문물을 소개하여 한국인의 시야를 넓히는 데 큰 역할을 하였다.

열번째, 《독립신문》은 영문판을 발행하여 한국의 사정을 외국에 정확하게 알릴 수 있었다. 당시 세계 열강들은 대한제국을 둘러싸고 일시 세력균형을 이루며 서로 견제하면서 한국을 속국화할 침략의 기회를 노리고 있었기 때문에, 한국 사정을 각각 자기들의 입장에서 왜곡하여 세계에 보도하였다. 이 때문에 세계에는 한국에 불리한 보도가 많았다. 영문판(*The Independent*)은 한국인의 입장에서 한국의 사정과 한국인의 의사를 정확하고 공정하게 세계에 알려 한국의 독립과 권익을 주장하고 옹호하는 역할을 하였다.

4. 《독립신문》의 운영

《독립신문》의 책임자는 서재필이었고 부책임자는 주시경이었으며, 그 아래 탐방원(探訪員)이라고 부른 상당수의 기자들을 두었다. 영문판의 편집에는 서재필의 조수로 헐버트(H. B. Hullbert)의 도움을 받았다. 창간 당시에는 서울 정동의 본사 이외에 인천·원산·부산·파주·개성·평양·수원·강화 등지에 지국을 두었다. 그 뒤 신문이 발전하면서 지국은 전국 주요 도시로 확대되어 갔다.

서재필의 회상에 따르면, 《독립신문》의 국문판 발행부수는 처음에는 300부씩 인쇄하던 것이 곧 500부가 되고 나중에는 3,000부씩 발행하게 되었다고 한다. 다른 자료에 따라 계산해 보면 1898년 1월 독립협회 회원이 2,000여 명이었을 때 약 1,500부를 발행했으므로, 1898년 11월 회원이 4,173명으로 급증했을 때에는 3,000부로 늘어났을 것은 당연한 일이었다고 추정된다. 영문판은 의외로 구독자가 늘어 미국·영국·러시아·중국 등에 상당한 부수가 발송되었다. 영문판 발행부수는 1898년 1월 당시 약 200부였다. 이것은 물론 개략적인 숫자이지만 당시의 조건으로서는 의외로 많은 발행부수이며, 무엇보다도 그 발행부수의 급속한 증가추세에 주

신문 제작 광경

목하지 않을 수 없는 것이다.

《독립신문》의 구독방식은 오늘날과 같이 한 사람이 1부를 읽고 접어두는 것이 아니라, 돌려가며 읽고 때로는 시장에서 낭독했기 때문에, 실제로 《독립신문》을 읽거나 낭독을 들은 사람의 수는 발행부수의 수십배 수백배나 되었다. 1부가 최소한 200명에게 읽혔다는 기록을 고려하면, 실제 독자층은 발행부수보다 훨씬 광범위했음을 알 수 있다. 판매는 정기구독자에게는 배달제도와 우송제도를 병행하였고, 또한 서울에서는 가판제도도 실시했는데 이 경우에는 신문판매자에게 20퍼센트의 이윤을 얻도록 배려하였다.

《독립신문》의 창간 당시 1부의 생산비는 1전 6리였는데, 신문대금(판매가격)은 1부에 1전이었으므로 1부당 6리의 적자를 내고 있었다. 그러나 영리 목적이 아니라 국민의 계몽을 목적으로 창간한 것이었으므로 적자를 감수하고 발행하였다. 신문사는 적자운영을 극복하기 위하여 1897년 1월 1일부터 신문대금을 인상하여 국문판 1부에 2전, 월 25전, 연 2원 60전으로 하고, 영문판은 1부에 5전, 월 75전, 연 6원을 받도록 하였다. 또한 신문사의 인쇄시설로 《그리스도신문》과 시민의 명함을 인쇄하여 수입을 보충하였다. 그러나 주요 수입원이었던 국문판 신문대금이 예정 대로 걷히지 않아 신문 자체만의 운영으로는 여전히 적자를 면하지 못하였다. 이 적자는 서재필이 중추원 고문의 봉급으로만 생계를 유지하고 신문사의 주필 월봉 150원은 한번도 받지 않고 무보수로 근무함으로써 충당되었다.

5. 《독립신문》의 폐간

《독립신문》은 1898년 12월 15일 독립협회와 만민공동회가 친러수구파 정부에 의하여 강제 해산당하게 되자 폐간의 위기에 직면하게 되었다. 정부는 윤치호를 외직으로 추방하고 신문사의 매수(買收)를 준비하기 시작했으며, 미국공사 알렌(H. N. Allen)은 고종 및 수구파 정부와 긴밀히 결탁하여 《독립신문》의 자진 정간을 강력히 요청하였다. 뿐만 아니라 정부는 1899년 1월에 '신문조례'를 제정하여 《독립신문》 등 각종 신문들의 혁신적 논조를 탄압하려고 하였다.

윤치호가 서울을 떠나게 되자 독립신문사는 아펜젤러를 주필로 추대하여 《독립신문》을 속간하기로 결정하였는데, 아펜젤러가 주필로 취임한 1899년 1월 이후 정부 비판의 논조는 현저히 줄어들고 주로 온건한 계몽적 논설을 게재하였다. 그러나 이것은 독자들과 독립협회 및 만민공동회 회원들을 실망시켜 《독립신문》의 사회적 위신을 저하시키는 작용을 하였을 뿐, 정부의 《독립신문》에 대한 탄압을 완화시키지 못하였다. 정부는 관료의 부정부패에 대한 정당한 보도에 대해서도 독립신문사를 수색하고 기자를 체포하는 형편이었다. 뿐만 아니라 독립신문사를 인수하기 위하여 여러 차례의 공작을 시도하였다.

독립신문사는 1899년 6월 1일부터 영국인 선교사 엠벌리를 사장 겸 주필로 임명하고 아펜젤러를 동업자로 하여 쇠퇴의 형세를 만회해 보려고 애썼다. 엠벌리는 신문사를 다시 일으키기 위하여 국문판의 크기를 확대하고 영문판은 주 2회로 축소 간행하였으나, 국문판의 논조는 맥이 빠지고 영문판은 오자 투성의 신문으로 2주 만에 중단되고 말았다.

여기에 정부는 《독립신문》을 탄압하는 수단으로 1899년 7월 18일 독립신문사의 사옥반환을 요구하였다. 독립신문사는 당시 심한 적자운영 상태에 있었기 때문에 정부의 사옥반환 요구는 심각한 타격을 주는 것이었다. 독립신문사는 사옥반환 요구를 몇 차례 연기시켰으나 이 문제를 무기한 미룰 수는 없었다. 정부가 노린 것은 물론 사옥반환 그 자체가 아니라, 이를 구실로 한 독립신문사의 매수였다. 이 사실을 간접적으로 전해 들은 서재필은 더 이상 독립신문사의 유지가 불가능하다고 판단하고 판매를 결정한 것으로 보인다.

대한제국의 외부대신이 1899년 11월 27일자로 독립신문사 사옥의 반환을 재촉하자, 미국공사 알렌은 정부와 서재필 사이에서 독립신문사 매수에 대한 중개를 알선하였다. 그 결과 서재필의 동의를 얻어 알렌은 대한제국 외부대신에게 12월 4일자의 회답공한에서, 독립신문사의 사옥과 함께, 인쇄시설 일체를 1899년 12월 24일자로 정부에 일금 4,000원에 양도하겠다고 회답하였다. 정부는 이에 동의하여 매수에 성공한 것이었다. 《독립신문》은 1899년 12월 4일자(제4권 제278호)로 종간호를 내었다. 정부는 《독립신문》을 매수할 당시에는 아일랜드 사람을 주필로 고용하여 국문판과 영문판을 일간으로 속간하겠다고 발표히였으나, 막상 독립신문사를 매수한 다음에는 이를 속간하지 않고 영구히 폐간시켜 버렸다.

- 서재필은 갑신정변 실패 뒤 일본을 거쳐 미국에 망명했다가, 1895년 개화파 동지들의 귀국 요청을 받고 외부협판으로 입각하기 위하여 1895년 12월 26일 귀국하였다. 그러나 서재필이 귀국했을 때 개화파 정부가 국민대중들과 동떨어져 있음을 알고 입각을 고사하고서, 개화파 정부와 국민들 사이에 의사소통을 활발히 하면서 국민을 계몽하는 '신문'을 창간하기로 하였다.

- 갑오개혁 정부에서는 유길준이 정부예산에 《독립신문》 창간비를 편성해 지원했으며, '아관파천' 후에는 박정양이 이 예산을 인출해서 지원해 주었다. 이에 국내 개화파의 지원을 받으면서, 서재필은 1896년 4월 7일 마침내 《독립신문》을 창간하였다. 《독립신문》은 한국역사상 최초의 민간신문이었고, 또한 한국역사상 최초로 순국문을 전용하고, 띄어쓰기를 채택했으며, 언문일치(言文一致)를 실행하여 일상의 쉬운 국어를 쓰면서 발행되었다. 따라서 한문을 모르는 일반 평민들과 부녀층까지 광범위한 민중의 독자층을 갖게 되었다.

- 《독립신문》은 이러한 민중 독자들에게, 근대시민사회의 확립에 필요한 지식과 개화사상을 공급해 주었다. 또한 열강의 침략간섭정책을 낱낱이 폭로비판하고 나라의 자주독립과 권익을 수호하는 데 진력했으며, 국민이 나라의 주인이요 관리는 백성의 종임을 설명하여 국민주권사상과 민주주의사상을 널리 보급시켰고, 국민의 참정과 의회설립의 절실한 필요성을 널리 계몽하였다. 《독립신문》은 또한 당시 만연되어 있던 탐관오리들의 부정부패와 관리들의 횡포를 고발하고 규탄하여 백성들의 사랑과 열렬한 지지를 받았다.

- 《독립신문》은 독립협회가 창립되자 그 '기관지'가 되어 독립협회와 만민공동회의 사상형성과 자주민권자강운동의 전개에 크게 공헌하였다.

- 또한 《독립신문》은 세계정세를 한국인에게 정확히 알렸을 뿐 아니라, 한국인의 여론과 주장을 세계에 알리는 데 적극 노력하였다. 당시 대한제국을 둘러싸고 국제 열강의 세력균형이 이루어져 있었고, 열강은 서로 견제하면서 대한제국을 침략할 기회를 노리고 있었기 때문에 한국의 사정을 각각 자기들의 입장에 유리하도록 왜곡하여 세계에 보도하고 있었다. 《독립신문》은 영문판(*The Independent*)을 발행하여 한국인의 입장에서 한국의 사정과 한국인의 의견 및 주장을 정확하고 공정하게 세계에 알려 한국의 자주독립과 한국인의 권익을 옹호하는 데 큰 역할을 하였다.

- 《독립신문》의 이러한 역할과 공헌으로 말미암아, 한국사회의 근대적 발전과 한국인의 사상과 의식의 발전은 더욱 크게 진전되었다.

● **건양협회(建陽協會)** ▶ 1894-95년의 갑오개혁 때 김홍집내각의 핵심세력들이 중심이 되어 개화정책을 강화하기 위해 1895년에 설립한 온건개화파 단체이다. 김홍집, 안경수, 김윤식, 유길준 등이 주요 간부였다. 그들은 '음력' 대신 '양력' 사용을 법제화하려고 추진하여 상징적으로 '건양협회'라는 명칭을 붙였으며, 1896년 양력 1월 1일부터 공식적으로 '양력'을 사용하기로 결정하고, 연호도 '건양(建陽)'이라고 제정하여, 1896년을 '건양 원년'으로 정하였다.

● **국문동식회(國文同式會)** ▶ 《독립신문》 창간 직후에 주시경이 1896년 5월 독립신문사 안에 조직한 한국역사상 최초의 국어국문(주로 국문법) 공동연구 단체였다. 국문동식회 창립의 직접적 동기는 《독립신문》 국문판을 제작함에 있어서 '국문법의 동일한(통일된) 방식', 즉 '동식(同式)'을 연구 제정하여 동일한 단어에 오늘 신문은 이 받침을 붙이고 내일 신문은 저 받침을 붙이는 혼란을 막고 일관성 있는 문법체계에 의한 국문판 신문을 간행하기 위한 것이었다. 주시경의 국문동식회 연구활동의 성과는 그가 1898년에 지은 《국어문법(國語文法)》이라는 고전적 저서로 집대성되었다.

● **대역부도죄(大逆不道罪)** ▶ 조선왕조 시대 죄명의 하나로서 왕 또는 왕실에 대한 모반죄를 가리키는 용어이다. '대역부도죄'에 대해서는 극형에 처했었다. 갑신정변 때 김옥균·박영효·서광범·서재필 등 4인은 '대역부도죄'의 규정을 받아 '4흉(四凶)'으로 지목되었다.

● **신문조례(新聞條例)** ▶ '신문에 관한 규칙'이다. '조례'란 법률과 법령 아래서 각 부문 또는 단체가 정하는 조목별로 적은 규칙이다. 여기서의 '신문조례'는 1899년 1월에 초안되어 3월까지 논의된 '신문조례'안으로서, 주로 《독립신문》, 《황성신문》, 《제국신문》, 《매일신문》 등의 정부 비판과 정부 공문서 게재에 대한 규제를 목적으로 제정하려고 입안 토론되었던 것을 가리킨 것이었다.

● **아관파천(俄館播遷)** ▶ 1896년 양력 2월 11일 고종이 주한 러시아공사관으로 거처를 옮긴 사건을 가리키는 용어이다. 일본군의 '민비시해' 만행과 개화파 정부의 '단발령'에 격분한 유생들과 국민들이 의병운동을 일으키고, 이를 '진압'하기 위해 시위대를 지방에 파견해서 왕궁호위가 허술해진 기회를 이용하여, '정동구락부' 세력과 전 주한 러시아공사 웨버와 고종이 중심이 되어 '아관파천'을 추진하였다. 조선국왕 고종은 러시아공사관에서 제3차 김홍집내각을 해체하여 '역적'으로 규정한 후에, 김병시를 영의정, 박정양을 내부대신으로 한 신정부를 조직하여 선포하였다.

● **자주민권자강(自主民權自強)운동** ▶ 독립협회가 추구한 민족운동의 내용 특징이 자주독립·자유민권·개화자강임을 한 마디로 표현한 용어이다. 이를 최근의 용어로 표현하면 독립협회의 사상이 근대민족주의·민주주의·자주 근대화사상이었다는 것을 보여주는 것이라고 말할 수 있다.

● 정동구락부(貞洞俱樂部) ▶ 갑오개혁 후 외교계 관료들이 각국 외교관들과 친선을 도모하기 위하여 조직한 클럽이었다. '정동구락부'의 한국인 회원은 민영환, 윤치호, 이상재, 서재필, 이윤용, 이완용, 이채연 등이었고, 외국인 주요 회원은 미국공사 실(John M. B. Sill), 한국정부 고문 다이(Willam M. Dye)와 리젠드어(Charles W. Legendre), 미국 선교사 언더우드(Horace G. Underwood)와 아펜젤러(H. G. Appenzeller) 등이었다.

● 중추원고문(中樞院顧問) ▶ 갑오개혁 때 '군국기무처'를 폐지하게 되자 김홍집내각은 그 대신 1894년 11월 13일(양력 12월 17일) 자문기관으로서 '중추원'을 설치하였다. 그러나 '군국기무처'는 '입법기관'이었는 데 비하여, '중추원'은 입법권이 없는 단순한 자문기관이어서 두 기관의 성격은 크게 달랐다. '중추원'이 실권없는 자문기관이었기 때문에, 이 기관에 '고문'을 둘 필요는 없었다. 서재필을 중추원의 '고문'으로 임명한 것은 온건개화파 내각이 서재필의 신문 창간사업 활동을 지원해 주기 위해서였다고 볼 수 있다.

● 탐방원(探訪員) ▶ '신문기자'에 대한 구한말 당시의 용어이다. 당시에는 신문사기자를, 내근을 주로 하여 논설을 쓰는 '주필(主筆)'과 외근을 주로 하여 보도자료를 취재하는 '탐방원'으로 구분하여 불렀다.

참고문헌

- 최　준, 〈독립신문의 판권과 한·미교섭〉, 《중앙대논문집》 제13집, 1969.
- 강재언, 〈독립신문·독립협회·만민공동회〉, 《조선사연구회논문집》 제9집, 1972.
- 신용하, 〈독립신문의 창간과 그 계몽적 역할〉, 《한국사론》 제2집, 1975.
- 이광린, 〈서재필의 '독립신문' 간행에 대하여〉, 《진단학보》 제39집, 1975.
- 최　준, 《한국신문사론고》, 일조각, 1976.
- 박영신, 〈독립협회 지도세력의 상징적 의식구조〉, 《동방학지》 제20집, 1978.
- 이만갑, 〈독립신문에 표시된 가치관〉, 《한우근교수화갑기념한국사논총》, 1981.
- 정진석, 《한국언론사연구》, 일조각, 1983.
- 김민환, 《개화기 민족지의 사회사상》, 나남, 1988.
- 최기영, 《대한제국기 신문연구》, 일조각, 1991.
- 한철호, 《친미 개화파 연구》, 국학자료원, 1998.
- 김운태, 〈한말 1890년대 말 근대화 민중운동〉, 《학술원 논문집》(인문사회과학편) 제38집, 1999.
- 유영렬, 〈한국 애국계몽언론의 일본인식〉, 《아세아 연구》 제42권 제1호, 1999.
- Phlip Jaisohn, (Edited by Sun-pyo Hong), *My Days in Korea and Other Essays*, Yonsei University Press, 1999.

15

독립협회의 근대국가와 시민사회 수립운동

단원개요   19세기말 열강이 대한제국에 침투하여 광산, 철도, 전선, 삼림, 어장 등의 '이권'을 침탈해 가면서 식민지화하려던 시기에, 한국인들은 이에 대항하여 개혁파 단체인 '독립협회'를 조직해서 자주독립과 자유민권, 개화자강을 추진하며 나라의 독립과 발전을 지키고 성취하려고 하였다.

독립협회는 이 목적을 이루기 위하여 '독립문'을 건립하고 '토론회'를 개최했으며, 1898년 3월에는 '만민공동회'를 개최하여 러시아의 절영도 조차를 저지하고 러시아의 군사교관·재정고문·러한은행을 철수시킴과 동시에, 한반도를 둘러싸고 국제세력균형을 형성하는 데 성공하였다.

이 세력균형 기간에 독립협회는 독립의 기초를 튼튼히 하기 위해 열강의 이권침탈 반대운동, 의학교 설립운동, 황실호위 외인부대 창설 저지운동, 노륙법 및 연좌법 부활 저지운동, 개혁파 정부수립 운동, 관민공동회 개최, 의회 설립운동 등을 전개하여 큰 성과를 내었다.

독립협회의 개혁파 정부수립과 의회 설립운동이 성공하여 한국역사상 최초의 '의회(상원)설립법'이 제정·공포되었다. 그러나 '의회'가 개원하기 직전에 수구파와 외세가 야합하여 계엄을 선포하고 독립협회를 강제로 해산시킴으로써 이 운동은 실패로 끝났다. 그럼에도 이것은 독립협회의 자주민권 자강운동이 의회 설립 직전에까지 도달했을 만큼 크게 진전했음을 증명해 주었다.

1. 독립협회의 창립

독립협회는 19세기말 열강들이 우리나라에 들어와서 광산, 철도, 전선, 삼림, 어장 등의 이권을 침탈하면서 식민지화하려던 시기에, 한국인들이 민중의 힘을 모아 자강(自强)을 실현함으로써 자주독립을 지키려고 조직한 정치·사회단체였다.

한국인들은 1896년 2월 '아관파천' 후에 일본의 침략을 일단 견제하는 데는 성공했으나, 이제는 새로이 강화된 제정러시아의 침략야욕을 다시 방어해야 할 과제에 직면하게 되었다. 뿐만 아니라 고종이 러시아공사관에 머무는 동안에 러시아, 미국, 일본, 독일, 프랑스, 영국 등 열강들이 광산, 철도, 전선, 삼림, 어장 등 각종의 이권을 빼앗아갔으며, 또 국왕 고종의 전제권에 의하여 다수의 이권을 양여했기 때문에, 한국인들은 열 강의 고삐 풀린 이권침탈을 긴급히 저지하고 자주독립을 강화해야 할 필요성이 절실하게 되었다.

이에 조선왕조의 개혁파들은 '아관파천' 직후에 이 과제에 대응하기 위해 서재필(徐載弼)과 온건개화파가 합작해서 1896년 4월 7일 《독립신 문》을 창간하고, 뒤이어 7월 2일 독립 협회를 창립하였다. 독립협회를 창립 한 주체세력은 갑오개혁이 일본의 간 섭으로 말미암아 타율적으로 되는 것 에 반대하여 참가하지 않은 재야 개화 파들로서, 그 핵심인물은 서재필, 이상 재(李商在), 안경수(安駉壽), 윤치호(尹 致昊), 남궁억(南宮檍), 정교(鄭喬), 이 건호(李健鎬), 나수연(羅壽淵) 등과 같 은 인물들이었다.

이상재

독립협회의 사상적 계보를 보면 최 소한 두 개의 흐름이 하나로 합류하고 있었다. 그 하나는 《독립신문》 계열로 서 서재필, 윤치호 등의 서구시민사상 도입의 흐름이었다. 다른 하나는 《황 성신문(皇城新聞)》 계열로 남궁억, 정 교, 나수연 등의 개신유학적(改新儒學 的) 전통을 배경으로 한 국내의 사상 성장의 흐름이었다.

독립협회가 가장 적극적으로 사회정 치운동을 전개한 1898년 민중 투쟁기

남궁억

의 간부진을 보면 다음과 같다.

　　회장 : 윤치호
　　부회장 : 이상재
　　서기 : 박치훈, 한만용(韓晩容)
　　회계 : 이일상
　　사법위원 : 남궁억, 정교
　　평의원 : 이상재, 남궁억, 이건호, 정교, 방한덕(方漢德), 나수연, 임진
　　　　　　수(林珍洙) 등 20명

그리고 독립협회 간부로는 전출하지 못했으나 만민공동회를 주도한 소장파·급진파의 대표적 인물로서 최정식(崔廷植)·최정덕(崔廷德)·주시경(周時經)·이승만(李承晩)·안창호(安昌浩)·양기탁(梁起鐸)·손승용(孫承鏞)·신해영(申海永) 등을 들 수 있다.

1898년 독립협회에 정식으로 등록된 회원 수는 4,173명이었다. 이밖에 정식으로 등록하지 않고 독립협회 활동에 적극적으로 참가한 인사들도 많았으므로 독립협회의 큰 행사에는 대체로 약 1만 명의 참석이 가능하였다.

2. 독립문 건립운동

독립협회가 맨 먼저 수행한 사업은 독립문·독립공원·독립관 건립이었다. 이 사업은 독립협회의 창립과 함께 순조롭게 진전되었다. 자주독립에 대한 민중의 열망이 이미 팽배했기 때문에 각계 각층에서 독립협회의 목적을 지지하고 독립문 건립을 위한 보조금을 헌납하였다.

독립협회는 창립 2개월 뒤인 1896년 9월 6일 서재필로 하여금 독립문

건립을 담당하도록 하고, 그 비용을 3,825원으로 책정하였다. 독립문의 설계는 서재필이 프랑스 파리의 개선문(凱旋門)을 모형으로 하여 비용 관계로 축소해서 스케치를 하고, 독일공사관의 러시아인 기사 사바틴(G. Sabatin)이 서재필을 도와 세부 설계를 하였으며, 공역은 한국인 기사 심의석(沈宜碩)이 담당하였다. 석공(石工)은 한국인 고급 기술자들이 담당하고, 역사(役事)는 주로 중국인 노동자들을 고용하였다. 〈윤치호 영문일기〉에는, 중국을 사대하던 영은문(迎恩門)을 헐은 자리에 독립문을 세우는 노동을 중국인 노동자들이 하고 있음을 보고, "역사의 영고성쇠(榮枯盛衰)"라고 술회하였다.

독립협회는 1896년 11월 21일 성대한 독립문 정초식(定礎式)을 거행하였다. 독립문이 완공된 것은 만 1년 뒤인 1897년 11월이었다. 그 동안 각계 각층의 사람들이 1897년 8월까지 5,897원 19전 2리의 성금을 헌납하였다.

독립공원(獨立公園)은 당시 독립문과 이전의 모화관(慕華館) 일대가 빈터였으므로 이 지역에 식수를 하여 공원으로 꾸몄다.

독립문 기공식

독립관(獨立館)은 독립문 부근의 모화관을 개수한 것이었다. 모화관은 중국 사신을 위한 영빈관으로서 갑오개혁 이후 사용하지 않고 방치되어 있던 공용 건물이었다. 독립협회는 이 모화관을 개수하여 독립관이라 이름하고 독립협회의 집회장소와 사무실로 사용하기로 하였다. 독립관이 완공되자 독립협회는 1897년 5월 23일 황태자가 국문으로 친서한 '독립관'의 현판식을 거행하고, 매 일요일 오후 3시에 회원들이 독립관에 모여서 강연회를 갖기로 하였다.

독립협회의 독립문·독립공원·독립관 건립은 다음과 같은 몇 가지 점에서 우리나라 근대사에 하나의 유산을 남겼다.

첫째, 독립문 등의 건립은 각계 각층의 국민성금으로 이루어짐으로써 독립협회가 기대했던 대로 '자주독립사상'을 국민들에게 더욱 일깨워 주고 고취하는 데 크게 기여하였다.

둘째, 독립문 등의 건립을 위하여 고위 관료들과 함께 각계 각층의 애국적 민중들이 헌금함으로써 독립협회는 가장 애국적인 국민들을 회원으로 입회시켜 독립협회를 크게 발전시킬 수 있었다.

셋째, 오랫동안 눈으로 볼 수 있는 기념물(독립문·독립공원·독립관)을

1897년 건립 직후의 독립문과 독립관

건립함으로써 전세계에 자주독립의 결의를 공포하고 한국인의 자각과 독립의지를 과시하였다

넷째, 오랫동안 보존이 가능한 기념물을 건립함으로써 후손들에게 자주독립의 중요성과 독립의지를 일깨워 주었다.

이 기념물은 역사의 유적으로 남아 3·1독립운동과 그 후의 독립운동에서 애국심과 독립의지를 고취시키는 하나의 문화유산이 되었다.

3. 토론회의 계몽활동

독립협회는 1897년 8월 8일 통상회에서 독립관을 집회장소로 하여 매일요일 오후 3시에 회원들이 독립관에 모여 토론회를 개최하기로 결정하였다.

제1회 토론회가 1897년 8월 29일 오후 3시에 '조선의 급선무는 인민의 교육'을 주제로 개최되어 성공적으로 진행되었다. 토론회 참가자와 방청

독립관 토론회에서 사회하는 이상재

인 수는 계속 증가하여 제8회 토론회부터는 약 500명이 참가하기에 이르렀다. 이렇게 해서 독립협회의 토론회는 1898년 12월 3일까지 모두 34회에 걸쳐 진행되어 큰 성공을 거두었다.

토론회의 주제는 모두 당시 정치·경제·사회·문화의 각 부문에 걸친 긴급한 주요 문제를 선택한 것이었다.

이 기간에 많은 회원들이 토론회를 통하여,

① 자기 사회가 당면한 문제가 무엇인가를 알았으며,
② 자주민권자강개혁이 절실히 요청됨을 알았고,
③ 주제로 설정된 당면문제에 대한 인식을 깊게 하고 체계화하였으며,
④ 많은 회원들이 군중 앞에서의 연설을 훈련받았고,
⑤ 회원뿐만 아니라, 다수의 시민들을 계몽하게 되었다.
⑥ 또한 토론회의 토론과정에서 회원들이 주제를 중심으로 서로의 견해를 교환함으로써 독립협회의 집단의식을 형성하여 갔다. 이것은 독립협회의 사상을 형성시키는 중요한 과정이 되었다.
⑦ 참석자들은 공동의 집단의식을 갖게 됨으로써 회원의 연대감을 강화하게 되었다. 또한 토론회는 독립협회의 자주민권자강운동이 일반회원과 민중 사이에서 충분히 인식되도록 하고 대중적 지반을 확고히 하며, 민중의 생각을 독립협회와 일치하도록 집약시키는 중요한 역할을 잘 수행하였다.

4. 구국운동과 제1차 만민공동회

독립협회가 토론회를 통하여 계몽운동을 벌이는 동안에도 열강들은 이권침탈을 위하여 대한제국에 온갖 압력을 가하였다. 특히 러시아는 ① 경원·경성 광산채굴권 ② 두만강 연안 삼림벌채권 ③ 울릉도 삼림벌채권

④ 시위대 훈련을 위한 군사교관의 파견 ⑤ 재정고문과 기기창 고문의 파견 ⑥ 러한은행(The Russo-Korean Bank)의 설립과 대한제국 재정자금의 관리 등 많은 권리를 이미 침탈하고도 부산 절영도(絕影島 : 영도)의 석탄 고기지 조차(租借)를 요구해 왔다. 친러수구파 정부는 이를 승인하는 절차를 시작하였다.

독립협회는 러시아의 침략정책에 강력히 반대하였다. 독립협회는 1898년 2월 21일 구국적인 상소를 올린 것을 전환점으로 하여 본격적인 구국정치운동을 전개했으며, 3월 10일과 12일에는 독립협회 회원과 서울 시민 수만 명이 종로에서 두 차례 '만민공동회'를 개최하였다. 이 만민공동회에서는 제정러시아의 '절영도 조차요구'를 격렬하게 규탄했을 뿐 아니라, 러시아의 군사교관·재정고문·러한은행의 철수를 요구하는 결의안을 통과시켰으며, 일본의 석탄고기지 회수를 결의하였다.

1898년 3월의 만민공동회는 한국인들이 최초로 개최한 근대적 시민대회이었다. 이 대회에서는 애국적 시민들이 자발적으로 모여 외국 침략세력을 규탄했으며 대회결의를 채택하였다. 이 만민공동회에는 1만 명 이

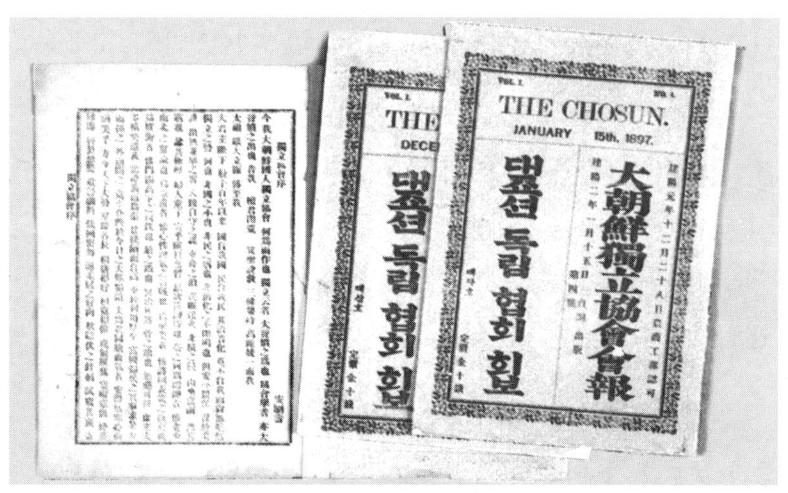

대조선 독립협회 회보

상의 성년 남자들이 참가했는데, 당시의 서울 인구가 약 17만 명이었으므로 소년과 여성을 제외하면 이것은 당시로서는 매우 큰 규모의 민중대회이었다. 정부 관료들과 외국공사 및 외국인들이 만민공동회를 보고 그동안 한국인들의 근대적 성장에 탄복과 경악을 금치 못하였다.

만민공동회의 규모와 강경한 태도에 정부와 외교계는 큰 충격을 받고, 정부도 절영도 조차를 거부하였으며 제정러시아는 결국 3국의 간섭으로 중국으로부터 조차한 또 하나의 해군기지 후보인 랴오둥반도로 마침내 철수하였다.

독립협회가 개최한 만민공동회 운동은 결국 국제열강의 세력균형을 형성하는 결과를 낳은 것이었다. 이렇게 해서 한반도가 힘의 공백상태가 되자, 제정러시아와 일본은 상호견제를 위하여 1898년 4월 25일 '로젠-니시협정'을 맺어, 두 나라가 대한제국의 주권과 완전한 독립을 확인하고 내정에 간섭하지 않기로 함과 동시에, 대한제국이 군사교관이나 재정고문의 초빙을 요청하는 경우에도 두 나라가 사전동의 없이는 응낙할 수 없도록 협약하였다. 이 협정에 의하여 한반도를 둘러싼 완전한 세력균형이 형성되어 국제적으로 재확인되었고, 이 세력균형이 러일전쟁이 일어나기 직전인 1904년 1월까지 만 6년간 지속된 것이었다.

5. 열강의 이권침탈 반대운동

독립협회는 만민공동회를 개최한 1898년 3월부터 9월까지 이 기간 동안에 다음과 같은 운동을 전개하여 큰 성과를 올렸다.

① 러시아의 부산 절영도 석탄고기지 요구 저지운동
② 일본의 석탄고기지 회수운동
③ 러한은행 철수운동

④ 러시아의 재정고문 및 군사교관 철수운동

⑤ 서재필 재류운동

⑥ 국민의 생명·재산의 자유권 수호운동

⑦ 러시아의 목포·진남포 조계매도 저지운동

⑧ 프랑스의 광산이권 요구 반대운동

⑨ 독일의 금광이권 요구 반대운동

⑩ 각국이 침탈한 이권의 조사와 이권양여 반대운동

⑪ 의학교 설립운동

⑫ 황실호위 외인부대 창설 저지운동

⑬ 노륙법(孥戮法) 및 연좌법 부활 저지운동

⑭ 개혁파 정부수립운동

⑮ 관민공동회 개최

⑯ 의회 설립운동

　이 시기에 친러수구파가 집권은 하였으나 독립협회의 개혁운동에 밀려 수세에 몰렸다. 독립협회는 위의 운동 가운데서도 특히 열강의 이권침탈에 대해 맹렬한 반대운동을 전개하였다. 독립협회가 반대한 이권침탈 항목을 분류해 들면 다음과 같다.

⑴ **국토 조차의 반대**

① 러시아의 부산 절영도 석탄고기지 조차 요구의 반대

② 러시아가 요구한 목포와 진남포의 조계(租界) 조차 반대

③ 일본의 인천 월미도 석탄고기지 조차의 회수

④ 일본의 부산 절영도 석탄고기지 조차의 회수

⑵ **광산채굴권 침탈의 반대**

① 러시아의 경원·경성 광산채굴권 침탈과 양여의 비판

② 미국의 운산(雲山) 금광채굴권 침탈과 양여의 비판

③ 영국의 은산(殷山) 금광채굴권 요구의 반대

④ 독일의 금성(金城) 당현(堂峴) 금광채굴권 침탈과 양여의 비판

⑤ 프랑스의 금광채굴권 요구의 반대

(3) 철도와 전선 부설권 침탈의 반대

① 일본의 전선 부설권 침탈의 비판

② 미국의 경인선 부설권 침탈과 양여의 비판

③ 프랑스의 경의선 부설권 침탈과 양여의 비판

④ 일본의 경부선 부설권 침탈과 양여의 비판

(4) 삼림벌채권 침탈의 반대

① 러시아의 두만강 상류와 무산(茂山)지역 삼림벌채권 침탈과 양여의 반대

② 러시아의 울릉도 삼림벌채권 침탈과 양여의 반대

③ 러시아의 압록강 조선변지 삼림벌채권 침탈과 양여의 반대

(5) 연해어장 침탈의 반대

① 일본의 경상도·전라도·충청도 연안어획권 침탈과 양여의 반대

경인철도 기공식

② 일본의 경상도 연안 포경권(捕鯨權) 침탈과 양여의 반대

(6) 외국상인의 상권침탈 규제 요구

① 외국상인의 상행위권을 외국인거류지 이내로 규제 요구

② 러한은행의 철수 요구

③ 일본화폐(일본 제일은행권) 통용의 반대

④ 외국상인의 고리대부 행위의 규제 요구

(7) 재정권 간섭의 반대

① 러시아의 재정고문 알렉시에프의 소환 요구

② 러시아의 영국인 재정고문 브라운의 부당해고 반대

(8) 군사권 간섭의 반대

① 러시아의 군사고문 및 교관의 철수 요구

② 황실호위 외인부대 창설의 반대

러시아 교관에 의한 군사훈련

⑼ 외국차관의 반대

① 러시아와 일본의 정치차관 제공 밀약의 반대

② 일본의 정치차관 제공의 반대

⑽ 불평등조약의 폐지 요구

① 각국과의 불평등조약 가운데 치외법권 폐지 요구

② 외국상인의 면세특혜 폐지 요구

③ 해관 세무사의 대한인 임명 요구

④ 관세자주권 확립의 요구

6. 황실호위 외인부대 창설 저지운동

이 무렵 고종과 법부 고문 구례(具禮 : Clarence R. Greathouse)는 황실호위 특수부대로서 외인용병부대를 설치하려고 하였다. 1898년 8월 고종은 구례(具禮)와 장봉환(張鳳煥)을 중국 상하이에 파견해 외국인을 모집하여 오게 하였다. 구례와 장봉환은 우선 1년 계약으로 1인당 월급 70원과 왕복 여비를 지불하기로 하고 외국인 30여 명(영국인 9명, 미국인 9명, 독일인 6명, 프랑스인 5명, 러시아인 2명)을 데리고 9월 15일 입경하였다.

독립협회는 이를 알고 크게 격분하여 강력한 반대운동을 전개하였다. 독립협회는 9월 18일 외부 문앞에서 대규모 민중대회를 개최하고, 외인부대의 창설은 자주국권을 위협하며 열강과의 국제분쟁을 야기시킨다는 점과, 5개국 국적을 가진 외인부대를 한국정부가 통제하지 못한다는 점 등을 들어 외인부대의 즉각 철환을 강경하게 요구하였다. 독립협회는 9월 19일에도 다시 외부 문앞에서 민중대회를 개최하고 황실호위 외인부대의 철환에 대한 정부와 고종의 결정을 촉구하였다.

《독립신문》도 대한의 법률로 외국인 행패도 아직 엄중히 다스리지 못하는 처지에 서양인을 고용하여 황실을 보호하는 큰 권리를 주고 보면 잘못하는 일이 있을 때 이를 통제하지 못한다는 점을 들어 이를 통렬히 비판하고, "이는 시랑(이리)을 사오십 마리 대궐 안에 두는 것보다 더 위태하다"고 규탄하였다.

독립협회의 반대운동에 부딪쳐 정부의 대신들도 외인부대의 철환을 주청하게 되자, 사면초가에 빠진 고종은 할 수 없이 독립협회의 압력에 굴복하여 외인부대의 철환을 승인하였다. 1898년 9월 24일 마침내 정부는 외국인 용병들에게 1년의 고용비 2만 5,200원을 지불하고 그들을 돌려보냈다.

외국인 용병을 고용하여 황실호위 외인부대를 창설함으로써 전제권을 가진 황실을 외국인의 수중에 두려는 이 위험한 정책은 독립협회의 완강한 투쟁에 의하여 마침내 저지되었다.

7. 개혁파 정부의 수립

독립협회는 '개혁파 정부'를 수립하고 '의회'를 개설하여 '국민의 참정'을 실현시켜서 전제적 군주국가를 민주적 국민국가로 개혁해야, 민족적 위기가 급박하게 닥칠 때에 개혁파 정부와 독립협회가 주도하는 의회와 애국적 국민이 일치단결하여, 열강의 침략을 물리칠 수 있다고 보고 개혁파 정부수립을 추진하였다.

그래서 독립협회는 인화문 앞에서 10월 1일부터 시작된 노륙법 및 연좌법 부활 저지투쟁 대회를 해산시키지 않고, 이것을 수구파 7명 대신 규탄과 개혁정부 수립운동의 전면적 개각투쟁으로 확대시키기로 결정하였다. 이에 독립협회는 10월 1일부터 12일까지 한걸음도 물러서지 않고 궁궐을 에워싼 채 수구파 대신 7명 파면과 개혁파 정부수립을 요구하는 강경한 철야상소의 시위투쟁을 전개하였다.

독립협회와 시민들의 이 강경한 개각 요구와 집회의 대규모화 추세를 도저히 막을 수 없음을 안 고종과 수구파 정부는 독립협회와 시민의 요구에 마침내 굴복하였다. 그리고 수구파 대신 7명을 차례로 해임하고 개각을 단행하여 박정양을 의정서리, 민영환(閔泳煥)을 군부대신, 조병호(趙秉鎬)를 탁지부대신, 서정순(徐正淳)을 법부대신, 윤용구(尹用求)를 궁내부대신으로 임명하였다. 이것은 수구파 정부의 해체와 개혁파 내각의 수립을 의미하는 것이었다. 외국공사들까지도 한국에서 민중운동에 의하여 전면 개각이 이루어지고 개혁파가 집권하게 된 사실에 경탄을 나타내고, '하나의 평화적 혁명(a peaceful revolution)'이 이루어지고 있다고 본국에 보고하였다.

8. 관민공동회

독립협회는 개혁파 정부수립에 성공하자 1898년 10월 28일부터 11월 2일까지 6일간 종로에서 시민과 정부관료를 합석시키고 국정의 전반적 개혁, 열강의 이권침탈 방지, 의회설립을 다짐하는 관민공동회(官民共同會)를 개최하였다. 이 대회에는 관리와 시민 약 5천 명이 참가하여 다음과 같은 6개조의 헌의(獻議)를 결의하였다.

① 외국인에게 의부(依附)하지 않고 관민이 동심합력(同心合力)하여 전제황권(專制皇權)을 견고하게 할 것
② 광산, 철도, 석탄, 삼림, 차관, 차병과 모든 정부와 외국과의 조약(條約)의 일은 각부 대신과 중추원 의장(中樞院議長)이 합동으로 서명하여 날인하지 않으면 시행하지 않을 것
③ 전국 재정은 어떠한 조세를 막론하고 모두 탁지부(度支部)로 하여금 관장하게 하되, 다른 부(府)·부(部)와 사회사(私會社)는 간섭할

수 없게 하고, 예산과 결산을 인민에게 공포할 것

④ 이제부터 시작하여 모든 중대범죄는 공개재판을 시행하되, 피고가
끝까지 설명하여 마침내 자복(自服)한 후에 시행할 것

⑤ 칙임관(勅任官)은 대황제 폐하께서 정부에 자순(諮詢)하여 그 과반
수에 따라 임명할 것

⑥ 장정(章程)을 실천할 것

이 중에서 제2조는, 광산, 철도, 삼림 등 이권 양여와 차관, 차병 및
외국과의 조약은 내각회의와 중추원의 의결을 거쳐 통과되지 않으면 시
행하지 못하게 함으로써, 황제의 전제권이나 정부 단독으로 이권을 양여
함을 금지하여 실질적으로 이권침탈을 종결시킨 것이었다.

당시 독립협회는 중추원(中樞院)을 의회로 개편할 것을 전제하고 있었
으므로, 중추원 의장이 대표하는 의회의 동의를 얻지 않고서는 이권 양여
와 대외 조약체결을 불가능하게 함으로써, 이것은 사실상 국민의 힘으로
국권을 지키도록 한 것이었다.

9. 의회 설립운동

독립협회가 의회 설립운동을 본격적으로 시작한 것은 1898년 봄부터
이었다. 그들은 이해 7월에 두 차례의 상소를 통하여 고종에게 의회설립
을 간곡하게 제의했었다. 이때 독립협회는 갑오개혁 때 내각의 부속 자문
기관으로 만들어졌다가 다시 고급관료의 대기소처럼 방치되어 있던 중
추원을 의회로 개편하여 의회를 설립하려 하였다. 물론 고종과 수구파는
독립협회의 제안에 응하지 않았다.

독립협회는 10월 12일 개혁파 정부가 수립되자 즉각 중추원을 개편하
는 방법에 의한 의회설립을 교섭했으며, 10월 24일에는 독립협회의 의회

설립안(중추원의 의회로의 개편안)을 개혁정부에 제출하였다. 개혁파 정부
는 관민공동회가 성공리에 끝나자, 그동안 독립협회와 협의하며 준비한
11월 2일자로 된 '중추원신관제(中樞院新官制 : 상원설립법)'를 11월 3일
황제의 재가를 얻어 11월 4일 공포하였다.

신중추원은 대표의 원리에서 보면 하원이 아니라 상원이었으며, 심의
의 원리에서 보면 완벽한 의회(상원)이었다. 즉 신중추원은 ① 입법권 ②
조약비준권 ③ 행정부의 정책에 대한 심사권 ④ 심사권을 통한 사실상의
감사권 ⑤ 건의권 ⑥ 행정부의 문의에 대한 자순권(諮詢權) 등을 갖고
있었다. 이것은 전형적인 민주주의 국가의 의회만이 가졌던 권리들이며,
19세기 말의 영국·프랑스·미국·독일 등 모든 의회주의 국가들의 의회의
권리도 그 이상의 것은 아니었다. 심의의 기능면에서는 신중추원은 19세
기 말의 모든 민주주의 국가들의 의회와 완전히 동일한 입법부의 권리를
갖춘 의회(상원)로 전혀 손색이 없는 것이었다.

이제 행정부에는 개혁파 정부가 수립되고 독립협회가 주도하는 의회
가 한국 역사상 최초로 설립되어, 국민의 참정을 실현하면서 대대적 개혁
을 단행할 것이 명백하게 되었으므로 나라의 앞날에는 서광이 비치는
듯하였다.

그러나 개혁파 정부는 의회설립 하루 전인 11월 4일 밤에 붕괴되고,
독립협회의 의회 설립운동도 중단되었다. 의회가 설립되어 개혁파 정부
와 의회와 독립협회가 단결해서 대대적 개혁정책을 실시하면, 친러수구
파들은 자기들이 영원히 정권에서 배제되는 것이라고 판단하고 '익명서
(匿名書 : 비밀 전단)'를 시내 요소에 붙여 일부러 발각되게 하였다. 그 내
용은 독립협회 등이 의회를 설립하여 전제군주제를 입헌대의군주제로
개혁하려는 것이 아니라, 박정양을 대통령, 윤치호를 부통령, 이상재를
내무대신, 기타 독립협회 간부들을 각부대신으로 하는 공화정으로 국가
체제를 바꾸려는 것이라는 모략이었다. 자기가 퇴위된다는 모략보고에
놀란 고종은 11월 4일 밤부터 5일 새벽 사이에 시위대와 경무청을 동원

감옥 안의 독립협회 회원들

하여, 독립협회 간부들을 체포하고 독립협회 해산령을 내림과 동시에 개혁파 정부를 22일 만에 퇴진시키고, 다시 조병식을 중심으로 한 수구파 정부를 구성하였다. 물론 고종과 친러수구파 정부는 독립협회와 개혁파 정부의 의회설립법을 취소하였다. 한국 역사상 최초의 의회설립은 바로 성공의 문턱에서 좌절되고 말았다.

독립협회가 해산되고 간부들이 체포되었다는 소식을 들은 서울 시민들은 자발적으로 궐기하여 만민공동회를 조직하고 전후 42일간에 걸쳐 한국근대사상 최장기 철야시위를 하면서 다음과 같은 맹렬한 운동을 전개하였다.

① 독립협회 17명 지도자 석방 요구

② 독립협회 부설(復設)

③ 수구파 5명의 대신 규탄과 개혁파 정부수립 요구

④ 헌의 6조 실행 요구

⑤ 황국협회의 공격규탄

⑥ 의회의 재설립 요구

⑦ 대신 후보인물의 천거

그러나 1898년 12월 25일 제정러시아·일본·미국의 양해를 얻은 고종과 친러수구파가 시위대의 무력으로 만민공동회를 기습 공격하여 해산시키고 독립협회를 영구히 해산시켰으며, 독립협회와 만민공동회 간부들을 430여 명이나 일시 검거하여 개혁파의 구국을 위한 정치개혁운동을 철저히 금지시키고 탄압하였다. 이에 독립협회와 만민공동회의 민족운동은 실패로 돌아가고 말았다.

10. 독립협회 운동의 사회사적 의의

독립협회와 만민공동회 운동의 실패 원인은 친러수구파의 무력탄압과 그에 대응하는 시민층의 미성숙에 그 근본원인이 있었다. 그러나 이 밖에도 독립협회 운동의 내부에 특히 ① 농민층 속으로 파고 들어가는 노력이 부족하였고, ② 운동을 도시 중심으로 전개한 한계가 컸으며, ③ 독립협회 고위지도자들의 지도력이 부족하였다.

비록 독립협회의 민족운동은 실패했지만 그것은 뒤의 한국근대사 발전에 큰 영향을 끼쳤다. 그 몇 가지 중요한 점을 들면 다음과 같다.

첫째, 독립협회는 19세기 말 열강이 이권침탈과 식민지화 정책을 본격화한 매우 위험한 시기에 만민공동회 운동을 통하여 제정러시아·일본 등 외세를 후퇴시키고 마침내 한반도를 둘러싼 '국제세력균형'을 형성하는 데 성공하였다. 결국 이 세력균형은 러일전쟁이 일어날 때까지 만 6년간 지속되어 국민이 성장할 시간을 번 것이었다.

둘째, 독립협회의 운동에 의하여 개화독립사상과 국민대중이 결합하는 데 성공하였다. 이때의 민중은 도시 시민층과 지식인층 그리고 청소년층이 중심이 되었지만, 독립협회에 의하여 개화독립사상과 민중이 결합하였기 때문에 장기동태적으로 볼 때 이후 민중에 의하여 자주적 근대화운동이 전개되고 민족운동의 주체와 방향과 추진력이 문제를 해결할 수 있도록 사회의 역사적 발전 대세에 합치되어 전개된 것이었다.

셋째, 독립협회 운동은 자주독립사상을 전국민에게 널리 확산 보급했으며, 열강의 이권침탈을 당시 강력히 저지하고 독립을 강화하는 데 크게 기여하였다.

넷째, 독립협회의 운동은 당시와 그 뒤의 개혁정책에 부분적으로 반영되어 한말의 일부 사회개혁에 상당한 영향을 끼쳤다. 단기적이었지만 그것은 열강의 이권침탈을 저지하고 독립을 강화했으며, 장기적으로는 특히 교육과 실업부문에서 독립협회의 개혁안이 일부 반영되고 채택되었다.

다섯째, 독립협회 운동에 의하여 한국사에서 처음으로 민주주의와 공화주의 사상이 한국인의 사회사상으로 확립 발전하게 되었다. 한국에 있어서 근대민주주의 사상의 성립은 독립협회에서 본격적으로 비롯된 것이었다. 한국의 민족주의는 독립협회에 이르러 민주주의사상과 결합함으로써 '근대적' 특성을 강화하여 대폭적인 발전을 이룩하게 되었다.

여섯째, 독립협회 운동은 청년층을 중심으로 하여 수많은 애국자들을 양성하였다. 그 이후 애국운동의 주체세력을 실증적으로 보면 그들이 거의 모두 독립협회와 만민공동회에 참가하여 큰 영향을 받은 인물들임을 바로 알 수 있게 된다.

일곱째, 독립협회의 운동은 그 후의 애국계몽운동, 일부의 의병운동, 여성해방운동, 민족문화운동, 항일독립운동의 원류를 이룬 것이었다. 특히 한말의 애국계몽운동은 독립협회의 운동을 직접 계승한 운동이었다.

많은 외국학자들은 개항 후 한국인의 사회사상과 민족운동에는 강렬한 저항민족주의(예컨대 동학농민혁명운동)는 있었으나, 그 뒤에 새로운 국민국가와 시민사회를 건설한 근대시민적 민족주의와 자주근대화·자유민권사상과 운동이 없었기 때문에, 서구 제국주의 열강의 식민지가 되기 전에 먼저 일본제국주의가 선점한 것에 불과하다는 역사해석을 자주 해왔다.

독립협회의 사상과 운동은 이미 19세기 말에 한국인들이 스스로 국민국가와 시민사회를 수립 발전시킬 근대시민적 민족주의와 구체적 방안을 만들었을 뿐만 아니라, 이를 위한 강렬한 변혁운동을 전개했으며 제정 러시아·일본·미국 등이 야합하여 고종과 수구파를 지원해서 이 구국개혁운동을 탄압하고 침략하지 않았더라면 한국민족은 이미 19세기 말에 스스로의 힘으로 자유롭고 독립된 자주부강한 국민국가와 시민사회를 수립할 수 있었음을 반증해 주는 것이다.

요약 정리

- 19세기 말 열강이 대한제국에 들어와 각종 이권을 침탈하면서 식민지화하려고 노리던 시기에, 독립협회는 나라의 자주독립과 근대적 발전을 지키고 성취하려고 1896년 7월 2일 창립한 개혁파의 단체였다.
- 독립협회는 창립 후 독립문·독립공원·독립관을 건립하였다. 또한 독립관에서 매주 '토론회'를 개최하여 회원과 시민들을 계몽하였다.
- 1898년 러시아의 남진정책이 부산 절영도(지금의 영도) 조차 요구에까지 이르자, 독립협회는 1898년 3월 서울 종로에서 '만민공동회'를 개최하여 러시아의 절영도 조차 반대, 러시아의 군사교관·재정고문 철수, 러한은행 철수를 관철시켰다. 그 결과 러시아는 얼지 않는 군항을 랴오둥반도로 이동하여 설치하게 되었고, 1898년 4월 25일 로젠-니시 협정(Rosen-Nish Agreement)에 의해 한반도를 둘러싼 국제세력 균형을 성취하였다.
- 독립협회는 이 기간에 독립의 기초를 공고하게 만들어서 이후 국제세력균형이 붕괴되어 한 열강이 침략해 들어와도 이를 막아낼 수 있는 자주부강한 근대국가를 만들려고 대대적 민족운동을 전개하였다. 독립협회의 민족운동의 대표적인 것으로 ① 러시아의 부산 절영도 석탄고기지 조차 저지운동, ② 일본 석탄고기지 회수 ③ 러한은행 철수운동 ④ 러시아의 재정고문 및 군사교관 철수운동 ⑤ 서재필 재류운동 ⑥ 국민의 생명·재산의 자유권 수호운동 ⑦ 러시아의 목포·진남포 조계매도 저지운동 ⑧ 프랑스의 광산이권 요구 반대운동 ⑨ 독일의 금광이권 요구 반대운동 ⑩ 각국이 침탈한 이권의 조사와 이권양여 반대운동 ⑪ 의학교 설립운동 ⑫ 황실호

위 외인부대 창설 저지운동 ⑬ 노륙법 및 연좌법 부활 저지운동 ⑭ 개혁파 정부수립 운동 ⑮ 관민공동회 개최 ⑯ 의회 설립운동 등을 전개하여 매우 큰 성과를 내었다.

• 마침내 1898년 10월 12일 독립협회는 개혁파 정부수립에 성공하자 즉각 정부와 교섭하여 중추원을 개편해서 '상원'으로 만드는 '의회설립'안을 제출하였다. 개혁파 정부는 이를 받아서 한국 역사상 최초로 11월 2일자로 제정된 '의회설립법(신중추원관제)'을 11월 4일 공포하였다. 이에 따라 11월 5일 한국 역사상 최초의 '의회(상원)'를 개원하도록 되었다. 이에 수구파는 모략전술을 써서 독립협회가 '의회'를 설립하여 정치체제를 전제군주제로부터 입헌군주제로 개혁하려는 것이 아니라 바로 '공화정'으로 개편하려는 것이라는 전단을 만들어 붙였다. 이에 황제가 경악하여 독립협회 간부들을 전격 체포하고, 결국 외세의 자문을 받으며 계엄을 선포하여 독립협회를 강제해산함으로써, 독립협회의 민족운동은 좌절당하게 되었다.

● **노륙법(孥戮法)** ▶ 남편 또는 아버지의 죄로 인하여 처자까지 모두 죽임을 당하는 제도를 가리키는 용어이다. 조선왕조 시대에는 '3족을 멸한다'는 말로 노륙법을 표현하였다. 조선왕조 시대 '대역부도죄'에 적용했는데, 1894년 갑오개혁 때 폐지되었다.

● **러한은행(露韓銀行, The Russo-Korean Bank)** ▶ 러한은행은 50만 루블을 자본금으로 해서 설치되어 본점을 상트 페테르부르크에 두고, 지점을 서울에 두어 가브리엘(M. S. Gabriel)과 크레일린(V. M. Kreylin)이 은행장에 취임해서 1898년 3월 1일 서울지점을 개점함과 동시에 탁지부 재정자금과 황실자금 10만원을 독점 예치하였다. 러한은행의 주업무는 ① 한국정부의 재정자금의 예치 ② 한국정부 감독하에서의 화폐발행 ③ 달러화 또는 파운드화 어음의 발행 ④ 한국정부가 도입한 외국차관의 이자지불 ⑤ 철도·광산·전신·삼림 등 이권 관리 등이었다. 러한은행은 마치 대한제국의 중앙은행 기능을 하도록 만든 것이었다.

● **로젠–니시협정(Rosen–Nish Agreement)** ▶ 만민공동회의 결과 러시아가 1898년 3월 27일 랴오둥반도를 조차하여 대련·여순에 군항을 설치하기로 하고 군사교관·재정고문·러한은행 등을 철수시킨 직후, 힘의 공백상태에 있는 한반도에 대하여 세력균형을 보장하는 협정을 1898년 4월 25일 러시아 외상 로젠과 일본외상 니시(西德二郎) 사이에 체결한 협정이다.
그 주요내용은 ① 양국정부는 대한제국의 독립주권을 확인하고 일체의 내정간섭을 하지 않는다. ② 한국이 자문과 조력을 양국 중 어느 한 국가에 요청하는 경우 서로 협상하여 처리한다. ③ 러시아는 한국에 있어서 한일간의 상공업 관계의 발전을 방해하지 않는다는 것이었다. 양국이 한국에 내정간섭을 하지 않는다는 것이 당시에 크게 주목되었다.

● **연좌법(連坐法)** ▶ 한 사람의 범죄에 대하여 특정범위의 몇 사람(주로 부모형제, 친인척)도 연대책임을 지고 처벌하도록 하는 제도를 가리키는 용어이다. 1894년 갑오개혁 때 폐지되었다.

● **영은문(迎恩門)** ▶ 1537년(중종 32) 김안로(金安老) 등의 건의에 의하여 모화관(慕華館 : 중국사신을 위한 영빈관) 앞에 세운 문으로서, 처음에는 '영조문(迎詔門)'이라는 명칭을 붙였다가, 1539년에 '영은문'이라고 개칭하였다. 갑오개혁 때 사대주의의 상징이라 하여 헐어버렸으며, 독립협회는 1897년 그 자리에 '독립문'을 건립했고, '모화관'을 뜯어고쳐 '독립관'을 만들었다.

● **익명서(匿名書)** ▶ '본명을 감춘 문서'의 뜻으로서 '비밀전단' '비밀문서'를 의미한다. 여기서는 독립협회가 의회 설립운동을 하던 시기에 이를 저지시키려고 수구파 측에서 본명을 밝히지 않고 독립협회 회원이라고만 밝힌 채 "내일 선거는 의원선거가 아니라 대통령선거다"라는 요지의 전단을 만들어 시내 요소에 붙인 것을 가리킨다.

● **절영도 석탄고기지 조차(絶影島 石炭庫基地 租借)** ▶ 부산의 절영도(지금의 영도)에 러시아 선박용 석탄창고의 기지를 조차한다는 것이었다. 당시는 증기선 시대이므로 증기기관용 석탄보급이 필요하였다. 그러나 석탄보급을 위하여 러시아 군함이 항상 절영도에 정박하게 되므로, 이것은 실제로는 절영도에 얼지 않는 군항을 설치하려는 기초작업을 하는 것이라고 당시에도 해석되었다.

● **포경권(捕鯨權)** ▶ '고래잡이 이권'의 뜻이다. 구한말에는 동해가 세계적인 고래어장의 하나였다. 따라서 한국 동해안(경상도·강원도·함경도 해안)의 '포경권'이 문제되었다.

● **황성신문(皇城新聞)** ▶ 1898년 9월 5일 창간된 신문으로서, 사장은 남궁억(南宮檍), 총무는 나수연(羅壽淵)이 맡았으며, 독립협회 존속기간에는 그 '기관지'로서 편집 발행되었다. 주필로서는 유근(柳瑾), 박은식(朴殷植), 장지연(張志淵) 등이 활동하였다. 국권의 유지와 회복을 위해 많은 애국적 언론활동을 하다가 1910년 9월 14일 일제에 의해 폐간당하였다.

참고문헌

- 박성근, 〈독립협회의 사상적 연구〉, 《이홍직교수회갑기념한국사논총》, 1969.
- 한흥수, 〈독립협회의 정치집단화 과정〉, 《연세대 사회과학논집》 제3집, 1970.
- 강재언, 〈독립신문·독립협회·만민공동회〉, 《조선사연구회논문집》 제9집, 1972.
- 박종렬, 〈독립협회의 민중계발활동에 관한 고찰〉, 《춘천교대 논문집》 제11집, 1972.
- 유영렬, 〈독립협회의 민권사상연구〉, 《사학연구》 제22집, 1973.
- 신용하, 《독립협회의 민족운동연구》, 한국문화연구소, 1974.
- 신용하, 《독립협회연구》, 일조각, 1975.
- 천관우, 〈독립협회의 국회개설운동〉, 《한국사의 재발견》, 일조각, 1975.
- 박영신, 〈독립협회 지도세력의 상징적 의식구조〉, 《동방학지》 제20집, 1978.
- 최덕수, 〈독립협회의 정체론 및 외교론 연구〉, 《민족문화연구》 제13집, 1978.
- 김숙자, 〈독립협회의 교육사상〉, 《한국사연구》, 1980.
- 이민원, 〈독립협회에 대한 열국공사의 간섭〉, 《청계사학》 제2집, 1985.
- 주진오, 〈독립협회의 경제체제개혁 구상과 그 성격〉, 《한국민족주의론》 제3권, 창작과비평사, 1985.
- Vipan Chandra, *Imperialism, Resistance and Reform in Late Nineteenth-Century Korea : Enlightenment and the Independence Club*, University of California, Berkeley, 1989.
- 김신재, 〈독립협회의 대외인식과 자주국권론〉, 《경주사학》 제17집, 1998.
- 신용하, 〈독립문·독립관·독립공원의 건립과 변천〉, 《향토서울》 제59집, 1999.
- Philip Jaisohn, (edted by Sun-pyo Hong), *My Days in Korea and Other Eassays*, Yonsei University Press, 1999.

16 대한제국의 성립과 그 정책

단원개요
조선은 국왕이 러시아공사관에 머무는 동안에 열강의
압력을 받고 광산·철도·전선·전기·삼림·어장 등 중요한 자원과 부원을 열강에
게 '이권'으로 침탈당하고, 자주독립이 크게 훼손당하였다. 이에 조선 정계에서
는 독립협회와 일부 자주적 수구파가 연합하여 국왕을 경운궁으로 1년 만에
환궁시키고, 이어서 '칭제건원(稱帝建元)'을 추진하였다. 그들은 이것이 조선의
자주독립을 강화하는 방법의 하나라고 보았었다.
이에 국왕과 정부는 우선 '건원'을 하기로 하여, 1897년 8월 16일 연호 '건양
(建陽)'을 '광무(光武)'로 고치고 '건양2년'을 '광무 원년'으로 바꾸었다. 이어서
원구단(圜丘壇)을 만들고 1897년 10월 12일 고종이 문무백관을 거느리고 나아
가 황제즉위식을 거행하였다. 동시에 국호를 '대조선국'으로부터 '대한제국(大
韓帝國)'으로 고쳐 선포하였다. 대한제국의 성립은 대한이 자주독립의 강화를
내외에 거듭 재천명한 중요한 역사적 사건이었다.
대한제국이 성립되자, 그 정치체제를 놓고 개혁파와 수구파 사이에 대립이
격화되었다. 독립협회를 중심으로 한 개혁파는 '의회'를 수립하여 대한제국을
'입헌군주국'으로 개혁해서 자주독립을 강화하려 하였다. 이에 비하여 수구파는
대한제국을 '전제군주국'으로 그대로 유지하려 하였다. 결국 황제와 수구파는
독립협회를 해산시키고, 1899년 8월 17일 '대한국국제'를 제정 공포하여, 대한
제국이 '전제국가'임을 법제화하였다. 그 뒤 대한제국은 황제권 강화의 정책을
각 부문에서 집행하다가 러일전쟁을 맞게 되었다.

1. 대한제국의 성립

조 선은 근대 이전에는 중국을 중심으로 한 의례상의 위계적 아시아
국제질서 체계 때문에 국왕의 지위를 중국의 황제와 대등한 지위
에 올려놓지 못하고 있었다.

근대에 이르러 1884년 갑신정변 때 급진개화파들은 혁신정강 제1조에
서 "중국이 납치해 간 대원군을 하루 속히 돌려보낼 것, 조공하는 허례의
의행은 폐지할 것"을 공포함과 동시에 조선국왕을 중국의 황제와 동등한

대한제국 당시의 국기

의례적 지위에 놓으려고 시도하였다. 그들은 종래 국왕을 공식적으로 ‘군주(君主)’라 호칭하던 것을 ‘대군주(大君主)’로 호칭하도록 하고, 국왕을 ‘전하’라 부르던 것을 황제와 마찬가지로 ‘폐하’로 높여 부르도록 하였다. 이것은 완전 자주독립을 강화하려는 개화파의 의지를 나타낸 것이었으나, 갑신정변의 실패로 이러한 시도도 중단되었다.

이로부터 10년 뒤의 갑오개혁에 이르러 온건개화파가 집권하자, 다시 국왕의 지위를 황제의 지위로 높이려는 운동이 추진되었다. 갑오개혁 정부는 1894년 7월 29일부터 우선 첫 단계로 국왕을 공식적으로 ‘군주’로부터 다시 ‘대군주’로 호칭하도록 하고, 연호는 중국의 연호를 폐지하고 조선왕조의 개국기년(開國紀年)을 사용하도록 하였다. 그 결과 1894년은 개국 503년이 되었다. 그들은 1895년 8월 27일 국호를 ‘대조선국(大朝鮮國)’으로 개칭하고 ‘대군주’를 ‘황제’로 격상시키려 하였다. 그러나 일본이 강력히 반대하여 이 계획은 실행되지 못하였다. 뒤이어 1896년 2월 11일 ‘아관파천(俄館播遷)’이 일어나 갑오개혁 내각이 붕괴됨으로써 국왕을 ‘황제’로 격상시키려는 개화파의 운동은 다시 중단되었다.

고종이 러시아공사관에 머무르는 동안 열강들은 다투어 이권을 빼앗아 가고 정권은 친러수구파가 농단하게 되었다. 1896년 7월 2일 창립된 개화파의 사회정치단체인 독립협회와 자주적 수구파들은 연합하여 고종의 환궁에 총력을 기울였다. 그 결과 고종이 러시아공사관으로 옮긴 지 약 1년만인 1897년 2월 20일 경운궁으로 환궁하여 정상을 되찾게 되었다. 고종의 환궁 뒤에 개화파와 수구파들은 힘을 모아 '칭제건원(稱帝建元)'을 추진하였다. 그들은 이것이 조선의 자주독립을 강화하는 하나의 방법이라고 보았기 때문이었다. 국왕과 정부는 우선 '건원'을 하기로 하여 1897년 8월 16일 '건양'을 '광무(光武)'로 고쳐 '건양 2년'을 '광무 원년'으로 하였다. '건원'에 성공한 개화파와 수구파는 연합하여 다시 '칭제' 운동을 벌였다. 그 대표적인 예로 1897년 9월 25일 독립협회 회원인 농상공부 협판 권재형(權在衡)은 다음과 같이 '칭제'를 주장하는 상소를 올렸다.

황(皇)·제(帝)·왕(王)은 글자는 다르지만 한 나라가 자주독립하여 의지하지 않는다는 점에서는 같은 뜻을 가질 뿐 아니라, 황제의 자리에 오른다고 할지라도 만국공법상 조금도 어긋남이 없습니다. 따라서 정부와 협의하여 그 방책을 정해서 조속히 보호(寶號)를 올림으로써, 임금을 높이는 여론에 부응하고 문약하며 의부(依附)하는 의심을 깨뜨려야 할 것입니다. (《日省錄》건양 2년 9월 25일조)

국왕과 정부는 1897년 9월 27일부터 '칭제'를 위한 본격적 준비작업을 시작하여 그 의식장소인 원구단(圜丘壇)을 만들고, 1897년 10월 12일 고종이 문무백관을 거느리고 나아가 황제즉위식을 거행하였다. 이와 동시에 황제와 정부는 조선의 국호를 '대한제국(大韓帝國)'으로 고쳐 내외에 선포하였다. 대한제국의 성립은 대한이 자주독립국가임을 내외에 거듭 재천명한 것이며, 자주독립의 강화를 국내와 세계에 알린 중요한 역사적 사건이었다.

대한제국 황제즉위식을 올린 원구단

2. 대한제국의 정치체제 논쟁

러시아공사관에 머무르고 있던 고종을 환궁시켜 칭제건원해서 대한제국을 성립하는 데까지는 개화파인 독립협회와 집권파인 수구파 사이에 협조가 비교적 잘 이루어졌다. 그러나 대한제국의 성립 뒤에 그 정치체제를 놓고 개화파인 독립협회와 친러수구파 사이에 정치적 견해가 크게 대립되어 갈등이 격화되었다.

독립협회는 열강이 침략을 시작하여 이미 이권을 많이 빼앗아 간 상황속에서 대한제국을 전제군주제로 발전시키는 것은 취약한 것이기 때문에 입헌대의군주제로 개혁해야 한다고 주장하였다. 왜냐하면 이권을 빼앗길 때처럼 열강이 황제를 위협하여 황제의 동의만 얻으면, 나라의 귀중한 권리가 박탈되고 국권까지 쉽게 빼앗길 위험이 있기 때문이었다.

독립협회는 전제군주제를 폐지하는 대안으로 국민에게 참정권을 주고 의회를 설립하여, 국정의 중요한 사항과 외국과의 모든 조약은 반드시 의회의 동의를 얻어 통과해야 효력을 발생하는 '입헌대의군주제'를 수립

정장한 대한제국 광무황제

해야 한다고 주장하였다.

이에 대하여 집권한 수구파는 친러 정책을 채택하여 러시아와 밀접한 관련을 가지면서, 독립협회의 입헌대의군주제로의 개혁안을 반대하고, 전제군주제를 그대로 유지해야 한다고 주장하였다. 왜냐하면, 의회를 개설하여 입헌대의군주제를 만드는 것은 불가피하게 민권(民權)을 신장시키고 군권(君權)을 감소하여 황제의 지위를 약화시키기 때문이라는 것이었다.

고종은 전제군주제를 입헌대의군주제로 개혁하면 군권이 감소되고 민권이 증대된다는 수구파의 주장에 설득당하여 친러수구파의 전제군주제 주장을 지지하고, 독립협회의 입헌대의군주제 주장에는 동의하지 않았다. 그리하여 대한제국이 성립한 이듬해인 1898년에는 연초부터 대한제국의 정치체제를 둘러싸고 개화파인 독립협회와 집권한 친러수구파 사이에 첨예한 정치적 논쟁과 대립이 전개되었다.

독립협회는 1898년 초 친러수구파 정부가 제정러시아의 요구에 동의하여 절영도(絶影島 : 지금의 부산 영도)의 토지를 석탄고기지로 러시아에 조차해 주려고 하자, 이에 대한 반대운동을 시작하면서 본격적인 전제군주체제 개혁운동을 전개하였다. 독립협회는 1898년 3월 10일 서울 종로에서 우리나라 역사상 처음으로 1만여 명의 시민들이 모인 만민공동회라는 시민궐기대회를 개최해서 러시아의 절영도 조차요구 반대, 일본의 국내 석탄고기지 철수, 러한은행 철거, 러시아의 군사교관과 재정고문 철수, 대한제국의 자주독립 강화를 결의하였다. 뒤이어 3월 12일에는 독립협회가 직접 주관하지 않았음에도 불구하고 수만 명의 서울 시민들이 자발적으로 종로에서 제2차 만민공동회를 개최하여 동일한 결의를 채택하였다.

이에 놀란 정부와 열강 사이에 복잡한 외교교섭과 각축 끝에 마침내 러시아의 절영도 조차요구가 철회되고, 러한은행과 군사교관·재정고문도 철수하였다. 일본도 국내의 석탄고기지를 반환했다. 러시아는 독립협회와 만민공동회의 저항에 부딪치자 부산·마산 일대에 얼지 않는 군사기지를 설치하려던 계획을 바꾸어 이를 랴오둥(遼東)반도에 설치하기로 정책 전환을 한 것이었다.

러시아와 일본은 한반도에서 그들의 세력이 후퇴하자, 1898년 4월 25일에 '로젠-니시협정'을 체결하여 두 나라가 함께 한국의 내정에 간섭하지 않고, 대한제국으로부터 고문파견을 요청받는 경우일 때에도 하지 않기로 협약하였다. 그 결과 1898년 4월부터는 한반도를 둘러싸고 국제열강의 세력균형이 형성되어 우리나라의 자주근대화 실천에 다시 한번 좋은 시기가 도래하게 되었다.

독립협회는 국제열강의 세력균형이 이루어진 이 절호의 기회에 자주독립을 지킬 수 있는 근대적 실력을 양성하고, 의회를 설립하여 대한제국을 전제군주체제로부터 입헌대의군주체제로 개혁하려고 하였다. 1898년 4월부터 독립협회는 자유민권운동을 전개함과 동시에 의회설립의 필요성을 계몽하는 운동을 전개하다가 7월 3일 우리나라 역사상 처음으로 '의회설립'을 요구하는 상소를 올렸다. 고종은 수구파 정부각료들과 의논한 다음 이를 거부하는 회답을 내렸다. 독립협회는 이에 굴하지 않고 7월 12일에 다시 의회설립을 요구하는 상소를 올렸으나 고종과 수구파 정부는 이를 반대하였다. 독립협회는 갑오개혁 때 설치된 중추원을 우선 의회의 상원으로 개편하여 의회를 설립하려고 하였다. 이에 대하여 고종과 수구파 정부는 중추원을 본래 설치할 때의 취지대로 자문원으로 두어 행정부를 자문만 하더라도 언로가 열리어 국정이 바르게 된다고 하여 의회설립에 반대하였다. 이에 논쟁과 대립의 초점은 중추원을 의회로 개

민영환

편할 것인가, 자문원으로 그냥 둘 것인가의 문제로 집중되었다.

독립협회는 중추원을 의회로 개편하려면 먼저 친러수구파 정부를 퇴진시키고 의회설립에 동의할 수 있는 개혁파 정부를 수립하는 것이 선결문제라 판단하고, 1898년 10월 1일부터 궁궐을 에워싸고 철야상소 시위를 전개하여 마침내 10월 12일 친러수구파 내각을 붕괴시키고 박정양(朴定陽)·민영환(閔泳煥)을 중심으로 한 개혁파 내각을 수립하는 데 성공하였다. 외국 공사관들은 이러한 정권교체와 개혁파 정부의 수립을 대한제국에 '하나의 평화적 혁명'이 실현되었다고 본국에 보고하였다.

신정부와 독립협회는 즉각 협상하여 10월 24일 독립협회의 의회설립안을 정부에 제출하였다. 개혁파 정부는 이를 받아들여 약간의 수정을 가한 다음 1898년 11월 2일 우리나라 역사상 최초의 의회설립법인 '중추원신관제'를 공포하였다. 전문 17조로 된 '중추원신관제'는 '상원' 설치를 내용으로 하여 의원 50명 중 25명은 황제와 정부가 임명하고, 나머지 25명은 인민협회에서 투표로 선거하되 당분간 독립협회가 인민협회를 대행하기로 하였다. 중추원의 권한은 입법권, 조약비준권, 행정부 정책에 대한 동의권, 동의권을 통한 사실상의 감사권, 행정부 건의에 대한 자순권(諮詢權), 건의권 등을 갖게 하여 근대의회의 권한을 모두 부여하였다. 대한제국의 신정부는 1898년 11월 5일을 의회로 개편된 신중추원 개원일로 정하여 이날 아침 독립협회에서 민선의원을 선거하기로 하였다. 대한제국은 이날을 전환점으로 하여 전제군주제로부터 입헌대의군주제로 대개혁을 단행하기 시작하게 된 것이었다.

그러나 친러수구파들은 의회가 설립되고 개혁파 정부가 입헌대의군주제를 수립하여 개혁정책에 성공하면 그들은 정권에서 영원히 배제되는 것이라고 판단하였다. 그래서 모략전술을 써서, 독립협회는 11월 5일 의회를 설립하는 것이 아니라 황제 고종을 폐위하고 박정양을 대통령, 윤치호(尹致昊)를 부통령으로 한 공화제를 수립할 예정이라는 전단을 만들어 독립협회의 이름으로 시내 요소에 붙였다. 자기가 폐위된다는 거짓 보고에 놀란 황제 고종은 경무청과 친위대를 동원하여 11월 4일 밤부터 5일 새벽까지 독립협회 간부들을 체포하고 개혁파 정부를 퇴진시킨 다음 다시 조병식(趙秉式)을 중심으로 한 수구파 정부를 수립하였다. 그리하여 대한제국의 정치체제를 전제군주제로부터 입헌군주제로 개혁하려던 독립협회 등 개혁파의 운동은 성공 일보직전에서 좌절되었다.

서울 시민들이 봉기하여 11월 5일부터 만 42일간 철야시위를 하면서 만민공동회 운동을 전개하여 보부상 단체인 수구파 행동대 황국협회(皇國協會)의 공격을 물리치고, 독립협회를 다시 설립하는 데 성공하여 다시 의회설립을 요구하였다. 그러나 자주독립세력을 이 기회에 꺾어 버리는 것이 일본의 한국침략에 유리하다고 판단한 주한 일본공사가, 고종에게 친위대의 무력을 사용해서 독립협회의 운동을 탄압할 것을 권고하여 고종이 이를 추종함으로써, 독립협회·만민공동회의 대한제국 정치체제 개혁운동은 1898년 12월 25일에 완전히 좌절되고, 독립협회 지도자 430여 명이 일시에 체포되었으며, 독립협회·만민공동회도 강제 해산당하게 되었다.

독립협회·만민공동회 해산 후 황제와 정부는 관인(官人)만이 정치를 논할 수 있는 것이며, 인민이 정치를 논하는 것은 부당한 것이기 때문에 백성들의 정치적 집회와 언론과 결사를 엄금한다고 포고하고, 대한제국은 전제군주국이므로 이를 고치려고 하는 모든 종류의 시도는 반역행위로 처벌할 것임을 공포하였다. 이로써 대한제국의 정치체제에 대한 논쟁과 대립은 결국 수구파의 승리와 개혁파의 패배로 귀결되어, 대한제국은 전제군주국가로의 길을 가게 되었다.

3. 대한제국의 국제(國制)

　대한제국의 정부인 수구파 내각은 독립협회 등 개혁파의 체제개혁운동 같은 것이 다시 제기되지 않도록 하고, 대한제국의 정치체제를 전제군주제로 굳히기 위하여, 교정소(校正所)로 하여금 '대한국국제(大韓國國制)'를 제정하게 하여 1899년 8월 17일 황제의 재가를 얻어서 공포하였다.

　전문 9조로 된 '대한국국제'의 특징은 대한이 자주독립한 제국(帝國), 즉 '대한제국'이며, 그 정치는 황제가 무한한 군권을 가지는 전제군주제이고, 이 전제군권을 침해하거나 감손하는 행위는 반역행위임을 선언하면서 전제군주권의 기본내용을 규정한 것이었다. 이 '대한국국제'에서 규정된 군권의 기본내용은 육해군 통수권, 입법권·사법권·행정권, 관리임면권과 포상권, 조약체결권과 사신임면권 등으로 구성되어 있다. 즉, 대한제국의 정치체제는 황제가 입법·행정·사법 3권은 물론 군통수권과 기타 모든 절대권한을 장악하도록 규정한 것이었다.

　'대한국국제'의 제정과 반포에 의하여 대한제국은 전제군주국가로서의 체제를 확고하게 정착시키게 되었다.

4. 대한제국의 정책

　1899년부터 대한제국의 정책은 '대한국국제'의 기본이념과 직결된 방향으로 수립되어 집행되었다. '대한국국제'가 제정된 전후부터 러일전쟁으로 대한제국이 일본군의 직접적 간섭하에 들어간 1904년 2월까지 대한제국의 주요 정책의 기본내용을 간추려 보면 다음과 같다.

　첫째, 황제가 국내 육해군을 직접 통수하는 체제로서 1899년 7월 군부(軍部) 외에 별도로 원수부(元帥府)를 신설하여 이 부서를 통해서 황제가

직접 서울과 지방의 모든 군대를 지휘하게 하였다. 이듬해인 1900년 6월
에는 원수부 내에 육군헌병대를 설치하고 여기서 전국 군대의 헌병업무
를 관할하도록 하였다. 이 시기에 시위기병대를 설치하고 병력은 약간
증가하였으나, 국방보다는 황실호위 병력의 증원에 주로 군사정책이 집
중되었다.

둘째, 대한제국과 황제의 위엄·권위를 높이는 상징의 제작에 많은 정
책적 노력을 기울였다. 대한제국의 국가(國歌)를 제정(에케르트 작곡)하
고, 황제의 어기(御旗)와 친왕기(親王旗) 및 군기(軍旗)를 제정하였다.
황제를 대원수로 한 프러시아식 복장과 관복을 제정하여 착용하게 하
였다.

셋째, 종래 탁지부 혹은 농상공부에서 관할하던 전국의 광산·철도·
홍삼제조·수리관개사업은 궁내부 내장원에서 관할하도록 이관시키고,
그 수입은 정부의 예산과 관계없이 황제가 내탕금으로 전용하도록 하
였다. 그 결과 이 부분의 조세수입은 정부에서 분리되어 황제의 직접적

대한제국의 장교

수입으로 되었으며, 때로는 황실이 직접 광산 등을 관리하고 직영하기도 하였다.

넷째, 상업은 자유상업을 허락하지 않고 정부의 승인을 얻도록 하였으며, 종래의 보부상을 상무사(商務社)로 개편하여 상업특권을 부여하고, 때로는 영업세의 징수권도 상무사에게 위임하였다.

다섯째, 공업은 황실이 직영하는 방직공장·유리공장·제지공장의 설립을 시도하고, 일반 민간인의 공장설립은 정부의 허가를 받도록 하였다. 그러나 황실이 직영하려는 업종 이외의 부문에 대해서는 이를 민간에게도 제한하지 않고 허가해 주려고 하였으나 민간공업은 발흥하지 못하였다.

여섯째, 농업 부문에서 양전(量田)사업과 지계(地契)사업을 대대적으로 실시하였다. 대한제국 정부는 1898년 양지아문(量地衙門)을 설치하고 미국인 측량기사까지 초빙해서 1899년부터 양전사업을 실시하였는데, 원래는 전국에 실시할 계획이었으나 함경남북도·평안남북도·강원도 등에는 전혀 시행하지 못하고, 그 밖의 도에서도 일부 지역에서는 시행하지 못하였다. 이때의 양전사업이 궁방전과 역둔토가 많은 지역을 중심으로 집중적으로 전개되었기 때문이었다.

대한제국의 양전·지계사업은 대한제국 성립 후 정부가 가장 많은 자금과 인력을 투입하여 근대적 토지소유권 증명제도를 수립한 대사업이었으며, 대한제국의 정책 중에서 가장 큰 업적이었다. 그러나 양전·지계사업이 황실의 궁방전과 정부의 역둔토를 중심으로 실시되면서 조세와 지대징수의 증가를 목적으로 했기 때문에, 양전·지계사업 과정에서 농민의 토지가 다수 궁방전 등에 혼입되고 탈입되어 황실 및 정부와 농민 사이에 크고 작은 분쟁이 끊임없이 일어났다.

대한제국의 정책 중에서 큰 문제점을 가지고 있었던 것이 대외정책이었다. 대한제국의 집권수구파는 당시 열강의 국제세력균형이 형성된 조건 속에서 대외적으로 엄정 '중립'을 선언하고는, 이 기간에 독립을

수호할 수 있는 자기의 실력을 기르는 데 집중하지 않고, 강대한 제정
러시아에 의지하는 성향을 보였다. 즉, 대한제국의 외교정책은 다분히
친러적 색채를 띠게 되었다. 그 결과 대한제국은 제정러시아에게 여러
가지 이권을 강탈당하였으며, 여기에 반발하는 일본을 무마하기 위하
여 일본에게도 여러 가지 이권을 빼앗겼다. 그리고 1899년 3월에 동해
안의 포경권을 러시아에 빼앗겼고, 1900년에 마산항의 일부 토지를 러
시아에 조차하였다.

1902년에는 러시아공사관에서 러시아·독일·프랑스 3국의 한국에서의
이권탈취 모의가 있었고, 1903년에는 러시아가 용암포(龍巖浦)를 점령하
고 그 조차를 요구해 왔다. 또한 1900년 대한제국은 일본에게 경상도·강
원도·함경도·경기도의 어업권을 빼앗겼고, 역시 같은 해에 인삼위탁판
매권을 허락하였으며, 1901년에 직산 금광채굴권을 빼앗겼고, 1902년에
는 일본 제일은행권을 법화로서 한국에 통용하도록 허용하였다. 또 프랑
스에게 1901년에 평안북도 창성 광산채굴권을 허락하였다.

대한제국은 열강의 국제세력균형이 이루어진 시기에 자주독립 강화를
위하여 성립하였음에도 불구하고, 집권한 친러수구파 정부는 국제세력
균형이 깨어질 때 독립을 지킬 실력과 대책을 제대로 수립하여 실행하지
못한 것이었다.

5. 대한제국의 해체

일본은 청일전쟁 승리로 얻은 랴오둥반도를 1895년 4월 러시아·프랑
스·독일의 3국간섭으로 청국에 부득이 되돌려주었을 뿐 아니라, 대한제
국에서 러시아의 세력에 밀려 일본세력이 퇴조하게 되자, 대한제국을 침
략하여 그 지배하에 두기 위해서는 러시아와의 일전이 불가피하다고 보
고 전쟁준비에 국력을 총동원하였다. 일본은 1902년 1월 영일동맹을 체

결하는 데 성공하자, 더욱 전쟁준비에 박차를 가하여 러일전쟁을 일으킬 기회를 노리게 되었다. 1903년 4월 러시아의 용암포점령사건 이후에 러시아와 일본과의 긴장은 더욱 격화되어, 1904년에는 러일전쟁이 눈앞에 다가왔음을 쉽게 알 수 있었다.

대한제국 정부는 러일전쟁이 임박해 오자, 1904년 1월 22일 국외중립(局外中立)을 선언하였다. 이것은 전쟁에 휘말리지 않기 위한 적절한 조처였으나 너무 늦은 것이었다. 일본은 대한제국의 정당한 중립선언에도 불구하고 이를 존중하지 않았다.

일본은 1904년 2월 8일 인천항과 여순항에 정박하고 있는 러시아 군함 각 2척을 선제공격하여 격침시킨 다음, 일본군을 대대적으로 대한제국에 상륙시키고, 2월 10일 러시아에 선전포고함으로써 러일전쟁을 일으켰다. 일본군은 서울을 점령하고 2월 23일 대한제국을 무력으로 위협하여 '제1차 한일의정서'를 강제로 체결하였다. 그 내용은 대한제국이 러일전쟁에서 일본군에 협조하고 일본군이 군략상 필요한 토지를 수용하는 권리를 갖는다는 것이었다. 이 조약에서부터 대한제국의 주권은 일본에 의하여 심하게 침해되기 시작하였다. 일본은 1904년 4월 3일 일본군 2개 사단 병력으로 한국주차군(韓國駐箚軍)을 편성하여 대한제국에 상주시켰고, 이 군사력으로 대한제국 정부를 위협하고 대한제국의 여러 권리를 조직적으로 침탈하였다. 일본은 대한제국으로부터 서해안의 어업권을 강탈해 갔으며, 또한 전국 황무지 개간권을 요구하기도 하였다. 일본의 이 요구는 당시 뜻있는 인사들이 보안회(輔安會, 保安會)를 조직하여 대대적 반대운동을 전개함으로써 일단 저지되었다.

일본은 1904년 7월 20일에는 '군사경찰훈령'을 만들어 대한제국의 치안을 일본군이 담당한다고 통고함으로써 대한제국의 치안권을 빼앗아 갔다. 또한 일본은 친일파의 양성과 조직의 필요성을 절감하고 같은 해 8월 이용구(李容九)로 하여금 '진보회'를 조직하게 했으며, 송병준(宋秉畯)으로 하여금 '유신회'를 조직하게 하였다가, 9월에 이를 '일진회'로 통합하였다. 이로부터 일진회는 일본의 지시를 받아가면서 매국활동을 본격적으로 전개하기 시작하였다.

일본은 대한제국의 주권을 침탈할 체제가 어느 정도 만들어지자, 1904년 8월 22일 '한일외국인고문 용빙에 관한 협정'이라는 조약을 강제로 체결하게 하고, 10월에 일본인 메카다(目賀田種太郎)를 대한제국의 재정고문으로 파견하여 이른바 '재정정리', '화폐정리'란 것을 하게 함으로써 재정권을 침탈하였으며, 12월에는 친일분자인 미국인 스티븐스(D. W. Stevens)를 외교고문으로 임명하여 대한제국의 대서양 외교를 차단하게 하고, 그 밖에 일본인들을 군사고문·경무고문·학부고문·궁내부고문 등에 임명하여 대한제국의 국내행정을 일본인들의 지배하에 두게 하였다.

일본은 1905년 1월 10일에는 서울과 경기도 일대의 치안경찰권을 일본 헌병대로 넘겨 장악하게 하였으며, 1월 31일에는 일본 제일은행으로 하여금 대한제국의 국고를 관장하게 하였다. 일본은 1905년 4월 1일에는 대한제국 정부에게 '일본과의 통신기관 위탁에 관한 협정서'를 강제 조인하게 해서 국내와 국외의 통신권을 박탈하였다. 이와 동시에 4월 5일에 주청국 한국공사관을 철수시키고, 5월에는 주영국 한국공사관을, 7월에는 주미국 한국공사관을, 12월에는 주일본 한국공사관을 철수시켜 사실상 대한제국의 외교권을 모두 박탈하였다.

일본은 또한 1905년 9월 13일에 대한제국에게 '한일연해 및 내외의 항행에 관한 약정서'를 강제 체결하게 하여 무역상의 이익을 일본상인에게 독점하게 하고, 10월 5일에는 대한제국의 관세사무를 일본이 관장하게 하였다. 일본은 무력으로 대한제국의 주권을 단계적으로 침탈하면서 이를 이른바 '보호국'이라는 이름으로 반식민지화하는 작업을 추진하였다.

이 사이에 대한제국에서는 일본의 주권침탈에 대한 완강한 저항이 일어났다. 허위(許蔿) 등이 1904년 6월에 배일통문(排日通文)을 전국에 돌리고 일본의 침략을 규탄하며 일어설 것을 호소하였으며, 전국 유생들은 일본을 규탄하는 상소를 빗발치듯 올렸다. 이와 관련하여 1904년 7·8월부터 항일의병운동이 일어나기 시작하였다. 고종은 1904년 11월 이승만(李承晚)에게 밀지를 내려 미국정부의 협조를 구하도록 파견하였다. 12월에는 정우회(政友會)를 조직하여 일진회를 토벌하는 투쟁이 전개되었다. 이한응(李漢應)이 일본의 재외한국공사관 철수에 항의하여 자결함으로써 일제의 침략에 자결로 항의하는 인사들이 나오기 시작하였다. 이준(李儁)·양한묵(梁漢默) 등은 헌정연구회(憲政研究會)를 조직하여 의회를 설립함으로써 황제의 전제적 결정권을 의회로 옮겨 일제의 침략에 대항하려고 하였다. 1905년 5월에는 강원도와 충청도 일대에서 원용팔(元容八) 등이 의병을 일으켜 무장투쟁으로 일제의 침략에 대항하였다.

그러나 일본은 러일전쟁에서 승리하여 1905년 9월 러일강화조약을 체결하고 영국과 미국의 승인을 얻는 데 성공한 다음, 압도적으로 우세한 무력을 앞세우고 10월 15일 일진회를 시켜 '한일보호조약'의 체결을 촉구하는 성명을 발표하도록 지시했다. 그리고 11월 9일 이토(伊藤博文)가 특명전권대신으로 와서 대한제국의 황제 고종에게 대한제국의 외교권을 빼앗고 통감부(統監府)를 설치하여 일본통감의 지배를 받는 것을 골자로 한 이른바 '을사5조약'의 체결을 강요하였다.

대한제국의 황제와 정부는 여러 가지 방법으로 이 조약의 체결을 회피하려 하였다. 그러나 일본군의 포위와 무력위협 아래에서 내각회의에서는 3대신이 이에 끝까지 반대했으나, 5대신(을사5적)은 결국 '을사5조약'에 동의하였다.

그러나 대한제국 조약체결권자인 황제 고종은 끝까지 이 '을사5조약'의 체결에 반대하고 승인하지도 않았으며 비준하지도 않았다. 그럼에도 불구하고 일제는 불법으로 이 조약이 체결된 것처럼 공포하여 대한제국의 외교권을 비롯한 국권의 일부를 강제로 빼앗았다.

일본은 '을사5조약'에 의거하여 1906년 2월 1일 서울에 통감부를 설치하여 대한제국을 장악한 다음, 한국민족의 의병운동과 애국계몽운동 등의 격렬한 저항을 무력으로 탄압하고, 1910년 8월 22일 이른바 '한일합방

조약'이라는 것을 강제체결한 후 8월 29일 이를 공포하여 우리나라를 식민지로 강점함으로써 대한제국은 해체당하게 되었다.

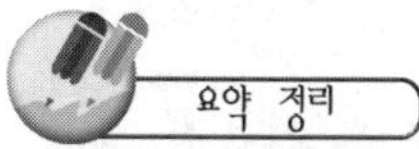

- 조선은 외세의 압력이 가중될 때마다 이를 극복하는 방법과 계기의 하나로 '칭제건원(稱帝建元)'을 추진해 왔다. '아관파천' 기간에 열강이 국왕을 위협하여 조선의 광산·철도·전선·전기·삼림·어장 등 중요한 자원과 부원을 다투어 침탈하자, 조선 정계에서는 독립협회와 일부 자주적 수구파가 연합하여 국왕을 시급히 환궁시키고 '칭제건원'을 추진하게 되었다.
- 이에 1897년 2월 20일 국왕 고종을 러시아공사관으로부터 경운궁으로 환궁시켰다. 그리고 국왕과 정부는 1897년 8월 16일 연호 '건양(建陽)'을 '광무(光武)'로 고치어, '건양2년'을 '광무 원년'으로 하였다. 의식장소인 원구단(圜丘壇)을 만들어 준비를 마친 후 국왕은 1897년 10월 12일 문무백관을 거느리고 나아가 '황제'즉위식을 거행함과 동시에, 조선의 국호를 '대조선국'으로부터 '대한제국(大韓帝國)'으로 고치었다. 대한제국의 성립은 대한이 중국과 어깨를 나란히 한 자주독립국가임을 내외에 거듭 재천명한 것이며, 자주독립의 강화를 국내와 세계에 널리 알린 중요한 역사적 사건이었다.
- 대한제국이 성립되자 그 정치체제를 둘러싸고 개혁파와 수구파 사이에 의견 대립과 갈등이 드러났다. 독립협회를 중심으로 한 개혁파는 대한제국을 '입헌군주국가'로 개혁하고 '의회'를 설립하여 국민을 참정시켜서 국민의 힘을 나라의 자주독립과 근대화 성취에 동원하려고 하였다. 이에 비하여 수구파와 황제는 입헌군주국가가 되고 '의회'를 설립하면 민권은 신장되지만 군권은 감소한다고 보고 대한제국을 '전제군주국가' 체제로 유지하려고 하였다. 이러한 견해와 정책 차이 때문에 개혁파와 수구파는 대립하게 되었고, 한때 개혁파가 승리하여 1898년 10월 12일 박정양(朴定陽)을 의정서리, 민영환(閔泳煥)을 군부대신으로 한 개혁파 정부가 수립되었다.
- 독립협회의 제안을 수용한 개혁파 정부는 중추원을 개편하여 '상원(上院 : 신중추원)'을 설립하는 '중추원신관제'를 1898년 11월 2일 제정하여 11월 4일 공포하고 11월 5일 한국 역사상 최초의 의회(상원 : 신중추원)를 개설하기로 하였다. 그러나 수구파는 '의회'가 설립되면 자기들은 정권에서 영구히 배제된다고 생각하고, 독립협회와 개혁파의 '의회' 설립운동은 의원을 선출하는 것이 아니라 박정양을 '대통령'으로 선출하여 '공화정'을 수립하려는 것이라는 모략의 '익명서'를 만들어 서울 시내 요소에 붙이고 황제에게 모함하였다. 이에 놀란 황제가 독립협회 간부들을 긴급 체포하고 독립협회를 불법단체로 강제해산시켰으며, 개혁파 정부를 해체하여

수구파 정부를 수립함으로써 결국 의회설립은 좌절되었다.

- 황제와 수구파 정부는 1899년 8월 17일 ‘대한국국제(大韓國國制)’를 제정 공포하였다. 그 요지는 대한제국의 국체는 ‘전제군주국’으로서 황제만이 국가의 모든 전제황권(專制皇權)을 가지며, 백성은 정치에 참여하지 않고 생업에만 종사해야 한다는 것이었다.
- 대한제국은 국제 반포 이후 황실 중심으로 권력과 부와 자산을 집중시키는 정책을 실시하면서 황제권 강화의 정치를 하다가 1904년 2월 러일전쟁을 만나게 되었다.

용어 정리

● **교정소(校正所)** ▶ 원래의 명칭은 ‘교전소(校典所)’로서 ‘아관파천’ 기간에 신·구법을 절충하여 법률과 제도를 제정하기 위해서 설치된 기구였다. 총재에 김병시·조병세·정범조 등이 임명되었다. 1899년에 ‘대한국국제’를 제정하기 위하여 ‘법규교정소(法規校正所)’로 개명되었고, ‘교정소’로 약칭되었다.

● **보안회(輔安會)** ▶ 1904년 2월 러일전쟁을 도발함과 동시에 한반도에 불법 침입한 일본군을 배경으로, 일제가 대한제국 미개간지의 개간점유권을 이권으로 침탈하려 하자, 이를 저지하기 위하여 1904년 7월 13일 송수만(宋秀萬)·원세성(元世性) 등을 비롯해서 100여 명이 조직한 구한말 최초의 애국계몽운동 단체이다. 약 5천 명의 시민들과 함께 연일 집회와 시위운동을 전개하여 마침내 일제의 미개간지 점탈을 저지하는 데 성공하고, 협동회(協同會)로 계승되었다.

● **상무사(商務社)** ▶ 1899년 3월 16일자로 전국 보부상(褓負商)의 조직을 상회사 형식으로 개편한 기구이다. 초대 도사장(都社長)은 심상훈(沈相薰), 사장은 민병석(閔丙奭), 부사장은 이기동(李基東), 도사무(都司務)는 길영수(吉泳洙) 등이었다. 수구파 정부는 칙령 제18로서 ‘상무사규칙’을 반포하여 특권을 허락하였다.

● **양전·지계사업(量田·地契事業)** ▶ ‘양전’사업과 ‘지계’사업의 통칭이다. ‘양전’사업이란 토지의 면적과 비옥도 등을 중심으로 한 토지조사 사업이었다. ‘지계’사업은 토지소유자의 소유권을 토지소유자 대장에 등재하여 토지소유권을 등기시키는 사업이었다 조선왕조 개창 직후부터 양전사업은 주기적으로 시행했으나, 근대적 ‘지계(地契)’사업은 1899년부터 처음 실시하였다.

● **원구단(圜丘壇)** ▶ 원래 천자가 하늘에 제사를 드리는 둥근 단으로 된 제천단(祭天壇)을 가리키는 용어이다. 1897년 황제즉위식을 위하여 현재의 서울 소공동 별궁(현재 조선호텔 자리) 안에 원구단을 만들고, 10월 12일 황제즉위식을 거행하였다.

● **원수부(元帥府)** ▶ 황제권을 강화하기 위하여 1899년 황실 안에 군부의 상위기관으로서 군통수권을 갖는 기구로 설치되었다. 황제가 대원수(大元帥)로서 모든 군사를 총괄하고 육해군을 통령하며, 황태자가 원수(元帥)로서 육해군을 하나로 통

령하도록 하였다. 과거 군부가 행사하던 군령권이 원수부로 넘어감에 따라 군대편성·충원계획·군사교육·회계까지 원수부에서 관장하게 되어, 군부의 군무사(軍務司)는 폐지되고 일반 군사행정만 담당하게 되었다. 1904년 말에 원수부는 폐지되었다.

● **정우회(政友會)** ▶ 1904년 12월에 허위(許蔿)가 중심이 되어, 일진회(一進會)를 타파하기 위해서 조직한 애국계몽 단체이다. 일진회를 타도하기 위한 장정을 모집하고 격문을 전국에 발송하는 등의 활동을 하였다.

● **한국주차군(韓國駐箚軍)** ▶ 일제는 1904년 2월 러일전쟁을 도발함과 동시에 한국에 불법 상륙하여 점령한 것과 다름없이 서울에 주둔한 후, 1904년 4월 3일자로 '일본군으로서 대한제국 지배를 위해 한국에 주둔한 군대'라는 의미의 명칭인 '한국주차군'을 편성하였다. 처음에는 1개 사단으로 편성했다가 곧 2개 사단으로 증원했으며, 별도로 헌병대사령부를 설치하여 사실상 이에 부속시켰다. 일본군 2개 사단의 '한국주차군'은 러일전쟁에는 투입되지 않고 한국침략과 주권침탈·지배를 자행하는 역할을 담당한 일본침략군이었다.

● **헌정연구회(憲政硏究會)** ▶ 1905년 5월 이준(李儁)·양한묵(梁漢默)·윤효정(尹孝定) 등이 중심이 되어 조직한 애국계몽운동 단체였다. 대한도 입헌정체로 개혁되어야 한다는 전제하에 '헌정'을 연구하는 단체를 결성하여 헌정사상을 보급하다가, 1906년 대한자강회를 창립하게 됨에 따라 해체되었다.

● **황국협회(皇國協會)** ▶ 1898년 7월 7일 정낙용(鄭洛鎔)을 회장으로 하여 이기동(李基東), 길영수(吉泳洙) 등을 중심으로, 황태자의 하사금 1천원을 기금으로 창립된 보부상 단체였다. 창립 후 황제와 수구파의 행동대가 되어 독립협회와 만민공동회 등 개혁파에 대항하는 단체로 활동하였다.

참고문헌

- 최영희, 〈한일의정서에 관하여〉, 《사학연구》 제20집, 1968.
- 송병기, 〈광무개혁 연구〉, 《단국대사학지》 제10집, 1976.
- 강만길, 〈대한제국의 성격〉, 《창작과비평》 제49집, 1978.
- 신용하, 〈광무개혁론의 문제점〉, 《창작과비평》 제48집, 1978.
- 박만규, 〈개항이후 금광업 실태와 일제침략〉, 《한국사론》 제10집, 1984.
- 박성근, 〈경인선 부설권과 미일관계〉, 《남도영교수화갑기념 사학논총》, 1984.
- 廣瀨貞三, 〈19세기말 일본의 조선광산이권 획득에 대하여〉, 《조선사연구회논문집》 제22집, 1985.
- 신용하, 〈독립협회의 의회주의 사상과 의회설립운동〉, 《한국사회의 변동과 발전》, 1985.
- 이구용, 〈대한제국의 성립과 열강의 반응〉, 《강원사학》 제1집, 1985.
- 강영심, 〈구한말 러시아의 삼림이권과 삼림령의 벌채상태〉, 《이화사학연구》 제17·18합집, 1988.
- 이민원, 〈칭제논의의 전개와 대한제국의 성립〉, 《청계사학》 제5집, 1988.
- 이민원, 〈대한제국의 성립과정과 열강의 관계〉, 《한국사연구》 제64집, 1989.
- 이배용, 《한국근대광업침탈사연구》, 일조각, 1989.
- 이윤상, 〈대한제국기 황제주도의 재정운영〉, 《역사와 현실》 제26호, 1997.
- 양상현, 〈대한제국기 내장원의 광산관리와 광산경영〉, 《역사와 현실》 제27집, 1998.
- 정숭교, 〈대한제국기 지방학교의 설립주체와 재정〉, 《한국문화》 제22집, 1998.
- 서진교, 〈대한제국기 상무사의 조직과 활동〉, 《한국민족운동사연구》 제21집, 1999.
- 이명화, 〈애국가 형성에 관한 연구〉, 《실학사상연구》 제10·11합집, 1999.
- 이화여대 한국학연구원, 《대한제국사 연구》, 백산자료원, 1999.

17

일본제국주의의 러일전쟁 도발 및 국권침탈 정책과 '을사 5조약'의 불성립

일제는 1904년 2월 러일전쟁을 도발함과 동시에 한반도에 불법 상륙하여 서울을 군사점령한 상태에서, 2월 23일 '한·일의정서'를 강제체결했으며 각종 이권을 침탈하였다. 일제는 또한 8월 22일 '한일외국인고문 용빙에 관한 협정'을 강제체결하여 일본인 고문들을 대한제국 정부 안에 배치해서 '고문정치'를 자행하여 대한제국 정부를 장악하였다.

일제는 1905년 1월에는 '포고문'을 발표하여 한국인들의 모든 언론·집회·결사는 사전에 반드시 일본헌병대장의 허락을 받아야 하며, 이를 위반하면 군법으로 처벌한다고 포고하였다. 이는 한국인들의 국권수호운동을 원천적으로 봉쇄 탄압하기 위한 것이었다. 일제는 서울을 중심으로 한 경기도 일원과 함경도 일대에 일본군의 군정을 실시하여, 수많은 한국 민간인들을 군법으로 처형하는 만행을 자행하였다.

1905년 6월 이후 러일전쟁에서 일본의 승리가 뚜렷해지자, 한국을 '보호국(=반식민지)'으로 예속화하는 데 대한 열강의 승인을 구하였다. 일제는 영국의 승인을 받은 데 이어, 미국과 1905년 7월 '타프트-가츠라 협약'을 비밀리에 체결하여 미국의 승인을 받았다.

일제는 러일전쟁에서 승리하여 1905년 9월 5일 마침내 포츠머스에서 강화조약이 체결되자마자 한국을 '보호국'으로 침탈하기 위한 공작을 전개하였다. 일제는 도쿄에서 '보호조약' 초안을 작성하여 갖고 와서 일본군과 일본헌병대로 궁궐을 점령 포위하고 황제와 대신들을 강박하면서 체결을 강요하였다. 대신회의에서는 일본군의 무력위협 속에서도 일제의 '보호조약'안을 만장일치로 부결시켰다. 일제는 재차 대신회의를 열도록 강요하여 무력위협을 가해서 이번에는 5대 3으로 찬성을 만들어 내었다. 그러나 조약체결권자인 황제 고종은 일제의 온갖 강박과 협박에도 굴하지 않고, '보호조약'의 승인·비준·서명·날인 어느 것도 모두 거부하여 이 조약은 체결되지 않았다. 그럼에도 불구하고 일제는 '을사5조약'을 무력으로 강제 집행하여 대한제국의 외교권을 강탈하고 통감부를 설치하여 대한제국을 '반식민지화'하였다.

1. 러일전쟁과 일본군의 한반도 불법점령

일본제국주의자들은 대한제국을 '보호국'으로 예속시키며 궁극적으로 식민지 강점을 위해서 대한제국의 '중립'선언을 인정하지 않고,

1904년 2월 8일 인천항과 여순항에 정박해 있는 러시아 군함 각 2척을 선제 기습공격하여 격침시키고, 2월 9일에는 한반도에 불법 상륙했으며, 2월 10일에는 대(對)러시아 선전포고를 하여 러일전쟁을 도발하였다.

일제는 1904년 2월 23일에는 대한제국 정부를 위협하여 '한·일의정서(韓·日議定書)'를 강제체결하게 하였다. 그 요점은 대한제국 정부가 러일전쟁에서 일본군을 지원하며, 일본군이 러일전쟁 기간동안 한국의 토지를 일시 수용(收用)하도록 허락한 침략적인 것이었다.

일제는 1904년 4월 3일에는 한국에 상륙시킨 일본군 가운데 1개 사단을 차출하여 소위 '한국주차군(韓國駐箚軍)'을 편성하였다. '한국주차군'은 러일전쟁에는 직접 참가하지 않고 오직 일제침략에 대한 한국민족의 저항을 탄압하는 일에만 종사하는 일본군이었다. 이 '한국주차군'은 곧 2개 사단으로 확충되었으며, 다시 수천 명의 헌병대를 추가하였다. 이것은 대한제국의 주권침탈에 직접 동원된 막강한 일본군 무력이었다.

일제는 또한 이토 히로부미(伊藤博文) 등이 중심이 되어 일본 도쿄에서 일본의 대한제국에 대한 당면의 정책안으로서 '대한방침(對韓方針)'과 '대한시설강령(對韓施設綱領)'이란 것을 작성하여 1904년 5월 31일 일본 내각회의에서 통과시켰다. 이 '대한방침'의 골자는 ① 정치적으로 한국을 '보호국(保護國, 반(半)식민지)'으로 예속시켜 일본이 지배실권을 장악하고, ② 경제적으로는 이권을 획득하여 확대할 것을 목적으로 한다는 것이었다. '대한시설강령'의 골자는 일본이 한국에서 ① 치안과 국방의 장악 ② 외교의 감독 ③ 재정의 감독 ④ 교통기관의 장악 ⑤ 통신기관의 장악 ⑥ 미간지 개간권의 장악을 긴급히 실행한다는 것이었다.

일제는 이에 의거하여 1904년 6월 6일 일본의 새로운 이권(利權)으로서 한국 동해안의 어채권(魚採權)뿐만 아니라, 충청·황해·평안도 연안 등 서해안의 어채권까지 침탈해 갔다.

일제는 같은 날 주한 일본공사 하야시(林權助)를 통해서 대한제국의 전국 미개간지 점유를 목적으로 한 소위 '황무지개척권위임계약안(荒蕪

地開拓權委任契約案)'을 강요해 왔다. 이것은 한국의 기경작지와 거의 동일한 면적의 광대한 미간지를 전시중에 이권으로 일본이 점유해서 일본인을 한국에 식민시키고, 한국을 일본의 식량·원료 공급지로 긴급히 개편하려 한 침략정책의 일종이었다.

그들의 침략정책에 대한 한국인의 저항이 일기 시작하자, 일제는 1904년 7월 20일 서울과 그 일원에 군사경찰제도를 시행하면서 사실상의 군정(軍政)을 실시했으며, 함경도에는 직접 일본군의 군정을 실시하여 일본군이 직접 한국의 치안을 담당한다고 일방적으로 선포하였다.

일제는 또다시 한국정부의 외교와 내정까지 장악하기 위하여 1904년 8월 22일 '한·일외국인고문 용빙에 관한 협정'을 강제체결하였다. 일본정부는 이에 재정고문으로 메카다(目賀田種太郎)를 추천하고, 외교고문에는 주미 일본공사관 고문 스티븐스(D.W. Stevens)를 추천하였다. 스티븐스는 미국인이었지만 일본인과 다름없는 친일미국인이었다. 일본정부는 재정고문·외교고문 이외에도 한국정부 각 부에 초청 형식으로 규정에도 없는 '고문'을 두도록 강요하였다. 그리하여 군부(軍部)고문에 노쯔(野津鎭武), 경무(警務)고문에 마루야마(丸山重俊), 궁내부고문에 주한 일본공사를 역임한 가토(加藤增雄) 등 일본관리들이 임명되었다. 그 결과 1904년 9월부터는 일제의 '고문'들이 극심하게 내정간섭을 하는 '고문정치'를 자행하여 한국의 국권과 국익을 침해하고 일본의 한국침탈을 위하여 활동하였다.

일제의 침략이 날로 강화됨에 비례하여 한국인의 항일운동도 격화되어 나가자, 일제는 군정 실시를 강화하면서 일제 헌병대장의 명의로 결사와 집회·언론을 통제하기 위한 '포고문'을 1905년 1월 발표하여 집행하면서 한국인의 활동을 철저히 탄압하였다.

2. 대한제국 국민의 국권수호·항일운동

일제의 불법적 무력탄압과 침탈 속에서도 대한제국 국민들은 정부와
는 달리 일제의 온갖 박해를 무릅쓰고 국권수호와 일제를 몰아내기 위한
항일운동을 완강하게 전개하기 시작하였다.

(1) 보안회(輔安會)의 민족운동

일제가 대한제국의 미개간지를 점탈하기 위하여 1904년 6월 주한 일
본공사 하야시를 통해서 '황무지개척권위임계약안'을 한국정부에 제출
하여 강요하고, 궁내부가 이를 승인하려 하자 한국국민들이 즉각 반대운
동을 시작하였다. 드디어 송수만(宋秀萬)·원세성(元世性) 등을 중심으로
약 100명의 애국적 지식인과 서울 시민들이 1904년 7월 13일 서울 종로
백목전 도가에 모여 보안회를 결성하고 일제의 미개간지 침탈정책에 정
면으로 반대투쟁을 전개하였다.

보안회는 연일 집회를 개최하여 일제의 국토침탈을 규탄하였다. 보안
회 회원은 곧 3천 명 이상으로 폭발적으로 증가했으며, 7월 22일까지 10
일간 연일 시위와 가두투쟁을 전개할 때에는 약 5천 명으로 회원이 증가
하였다. 일제는 일본군과 일본헌병대를 보안회의 집회장소에 직접 투입
하여 송수만·원세성 등 다수의 주요 회원들을 체포하고, 난폭한 무력탄
압을 여러 차례 가하였다. 그러나 보안회 회원들과 시민들은 이에 전혀
굴복하지 않고 오히려 더욱 분발하여 격렬한 시위운동과 가두투쟁으로
일제에 대항했으며, 운동을 전국으로 확산시키기 시작하였다.

일제는 보안회의 민족운동이 전국으로 더욱 확대되기 전에 후퇴하지
않을 수 없어서 1904년 8월 3일 미개간지 이권 요구를 부득이 철회하였다.
이것은 대한제국 국민이 일제침략의 하나에 대항하여 거둔 대승리였다.

보안회는 1904년 8월 29일 일단 해산한 후, '협동회(協同會)'로 계승되

어 국권수호 민족운동을 계속하였다. 보안회는 국권회복을 위한 애국계몽운동 단체의 효시가 되었다.

(2) 항일의병 무장투쟁의 재봉기

일본군의 한반도 불법 상륙과 침략에 대해 대한제국의 자주국권을 수호하기 위해서 1904년 7-9월에는 항일의병운동이 재봉기되었다.

처음 의병 재봉기가 시작된 것은 서울·경기 지역에서였다. 1904년 7월 24일 정오 무렵에는 일단의 의병대가 서울의 문 밖 10리 지점에서 일본군 소부대를 소총으로 공격하였다. 1904년 8월 27일에는 일단의 의병대가 일본군의 군용철도로서 부설중인 '경의철도'를 폭파시켰는데, 의병대 중 3명은 일본군에 체포되어 총살당하였다. 1904년 8월에는 평안북도 안주에서 일단의 의병대가 일본군 병참부를 습격하였다. 1904년 9월에는 강원도에서도 의병봉기의 격문이 나돌고 의병대의 항일무장활동이 시작되었다. 1904년 12월에는 유인석(柳麟錫)의 영향 아래 평안북도에서 항일의병운동이 격화되었다. 같은 달에 전라도에서는 기우만(奇宇萬)을 대장으로 하여 의병부대가 봉기했고, 충청도에서는 공주유회(公州儒會)에서 의병을 일으켰다.

일본 군용철도를 파괴한 의병 김성삼, 이춘근, 안순서를 학살하는 일본군(1904)

1905년에 들어서서 항일의병 무장투쟁은 더욱 확대되었으며, 5월에는 강원도 원주에서 원용팔(元容八) 등이 대규모의 의병부대를 편성하여 일본군 수비대를 습격하였다.

(3) 일본군의 역부(役夫) 징발에 대한 저항투쟁

일본군은 러일전쟁 수행을 위해 군용철도인 경의철도 부설과 군수물자 수송에 투입할 '역부'를 구하지 못하여 작전에 큰 차질을 가져왔다. 왜냐하면 대가를 지불해도 한국 국민들이 일제침략을 증오하여 역부 모집에 응모하지 않았기 때문이었다. 이에 일본군은 대한제국 정부를 위협하여 경의선이 통과하는 군(郡)별로 역부를 동원하도록 강요하였다.

그러나 대한제국 국민들의 강경한 저항투쟁이 '민란' '민요(民擾)'의 형태로 일어나 일제를 공격하였다. 1904년 경기도의 고양군, 교하, 시흥에서는 일본군의 역부 징발과 그에 협력하는 관아에 항의하여 민중들이 봉기해서 관아에 쳐들어갔으며, 일본군과 군수를 모두 처단해 버렸다. 일본군의 역부 징발에 대한 저항은 황해도와 평안남북도에서도 격렬하게 전개되었다.

(4) 직산 금광노동자들의 항일투쟁

일본은 1900년에 대한제국 황제로부터 충청도 직산 금광채굴권을 이권으로 침탈하여 그후 일본인들이 이를 관리하면서 막대한 금을 채굴하여 일본으로 가져갔다. 직산 금광의 한국 노동자들은 1904년 9월 15일 폭동을 일으켜 광산기계와 설비들을 파괴하고 일본인 광산 관리자들을 습격하였다. 일제는 일본헌병대와 기마대를 파견하여 이를 '진압'하고자 하였다. 이에 직산 금광노동자들은 일본군과 혈전을 전개하였다.

(5) 반일진회(反一進會) 투쟁

일제는 대한제국을 침탈하는 데 사용할 한국인 앞잡이들을 양성하기 위하여 일본헌병대의 일본어 통역인 송병준(宋秉畯)으로 하여금, 1904년 8월 '유신회(維新會)'라는 친일매국단체를 조직하게 하였다. 또한 동학의 일파인 이용구(李容九)에게는 '진보회(進步會)'라는 친일매국단체를 조직하게 하였다. 일제는 이 유신회와 진보회를 통합하여 '일진회'라는 친일매국단체를 조직하였다.

송병준·이용구의 일진회는 일제의 정치자금을 받고 일제가 시키는 대로 친일매국의 주장과 행위를 감행하여 국민들에게 많은 손실과 상처를 주었다. 이에 전국에서 각계 각층의 국민들이 자발적으로 반일진회 투쟁을 전개했으며, 의병들도 일진회 회원을 체포하여 처형하였다. 애국계몽 운동을 시작한 지식인들은 1904년 12월 이준(李儁)을 중심으로 '공진회(共進會)'를 조직하고, 허위(許蔿)를 중심으로 '정우회(政友會)'를 조직해서, 강력한 반일진회 투쟁을 전개하였다.

3. 러일전쟁의 일본군 승리와 '을사5조약' 준비

러일전쟁에서 일본의 승리가 1905년 6월 이후 뚜렷해지자 일본측은 한국을 '보호국(半식민지)'으로 예속화하는 데 대한 열강의 승인을 구하려는, 비밀외교활동을 국제적으로 전개하여 대한제국을 고립화시켰다.

일본은 미국과 1905년 7월 29일 도쿄에서 미 육군장관 타프트(Willam H. Taft)와 일본수상 가츠라(桂太郎) 사이에 '타프트-가츠라 협약(Taft-Katsura Agreement)'을 비밀리에 맺었다. 그 내용의 요점은 다음과 같이, 일본은 앞으로 미국 식민지인 필리핀에 대해 침략의도를 갖지 않는다는 보장하에 일본이 한국을 '보호국'으로 만드는 것을 승인한다는 것이었다.

러시아 발틱함대의 패전

(1) 필리핀은 미국과 같이 친일적인 나라가 통치하는 것이 일본에 대해서 유리하며, 일본은 필리핀에 대해 어떠한 침략의도도 갖지 않는다.

(2) 극동의 전반적 평화유지에 있어서는 일본·미국·영국 3국 정부의 상호 양해를 달성하는 것이 최선의 길이며, 사실상 유일한 수단이다.

(3) 미국은 일본이 한국에 '보호권(保護權)'을 확립하는 것이 러일전쟁의 논리적 귀결이고, 극동의 평화에 직접적으로 공헌할 것이라고 인정한다.

이러한 '타프트-가츠라 협약'은 비밀협정이었으므로, 구한말 당시 대한제국 황제나 정부는 전혀 이를 알지 못하였다 .

일본은 이어서 1905년 8월 12일 '제2차 영일동맹'을 체결하여 한국을 '보호국'으로 예속시키는 데 동의를 받았다. 그 조약 제3조에서는 "일본은 한국에서 정치상 군사상 및 경제상의 우월적 이익을 가지는 고로, 영국은 일본이 그 이익을 옹호 증진하기 위해 정당하고도 필요로 인정하는 지도·감리 및 보호(保護)의 조치를 한국에서 집행하는 권리를 인정한

다. 단 해당 조치는 항상 열국의 상공업에 대한 기회균등주의에 위반되지
아니함을 요한다"고 하였다.

러시아와 일본은 미국 대통령 루스벨트(Theodore Roosevelt)의 중재로 미
국 뉴햄프셔주 포츠머스(Portsmuoth)에서 1905년 9월 5일 마침내 러일전
쟁의 강화조약에 조인하였다. 이 조약의 주요내용에는

① 한국에서 일본의 정치상 군사상 경제상의 특별권리를 승인할 것
② 랴오둥반도의 조차권과 장춘·여순간의 철도를 일본에 위양(委讓)
할 것
③ 북위 50도 이남의 사할린(화태) 섬을 일본에 할양할 것
④ 연해주 연안의 어업권을 일본에 허락할 것

등 일본의 한국지배권이 승인되었다.

이상과 같이 일본제국주의가 대한제국을 '보호국'으로 예속시켜 지배
하는 데 대하여 미국·영국·러시아가 승인한 것이었다. 일본은 '포츠머스
조약'을 체결하자마자 바로 대한제국을 '보호국화'하기 위한 '을사조약'
안(案)을 도쿄에서 작성하였다.

4. 일제의 '을사 5 조약' 강요와 강박

일본 외상 고무라(小村壽一郞)는 포츠머스로부터 1905년 9월 16일 귀국
하여, 미리 귀국해서 대기하고 있던 주한 일본공사 하야시(林權助)와 즉각
소위 '보호조약(을사조약)' 체결의 구체적 공작을 의논하였다. 고무라는
여기서 합의된 '보호조약' 체결안(반식민지화)을 일본왕의 재가를 얻은 후,
문서화해 다시 1905년 10월 27일의 내각회의에서 거듭 의결하였다.

일제는 먼저 하야시가 11월 2일 서울에 귀임하여 사전준비를 다해 놓

포츠머스 강화회의 광경

으면 칙사가 서울에 도착하여 '보호조약'을 바로 체결하려는 일정을 작성하였다. 일본정부는 1905년 11월 2일 이토 히로부미(伊藤博文)를 한국의 특파대사(特派大使, 칙사)로 임명하였다. 하야시는 하세가와에게 통보하여 한국주차군의 병력을 미리 서울 시내와 궁궐 안팎에 치밀하게 중점 배치시켰다. 또한 학무대신 이완용(李完用)을 먼저 매수하여 '보호조약' 안에 찬성하도록 내락해 두었다.

특파대사 이토는 서울에 도착한 후 11월 15일에 하야시와 함께 광무황제를 알현하고 '보호조약' 초안을 제출하여 그 승인과 날인을 강요하였다. 이때 광무황제는 일본이 제출한 조약안을 대한제국 인민의 의향을 살펴보아서 정하겠다고 응답하였다. 이에 대하여 이토는 다음과 같이 광무황제를 협박하였다.

폐하가 정부 신료(대신)들에게 자문하는 것은 지당한 처사이오니, 외신(外臣)도 감히 금일에 결재를 소망코자 하는 의향은 없습니다. 그러나 인민의 의향을 살핀다는 말씀에 접하여서는 기괴천만이라고 생각합니다. 왜냐하면 귀국은 헌정정치가 아니라 여러 정사[萬機]를 무릇 폐하의 친재(親裁)로 결정하는 이른바 군주전제국이 아닙니까. 따라서 인민 의향 운운함은 기실은 틀림없이 인민을 선동하여 일본의 제안에 반항을 시도코자 하는 폐하의 심려로 추찰됩니다. 이러한 생각은 중대한 책임을 폐하 자신이 짊어지게 되지 않을까 우려하는 바입니다.(《伊藤博文傳》下卷, p.689)

여기서 주목할 것은 이토 자신도 전제군주국에서는 대신회의가 자문기관에 불과하여, 황제(전제군주)의 친재가 있어야 조약체결 요건이 갖추어진다는 것을 잘 알고 지적하면서 광무황제를 강박(强迫)했다는 사실이다.

일본공사 하야시는 대한제국 정부 대신들을 11월 17일 아침 일찍 자기 공사관 관저로 초청하여 11시부터 회의를 시작하였다. 하야시의 제의는 소위 '보호조약'에 대한 찬동 요청이었다. 사전내락을 한 이완용 등은 태연했고 그 외의 대신들은 모두 아연실색하였다. 대신들은 누구도 일제의 '보호조약'안에 찬동하지 않았다. 대신들만으로는 결정할 권리가 없는 대사건이기 때문에 궁중으로 가서 황제 앞에서 어전회의를 하기로 합의하였다.

주한 일본공사 하야시가 만든 작전대로 일본 헌병대가 '호위' 명목으로 대한제국 대신들의 도망을 감시하며 호송하여 일본공사관에서 궁중으로 이동하였다.

11월 17일과 18일에 일본군은 서울 시내를 일본군의 무력시위장으로 만들었다. 17일 오후 3시부터 궁궐 안 수옥헌(漱玉軒)에서 소위 '보호조약'안 논의 회의가 열리자, 일본군은 많은 병력으로 궁궐을 점령하고 회의장을 포위하였다. 이에 대하여 정교(鄭喬)는 다음과 같이 기록하고 있다.

하세가와와 그 부하 각 무관 다수, 보병·기병·헌병들과 순사 및 고문관·보좌원들이 풍우처럼 연이어 궁궐 안으로 달려 들어와서 각 문을 파수하고 수옥헌 지척을 겹겹으로 포위하여 섰으며, 총도(銃刀)를 철통같이 삼열(森列)했고, 내정부 및 궁중에도 역시 일본군들이 울타리를 치듯이 배열해 서서 그 공갈의 기세가 말로 표현하기 어려웠다.(《大韓季年史》 하권, p.172)

대신회의는 일본군의 불법적인 궁궐점령과 무력 포위 속에서 11월 17일 오후 3시부터 8시가 넘도록 계속되었다. 광무황제는 '환후(患候)'를 이유로 이 회의 참석을 거부하였다. 일본공사 하야시가 옆방에서 회의 결과를 기다리는 가운데, 일본군의 삼엄한 포위와 노골적인 무력강박 속에서도 대한제국 대신회의는 마침내 일본측의 요구인 '보호조약'안을 거부하기로 의결하였다.

대한제국 대신회의가 일본군의 무력강박 속에서도 일본측의 '보호조약'안을 부결시키자, 당황한 하야시는 한국주차군 사령관 하세가와에게 회의를 마치고 돌아가는 대한제국 대신들을 일본군 무력으로 돌아가지 못하도록 막게 하고, 긴급히 이토를 궁궐로 불렀다. 달려온 이토는 광무황제에게 알현을 요청하였다. 황제는 환후를 이유로 역시 알현을 거부하면서, 지척까지 찾아와서 거듭되는 이토의 알현요청에 대하여 "불필요견(不必要見)이오 출거(出去)하야 정부대신과 협의하라"고 하유(下諭)했다고 한다. 이것이 사실인지도 불명확하거니와, 알현을 거부하는 표현으로서 이것도 "정부대신과 협의하라"는 것이지 "협의하여 결정하라"는 것은 전혀 아니었다.

이토의 강요로 재개된 대신회의에는 불법적으로 특파대신 이토, 일본군 사령관 하세가와, 주한 일본공사 하야시 등이 배석하여 직접 회의를 감시하였다. 이것은 완전히 불법이고 강박(强拍)이었다. 회의장 둘레는 착검한 일본군으로 겹겹이 포위되어 무력강박이 삼엄하였다. 이러한 무력강박과 공포분위기 속에서 온갖 논란 끝에 의정부 참정 한규설, 법부대신 이하영(李夏榮), 탁지부대신 민영기(閔泳綺)가 '보호조약'안을 끝까지 반대하였다. 한편 학부대신 이완용, 군부대신 이근택(李根澤), 내부대신 이지용(李址鎔), 농상공

한규설

을사 5적(왼쪽부터 이완용, 박제순, 이근택, 권중현, 이지용)

부대신 권중현(權重顯) 등은 결국 일제의 강요에 굴복하여 '을사조약'안에 찬성하였고, 외부대신 박제순(朴齊純)은 자구수정을 조건으로 찬성하였다. 결국 일제는 대한제국 대신을 강박하여 5대 3으로 '을사조약'에 찬성자를 더 많이 만들어 낸 것이었다. 그러나 이토가 잘 알고 말한 바대로 대신회의는 조약체결권자가 아니었기 때문에, 조약체결권자인 광무황제의 승인과 비준이 반드시 있어야 조약이 체결되는 것이었다.

이때 대신회의에 상정된 일제의 '을사조약(보호조약)'의 내용은 일제가 대한제국의 외교권을 박탈하고 서울에 일제통감을 상주하게 하여 내·외정을 지휘감독하는 국권박탈조약이었다.

일제는 대신회의가 끝나자 외부대신 박제순에게 '을사조약'에 대한 서명·날인을 요구하였다. 그러나 외부대신의 관인(官印)을 날인받는 것이 문제였다. 정교는 이에 대하여 이렇게 기록하였다.

(주한 일본)공사관 통역관 전간공작(前間恭作)과 외부보좌원 조야(詔野)가 외부로 가서 칙명이라고 하면서 '외부대신지장(外部大臣之章)'이라 새긴 외부인(外部印)을 요구하자 스티븐스가 이를 내주었으며, 무수한 일본군들이 외부를 둘러싸고 그 누실(漏失)을 방비했고, 일본공사관 서기관 국분상태랑(國分象太郎)이 수옥헌 문앞에서 기다리고 있다가 그 인을 받아서 회의석으로 들어가 이를 날인했는데, 때는 10월 21일(양력 11월 18일) 상오 1시경이었다.(《大韓季年史》 하권, p.173)

'을사조약'에서 외부대신의 인장은 일본측이 강제로 빼앗아 겨우 찍은 것이었다. 그러나 외부대신 역시 조약체결권자가 아니었고 황제의 위임장을 받은 적도 없으므로 이것으로 '을사조약'이 체결되는 것은 아니었다.

조약체결권자인 광무황제의 승인과 비준(서명·날인)을 강박에 의하지 않고 자발적으로 받아내어야 비로소 '을사조약' 체결이 성립되는 것이었다.

5. '을사 5조약' 체결의 국제공법상의 요건

당시 국제공법은 국제조약 체결요건으로서 ① 조약을 체결하는 나라들의 국가를 대표하는 조약체결권자(또는 그 위임장을 가진 자)가 조약에 서명·날인해야 하며, 조약체결권자가 누구인가는 각각 그 나라의 국내법에 의해 결정하는 것이고, ② 조약체결권자가 국제조약에 서명·날인하여 조약이 형식상 체결된 경우에도 그 국가대표자에 대해 개인적인 위협과 강박 아래에서 서명·날인이 이루어진 경우에는 그 형식상 체결된 조약은 무효라고 간주하고 있었다.

대한제국은 1899년 8월 17일 대한제국의 기본법(헌법에 해당)인 '대한국국제(大韓國國制)' 제9조에서 대외관계의 황제의 권리로 "대한국 대황제께옵서는 각유약국(各有約國 : 수호조약 체결국)에 사신을 파송 주찰(駐紮)하옵시고 선전(宣戰) 강화(講和) 및 제반 조약(條約)을 체결하옵시나니, 공법에 위(謂)한 바 자견사신(自遣使臣)이니라"고 하여 조약체결권자가 바로 황제임을 분명하게 규정하였다.

여기서 주의할 것은 대한제국의 '조약체결권자'는 '황제'라는 사실이다. 즉 대한제국에서는 외국과 체결되는 어떠한 조약도 황제의 승인·서명·날인이 있어야 한다는 사실이다. 그 양식은 물론 조약서에 서명·날인할 수도 있고, 비준서(批准書)나 위임장에 서명·날인할 수도 있었다. 그러나 그 어떠한 조약도 황제의 승인·서명·날인이 있어야 하며, 그것이 없는 것은 조약체결의 요건을 갖추진 못한 것으로서 체결이 성립되지 않은 것이었다.

이것은 당시의 '국제공법(國際公法)'에서도 물론 인정하고 있을 뿐만 아니라 그렇게 규정되어 있었다. 예컨대 블룬칠리(Johannes Bluntschli)가 저자이고 조선의 학부가 번역하여 널리 보급한 《공법회통(公法會通)》(1896년간)의 제404장은 "조약을 의정하는 사람은 반드시 국가대표의 권을 가져야 하며 만일 권이 없으면 그 조약은 준수할 책임이 없다"고 규정하였다.

당시의 국제공법은 이러한 조약체결권자가 반드시 자유의사에 의하여 서명·날인해야지, 조약체결권자 개인에 대한 강박(duress)이 있는 경우에는 그 조약은 무효라고 간주하였다. 위의 '국제공법'은 이에 대하여 "대표자의 신상에 가한 강폭(강박)은 그 조약을 무효하게 한다 함이 정설(定說)"이라고 설명하였다.

국제법상으로도 당시 대한제국의 조약체결권자인 광무황제의 신상에 강박을 가하여 서명·날인을 받으면 그 조약은 무효인 것이었다.

6. 광무황제의 '을사 5조약' 승인·비준거부

대한제국의 조약체결권자인 광무황제는 일제가 '을사조약'을 강요할 때부터 이를 승인하거나 동의하기는커녕 반대해 왔으며, '을사조약'이 한국정부 대신회의에서 5명의 찬성을 얻었다고 일제가 을사조약의 '체결'을 선포하자 이의 승인과 비준을 단호하게 거부하였다. 광무황제는 그뿐 아니라 조약체결권자는 황제 그 자신이므로, 그가 승인·동의·비준·서명·날인의 어떠한 것도 하지 않은 소위 '을사보호조약'이란 성립되지 않은 것이며, 따라서 무효임을 비밀 외교통로를 통하여 국제사회에 알리려고 온갖 노력을 다하였다. 이를 간단히 정리하면 다음과 같다.

⑴ 광무황제는 1905년 10월 헐버트
(Homer B. Hullbert)로 하여금 미국
대통령에게 한국의 주권수호를 위
하여 '조·미수호조규'에 의거한 협
조 요청의 친서를 작성해서 전달
하도록 하였다.

⑵ 광무황제는 일제가 무력위협으로
'을사조약'에 대한 5대신의 동의를
받아내자, 즉각 1906년 11월 26일
워싱턴에 있는 헐버트에게 긴급전

헐버트

문을 보내서 미국정부에게 '을사조약'이 위협과 강박아래 강요된 것
이며, 황제가 동의한 바 없는 무효의 것임을 전달하도록 하였다.

⑶ 광무황제는 1905년 10월 주프랑스 한국공사 민영찬(閔泳瓚)에게 즉
각 미국에 건너가 황제의 뜻을 미국정부에 전달하는 외교활동을
전개하도록 비밀훈령을 내렸다. 민영찬은 1905년 12월 11일 미국
국무장관 루트(Elibu Root)와 회담하고 대한제국 황제가 '을사조약'
에 동의하지 않았으며 '을사조약'이 무효라는 황제의 뜻을 전달하
고 미국의 협조를 요청하였다.

⑷ 광무황제는 '을사조약'이 강요된 직후인 1905년 11월 22-30일 무렵
에 밀사를 통해서 전 주한 미국공사 알렌(Horace N. Allen)에게 밀지
(密旨)를 내리고 황제의 의사를 미국정부에 제출하는 활동을 전개
하도록 위탁하였다.

⑸ 광무황제는 1906년 1월 29일 국새를 날인한 친서를 비밀리에 영국
의 《런던 트리뷴》지 기자 스토리(Duglus Story)에게 위탁하여 영국
정부에 전달해주도록 위탁하였다. 스토리 기자는 광무황제의 친서
를 청국 지부 주재 영국총영사를 통하여 베이징주재 영국공사에게
전달하였다.

⑹ 광무황제는 1906년 6월 22일 친서를 작성하여 헐버트를 특별위원으로 임명해서 영국·프랑스·독일·러시아·오스트리아·헝가리·이탈리아·벨기에 및 청국 등 한국과 수호통상조약을 체결한 각국에 전달하고 한국을 도울 의논을 요청하도록 하였다.

⑺ 광무황제는 1907년 6월 네덜란드의 헤이그에서 제2차 세계평화회의가 열리게 되자 이상설·이준(李儁)·이위종 세 특사(밀사)를 파견하여 황제가 '을사조약'을 승인·비준·서명·날인의 어떠한 것도 해준 일이 없으며 일본이 강박과 위협에 의해 강제로 요구한 것임을 세계에 알리는 외교활동을 하도록 하였다.

⑻ 광무황제는 1907년 6월에 헐버트도 헤이그로 파견하여 일본의 위협과 강박에 의한 을사 5조약 체결강요가 있었으나 황제는 이를 단연코 거절하고 그 조약에 승인·동의·서명·날인의 어떠한 것도 해준 일이 없으므로, '을사조약'은 공법을 위반한 불법이며 무효의 것임을 선언하는 친서를 각국 대표들에게 전하고, 헤이그의 국제사법재판소에도 제소할 것을 위탁하였다.

이상의 8가지 광무황제의 활동에서도 명백히 밝혀지는 것은, 당시 광무황제 자신이 소위 '을사조약'은 국제공법을 위반한 불법적인 것이며 무효의 것임을 잘 알고 이를 선언·선포했으며, 이를 세계 각국에도 알리려고 적극적이면서 다양하게 외교활동을 전개했다는 사실이다.

7. '을사 5조약'의 불성립과 무효

여기에서 명백히 알 수 있는 바와 같이, '을사조약'은 2중의 의미에서 성립되지 않은 것이며 무효인 것이다.

첫째는 '을사조약'은 조약체결권자(대한제국 광무황제)가 서명·날인했다고 가정하는 경우에도, 그 서명·날인이 그 조약체결권자에 대한 위협과 강압·강박에 의하여 이루어진 것이면 무효인 것이다.

예컨대, 널리 알려진 바와 같이 당시 파리대학의 국제법학자 레이(Francis Rey)는 1906년 《국제공법(國際公法)》이라는 잡지 제13호에 게재한 〈한국의 국제적 지위〉라는 논문에서, '을사조약'이 대한제국의 황제와 대신들로부터 서명·날인을 받은 것인 줄 알고 있는 상태에서, 이것이 일본군대의 '호위' 아래 서명·날인을 받아낸 것이라는 소식을 듣고 이 강박에 의하여 서명·날인된 '을사 5조약'은 '무효'라는 논문을 발표하였다.

이 해석의 전통은 국제사회에서 당연한 해석으로 확립되었다. 예컨대, 1927년 미국 국제법학회가 하버드대학교 법과대학에 '국제조약법' 초안의 작성을 의뢰하고, 하버드 법대는 당시 미국의 대표적 국제법학자 48명으로 자문위원회를 구성하여 '국제조약법'을 기초했는데, 그 제32장의 '강박(Duress)'의 조항에서 "'강박'이란 국가를 대표하여 조약에 서명·비준·승인하는 개인에게 직접적으로 가해진 강압을 의미한다. 국가를 대표하여 조약에 서명한 개인에게 강압이 가해졌으면, 그 후 강압없이 조약이 비준되었다고 말해지더라도 강압행사가 밝혀지면 그 조약은 성립되지 않는다"고 규정하였다. 그리고 그 20세기 초의 예로써 '일본 전권공사가 일본군대를 동원하여 1905년 11월 17일 조약을 체결하기 위해 한국황제와 대신들에게 가한 강박'을 들었다. 하버드 법대의 '국제조약법'도 1905년 '을사조약'을 성립되지 않은 것이며 무효라고 판단한 것이었다.

이러한 판단과 해석은 1960년대 UN 국제법위원회에서도 채택되었다. 1963년 유엔총회에 제출된 유엔 국제법위원회의 보고서는 "조약의 서명·비준·수락 또는 승인을 얻기 위하여 개인의 인신 또는 개인적 능력에 대해 강제 또는 강박을 가하는 행위는, 국가가 조약의 무효성을 주장하는 것을 필연적으로 정당화한다는 사실에 대해서는 일반적으로 인정하고 있다고 생각된다"고 하면서, 그 몇 가지 사례들의 하나로 일본이 1905년 "'보호조약'의 수락을 얻기 위하여 한국황제와 내각대신들에게 가한 강제"를 들었다.

둘째는 '을사 5조약'은 조약체결권자인 대한제국의 광무황제가 처음부터 이 조약에 동의·승인을 하지 않았음은 물론이요, '강박' 속에서도 끝까지 비준·서명·날인을 하지 않았으니 처음부터 성립되지도 않았으며, 일본이 이를 체결되었다고 선언하고 강제 집행한 것은 처음부터 불법이며 무효인 것이었다.

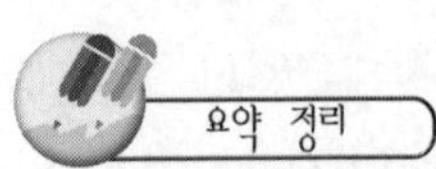

• 일제는 한국을 식민지로 강점하기 위한 준비로 러시아 세력을 한반도에서 철수시키기 위해 1904년 2월 8일 러일전쟁을 도발하였다. 일본군은 이와 동시에 한반도에 불법 상륙하여 서울을 군사점령한 상태에서 2월 23일 '한·일의정서'를 강제체결케 하여, 일본군 작전상의 토지수용권을 침탈하고 대한제국 정부에게 일본측에 협조하도록 강요하였다.

• 일제는 한반도에 상륙한 일본군 중에서 2개 사단으로 '한국주차군(韓國駐箚軍)'을 편성하여 대한제국 주권침탈과 한국민족의 저항에 대한 탄압전담 무력으로 배치하였다.

• 일본정부는 1904년 5월 31일 내각회의에서 '대한방침(對韓方針)'과 '대한시설강령(對韓施設綱領)'이란 것을 채택하여 통과시켰다. 그 요지는 ① 정치적으로 한국을 '보호국(=반식민지)'으로 예속시키고 ② 경제적으로 이권을 획득하며 ③ 치안·국방·외교·재정·교통·통신·미개간지를 일본이 장악한다는 것이었다.

• 일제는 1904년 7월 20일 서울과 그 일원에 군사경찰제도를 시행하면서 사실상의 군정(軍政)을 실시하고, 함경도에는 직접 일본군의 군정을 실시하였다. 이어서 8월 22일에는 '한일외국인고문 용빙에 관한 협정'을 강제체결케 하여, 일본인 고문들과 친일 미국인을 대한제국 정부 부서에 배치해서 '고문정치'를 자행하며 한국정부를 장악하였다.

• 한국민족은 일제의 이러한 침략정책에 대항하여 러일전쟁중에도 완강한 국권수호·항일운동을 전개하였다. 1904년 7월 보안회(輔安會)를 조직하여 일제의 미간지 점탈시도를 저지시켰다. 1904년 7-8월에는 항일의병 무장투쟁이 재봉기하여 도처에서 일본군을 공격하기 시작하였다. 일본군이 군용철도 경의선을 부설하려고 역부(役夫) 징발을 강행하자 한국 농민들은 폭동으로 이에 대항하였다. 일본이 이권으로 침탈한 직산 금광의 노동자들도 봉기하여 일제의 금광시설을 파괴하였다. 한국

지식인들은 공진회(共進會)와 정우회(政友會)를 조직하여 일제가 매국노들을 교사하여 조직한 일진회 토벌투쟁을 전개하였다.

- 1905년 6월 이후 일제는 러일전쟁에서의 승세가 판명되자, 한국을 '보호국(=반식민지)'으로 예속시키는 데 대한 열강의 승인획득 공작을 전개하였다. 영국의 동의를 얻은 데 이어, 일본은 미국과 1905년 7월 29일 '타프트-가츠라 협약'을 비밀리에 체결하여 미국의 동의를 얻었다. 이에 대한제국은 국제적으로 완전히 고립당하게 되었다.

- 일제는 러일전쟁에서 승리하여 포츠머스 강화조약이 1905년 9월 5일 체결되자마자, 바로 한국의 주권을 침탈해서 '보호국(=반식민지)'으로 예속시키기 위한 정책을 집행하였다. 일제는 도쿄에서 작성한 소위 '보호조약'안을 대한제국 황제와 대신들에게 제출하여 이를 조인·체결하라고 일본군을 동원하여 강박하면서 강요하였다. 일본군과 일본헌병대가 궁궐을 점령하고 회의장을 포위하여 무력강박을 자행하는 속에서도 대신회의는 일제의 '보호조약'안을 만장일치로 부결시켰다. 일제는 재차 대신회의를 열게 하여 이토 히로부미, 하야시 일본공사, 하세가와 주차군사령관 등이 일본군을 지휘하며 회의장 안에서 감시·강박하는 속에서 대신회의는 5대 3으로 찬성자를 만들어 내었다. 그러나 조약체결권자인 광무황제는 일제의 온갖 회유와 강박에도 불구하고 끝까지 '보호조약(=을사 5조약)'을 승인·비준·서명·날인의 어느 것도 완강히 거부하였다. 이로써 '을사 5조약'은 체결되지 않았고 성립되지 않은 무효의 조약이 되었다.

- 그러나 일제는 군사무력으로 이 '을사 5조약'안을 강제 집행하여 대한제국의 외교권을 강탈하고, 일제 통감부를 설치하여 대한제국을 '보호국(=반식민지)'으로 예속시켰다.

● 결사·집회·언론에 대한 '포고문' ▶ 일제가 한국인의 국권수호운동을 탄압하기 위하여 1905년 1월 일제 헌병대장의 명의로 공포하여 집행한 '포고문'이다. 그 내용은 다음과 같다.

서울 및 그 부근에서 집회 혹은 결사를 하려하는 자는 다음의 조항을 준행하여 거칠 것.

제1조 정사(政事)에 관한 결사를 하려는 자는 그 주관자가 결사를 조직하기 3일 전에 단체명·단체규칙·사무소 및 그 주요한 역원명부를 제출하여 (일본헌병대의) 인가를 받을 것

제2조 정사에 관하여 군중을 회동하는 집회를 개설할 때에는 회장 및 발기인이 개회 1일 전에 집회할 장소·연월일시 및 집회할 목적을 보고하여 인가를 얻을 것

제3조 공사(公事)에 관한 결사·집회가 정사에 관한 것이 아니라도 필요가 있을
　　　때에는 제1조·제2조에 의하여 보고할 것
제4조 옥외에서 군중을 회동하거나 다중(多衆)이 운동함을 금지할 것(그러나
　　　관혼상제 기타 관례에 관한 일은 검찰하지 않을 것)
제5조 집회에는 헌병으로 하여금 임감(臨監)케 하니, 헌병의 명령에는 복종할 것.
제6조 결사 및 집회의 취지서와 격문 기타의 명의로 문서를 반포하거나 발송
　　　하려 할 때에는 미리 검열(檢閱)을 받을 것
제7조 본령에 위반하는 자는 군률(軍律)로 처분할 것

● **공진회(共進會)** ▶ 이준(李儁)을 회장으로 하고, 1904년 12월 초순에 종래의 상
민회(商民會)를 진명회(進明會)로 개칭했다가 명칭을 바꾸면서 조직을 확대 개편
하여 서울에서 조직된 애국계몽운동 단체이다. 반일진회 투쟁을 하다가 일제의
탄압을 받고 1905년 2월 초순에 해산하였다.

● **스토리(Duglus Story)** ▶ 중국 베이징에서 활동하고 있던 영국의 《런던 트리뷴》
지 특파원이다. 대한제국 고종황제의 밀사를 만나 황제의 친서를 영국정부에 전달
하는 위임을 받았다. 스토리는 이 친서의 사본을 그 후 1906년 12월 6일자 《런던
트리뷴》 지에 공개하여 사진과 함께 소개하였고, 서울의 《대한매일신보(大韓每
日申報)》는 이를 받아서 다시 공개하여 보도하였다.
　《대한매일신보》가 보도한 광무황제의 친서 내용은 ① 1905년 11월 17일 일본
공사와 박제순이 체결한 조약 5조(을사 5조약)에 대해 광무황제는 처음부터 인허
하지도 않았고 수결도 국새날인도 하지 않았다. ② 황제는 이 '조약'을 일본이 (체
결되었다고) 제멋대로 반포함을 반대하였다. ③ 황제는 독립의 황제권을 조금도
다른 나라에 양보한 일이 없다. ④ 일본의 외교권 박탈의 특약도 체결한 적이 없는
근거없는 것인데, 하물며 내치상의 한 건의 일이라도 어찌 인준할 리 있겠는가.
⑤ 황제는 일본통감이 와서 상주하는 것을 허락하지 않았고, 황실권을 조금도 외
국인이 제멋대로 행사함을 허락하지 않았다. ⑥ 황제는 (일본의 침략을 막고 견제
하기 위하여) 세계 열강 몇 나라가 5년간의 기간을 확실하게 정하여 한국외교를
한가지로 보호함을 원한다는 것이었다.

● **이준(李儁)** ▶ 1859년 함경남도 북청에서 태어나 1895년 법관양성소를 졸업하였
다. 1898년 독립협회에서 활동했고, 1902년에는 개혁당(改革黨) 운동에 참가하
였다. 1904년 일제의 개간지 점탈에 반대하여 보안회(輔安會)의 총무로서 맹활약
하다가, 보안회의 계승단체인 협동회(協同會)의 회장이 되어 일제의 미간지 침탈
을 끝까지 저지하였다. 헌정연구회의 창립에 부회장으로 참가했으며, 1905년 11
월 상동교회의 '을사조약' 반대 상소시위운동 때에는 상소문을 짓고 가두투쟁을
전개하였다. 1906년 국민교육회(國民敎育會)를 창립하여 회장으로 교육구국운동
을 전개했으며, 한북흥학회(漢北興學會)를 창립하고 1907년 4월 초에는 신민회
(新民會) 창립에 참가하였다. 1907년 4월 22일 헤이그 세계평화회의에 이상설·
이위종 등과 함께 특사로 파견되어 활동하다가 헤이그에서 순국하였다.

● 이토 히로부미(伊藤博文) ▶ 1841년생, 일본 조슈(長州) 번(藩) 사무라이 출신의
정치가이다. 원래는 농민으로 성이 하야시(林)씨였는데 그의 아버지가 이토(伊藤)
가에 양자로 들어가 이토 성을 갖게 되고 신분상승을 하였다. 청소년기에는 요시
다 쇼인(吉田松陰)과 기도 다카요시(木戶孝允)에게서 정한론(征韓論)과 왕정복고
론을 배우고, 메이지유신에 참가하였다. 1885년 내각제도 수립과 함께 초대 총리
대신이 되었으며, 그 후 여러 차례 총리·추밀원·귀족원 의장을 지냈다. 한국침략
과 식민지화를 위해 총력을 기울였으며, 1905년 11월 '을사조약' 강박의 주역이
었고, 1906년 초대 한국통감을 지냈다. 한국침략에 전념하다가 한국민족에 지은
죄과로 1909년 하얼빈에서 안중근(安重根) 의사에 의해 처단되었다.

● 일진회(一進會) ▶ 일본군 통역 출신 송병준(宋秉畯 : 일본명 野田平次郎)을 중심
으로 일본측의 사주와 자금을 받고, 1904년 8월 18일 조직된 유신회(維新會)와
동학에서 변절한 이용구(李容九) 중심의 진보회(進步會)가 통합하여 명칭을 바꾼
친일매국 단체이다. 일제의 앞잡이로서, 일제의 지시와 풍부한 재정지원을 받으
면서 '한일합병'을 청원하는 등 온갖 친일매국 행위를 자행하였다. 이 때문에 의
병부대는 일진회 회원은 만날 때마다 처단했으며, 반일진회 운동단체도 출현하게
되었다.

● 포츠머스(Portsmouth) 조약 ▶ 러일전쟁의 강화조약이다. 미국 대통령 루스벨트
(Theodore Roosevelt)의 중재로 미국 뉴햄프셔주 포츠머스에서 1905년 8월 10
일 강화회의가 시작되어 9월 5일 조인되었다. 그 주요내용은 ① 한국에서 일본의
정치·군사·경제상의 우월권 ② 일본·러시아 양국 군대의 만주로부터 철수 ③ 랴
오둥반도와 장춘·여순간의 철도를 일본에 양여 ④ 남사할린의 일본에의 할양 ⑤
연해주 연안의 일본 어업권 승인 등이었다.

● 한일외국인고문 용빙에 관한 협정(韓日外國人顧問 傭聘에 관한 協定) ▶ 일제가
한국정부의 외교와 내정까지 장악하기 위하여 1904년 8월 22일 강제체결한 조약
이었다. 그 내용은 다음과 같았다.

　　— 대한정부는 일본정부가 추천하는 일본인 1명을 재정고문으로 하여 한국정부
　　　에 용빙하고 재무에 관한 사항은 일체 그 의견을 물어 시행할 것
　　— 대한정부는 일본정부가 추천하는 외국인 1명을 외교고문으로 하여 외부에 용
　　　빙하고 외교에 관한 용무는 일체 그의 의견을 물어 시행할 것
　　— 대한정부는 외국과의 조약체결, 기타의 중요안건, 즉 외국인에 대한 특권양여
　　　와 계약 등의 처리에 관해서는 미리 일본정부와 협의할 것

일본정부는 이에 재정고문으로 메카다(目賀田種太郞)를 추천하고, 외교고문에는
주미 일본공사관 고문 스티븐스(Durham Stevens)를 추천하였다. 스티븐스는 미
국인이었지만 일본인과 다름없는 친일미국인이었다. 일본정부는 이 밖에도 초청
형식으로 수많은 일본인 '고문'을 대한제국 각 부처에 배치하였다.

● 헐버트(Homer B. Hullbert) ▶ 1863년 미국 버몬트주 뉴헤븐에서 출생하여 다트머스(Dartmouth)대학과 유니온 신학교를 졸업하고, 1886년 7월 육영공원 교사로 고빙되어 한국에 왔다. 《사민필지(士民必知)》, 《한국역사(*The History of Korea*)》, 《대한제국의 몰락(*The Passing of Korea*)》 등을 저술하였다. 《한국평론(*Korea Review*)》의 편집장을 맡고 있던 중 고종황제의 특사임명을 받고 '을사조약' 불인정의 친서를 미국 대통령에 전달하는 임무와, 헤이그평화회담에 파견되어 을사조약 불인정과 무효의 고종황제 친서를 각국 수뇌에게 전달하는 임무를 맡았다. 3·1운동 때에는 파리평화회의에 와서 한국대표단을 도왔다. 1949년 서울에서 별세했다.

● 헤이그세계평화회의 ▶ 러시아 황제 니콜라이 2세의 제의로, 1907년 6월 15일부터 10월 18일까지 네덜란드 수도 헤이그에서 개최된 제2회 세계평화회의이다(제1회 헤이그평화회의는 1899년에 개최되었다). 40여 개 국 대표 225명이 참석하여, 제1위원회(중재재판에 관한 사항), 제2위원회(육전법규에 관한 사항), 제3위원회(해전법규에 관한 사항), 제4위원회(해상 사유권에 관한 사항)의 4분과위원회로 나누어 전쟁과 평화에 관련된 국제법상의 문제들을 토론·심의 결정하였다.

참고문헌

- 이선근, 〈로일전쟁 이후 일제 對한침략의 기본방향〉,《사학연구》제18집, 1964.
- 동덕모, 〈이등박문과 해아밀사사건〉,《아세아학보》제1집, 1965.
- 최영희, 〈을사조약 체결을 전후한 한국민의 항일투쟁〉,《사총》제12·13합집, 1968.
- 윤병석, 〈을사 5조약의 신고찰〉,《국사관논총》제23집, 1991.
- 신용하, 〈을사 5조약의 무효판명과 우리의 적극대응의 필요〉,《순국》제7·8월호, 1992.
- 김기석,《광무황제의 주권수호 외교》, 서울대 교육연구소, 1993.
- 천관우·최준·구자혁 외,《위암 장지연의 사상과 활동》, 민음사, 1993.
- 戶塚悅郎,《을사보호조약의 불법성과 일본정부의 법적 책임》, 국제인권연구회, 1993.
- 신용하, 〈구한말 보안회의 창립과 민족운동〉,《한국사회사학회논문집》제44집, 1994.
- 이상찬, 〈을사조약과 병합조약은 성립되지 않았다〉,《역사비평》제31호, 1995.
- 이태진, 〈'을사조약'과 '정미조약'의 법적 결함과 도덕성 문제〉,《일본의 대한제국 강점》, 1995.
- 이태진 편저,《일본의 대한제국 강점》, 까치, 1995.
- 海野福壽, 〈한국보호조약에 대하여〉,《日韓協約과 韓國併合》, 1995.
- 신용하,《독도의 민족영토사 연구》, 지식산업사, 1996.
- 유영렬,《대한제국기의 민족운동》, 일조각, 1997.
- 최기영,《한국근대계몽운동연구》, 일조각, 1997.
- 신용하, 〈1905년 을사조약의 불성립과 무효〉,《한국학논총》(제3차 환태평양 한국학 국제회의), 한국문화사, 1998.
- 정재정,《일제침략과 한국철도》, 서울대출판부, 1999.

18

국가주권 회복운동으로서의
한말 의병운동의 재봉기와 전개

단원개요

일제가 1904년 2월 러일전쟁을 도발하고 한국에 불법 상륙한 후, 한국을 무력으로 반식민지화하려 하자 일제의 무력침략에는 '의병'의 무장투쟁으로 응전해야 한다는 여론이 일어나서 1904년 7·8월부터 다시 의병무장투쟁이 재봉기되었다. 이때에는 서울 부근의 경기도에서 먼저 의병이 재봉기하여 일본군을 기습하고 부설중인 경의철도를 폭파하는 등 본격적 무장투쟁을 시작하였다. 이 시기의 의병운동은 주로 '한일의정서'의 폐기와 일본군의 철수를 요구하면서 '국권을 수호'하기 위한 무장투쟁을 전개하였다.

1905년 11월 일제가 '을사조약'을 강요하여 외교권 등 국권의 일부를 강탈하고 통감부를 서울에 설치한 직후부터는, '을사조약'을 파기하고 통감부를 폐지하여 '국권을 회복'하기 위한 의병운동을 전개하였다. 1906년 5월의 민종식(閔宗植) 의병부대와 6월의 최익현(崔益鉉) 의병부대가 그 대표적인 경우였다.

그러나 1907년 8월 1일 일제가 대한제국 군대를 강제로 해산시키자, 사태는 근본적으로 달라지게 되었다. 대한제국군은 이에 불복하여 먼저 시위대 제1연대 1대대와 제2연대 1대대 병사들이 봉기하였다. 뒤이어 원주·강화 진위대 병사들을 비롯해서 각 지방 진위대 병사들이 봉기하여 의병부대에 가담하였다. 이에 고무되어 전국 각지에서 청년들이 대대적으로 의병봉기하여 항일의병투쟁은 최고조에 달하게 되었다.

1. 한말 의병운동의 5단계 전개과정

한국 역사에는 외래 침략자들의 침입으로 말미암아 나라와 겨레가 위기에 빠질 때마다, 초야의 백성들이 자발적으로 '의병'을 일으켜 나라와 겨레를 구하려고 목숨을 바쳐 싸우는 민족적 전통이 이어져 내려왔다. 근대에 이르러 일본제국주의자들이 한국을 식민지화하려고 침략했을 때에도, 전국 방방곡곡에서 민중들이 자발적으로 '의병'을 일으켜 국권을 지키고 회복하기 위한 치열한 의병운동을 전개하였다.

이러한 근대의 항일의병운동은 1894년부터 1914년까지 전개되었는데, 그 전개과정은 다음과 같이 5단계로 나누어 볼 수 있다.

구한말 항일의병

　제1단계의 의병운동은 이른바 '갑오·을미의병(甲午乙未義兵)'의 단계
이다. 이것은 1894년 7월 일본군의 불법 궁궐침입 및 1895년 10월 민비시
해사건과 1896년 1월 개화파 정권의 단발령 강행에 분노하여 유생들이
일으킨 의병운동이었다. 1894년 9월부터 1896년 5월까지의 의병운동이
이 단계에 해당한다. 이때의 의병운동은 위정척사사상에 따라 유생이 주
체가 되고 동학농민혁명운동에 참가했던 농민들이 이에 합세하여, 일본
의 침략에 항거함과 동시에 개화파 정부의 개화정책에 저항하는 반개화
(反開化)의 보수주의적 특징을 갖고 있었다. 이 단계의 갑오·을미의병운
동은 1896년 2월 11일 '아관파천'이 일어난 후, 러시아공사관에 머물고
있던 고종이 갑오개혁파 제3차 김홍집내각의 대신들을 역적으로 정의하
고 의병운동의 충의를 인정하면서 조칙(詔勅)을 내려 해산을 강력히 설
득하자, 위정척사파 유생들이 이에 승복하여 해산하였다. 갑오·을미의병
은 비록 반개화의 보수주의적 특징을 갖고 있기는 했지만, 일본과 외세의
침략에 나라가 위험에 빠질 때에는 초야의 선비들과 농민들이 '의병'을
일으켜 침략자에 대항해서 용감히 싸운다는 한국민족의 오랜 전통을 근
대에 들어 다시 부활시키기 시작했다는 점에서 중요한 의의를 가진 것이

었다.

제2단계의 의병운동은 '재봉기의 단계'이다. 일제가 1904년 2월 8일 러일전쟁을 도발한 다음 한국에 불법 침입하여 한국을 일본 침략 지배하에 두기 시작하면서 여러 가지로 국권을 침해하다가, 러일전쟁에 승리한 후 1905년 11월 17일 마침내 '을사5조약'을 강요해서 국권의 일부를 빼앗아 갈 때까지 국권을 수호하기 위하여 재봉기한 의병운동의 단계이다. 1904년 7·8월부터 1905년 11월까지의 의병운동이 이 단계에 해당한다. 이때의 의병운동은 러일전쟁 도발 이후 일제가 한국을 본격적으로 무력침략해서 반식민지화·식민지화하기 시작하는 데 대항하여, 다시 국권 '수호'를 위한 항일무장투쟁으로 재봉기했다는 점에 큰 특징과 역사적 의의가 있었다.

제3단계의 의병운동은 '확대기의 단계'이다. 1905년 11월 17일 '을사5조약'이 강제되어 외교권을 비롯한 국권의 일부를 빼앗기고, 1906년 2월 1일 일제 통감부가 설치되어 소위 일제의 통감정치가 시작된 이후부터 1907년 7월 31일 군대 해산 때까지 국권을 '회복'하기 위하여 싸운 시기의 의병운동이다. 이 시기의 의병운동은 주로 위정척사파 유생들과 농민들이 주체세력이 되어 전개하였다.

제4단계의 의병운동은 '고양기의 단계'이다. 1907년 8월 1일 일제에 의하여 대한제국 군대가 기만적으로 강제해산되자, 해산당한 군인들이 봉기하여 의병에 합류한 것을 계기로 전국 방방곡곡에서 수많은 의병부대들이 봉기하여 의병운동이 최고조에 달한 시기의 의병운동이다. 1907년 8월 1일부터 1909년 10월 31일까지의 의병운동이 이 단계에 해당한다. 이 시기의 의병운동에서는 군인들이 의병운동에 합류함에 따라 의병부대들에 막강한 전투력이 생겨, 일본군을 도처에서 공격하고 섬멸해서 일제의 침략에 대타격을 주고 일제의 한국병탄 일정을 지연시켰다. 이 시기에는 의병운동의 고양에 따라 13도 창의대진소(倡義大陳所)의 의병연합부대를 편성해서 두 차례 '서울 탈환작전'을 시도하여 의병운동의 고양

의병부대의 모습(1907)

과 애국계몽운동의 보호방위에 큰 역할을 하였다. 이 시기에는 또한 증파된 일본군이 1909년 9월 1일부터 10월 31일까지 남한 대토벌작전을 전개하자, 이에 대해서도 용감한 항쟁을 전개하였으나 무기와 탄환의 부족으로 일본군을 격퇴하지 못하였다.

제5단계의 의병운동은 '퇴조와 독립군으로의 전환 단계'이다. 1909년 11월 1일부터 1914년 4월까지의 시기가 이 단계에 해당한다. 이 시기에 의병부대들은 무기 및 탄약의 고갈과 더욱 증강된 일본군의 공격·탄압을 막아낼 수 없어 국내에서는 의병무장투쟁이 거의 불가능하게 되었으므로 의병운동은 급격히 퇴조되어 갔으나, 한편 남은 의병부대들은 강인하게 항일무장투쟁을 전개하면서 국외로 탈출하여 독립군으로 형태와 내용을 전환시켜 나갔다.

여기서는 각 단계 의병운동 전개과정의 특징을 고찰하기로 한다.

2. 갑오·을미의병운동의 봉기

의병운동의 제1단계인 '갑오·을미의병운동'이 일어나게 된 계기는 무엇보다도 ① 일본군의 불법 궁궐침입 및 민비시해사건과 ② 갑오개혁 개화파 정권의 단발령에 반대하여 (1) 일본군을 한반도에서 몰아내고 (2) 국모의 원수를 갚으며 (3) 친일 개화정권을 타도하려고 한 것이었다.

동학농민혁명운동을 구실로 조선에 불법 침입하여 청일전쟁을 도발한 일본군은 조선 궁궐을 불법 침입하여 조선군을 무장해제시키고 국왕을 협박하여 정권을 교체하도록 압력을 가했으며 내정간섭을 멋대로 자행하였다. 이에 분개하여 유생 서상철(徐相轍)이 동학농민군의 제2차 봉기에 보조를 맞추어 1894년 9월 일본군을 한반도에서 몰아내기 위해 의병을 일으켰다. 서상철 의병부대는 동학농민군 '진압' 때 일본군에 의하여 함께 '진압'당하였다. 그러나 서상철 의병부대는 일찍이 1894년에 항일의병운동을 다시 일으킨 빛나는 공적을 세웠다.

청일전쟁에서 승리한 일본은 1895년 4월 17일 시모노세키조약(下關條約)을 체결해서 청국의 랴오둥반도를 전리품으로 획득했으나, 1주일 후인 4월 23일 러시아·독일·프랑스 3국이 랴오둥반도를 청국에 돌려줄 것을 요청하며 '3국간섭'을 하였고, 일본은 이에 굴복하여 5월 10일 랴오둥반도를 청국에 반환하기로 결정하였다. 이를 관찰하고 있던 조선 궁정 내부에서는 민비를 중심으로 '러시아를 끌어들여 일본을 막아보자(引俄拒倭)'는 경향이 대두되었다.

일본은 신임 주한 일본공사 미우라(三浦梧樓)의 지휘 아래 일본공사관 호위병과 일본 낭인배들을 1895년 8월 20일(양력 10월 8일) 밤중에 궁궐에 기습 침입시켜 민비를 시해한 다음 석유를 뿌려 불태우는 만행을 자행하고, 이것을 조선 군대 내의 훈련대와 시위대의 내분인 것처럼 꾸미려고 책동하였다. 일본의 강압에 굴복한 제3차 김홍집내각은 범인이 일본공사와 일본군·일본 낭인배임에도 불구하고 이를 정직하게 처리하지 못하고, 무고한 훈련대 장병 이주회(李周會)·윤석우(尹錫禹)·박선(朴銑) 등을 범인이라고 날조하여 처형하였다. 그러나 마침 이날 밤 궁궐에서 잠을 자다 민비시해를 목격한 시위대 교관 다이(W. M. Dye)와 전기기사 사바틴(G.

Sabatin)이 이 사건은 일본군의 만행이라고 증언하여, 이 증언이 《뉴욕 헤럴드(*The New York Herald*)》지에 보도됨으로써 진상이 온 세계에 폭로되었다. 이에 격분한 한국 국민들 사이에서 국모시해의 원수를 갚는다는 구호를 내걸고 일제를 몰아내며 김홍집내각을 타도하기 위한 의병운동이 다시 일어나기 시작하였다.

민비시해사건으로 국민들의 분노가 들끓고 있는 분위기 속에서 제3차 김홍집내각은 1895년 11월 15일(양력 12월 30일) 국왕 고종이 솔선수범 단발을 하고 동시에 단발령을 공포하여, 양력 새해(1896년)부터는 연호도 건양(建陽)으로 정함과 동시에 상투를 자르고 단발을 실시할 것을 국민들에게 조칙으로 발표하였다. 이것은 들끓는 여론에 기름을 붓는 것이 되어 을미의병운동이 폭발하게 되었다.

1895년 12월에 충청도 보은에서 문석봉(文錫鳳) 등이 '거의토적(擧義討賊)'을 부르짖으며 의병의 봉기를 촉구하더니, 1896년 1월부터는 각지에서 의병이 봉기하기 시작하였다. 먼저 경기도 이천에서 김하락(金河洛)이 봉기하여 뒤에 홍주 의병에 합류했으며, 지평에서 이춘영(李春永)·안승우(安承禹)·김백선(金伯善) 등이 봉기하였다. 충청도 홍주에서는 김복한(金福漢)·이세영(李世永)·이설(李偰)·안병찬(安秉瓚)·홍건(洪楗) 등이 의병을 조직하여 봉기했으며, 제천에서는 유인석(柳麟錫)이 봉기하고 이필희(李弼熙)·서상렬(徐相烈) 등 각지 의병이 여기에 합류했다.

강원도 춘천에서 이소응(李昭應)이 봉기했고, 강릉에서는 민용호(閔龍鎬)가 봉기하였다. 경상도 안동에서 권세연(權世淵)·유시연(柳時淵)·김도현(金道鉉) 등이 봉기했고, 문경에서 이강년(李康年)이 봉기했으며, 선산에서는 허위(許蔿)·이기찬(李起瓚) 등이 봉기했고, 진주에서는 노응규(盧應奎) 등이 봉기하였다. 전라도에서는 기우만(奇宇萬) 등이 장성에서 봉기하였다.

봉기한 의병들은 당시 지방 진위대가 설치되지 않은 유리한 조건에서 곳곳의 친일파 관찰사, 친일파 군수를 처단하고 내지를 횡행하는 일본인

들을 처단하면서, 국모의 원수를 갚고 일본을 물리치며 친일정권을 타도
할 것을 호소하였다.

갑오개혁의 온건개화파 정부는 전국 각 지방에서 의병운동이 일어나
자 그 '진압'을 위하여 친위대(훈련대의 후신)를 각 지방에 파견하였고, 그
에 따라 왕궁의 호위가 약화된 틈을 타서 이범진(李範晉)·이윤용(李允用)
등 친러파들이 1896년 2월 11일 국왕을 러시아공사관으로 옮겨가는 '아
관파천'이 일어나게 되었다.

아관파천 후 국왕은 러시아공사관에서 개화파 제3차 김홍집내각 각료
들을 역적으로 규정하여 체포할 것과 단발령의 중지를 발표하면서, 의병
들에게 선유사(宣諭使)를 파견하여 그들의 충의를 인정하고 의병장의
'작변(作變)'의 죄를 묻지 않을 것이니 해산하라는 조칙을 전하였다. 이에
의병부대들은 그들의 목적을 일부라도 달성했다고 보고 1896년 5월 무렵
에 이르러 모두 해산하였다.

갑오·을미의병운동은 비교적 짧은 기간에 걸친 것이었으며 위정척사
사상을 지도이념으로 한 특징을 가졌지만, 일본의 침략에 대항하여 처음
으로 의병을 일으켜 무장투쟁을 전개한 역사적 의의를 가진 것이었다.

3. 한말 의병운동의 재봉기와 확대

일본제국주의자들은 대한제국을 침략하여 식민지화할 것을 목적으
로, 1904년 2월 8일 인천항과 여순항에 정박해 있는 러시아 군함 각 2척
을 기습공격하여 격침시키고 러일전쟁을 도발한 다음 대규모의 일본군
을 대한제국에 불법 상륙시켰다. 일본군은 불법으로 서울에 침입하여 대
한제국 정부를 위협해서 일본군의 한국 내 군용지 수용을 인정하는 것을
골자로 한 '제1차 한일의정서'를 2월 23일 강제로 조인케 하였다. 뿐만
아니라 일제는 한국에 침입시킨 일본군 중에서 1개 사단(곧 2개 사단으로

확충)을 차출하여 1904년 4월 3일에 일본군의 한국주차군을 편성하였다. 이것은 일제가 무력으로 한국을 지배할 야욕을 명확히 드러낸 것이었으므로 대한제국 국민들에게 큰 충격을 주었다.

일제는 1904년 6월 6일에 일본공사를 시켜 대한제국 외부에 '전국황무지개간권(全國荒蕪地開墾權)'을 요구해 왔으며, 군용철도로서 경의선을 부설한다며 철도 부설과 도로 보수에 한국인 인부를 강제징발하기 시작하였다. 또한 7월 20일에는 자기들이 자의적으로 만든 '군사경찰훈령'에 의하여 한국의 치안을 일본군이 담당한다고 일방적으로 한국정부에 통고해 왔다. 일본군은 서울과 경기도 일원을 비롯해서 그들이 필요하다고 인정하는 지역에서 함부로 한국인을 처벌해 가며 일본군의 군정을 시행하였다.

뿐만 아니라 일제는 1904년 8월 22일 '한일외국인고문 용빙(韓日外國人顧問傭聘)에 관한 협정서'를 강제로 체결하게 하여, 대한제국 정부의 각 부에 일본인 고문들을 임명해서 한국 내정에 깊이 간섭하고 '고문정치'를 자행하였다.

한국 국민들은 일제가 단계적으로 침략을 강행해 오는 것을 보고 이미 1904년 7·8월부터 의병운동을 다시 일으키기 시작하였다. 의병운동의 재봉기(제2단계 의병운동)는 1904년 7월 1일 전후에 평리원(平理院) 판사 허위, 전의관 이상천(李相天) 등의 이름을 빌려 7월 12일(음력 5월 29일)을 기하여 '의병'을 일으킬 것을 호소하는 통문이 전국 13도에 발송됨으로써 시작하였다.

허위 등의 통문이 유포된 후 7월 24일 서울 동대문 밖 10리 지점에 일단의 의병들이 나타나서 일본군 8명에 소총 수십 발을 발사하여 공격하고 사라진 사건이 일어났다. 8월 27일에는 일단의 의병대가 일본군이 군용철도로 부설중인 경의철도를 폭파했다가 그 중 김성삼(金聖三)·이춘근(李春勤)·안순서(安順瑞) 등 의병 3명이 일본군에게 체포되었다. 또한 1904년 9월 8일에는 '황성의병소김(皇城義兵所金)'의 명의로 된 음력 7월

18일자 통문이 강원도 춘천에 나붙었는데, 일제의 황무지 약탈 시도와 인부 모집을 규탄하고 음력 8월 10일(양력 9월 10일) 포군(砲軍)을 모집하여 의병을 일으켜서 경기도 여주(驪州)에 모여 서울로 진군하자는 내용이었다. 이 통문으로 강원도 일대에 의병봉기가 시작되었다.

특히 일본군의 경의철도 부설로 인해 인부 동원이 더욱 심했던 평안북도에서는 유인석의 영향하에 1904년 12월 도처에서 의병운동이 일어나 일진회(一進會)와 일본군을 공격했다. 또한 같은 달 전라도에서 기우만이 의병을 일으켰고, 충청도 공주에서도 의병이 봉기하였다.

종래의 연구는 의병 재봉기의 시점을 1905년 5월 원용팔(元容八)의 봉기부터 잡았으나, 이상과 같이 그것은 1년 앞인 1904년 7월부터 봉기가 시작된 것이었다.

1905년에 들어서도 의병봉기는 계속되었다. 1905년 1월에는 충청북도 충주에서 서상무(徐相懋)가 격문을 뿌려 400-500명의 의병을 모집하였고, 4월에는 경기도·강원도·충청북도 및 경상북도 일대에서 의병이 재봉기하였다. 5월에는 강원도 원주에서 원용팔이 봉기했으며, 경기도에서는 이문호(李文鎬)가 지평(砥平)에서, 구만서(具萬書) 등이 광주(廣州)에서 봉기하였다.

특히 충청북도 각 지방에서는 의병봉기와 무장투쟁이 활발하여, 일제측의 자료에 따르면, 1905년 10월 당시의 충청북도 일대의 의병수를 죽산이 200명, 단양이 270명, 청풍이 100명, 영춘이 50명, 매포가 40명으로 그 세가 창궐했다고 보고하였다.

제2단계 의병운동의 특징은 1904년 7월에 전국에 발송된 허위·이상천 등의 통문에서 잘 볼 수 있는 바와 같이, '제1차 한일의정서'를 일제의 본격적 한국침략의 시작이라고 보고 이의 파기와 일본군의 내정간섭 중지, 일본군 철병을 요구하면서 '국권을 수호'하기 위한 의병운동을 전개한 것이었다.

이 시기의 의병운동은 일제의 무력침략에 대하여는 '의병'의 무장투쟁으로 응전해야 함을 전국민에게 알려주었으며, 1896년 봄에 해산되었던 의병운동을 일제가 한반도에 불법 상륙한 1904년에 '재봉기'하게 한 역할에 중요한 역사적 의의가 있다고 할 수 있다.

제3단계(확대기의 단계)의 의병운동은 일제가 1905년 11월 17일 '을사 5조약'을 강제하여 외교권을 비롯한 국권의 일부를 빼앗고 1906년 2월 1일 일제통감부를 설치하여 한국 내정에 대한 통감통치를 자행하자, '을사 5조약'을 파기하고 일제통감부를 폐지하여 '국권을 회복'하기 위해서 봉기하고 확대된 것이었다. '을사 5조약' 강요 직후는 바로 겨울이고, 의병봉기의 준비에 시간이 소요되므로 바로 의병봉기는 확대되지는 못하고, 이른봄이 되자 확대되기 시작하였다.

전참판 민종식(閔宗植)은 1906년 이른봄부터 이세영·안병찬 등 동지들과 함께 의병봉기를 준비하여, 5월 11일(음력 4월 18일) 충청남도 홍산에서 의병을 일으켰다. 민종식 의병부대는 서천·남포·보령·결성 등을 거쳐 5월 19일에는 충주성을 점령하고 입성하였다. 이때의 민종식 의병부대의 수는 1,100명에 달하는 대규모이었고, 이 중에서 총을 가진 자가 600명, 창을 가진 자가 200명, 무기를 갖지 않은 선비가 300명이었다.

민종식 의병부대가 대규모의 병력으로 봉기하여 홍주성을 점령하자, 이에 놀란 일본헌병대 및 일제경찰은 대한제국군 공주진위대와 연합하여 5월 21일, 22일, 24일, 27일 연이어 홍주성을 공격했으나, 민종식 부대는 이를 잘 격퇴하였다. 이에 당황한 일본군은 서울에서 특파한 보병 2개 중대, 기병 1개 소대, 기관총대, 폭파반과 헌병대 및 경찰대와 합세하여 홍주성을 공격하게 하였다. 의병부대는 이들과 5월 31일 새벽부터 치열한 전투를 벌여, 탄약이 떨어진 상태에서 백병전까

민종식 의병장의 홍주성 전투

지 전개했으나 결국 패퇴하였다. 이 홍주성 전투에서 민종식 의병부대는 83명이 전사하고 145명이 체포되었으며, 일본군은 14명이 전사하고 다수가 부상당하였다.

민종식 의병부대에 이어 최익현(崔益鉉)이 1906년 5월 23일(음력 윤 4월 1일) 전라도 태인의 무성서원(武城書院)에서 문하생들을 인솔하고 봉기하였다. 최익현 의병부대가 정읍·곡성을 거쳐 의병과 무기를 모집하면서 전라도 순창에 도착했을 때에는 그 수가 약 1천 명의 대규모 부대가 되었다. 그러나 최익현 의병부대 병사들의 대부분이 백면서생들로 구성되어 있어서 전투력이 취약하였다. 6월 11일 전주와 남원의 진위대가 순창의 이들 의병부대를 포위하자, 동족 사이의 살상을 염려한 최익현은 "만약 저들이 왜라면 결사적으로 싸우는 것이 마땅하나 진위대(鎭衛隊)라면 우리가 우리를 서로 치는 것이니 차마 할 수 없다" 하여, 의병대에 항전을 중지시키고 진위대에게도 동족상잔의 싸움을 중지할 것을 호소하였다.

그러나 진위대는 6월 13일 최익현 의병부대를 공격하여 최익현과 그의 수제자 13명을 체포하였다. 체포된 이들은 일본군에게 인도되어 대마도에 유배되었고, 최익현은 일본측이 주는 음식을 거절하고 단식을 계속하다가 순국하였다.

최익현 의병부대가 해산되자, 뒤이어 전라남도 광양에서 백낙구(白樂九)가 봉기했고, 전라북도 임실에서 300명의 강재천(姜在天) 의병부대, 남원에서는 100명의 양한규(梁漢圭) 의병부대가 봉기하여 부근 일대에서 일본군을 공격하여 섬멸하는 큰 전과를 올렸다.

대마도에 유배당한 최익현

또한 경상북도 영해에서는 1906년 봄에 신돌석(申乭石) 의병부대가 봉기하여 약 1,000명의 병력으로 경상북도와 강원도의 접경인 일월산을 근거지로 하여 영덕·영해·평해 일대에서 신출귀몰하는 유격전을 전개하였다. 같은 시기에 영천에서는 정용기(鄭鏞基) 의병부대가 약 600명의 병력으로 봉기하여 동대산을 중심으로 활동하였다. 이밖에도 영양에서 김순현(金淳鉉) 의병부대, 진보에서 이하현(李夏鉉) 의병부대가 봉기하여 활동하였다.

이 시기 의병부대 구성의 특징은, 평민 출신 신돌석을 제외하고는 의병장들이 모두 양반 유생들이었으며 병사들은 대부분 농민들이었다는 사실이다. 또한 의병부대는 '국권회복'을 목적으로 봉기하여 무장투쟁을 전개했지만, '토벌대'가 대한제국 군대로 이들 동족의 진위대와 전투를 하게 되는 문제점을 갖고 있었다. 이 시기 의병운동의 지도이념은 이전과 마찬가지로 위정척사사상이었다.

4. 군대 해산과 의병운동의 고양

일제는 1906년 2월 1일 통감부를 설치하여 한국의 내정과 국권까지 차례차례 침탈하면서 반식민지화시켰으며, 1907년 6월의 '헤이그 밀사사건'을 악용하여 7월 19일 황제 고종을 강제로 양위시켰다. 일제는 이완용 매국 내각에게 강요하여 7월 24일 '정미 7조약(丁未七條約)'을 강제체결하고, 대한제국 정부의 각 부에 일본인 차관을 임명하여 그들이 실제로 한국을 통치하는 소위 '차관통치'를 시작했다. 일제는 8월 1일에 장관의 강연을 듣는다고 병사들을 속여 비무장으로 훈련원에 집합시킨 후 대한제국 군대의 해산식을 강행하였다. 이것은 얼마 남지 않은 대한제국 군대까지 무장해제시켜 대한제국을 완전 식민지로 병탄하기 위한 조치였다.

그러나 대한제국 군대는 이에 복종하지 않고 봉기하여 저항하였다. 시위대(侍衛隊) 제1연대 제1대대장 박승환(朴昇煥) 참령은 부하 장병들을 운동장에 집합시켜 놓고 대대장실에서 "군인으로서 나라를 지키지 못하고 신하로서 충성을 다하지 못하니 만 번 죽어 아깝지 않다(軍不能守國 臣不盡忠 萬死無惜)"는 유서를 써 놓고 권총으로 자결하여 순국하였다.

이것은 ‘군인들은 죽음으로써 나라를 지키라’는 명령같은 것이 되어, 시위대 제1연대 제1대대 병사들이 해산을 거부하고 봉기하였다. 이들이 봉기했다는 통보를 받은 제2연대 제1대대 병사들도 견습참위 남상덕(南相憙)의 지휘 아래 봉기하였다.

봉기한 병사들은 미리 병영을 포위하고 있던 일본군과 8월 1일 오전 8시부터 11시 40분까지 무려 3시간 40분 동안 치열한 전투를 벌이고, 시가로 나와 남대문과 서소문 사이에서 탄환이 떨어질 때까지 일본군과 치열한 시가전을 전개하였다. 시위대 군인들은 탄약이 떨어져 더 싸울 수 없게 되자 시민들의 비호를 받으며 성 밖으로 나가 의병부대에 합류하였다.

일제는 서울 시위대의 해산에 뒤이어 8월 3-19일 사이에 지방 진위대도 차례로 해산시켜 나갔다. 그러나 지방 진위대도 상당수가 해산을 거부하고 봉기하였다. 8월 5일에는 원주 진위대가 해산을 거부하며 대대장 대리 김덕제(金德濟)와 특무정교 민긍호(閔肯鎬)의 지휘 아래 시민들과

일제의 강제해산령에 봉기한 대한제국군

함께 봉기해서, 원주읍을 점령하고 우편국·경찰서·군청 등을 습격하여 무기고를 열어 무장을 강화하고서 의병부대로 전환하였다. 또한 여주 분견대도 해산을 거부하고 봉기하여 여기에 가담하였다. 이들은 두 부대로 나누어, 김덕제 의병부대 약 600명은 평창·강릉 방면에서 양양·간성·통천 방면으로 진격하여 의병무장투쟁을 전개하였으며, 민긍호 의병부대 약 1,000명은 제천·충주·죽산·장호원·여주·홍천 방면으로 진격하여 곳곳에서 일본

군 수비대를 격파하고 치열한 의병전쟁을 전개하였다.

뒤이어 8월 9일에는 수원 진위대 소속의 강화 분견대 병사들이 해산을 거부하고 봉기하였다. 그들은 부교 지홍윤(池弘允)과 연기우(延基羽) 등의 지휘 아래 주민들과 합세하여 약 6백 명이 무기고를 점령하여 무장하고 강화읍을 점령한 다음 일진회 회원인 친일파 군수를 처단했으며, 일본군과 치열한 교전을 하여 그들을 물리치고 경기도와 황해도 방면으로 진격하며 의병전쟁을 전개하였다.

이밖에도 홍주 분견대 전체 48명의 병사들이 해산을 거부하고 봉기를 시도하다가 소대장에게 속아 실패했으며, 진주 분견대 병사들도 봉기를 시도하다가 일본군의 급습을 받고 무장해제를 당하였다. 안동 분견대의 병사들도 일부 해산을 거부하고 의병에 합류하였다. 또한 북청 진위대의 일부 병사들도 해산 후 개별적으로 의병에 합류하였다. 대한제국의 군인들은 군대 해산 당시에는 집단적 봉기를 하지 않은 경우에도 해산 후 귀가한 다수의 군인들이 의병부대에 합류해서 의병으로 전환하였다.

해산 군인들의 봉기와 의병으로의 전환은 제3단계(1905년 12월-1907년 7월 31일)의 의병운동이 퇴조하고 있던 시기에 새로운 활력을 불어넣는 것이었다. 직업 군인들의 의병부대 합류는 의병부대에 실질적인 전투능력을 갖게 하여 의병운동이 더욱 본격적인 국권회복 전쟁으로 되게 하였다. 이에 따라 전국 각지에서 힘과 용기를 얻은 국민들이 무수히 의병을 일으키게 되어, 의병무장투쟁은 새로운 고양기에 접어들게 되었다.

해산 군인들의 봉기와 의병부대 합류에 고취되어 각지에서 일어난 의병부대들의 봉기는 전국 방방곡곡에 걸친 광범위한 것이어서, 의병장의 이름도 다 들기 어렵다. 여기서는 그 중에서 규모가 비교적 크고 기록에 자주 나오는 의병부대의 봉기만을 살피겠다. 먼저 경기도에서는 이은찬(李殷瓚) 의병부대가 양근에서 봉기하여 경기도뿐만 아니라 강원도·황해도 일대에까지 진격하면서 격렬한 의병무장투쟁을 전개하였다. 연천에서는 허위 의병부대가 봉기하여 연천·적성·양주·홍천·개성·삭녕·안협·토산·이천 등지에서 많은 의병을 모집하고, 강화 분견대의 해산 군인인 연기우 의병부대를 끌어들여 전투능력이 크게 강화되었으며, 강원도 일대에서 역시 해산 군인인 김규식(金奎植) 의병부대를 편입하여 군세를 크게 떨쳤다. 허위 의병부대는 두 차례나 철원읍을 점령하고 일본군을 소탕했으며, 포천에서 여러 차례 일본군을 공격하여 섬멸했고, 안협읍을 점령하여 일본군 수비대와 친일파를 소탕하는 등 눈부신 활동을 전개하였다. 이밖에도 양주의 권준(權俊) 의병부대와 박내병(朴來秉)·김석하(金錫夏) 의병부대, 파주의 조인환(曺仁煥) 의병부대, 양근의 신창현(申昌鉉) 의병부대, 여주의 김봉기(金鳳基) 의병부대, 개성 부근에서 현덕호(玄德鎬) 의병부대가 봉기하여 신출귀몰하는 유격전을 전개하였다.

강원도에서는 민긍호 의병부대와 김덕제 의병부대 이외에 원주 부근에서 1907년 9월 초에 이인영(李麟榮) 의병부대가 봉기하였다. 이인영은 관동창의대장이 되고 전국 8도에 격문을 보내 약 1,000명의 의병부대를 편성하였다. 이인영은 9월 10일 무렵에 부하 대장 김세영을 서울에 잠입시켜 각국 영사관에 보내는 격문을 발송하고 《대한매일신보》에도 게재하게 하였다. 또한 이인영은 '해외 동포들에게 보내는 격문(Manifesto to All Korean in All Parts of the World)'도 작성하여 외국에 있는 한국인들에게도 발송하였다.

이인영 의병부대는 의병장 허위·이강년·민긍호 등과 긴밀한 연락을 취하면서, 의병무장투쟁은 최후로 경기도로 들어가 서울을 포위해야 목적을 달성할 수 있다고 판단하고, 일본군 수비대와 치열한 유격전을 전개하면서 횡성·춘천을 거쳐 지평을 향해서 진군하였다. 강원도에서는 이밖에도 울진에 박준성(朴準成) 의병부대, 인제에 박여성(朴汝成) 의병부대와 손재규(孫在奎) 의병부대, 금강산 장안사 부근에 고중록(高重錄) 의병부대, 춘천 부근에 지용기(地龍起)·이인재(李寅在) 의병부대, 삼척에 변학기(邊鶴基) 의병부대와 김운선(金雲仙) 의병부대가 봉기하여 일본군

토벌대들을 섬멸하면서 격렬한 의병전쟁을 전개하였다.

황해도 평산에서는 박정빈(朴正斌)·이진룡(李鎭龍) 의병부대가 봉기하여 강화도에서 상륙한 지홍윤(池弘允) 의병부대와 서로 호응하면서 항일무장투쟁을 하였다. 장단에서는 평민 출신 김수민(金秀敏) 의병부대가 봉기하여 치열한 의병전쟁을 전개하였다. 이밖에도 토산·금천에서 이종협(李鐘協)·서상렬 의병부대, 수안·곡산에서 채응언(蔡應彦) 의병부대가 봉기하여 일본군 토벌대를 기습하면서 치열한 항일무장투쟁을 전개하였다.

충청도에서는 제천에서 이강년 의병부대가 재봉기하여 강원도의 이인영 의병부대 및 허위 의병부대와 긴밀한 연락을 취하면서 풍기·문경·단양·연풍·영월·죽령·소백산맥 일대에서 일본군 수비대를 격파하였다. 보은 속리산의 노병대(盧炳大) 의병부대는 200명이었던 의병이 서울 시위대 해산 군인들이 합류함으로써 곧 1,000명의 대규모 의병부대로 성장하여 활동하였다. 그 밖에 인제의 박여성 의병부대, 충주의 방인관(方仁寬) 의병부대, 청주의 한봉수(韓鳳洙) 의병부대, 공주의 김순오(金順五) 의병부대, 계룡산의 이종원(李鐘元) 의병부대, 연산·은진의 김부길(金夫吉) 의병부대가 봉기하여 맹렬히 활동하였다.

경상도에서는 전년에 영해에서 봉기한 평민 출신 의병장 신돌석 의병부대가 일월산과 백안산을 근거지로 의병부대의 규모를 확대하여 신출귀몰한 유격전을 전개하면서 일본군에게 큰 타격을 주었다.

영천에서는 정용기 의병부대가 동대산에서 재봉기하여 청송·영천·청하 등지에서 항일무장투쟁을 전개했으며, 정용기가 전사하자 그의 부친 정환직(鄭煥直)이 의병장이 되어 홍해·영덕·청송 일대에서 치열한 의병전쟁을 전개하였다. 이밖에 안동에서 백남규(白南奎) 의병부대, 이광렬(李光烈) 의병부대, 유시연(柳時淵) 의병

신돌석의 태백산 전투

고광순 의병장의 불원복기

부대 등이 봉기하여 영양·청송·안동 일대에서 활동하였다. 안의에서는 문태수(文泰守) 의병부대가 봉기하여 전라도 무주 덕유산을 근거지로 하여 영남지방뿐만 아니라 호남·호서지방까지 진군해서 치열한 의병전쟁을 전개했으며, 한때 장수읍을 습격하여 점령하기도 하였다. 그리고, 예천의 장윤덕(張胤德) 의병부대, 양산의 서병희(徐炳熙) 의병부대, 거창의 전성범(全聖範) 의병부대, 산청의 박동의(朴東義) 의병부대, 하동의 이백응(李白應) 의병부대, 가야산의 서명국(徐明國) 의병부대가 봉기하여 활동하였다.

전라도에서는 1907년 9월 10일 김동신(金東臣) 의병부대가 순창에서 봉기하여 동복(同福)의 일제 경찰관 분소, 남원의 일본군 수비대, 구례의 일제 경찰관 분소를 습격하여 무기를 노획하였다. 또한 김동신 의병부대는 지리산을 근거지로 하여 경상남도에 진격해서 함양·안의·거창 등지에서 일본군 수비대를 습격하여 섬멸하였다. 이밖에 동복의 고광순(高光洵) 의병부대, 장성의 기삼연(奇三衍) 의병부대, 임실의 이석용(李錫鏞) 의병부대, 남원의 전해산(全海山) 의병부대와 이학사(李學士) 의병부대, 흥덕의 유병기(劉秉淇) 의병부대, 함평의 심남일(沈南一) 의병부대, 김준

(金準 : 泰元) 의병부대, 조경환(曺京煥) 의병부대, 보성의 머슴 출신인 안계홍(安桂洪) 의병부대, 장흥의 강무경(姜武景) 의병부대, 해남의 황두일(黃斗一) 의병부대 등이 봉기하여 일본군 수비대와 치열한 의병전쟁을 전개하였다.

함경도에서는 포수 출신인 홍범도(洪範圖)·차도선(車道善) 의병부대가 북청군에서 봉기하여 삼수·풍산·북청·후창 일대에서 활동하면서, 후치령 전투를 비롯하여 37회에 걸친 전투를 감행하고, 신출귀몰하는 유격전으로 일본군에게 큰 타격을 주었다. 이밖에 고원에 윤동섭(尹東燮) 의병부대, 장진에 송상봉(宋相鳳) 의병부대와 양혁진(梁赫鎭)·한영준(韓永俊) 의병부대, 영흥에 노희태(盧熙泰) 의병부대와 김정호(金正浩) 의병부대, 북청에 최동률(崔東律) 의병부대가 봉기하였다.

평안도에서는 순천에서 김여석(金汝錫) 의병부대가 봉기하여 덕천·맹산 등지에서 일본군과 치열한 전투를 하여 큰 성과를 거두었다. 이밖에 양덕에서 신응두(申應斗) 의병부대와 김개복(金改福) 의병부대, 상원에서 천영석(天永錫) 의병부대, 성천에서 서광도(徐光道) 의병부대가 봉기하여 용감한 항일무장투쟁을 전개하였다.

국내에서뿐만 아니라 국외에서도 의병운동이 일어났다. 러시아 연추에서는 안중근(安重根)이 이범윤(李範允)을 총대장으로 추대하고 최재형(崔在亨)의 재정지원을 받아 국외 의병인 300명의 이범윤·안중근 의병부대를 편성하고 국내 진입작전을 준비하였다.

1907년 8월 1일의 대한제국 군대 해산과 해산 군인의 봉기 및 의

안중근의 단지혈서 엽서

병으로의 합류는 의병운동 고양에 하나의 결정적 계기가 되어, 그 해 말까지는 '금수강산'이라 부르는 한반도의 높고 낮은 봉우리마다 한국 민중들의 항일무장투쟁을 알리는 봉화가 치솟아 올랐다.

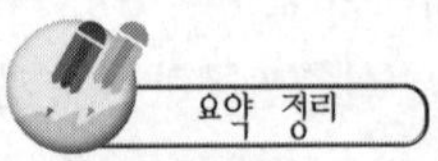

- 한국 근대사회 성립기에 일제의 군사적 무력침략에 대항하여 봉기한 한국민족의 항일의병 무장투쟁은 대체로 5단계를 거치며 전개되었다고 볼 수 있다. ① '갑오·을미의병'의 단계(1894.9-1896.5) ② 재봉기의 단계(1904.7-1905.11) ③ 확대기의 단계(1905.12-1907.7) ④ 고양기의 단계(1907.8-1909.10) ⑤ 퇴조와 독립군으로의 전환 단계(1909.11-1914.5)가 그것이다.

- 일제는 1904년 2월 러일전쟁을 도발함과 동시에 일본군을 한반도에 불법 상륙시켜 서울을 비롯해서 전국 각지를 점령상태에 두고 불법 '군정'을 실시하면서 각종 침략적 조약을 강요하여 체결하였다. 이에 한국민족은 1904년 7월부터 의병운동에 재봉기하기 시작하였다. 종래의 연구에서 재봉기의 시점을 1905년 5월 원용팔(元容八) 의병대의 봉기부터 잡은 것은 잘못된 것이다. 그보다 1년 앞서 1904년 7월부터 서울 근교의 경기도 일대에서 의병대가 조직되어, 일본군을 기습공격하고 일본군 군용철도로 부설중인 경의철도를 폭파했으며, 전투를 벌이기 시작하였다. 1904년 말까지 강원도, 평안도, 충청도, 전라도, 경상도 일대에서 의병운동이 재봉기되어 일본군과 치열한 전투를 시작하였다. 이때의 의병운동은 그때까지 존재한 국권을 '수호'하기 위한 것이었다.

- 1905년 11월 17·18일 일제가 '을사조약'을 강요하고 1906년 2월 1일에는 통감부를 개설하자, 의병운동은 확대되기 시작하였다. 이때의 대표적 의병운동은 민종식, 최익현, 백낙구, 강재천, 양한규, 신돌석, 정용기, 김순현, 이하현 의병부대들의 활동을 들 수 있다. 이 시기의 의병운동은 일제가 강탈해간 국권을 '회복'하기 위한 항일무장투쟁이었다.

- 일제가 한국을 완전 식민지로 병탄하기 위한 준비로 1907년 8월 1일 대한제국 군대를 강제해산하자, 시위대 제1연대 제1대대와 제2연대 제1대대 병사들이 이에 불복하고 봉기하여 일본군과 시가전을 전개하였다. 시위대 병사들은 탄약이 고갈되자 서울을 벗어나 의병부대의 일원이 되었다. 지방 진위대도 일제의 해산에 불복하여 원주·강화를 비롯해서 전국 각지의 진위대 병사들이 봉기하여 의병부대를 편성하

였다.

- 해산 군인들의 봉기와 의병으로의 전환은 항일의병 무장투쟁에 새로운 활력을 불어넣었다. 해산 군인들의 합세로 의병부대가 강력한 실질적 전투력을 갖게 되어 국권 회복의 치열한 의병전쟁을 전개할 수 있게 된 것이었다. 이에 고취되어 전국 방방곡곡에서 의병들이 봉기했고, 항일의병 무장투쟁은 최고조에 달하게 되었다. 그 이름을 일일이 다 들 수 없을 만큼 많은 의병부대가 전국에서 자발적으로 조직되어 유격전으로 일본군을 연타하였다. 일제는 1907년 말 한국을 병탄하기는커녕 의병부대들과의 전투에 매달려, 그들의 병탄계획은 연기되지 않을 수 없게 되었다.

● 거의토적(擧義討賊) ▶ '의를 들어 도적을 토멸한다'는 뜻으로서, 의병이 봉기할 때 자주 쓰던 용어이다.

● 삼국간섭(三國干涉) ▶ 청일전쟁의 강화조약인 '시모노세키조약'에 대한 러시아·독일·프랑스 3국의 간섭이다. 3국은 1895년 4월 23일 '일본의 랴오둥반도 영유가 청국 수도를 위협하고, 조선의 독립을 유명무실하게 만들며, 동아시아의 평화에 장애가 되므로 방기(放棄)할 것'을 요구하는 구술각서를 일본 외무성에 보내었다. 일본정부는 이를 놓고 갑론을박하다가 결국 3국의 압력에 굴복하여 5월 10일 랴오둥반도를 청국에 돌려주기로 결정하여 발표하였다.

● 선유사(宣諭使) ▶ 국왕 또는 황제의 훈유(訓諭)를 백성들에게 널리 알리는 임시 관직을 가리키는 용어이다. 갑오·을미의병운동, 1904년의 의병 재봉기, 1907년 8월 군대 해산 후의 의병운동 고양기에 대한제국 정부는 국왕 또는 황제의 칙유(勅諭)를 전한다고 하여 '선유사'를 의병운동 지역에 파견해서 의병의 해산을 권고하고 명령했었다.

● 시모노세키조약(下關條約) ▶ 일본이 청일전쟁에서 승리하여, 1895년 4월 17일 일본 시모노세키에서 조인된 청일전쟁의 강화조약이다. 중국측 대표는 이홍장(李鴻章)·이경방(李經方)이었고, 일본측 대표는 이토(伊藤博文)·무쯔(陸奧宗光)이었다. 그 주요내용은 ① 조선에서의 청국세력 철수 ② 랴오둥반도·대만·팽호도를 일본에 할양 ③ 일본에 배상금 2억 냥(약 3억엔) 지불 ④ 통상항해조약의 체결과 최혜국대우 조항의 확립 ⑤ 조약시행의 담보로서 위해위(威海衛)의 일시점령 등이었다.

● 시위대(侍衛隊) ▶ 갑오개혁 때 국왕과 궁궐의 호위군으로 편성한 군대로서, 대한 제국 성립 후에도 황제의 호위군으로 존속하였다. 병력은 제1연대(3개 대대)와 제2연대(3개 대대)를 두었으며, 1개 대대의 병력은 약 500명이었다. 일제는 시위 대를 비롯한 대한제국군이 한국병탄에 큰 방해요소라고 판단하여, 1907년 7월

31일에 그들이 작성한 '군대 해산 조칙'을 새 황제 순종(純宗)으로부터 재가받는 형식을 취해서, 이튿날인 8월 1일 새벽 병사들을 속여 집합시키고 군대 해산식을 자행하였다.

● **정미 7조약(丁未七條約)** ▶ 일제가 고종황제의 '헤이그 특사파견'을 트집잡아 1907년 7월 19일 고종황제를 강제 양위시킨 직후, 한국통감 이토는 매국 내각의 이완용·송병준을 통감관저로 불러 '정미 7조약'(일명 한·일신협약) 초안을 주고 체결을 요구하였다. 총리대신 이완용은 즉시 내각회의를 열고 일본측 원안을 한 자의 수정도 없이 그대로 통과시켜, 7월 24일 통감사택에서 이완용과 이토 사이에 조인되었다. 그 내용의 요지는 ① 한국정부는 통감의 지도를 받을 것, ② 한국정부의 법령제정 및 중요한 행정상의 처분은 먼저 통감의 승인을 거칠 것, ③ 한국의 사법사무는 보통 행정사무와 이를 구별할 것, ④ 한국 고등관리의 임면은 통감의 동의를 받은 후에 행할 것, ⑤ 한국정부는 통감이 추천한 일본인을 한국정부 관리에 임명할 것, ⑥ 한국정부는 통감의 동의없이 외국인을 용빙하지 않을 것, ⑦ 1904년 8월 22일 조인한 '한일외국인고문 용빙에 관한 협정'의 제1항을 폐지할 것 등이었다. 일제는 이 조약에 따라 일본인을 각 부의 차관(次官)에 임명하여 한국 내정을 완전히 장악하였다.

● **진위대(鎭衛隊)** ▶ 대한제국 군대의 지방 배치군의 명칭이다. 대한제국은 수원·청주·원주·대구·광주·해주·안주·북청 등의 지방에 진위대 1개 대대씩을 배치, 각 진위대 아래 분견대를 두어 주요 지방에 분산 배치하였다. 일제는 지방 진위대에 대해서도 1907년 8월 3~19일 해산령을 내리고 강제해산을 자행하였다.

● **통감부(統監府)** ▶ 일제가 한국을 '보호국(=반식민지)'으로 지배하기 위하여 서울에 설치했던 지배기구이다. 일제는 '을사조약'을 강요하여 대한제국의 외교권을 강탈하고 서울에 '통감부'를 둔다고 일방적으로 규정한 다음, 1904년 12월 20일 '한국통감부 및 이사청(理事廳) 관제'를 제정 공포하고, 이튿날 21일에는 이토(伊藤博文)를 초대 통감으로 임명하였다. 일제통감부는 1906년 2월 1일 개청하여 한국의 외교사무를 접수했을 뿐만 아니라, 한국 내정에도 직접 지시 간섭을 하면서 한국의 완전 식민지화를 추진하는 정책을 집행하였다.

참고문헌

- 성대경, 〈한말의 군대해산과 그 봉기〉, 《성대사림》 제1집, 1965.
- 김의환, 〈정미년 조선군대 해산과 반일 의병투쟁〉, 《향토서울》 제26집, 1966.
- 박성수, 〈1907-1910년간의 의병전쟁에 대하여〉, 《한국사연구》 제1집, 1968.
- 강재언, 〈반일 의병운동의 역사적 전개〉, 《조선근대사연구》, 1970.
- 신용하, 〈許蔿의 의병활동〉, 《나라사랑》 제27집, 1977.
- 이동우, 〈의병장 유인석의 의병운동고〉, 《성대사림》 제2집, 1977.
- 신용하, 〈홍범도 의병부대의 항일무장투쟁〉, 《한국민족운동사연구》 제1집, 1986.
- 김호성, 〈한말의병운동사 연구〉, 1987.
- 신용하, 〈한말 의병운동의 기점에 대한 신고찰〉, 《한국근대민족운동사연구》, 1988.
- 김상기, 〈조선말 갑오의병전쟁의 전개와 성격〉, 《한국민족운동사연구》 제3집, 1989.
- 유한철, 〈홍주성 의진(1906)의 조직과 활동〉, 《한국독립운동사연구》 제4집, 1990.
- 홍순권, 〈한말 의병운동의 전투양상〉, 《윤병석교수화갑기념논문집》, 1990.
- 윤병석, 〈면암 최익현의 위정척사론과 호남의병〉, 《박영석교수화갑기념논총》, 1992.
- 정제우, 〈이진룡 의병장의 항일무장투쟁〉, 《한국독립운동사연구》 제8집, 1994.
- 홍영기, 〈1896년 나주의병의 결성과 활동〉, 《이기백선생고희기념논문집》, 1994.
- 김상기, 《한말 의병 연구》, 일조각, 1997.
- 강창석, 〈통감부 설치 이후의 한국관료층 연구〉, 《부산사학》 제35집, 1998.
- 박민영, 《대한제국기 의병 연구》, 한울아카데미, 1998.
- 정영희, 〈한말 홍주의병운동 연구〉, 《동서사학》(부산) 제4호, 1998.
- 권영배, 〈유문을 통해 본 벽산 김도현의 의병항쟁〉, 《역사교육론집》 제23·24합집, 1999.

19

전국 13도 의병연합부대의 서울 탈환작전 전개와 의병운동의 사회사적 의의

단원개요 군대 해산 후 각지에서 더욱 강렬하게 봉기한 의병부대들은 서울에 진입하여 통감부를 추방하기 위한 연합작전을 수행하기 위해, 이인영(李麟榮)의 제의로 1907년 11월 말, 경기도 양주에서 약 1만 명의 '13도 창의대진소' 의병연합부대를 편성하였다.

'13도 창의대진소'는 1908년 '제1차 서울탈환작전'을 전개하여, 허위(許蔿)가 인솔하는 선봉대는 1908년 1월 28일 동대문 밖 30리 지점까지 진격하였다. 그러나 의병연합부대는 탄약이 고갈되어 서울 진입작전을 중단하였다.

군사장 허위는 다시 준비를 갖춘 후에 1908년 4월 '제2차 서울탈환작전'을 시작하였다. 다급해진 일본군은 본국에 2개 연대를 더 요청하여 통감부 방어에 투입하였다. 1908년 5-6월에 의병연합부대는 서울을 포위하고 일본군을 도처에서 습격하며 혈전을 전개했으나 또한 탄약의 고갈로 서울에 진입할 수 없었다.

일본군은 1909년 9월에 2개월간의 소위 '남한대토벌작전'을 전개하고, 1910년 8월에는 한국을 '완전 식민지'로 강점했기 때문에, 국내에서의 의병무장투쟁은 어렵게 되었다. 이에 다수의 의병장과 의병들은 만주와 노령에 망명하여 의병의 독립군으로의 전환이 추진되었다.

한말 의병운동은 전국민에게 애국주의를 크게 고취하고 전민족적 항일무장투쟁을 불러일으켰으며, 일제의 병탄을 약 3년간 지연시키면서 애국계몽운동을 보호 방어했고, 그 후 독립군 무장투쟁의 직접적 원류를 형성하였다.

1. 13도 창의대진소의 제1차 서울탈환작전

대한제국 군대 해산 후 각지에서 봉기한 의병부대들과 의병장들은 부대별로 국권회복을 위한 의병전쟁을 전개하면서도 상호간에 긴밀한 연락을 취하고 있었다. 여기에 이인영 의병부대와 허위 의병부대는 전국의 의병부대들이 분산적으로 싸우지 말고 하나의 통합된 지휘부 밑에서 항일무장투쟁을 전개하고, 경기지방으로 모여 서울을 포위하여 궁극적으로 서울에 진입해서 수도 서울을 탈환하며, 일제통감부와 담판을 하여 일제를 한국에서 몰아내는 의병연합운동을 전개할 것을 추구하였다.

당시 경기도에서는 허위 의병부대가 활동하고 있었고, 인접 지방에서는 강원도의 이인영 의병부대와 민긍호 의병부대가 가장 막강한 의병부대로서 일본군과 치열한 의병전쟁을 전개하고 있었으며, 충청북도와 강원도·경기도 접경 지대에서는 이강년 의병부대가 활동하고 있었다. 따라서, 의병연합운동은 우선 허위 의병부대와 이인영 의병부대, 민긍호 의병부대, 이강년 의병부대가 중심이 되어 추진하면 성공할 수 있는 것이었다. 이인영 의병부대와 허위 의병부대는 사전 합의를 이룬 후에, 이인영은 1907년 11월(음력 10월) 초 전국 각 지방의 의병장들에게 의병부대를 통합하여 의병연합부대와 통합사령부를 창설해서 서울을 향해 진군하자는 격문을 전국에 보내고, 이에 호응하는 의병부대들은 경기도 양주에 모일 것을 호소하였다.

이 격문에 호응하여 1907년 11월 말까지 경기도 양주 근방에 집결한 의병부대는 약 1만 명이 되었다. 강원도 의병이 민긍호 의병부대 2천 명과 이인영 의병부대 1천 명을 비롯해서 약 6천 명으로 가장 많았고, 경기도의 허위 의병부대가 약 2천 명, 충청도의 이강년 의병부대가 약 500명, 평안도의 방인관(方仁寬) 의병부대가 약 80명, 함경도의 정봉준(鄭奉俊) 의병부대가 약 100명 등 모두 48진에 약 1만 명이었다. 이 중에서 해산군인의 숫자는 민긍호 의병부대에 포함된 800명, 이은찬·이구채가 인솔하고 온 80명, 서울·강화의 해산병 등 약 3천 명 정도였다.

경기도 양주에 모인 여러 의병부대의 의병장들은 회의를 열어 협의한 후에 1907년 11월 의병연합부대로서 '13도 창의대진소(十三道倡義大陣所)'를 성립시키고, 이인영을 '13도 창의총대장(十三道倡義總大將)'으로 추대하였다. 이인영 총대장은 각 의병부대에 도별로 진명(陣名)을 내리고 지휘체계를 정비하였다. 《대한매일신보》는 1908년 1월(음력 전년 12월) 초의 13도 창의대진소 편성을 다음과 같이 기록하였다.

13도 창의대진소 총대장 : 이인영

군사장 : 허위

관동 창의대장 : 민긍호

호서 창의대장 : 이강년

교남 창의대장 : 박정빈

진동 창의대장 : 권중희

관서 창의대장 : 방인관

관북 창의대장 : 정봉준

군사장 허위

13도 창의대진소 의병연합부대는 대오를 갖추고 '제1차 서울탈환작전'을 시작하여, 총대장 이인영과 군사장 허위 등은 '서울'을 향한 진군령을 내렸다. 13도 창의대진소는 작전을 시작하면서 서울에 심복을 잠입시켜 각국 영사관을 순방케 해서 일제의 불의를 성토하고, "의병은 순연한 애국혈단(愛國血團)이니 열강도 이를 국제공법상의 전쟁단체로 인정하며 또 정의와 인도를 주장하는 나라의 동성응원(同聲應援)을 절규한다"는 요지의 통문을 돌렸다.

13도 창의대진소 의병연합부대는 먼저 군사장 허위가 약 300명의 선봉대를 인솔하여 1908년 1월 15일(음력 전년 12월 12일) 무렵 서울 동대문 밖 약 30리의 지점에 도착하였다. 허위의 선봉대가 이 지점에 도착하면, 뒤이어 총대장 이인영이 인솔하는 본대와 각도 창의대장이 지휘하는 크고 작은 의병부대들이 부대별로 약속한 기일에 약속한 지점에 도착하기로 되어 있었다.

그러나 이인영과 각도 창의대장이 인솔하는 본대는 천천히 진군했으므로 기일 내에 약속된 장소에 정확하게 도착하지 못하였다. 이러한 상황에서 허위가 인솔하는 선봉대는 잠복중인 일본군의 선제공격을 받아 치열한 전투를 벌였다. 그러나 선봉대만으로는 화력의 열세로 일본군을 이길 수 없어, 허위의 선봉대는 후속 본대의 도착을 기다리면서 전투를 전개하였고, 본대가 약속한 기일에 도착하지 않자 일단 후퇴하였다.

13도 창의대진소 본대는 총대장 이인영의 인솔하에 약 2천 명이 1908년 1월 28일(음력 전년 12월 25일)경 마침내 동대문 밖 30리 지점에 대(隊)를 이어가면서 도착하였다. 이인영은 새해 음력 정월(양력 2월)을 기해 서울에 진입해서 일제통감부와 승패를 결정하려고 하였다.

그러나 이때 불행한 일이 일어났다. 총대장 이인영의 부친이 별세했다는 흉보가 1908년 양력 1월 28일(음력 전년 12월 25일) 양주군내의 본진을 거쳐 이인영에게 통보되었다. 독실한 유학자인 이인영은 뒷일을 모두 군사장 허위에게 위임하고, 동시에 이번 '서울탈환작전'을 일단 중지하라는 통문을 각 진에 보내도록 한 다음 부친의 장례를 치르기 위하여 귀향하였다. 여기서 13도 창의대진소의 '제1차 서울탈환작전'은 일단 중지되고 의병부대들은 각각 본래의 유진소(留陣所)로 돌아가게 된 것이었다.

종래 13도 창의대진소의 '서울탈환작전' 중지의 원인에 대해서는 주로 총대장 이인영이 부친의 상을 당하자 '효(孝)'를 앞세워 중단시킨 것으로 설명해 왔다. 그러나 이것은 극히 피상적인 설명이라고 할 수 있다. 당시 13도 창의대진소는 동대문 밖 30리 지점에 도달할 때까지 일본군 수비대와 38회에 달하는 전투를 치르는 동안에, 탄약이 고갈되어 서울 진입작전을 감행하기에는 화력이 절대적으로 부족하였다. 게다가 군사장 허위가 이끄는 300명의 선봉대가 일본군과의 격전 끝에 큰 피해를 입고 있었다. 13도 창의대진소로서는 이 작전을 중지시켜야 할 필요성을 절감하고 있을 때에 부친의 별세 통보가 왔고, 이인영은 의병의 희생을 줄이기 위하여 이를 핑계로 '제1차 서울탈환작전'의 중지를 명령한 것으로 해석된다.

2. 13도 창의대진소의 제2차 서울탈환작전

종래 학계에서는 13도 창의대진소의 서울탈환작전은 위에서 든 제1차 작전 한 번만 있었던 것으로 알려져 왔으나, 사실은 그후 '제2차 서울탈환작전'이 한 번 더 있었다.

13도 창의대진소의 지휘권을 위임받은 군사장 허위는 '제2차 서울탈환작전'이 중단된 이후 임진강 유역에 근거지를 마련하였다. 이와 동시에 허위는 다음과 같이 '제2차 서울탈환작전'을 재개할 계획을 세웠다.

① 의병을 더 모집하여 군사훈련을 시켰으며,
② 무기와 화약을 구입하기 위하여 부하들을 서울에 잠입시켜 화력을 보충하고, 청국에까지 밀사를 파견하여 군사 원조를 구했으며,
③ 군량을 비밀리에 조달하여 비축하고,
④ 부하 의병장을 비밀리에 서울에 잠입시켜 '제2차 서울탈환작전'의 내용을 준비하게 하였다.

그 사이에 관동 창의대장 민긍호가 1908년 2월 27일 전사하여 큰 타격을 주었으나, 그 대신 1908년 3월 23일에 미국 샌프란시스코에서 장인환(張仁煥)·전명운(田明雲) 등이 친일파 외부고문 겸 일제통감부 촉탁 스티븐스(D. W. Stevens)를 처단한 사건이 일어나 보도됨으로써 이를 상쇄하고, '제2차 서울탈환작전'의 결정에 큰 자극이 되었다. 군사장 허위는 각도 창의대장의 동의를 얻어 1908년 4월 21일 전국 13도 의병의 재봉기를 요청하는 통문을 전국에 발송하였다.

1908년 2-3월에는 서울 근교에서 의병 출몰의 보고가 매우 드물었는데, 13도 창의대진소 의병연합부대의 각도 창의대장들이 서울을 향하여 다시 진군함으로써, 4-6월에는 갑작스럽게 의병부대들이 서울 근교에 매우 빈번히 출현하여 서울을 포위하고 일본군 수비대와 치열한 유격전을 벌이기 시작하였다. 특히 4-5월에는 의병부대들의 서울 근교 일본군 수비대들에 대한 공격이 격화되어 서울의 지척에서 날마다 치열한 전투가 전개되었다.

일제는 13도 창의대진소 의병연합부대들이 '제2차 서울탈환작전'을 재

개하여 서울을 포위하고 근교에서 일본군 수비대를 격렬하게 공격함에 크게 당황하였다. 일제는 서울에 사단 본부를 둔 일본군 제13사단, 추가 보병 1개 여단, 기병파견대(4개 중대), 헌병대(약 2천 명) 등의 기존 병력만으로는 방어와 반격이 불가능하다고 보고, 일본 본국에서 1908년 5월 7일자로 일본군 제6사단으로부터 보병 제23연대와 제7사단으로부터 보병 제27연대를 차출하여 일본군 2개 연대를 한국에 증파하였다. 그리고 이들로 하여금 서울의 일제통감부를 방어하고 의병의 제2차 서울탈환작전을 막도록 하였다. 일제는 또한 한국인 부랑배들을 모아 약 6천 명의 헌병 보조원을 신설하였다.

일본군은 이 대폭 증강된 병력으로 6월 초부터 서울 외곽에서 의병에 대한 본격적 공세를 시작하였다. 그리하여 1908년 5월 말에서 6월에는 서울 외곽에서 한국 의병연합부대들과 증강된 일본군 사이에 치열한 전투가 벌어지게 되었다. 의병부대들은 투지와 사기는 충천했으나 무기가 압도적 열세이고 탄약은 지속적 공급이 되지 않아 고갈되어 일본군의 방어선을 뚫고 서울에 진입할 수 없었다.

객관적으로 볼 때, 당시 13도 창의대진소 의병연합부대의 '제2차 서울탈환작전'은 작전 그 자체는 훌륭했으나 그에 수반되어야 할 화력의 절대부족으로 성공을 거두지 못하게 되었다.

비록 실패했지만, 13도 창의대진소 의병연합부대의 '제2차 서울탈환작전'은 다음의 성과를 이루었다.

① 전국의 의병운동을 다시 크게 고양시켜, 일제의 표현을 빌면 의병 봉기이래 '미증유(未曾有)의 치성(熾盛)'을 보게 했으며,

② 소규모 의병부대들의 항일무장투쟁의 대동단결과 상호연대의 강화를 가져왔고,

③ 의병무장투쟁의 정치적 경륜과 전략을 크게 발전시켰으며,

④ 전국민에게 애국주의를 더욱 높이 고양시켰고,

⑤ 애국계몽운동을 보위하고 크게 고취했으며,

⑥ 수도에 진입하려 했기 때문에 한국인들의 국권회복운동과 항일의
병 무장투쟁을 전세계에 알리는 커다란 정치적 효과를 가져왔다.

3. 고양기 의병운동의 완강한 투쟁

1908년 6·7월에는 종래 13도 창의대진소의 의병연합부대를 구성하였
던 중부 지역의 의병부대들과 증파된 일본군 사이에 하루도 쉼이 없는
치열한 전투가 전개되었다. 의병부대들은 신출귀몰하여 기습하여 치고
후퇴하는 유격전으로 도처에서 일본군 토벌대들을 섬멸하였다. 그러나
이 과정에서 의병들의 희생도 많았으며, 허위·이강년·노병대·신돌석·김
동신·김석하 등을 비롯한 다수의 의병장들이 체포되거나 전사하였다. 그
럼에도 불구하고 의병부대들의 불굴의 항일무장투쟁은 조금도 꺾이지
않고 계속되어, 다음 표에서 보는 바와 같이 1908년에는 1,452회의 전투
에 69,832명의 의병이 전투에 참가하는 최고조의 고양을 보게 되었다.

1909년에 들어서도 의병운동은 꺼지지 않고 불타올라서, 의병장이 전
사한 의병부대에서는 부장들이 의병장이 되어 격렬한 의병전쟁을 전개
하였다. 특히 이 시기에는 그동안의 의병전쟁의 경험이 축적되어 의병부
대들의 행동은 민첩해졌고 전술·첩보·근무 및 경계방법도 더욱 교묘하
게 발전되었다. 일제의 자료에 의하면, 1909년에 들어 임진강 유역의 황해도와 경기도, 소백산맥 일대 즉 강원도, 충청북도와 경상북도의 경계 지방, 전라북도 서남부와 전라남도 일원에서는 의병무장투쟁이 매우 격렬하여 매월 평균 3천여 명씩의 의병들과 일본군이 전투를 하지 않으면 안

의병장 이강년

되었다.

특히 호남 일대에서는 약 500명의 전해산(全海山) 의병부대가 서울 시위대의 봉기에 참여했던 정원집(鄭元執) 참위를 선봉장으로 하여, 전라남도 영광군 불갑산(佛甲山)을 근거지로 그 일대에서 맹렬한 유격전을 전개하고 있었다. 또한 약 500명의 심남일(沈南一) 의병부대도 섬진강 유역에서 무장투쟁을 전개하고 있었다. 임창모(林昌模) 의병부대는 약 300명의 병력으로 보성 일대에서 활동하고 있었으며, 강무경(姜武景) 의병부대는 섬진강 유역에서 심남일 의병부대와 연합작전을 전개하고 있었고, 머슴 출신인 안계홍(安桂洪) 의병부대는 약 450명의 병력으로 광양군 백운산을 근거지로 그 일대에서 신출귀몰하는 유격전을 전개하고 있었다. 이밖에도 김경구(金京久) 의병부대, 강사문(姜士文) 의병부대, 박도경(朴道京) 의병부대, 김영백(金永伯) 의병부대, 신보현(申甫鉉) 의병부대, 양윤숙(梁允淑) 의병부대 등을 비롯하여 다수의 소규모 의병부대들이 맹렬한 의병무장투쟁을 전개하고 있었다.

이 호남의 의병부대들은 1908년 4월경에 화승총을 개조하여 뇌관식

<표> 의병의 전투횟수와 참가 의병수

연 도	전투횟수(회)	참가 의병수(명)
1907	323	44,116
1908	1,452	69,832
1909	898	25,763
1910	147	1,891
1911	41	271
1912	5	23
1913	3	40
누계	2,869	141,936

* 자료 : 1907-1910년은 《조선폭도토벌지》 부표 제3표 ; 1911-1913년은 《한국독립운동사》(국사편찬위원회) 제2권, p.71

* 1907년의 통계는 8-12월의 4개월간 통계임.

(雷管式) 화승총을 만드는 데 성공하였다. 이에 화력이 약간 증강되자 그들은 사기가 충천하여 곡창지대인 호남지방을 장악하고, 일본인의 이 지방 침투와 미곡 수출을 불가능하게 봉쇄하였다.

일본군은 증파된 2개 연대를 호남지방에 전원 투입하고 그밖에 헌병경찰대와 이전의 일본군 수비대를 연합하여, 1909년 9월부터 2개월간 소위 '남한대토벌작전(南韓大討伐作戰)'을 벌였다. 이 작전은 의병무장투쟁이 격렬한 전라남도 지역과 이에 인접한 전라북도 남부 및 경상남도 서부를 잇는 약 350리를 바둑판처럼 세분하여 포위망을 만들고, 한정된 지역 내에서 행동부대는 전후·종횡·주야를 가리지 않고 수색하여 각 마을의 명부에 있는 20-60세의 모든 남자를 실제로 대조 조사하고 무기를 압수하며, 모든 의병들과 그 동정자를 빗질하듯이 2회 이상, 필요하면 10회 이상 훑어 내어 근절한다는 것이었다.

일본군의 이 작전이 실시됨에 따라 호남지방은 1909년 9-10월의 2개월간 살육·방화·만행의 수라장이 되었다. 일본군은 작전지역내의 마을에서 의병이 나온 가족들을 학살하고 가옥에 방화했으며 수많은 농민들을 체포·투옥하였다. 일본군의 이 악랄한 야수적 '남한대토벌작전'으로 심

남한대토벌에 체포당한 의병장

남일·강무경·안계홍·임창모·전해
산·양윤숙·신보현 등 103명의 의병
장과 4,138명의 의병들이 일본군에
게 체포되었다.

일본군은 호남지역 의병운동에
대한 '남한대토벌작전'이 일단락되
자, 똑같은 방법으로 계속하여 임진
강 유역과 소백산 일대에도 증파된

목이 잘린 채 경북 안동의 경찰청에
효수된 의병장

2개 연대를 집중 투입하여 야수적 토벌작전을 강행하였다. 그 결과 1909
년 12월에는 의병장 권중설(權重卨)과 김수민(金秀敏)이 체포되어 큰 타
격을 받았으며, 소백산맥 일대에서 활동하던 의병부대들도 큰 타격을 받
게 되었다.

이때 의병부대는 완강하게 응전하여 탄약이 완전히 고갈되면 백병전
을 벌이며 용감히 싸웠다. 일제의 절하평가된 통계에 의할지라도, 1907
년 8월부터 1909년 말까지의 고양기에 일본군과 전투하다가 전사한 의병
수가 16,700여 명, 부상당한 의병수는 36,770여 명에 달하였다고 한다.

4. 의병운동의 독립군으로의 전환

일본군이 소위 '남한대토벌작전'을 끝낸 1909년 11월 이후 의병무장투
쟁은 화력의 열세로 현저히 퇴조하기 시작했으나, 그럼에도 불구하고 남
은 의병들의 항일무장투쟁은 매우 완강하여 일제에게 큰 위협이 되었다.
또한 이 5단계(1909년 11월-1914년 4월)의 의병운동에서는 국내에서의 의
병무장투쟁이 점차 불가능함을 느낀 다수의 의병장들이 만주와 러시아
로 망명하여 의병을 독립군으로 전환시키려는 운동을 전개하기 시작하
였다.

제5단계의 의병운동에서 가장 활발하게 의병무장투쟁을 전개한 부대
는 황해도·경기도 일대의 의병부대들이었다. 특히 황해도의 이진룡(李鎭
龍) 의병부대는 1910년 3월에 경의선의 계정-잠성간의 철도를 파괴하고,
경기도 장단과 황해도 연안·백천·재령·수안 등지를 중심으로 신출귀몰
하는 유격전을 전개하여 일본군에 큰 타격을 주었다. 그들은 적성의 감악
산을 근거지로 삼고 연기우(延基羽) 의병부대와 연합하여 일본군을 여러
차례 기습해서 섬멸하였다. 또한 지관식(池寬植)은 25명의 의병들과 함
께 봉기하여 이진룡 의병부대와 연락하면서 여러 차례 일본군과 전투에
서 승리하여 일본군이 가장 두려워하는 새로운 의병부대로서 명성을 떨
쳤는데, 1910년 3월 해주에서 일본군 수백 명의 대부대와 대적하여 치열
한 전투를 벌이고 지관식 등 3명은 전사하였다.

경기도에서는 연기우 의병부대와 강기동(姜基東) 의병부대가 각각 20-
30명의 소규모로 경기도 양주·포천·삭녕·마전과, 황해도 토산·금천·재
령 등지에 출몰하면서 유격전을 전개하였다. 또한 강두희(姜斗熙) 의병
부대와 채응언(蔡應彦) 의병부대도 경기도·강원도·황해도 일대에 출몰
하면서 유격전으로 용감하게 활동하였다.

강원도에서는 김상태(金相泰)·한봉서(韓鳳瑞) 의병부대가 강원도·충
청북도·경상북도 접경 지대에 출몰하면서 유격전에 의한 무장투쟁을 전
개하였다. 전라도와 경상도·충청남도의 접경 지대에서는 문태수(文泰守)
의병부대(부장 李康錫·李學魯)가 항일 유격전을 전개하였다.

경상북도와 강원도의 동해안 일대에서는 약 20여 명으로 구성된 정경
태(鄭敬泰) 의병부대가 이 지방 주민들과 깊은 연대를 맺고 그들의 보호
를 받으며, 3-4명씩 조를 만들어 울진·영월·봉화 등지에 출몰하면서 일
본군 수비대를 습격하였다. 함경도에서는 홍범도(洪範圖) 의병부대의 부
장 박영신(朴永信)이 인솔하는 약 25명의 의병부대가 1911년 3월 중순
경원 부근의 도문강(圖們江)을 건너 세천동(細川洞) 부근의 일본군 수비
대를 습격해서 섬멸하였다.

항일의병부대의 의병장 중에는 대규모 의병부대의 조직이 불가능하자, 3-4인조의 특공대를 조직해서 적의 수뇌나 주둔지를 공격하는 일도 자주 일어났다. 안중근이 의병부대의 대원들로 조직된 4인조 특공대를 이끌고 만주에 찾아온 전일본 수상이며 한국통감이었던 이토 히로부미(伊藤博文)를 공격하여 처단한 것과 같은 것은 그 대표적 사례였다.

일제의 한국에 대한 완전 식민지의 병탄으로 말미암아 1910년 8월 이후부터는 국내에서 의병투쟁이 실질적으로 불가능하게 되어가자, 의병장들은 소규모의 부대들을 이끌고 국외로 망명하여 독립군을 편성하려는 경향이 대두되었다. 유인석(柳麟錫)은 남만주 통화현(通化縣)으로 망명했다가 다시 러시아로 가서 독립군 조직을 준비했다. 1910년 3월에 함경도 의병장 홍범도는 만주 장백현 왕개둔(汪開屯)으로 망명하여 독립군 창설을 시작하였다. 황해도 의병장 이진룡은 1911년 10월 남만주로 망명하여 독립군 창설을 준비하였고, 의병장 채응언도 만주로 망명하여 독립군 창설사업을 하면서 국내에 잠입했다가 1915년 7월 평안남도에서 체포당하였다.

이렇게 해서 마지막 한말 의병으로서, 1914년 5월에 황해도 서흥지방에서 이진룡 의병부대에 속해 있던 김정안(金貞安) 의병부대가 끝까지 항복하지 않고 마지막 한 사람까지 싸우다가 모두 장렬하게 전사함으로써, 한말 의병무장투쟁은 그 장엄한 종언을 고하게 되었다.

의거 직후의 안중근 의사(좌)와 안중근의 지인이 찍힌 유묵

5. 한말 의병운동의 사회사적 의의

한말의 의병운동은 1904년 7·8월의 재봉기 이후부터 계산해도 만 10년에 걸쳐 연인원 14만 2천 명이 참가해서 항일무장투쟁을 전개하였고, 무려 1만 6천 7백여 명이 순국한 위대한 애국운동이었다.

이 운동의 실패 원인으로서는 다음과 같은 몇 가지 요인을 지적할 수 있다.

첫째, 의병부대들은 무기가 매우 열악하고 탄약을 지속적으로 공급받지 못하여 전투중에 대부분 고갈되었다. 무기는 중세시대의 화승총이 대부분이었으며, 그나마도 무장하지 못한 의병이 많았다.

둘째, 의병들은 민병의 집합이었기 때문에 군사훈련이 절대적으로 부족하였다.

셋째, 통일적인 현대 군사전략적 지휘가 불충분하였다. 유생 출신 의병장들은 중국의 고전 병서에 기초를 둔 전근대적 군사전략에 입각하여 지휘를 하는 일이 많았으며, 평민 출신 의병장은 훨씬 용감하고 완강하게 싸우기는 했으나 현대적 군사전략에서는 취약하였다. 오직 군인 출신 의병장들만 현대적 군사전략에 입각하여 막강한 의병부대들을 만들었으나 사병 출신이 대부분이고 장교 출신은 소수로 큰 제약을 받았다.

넷째, 일본군의 '토벌'작전 방법이 의병에게 식사를 제공한 마을이나 의병에 참가한 병사가 나온 마을 전체를 불지르고 살육하는 야수적 초토전술과 살육전술을 자행했기 때문에, 의병부대들은 강렬한 정신적 연대에도 불구하고 동족의 피해가 너무 커서 실제에서는 농민들과의 연계를 제한하지 않을 수 없었다.

다섯째, 한말 의병운동은 국내조건과 국제조건이 극도로 불리한 상황에서 전개되었다. 국내에서는 친일정부가 의병운동에 적대적 행위를 하였고, 국제적으로는 열강이 일제의 한국병탄을 모두 승인하는 고립무원의 상태에서, 의병운동은 용감한 항일무장투쟁을 전개한 것이었다.

그러나 한말 의병운동은 다음과 같은 몇 가지 점에서 커다란 사회사적 의의를 가진 민족운동이 되었다.

첫째, 한말 의병운동은 애국주의를 높이 발양했을 뿐만 아니라 전국민에게 민족적 각성과 애국주의를 크게 고취하였다. 한말 의병운동은 나라와 겨레가 위급할 때 한국민족은 자기 목숨보다도 먼저 나라를 위하여 헌신하는 높은 애국주의를 발양하는 민족임을 과시했으며, 전국민에게 애국주의를 크게 고취하여 더욱 높은 차원의 민족적 각성을 불러일으켰다.

둘째, 한말 의병운동은 반침략 민족운동을 전민족적·전국적 항일무장투쟁으로 발전시켰다. 한말 의병운동은 일제의 무력침략에 대항하는 민족운동에서 무장투쟁의 중요성을 확고히 정립하여 전개했을 뿐만 아니라, 그것을 민족의 각계각층이 모두 참여한 전민족적 무장투쟁으로 발전시켰으며, 전국 방방곡곡에서 봉기한 전국적 무장투쟁으로 발전시켰다.

셋째, 한말 의병운동은 일본제국주의의 한국에 대한 완전 식민지로의 강점을 약 3년간 지연시켰다. 1907년 고종의 강제양위와 군대 해산 직후 의병무장투쟁의 고양이 없었으면 그해 말에 일제에게 병탄되었을 나라가, 의병무장투쟁의 고양으로 1910년 8월까지 약 3년간 병탄이 지연된 것이었다.

넷째, 한말 의병운동은 애국계몽운동을 보위하고 고취하였다. 의병무장투쟁이 치열하게 전개되어 일제의 병탄을 약 3년간 지연시켰기 때문에, 이 기간에 애국계몽운동은 국민들 사이에 뿌리를 깊이 내리어 큰 성과를 낼 수 있었다. 총을 들고 목숨을 건 격렬한 의병무장투쟁이 한쪽에서 전개되었기 때문에, 일제의 강대한 무력이 이에 대항하기에 급급하여 붓을 든 애국계몽운동을 완전히 탄압할 수가 없었다. 결국 의병운동이 애국계몽운동을 보위한 셈이 되었다.

다섯째, 한말 의병운동은 그 이전까지 서로 대립하면서 별개로 민족운동을 전개하고 있던 위정척사사상과 개화사상을 처음으로 결합시키기 시작하여, 한국 근대 민족운동의 발전에 중요한 이정표를 만들었다.

여섯째, 한말 의병운동은 그후 독립군 무장투쟁의 원류와 선구가 되었다. 일제 강점기의 독립군 무장투쟁에는, 무관학교 설립과 독립군 기지 창건을 중심으로 한 애국계몽운동파의 기원과 직접적인 의병운동의 기원 등 두 개의 기원이 있었는데, 한말 의병운동은 그 퇴조기에 의병장들이 만주와 러시아 등지로 망명하여 독립군 창설을 추진함으로써 그 직접적 기원의 하나를 이루었다.

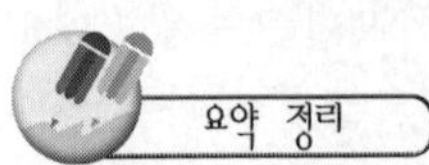

- 대한제국 군대 해산 후 각지에서 더욱 격렬하게 봉기한 의병부대들은 관동 창의대장 이인영(李麟榮)의 통문에 호응하여, 1907년 11월 말 경기도 양주 부근에 약 1만 명이 모여서 '13도 창의대진소'의 의병연합부대와 연합사령부를 편성하였다.
- '13도 창의대진소'는 대열이 갖추어지자 1908년 1월 '제1차 서울탈환작전'을 전개하였다. 서울에 진입하여 일제와 담판을 해서 통감부를 추방하고 국권을 회복하기 위한 것이었다. 군사장 허위(許蔿)가 인솔한 선봉대가 1908년 1월 28일 동대문 밖 30리 지점까지 도착했으나, 잠복중인 일본군의 선제공격으로 치열한 전투 끝에 손실을 입어 더 전진하지 못하였다. 탄약이 고갈된 상태였으므로 총대장 이인영은 '제1차 서울탈환작전'을 중단시키고, 부친의 상례를 위해 직무를 군사장에게 맡긴 후 귀가하였다.
- 군사장 허위는 다시 준비를 갖춘 후 1908년 4월 '제2차 서울탈환작전'을 시작하였다. 의병연합부대가 서울을 포위하고 일본군 수비대를 맹렬한 기세로 공격하였다. 일제는 기존 병력만으로는 이를 막지 못하여 본국에서 2개 연대를 증파하여 서울 통감부 방어에 투입하였다. 1908년 5-6월에는 서울 근교에서 의병부대들이 일본군과 치열한 혈전을 벌였으나, 화력의 절대적 열세로 서울에 진입할 수 없었다.
- 1909년에 들어서도 의병들은 전국에서 활발하게 항일의병 무장투쟁을 전개하였다. 일제는 1909년 9월부터 2개월간 소위 '남한대토벌작전'을 전개하여, 의병을 낸 마을에 불지르고 초토화하면서 민간인에 대한 야수적 살인만행을 자행하였다.
- 1910년 8월 일제가 대한제국을 '완전 식민지'로 강점한 전후에는 국내에서 항일의병 무장투쟁을 전개하는 것은 실제로 불가능했다. 이에 의병운동은 퇴조기에 접어들고, 다수의 의병장들은 만주와 러시아로 망명하여 독립군으로의 전환을 추진하

였다. 항일의병전쟁은 1907년 8월 1일부터 1913년까지의 일제의 절하평가된 통계를 보아도, 전투횟수가 2,869회, 전투에 참가한 의병수가 141,936명에 달하였다. 또한 1907년 8월 1일부터 1909년 말까지 고양기에 일본군과의 전투로 전사한 의병이 16,700여 명, 부상(중상)당한 의병이 36,770여 명에 달하였다.

- 의병운동의 실패 원인으로서는 ① 무기와 탄약의 절대적 부족 ② 군사훈련의 부족 ③ 통일적인 현대적 군사전략에 입각한 지휘의 불충분 ④ 의병에 동조한 마을과 농민에 대한 일제의 야수적 초토전술과 살육만행 ⑤ 친일정부의 의병에 대한 적대 행위 및 국제적 지원세력의 결여로 말미암은 국제적 고립 등을 들 수 있다.

- 그럼에도 불구하고 항일의병 무장투쟁은 커다란 사회사적 의의를 가진 민족운동이었다. 특히 그 중요한 의의로서는 ① 전국민에게 민족적 각성과 애국주의의 고취 ② 반침략 민족운동의 전민족적 전국적 항일무장투쟁으로의 발전 ③ 일제의 완전 식민지로의 병탄을 약 3년간 지연 ④ 애국계몽운동의 보위와 고취 ⑤ 위정척사사상 과 개화사상의 결합 시작 ⑥ 독립군 무장투쟁의 직접적 원류 형성 등을 들 수 있다.

<table>
<tr><td rowspan="5">용 어
정 리</td></tr>
</table>

용 어 정 리

● 교남 창의대장(嶠南倡義大將) ▶ '경상도 의병봉기대장'의 뜻이다. '교남(嶠南)'은 '영남(嶺南)'과 같은 뜻의 별명이다. 1907년 '13도 창의대진소'의 '교남 창의대장'은 처음 신돌석(申乭石)이 임명되었다가, 바로 박정빈(朴正斌)으로 교체 임명되었다.

● 군사장(軍師長) ▶ 현대 직제로는 '참모총장'에 해당한다. 동양병제에서는 주장(主將)에 속하여 군기(軍機)를 장악하고 군대의 운용을 담당하며 모계(謀計)를 꾸미는 사람을 '군사(軍師)'라 하였다. '군사장'은 이러한 '군사(軍師)들'을 모두 거느린 '장'이란 뜻이다. '13도 창의대진소'의 총대장 다음의 제2인자였으며, 이 군사장에는 허위(許蔿)가 임명되었다.

● 13도 창의대진소(十三道倡義大陣所) ▶ 전국 '13도 의병봉기 총사령부'의 뜻이다. 실제로는 '전국 의병연합부대'를 의미한다. 관동 창의대장 이인영의 제의에 의해 1907년 11월 말 경기도 양주(楊州)에서 성립하였다. 이때 이인영의 제의 격문에 호응하여 양주에 집결한 의병은 약 1만 명에 달하였다.

● 13도 창의총대장(十三道倡義總大將) ▶ 전국 '13도 의병봉기총대장'의 뜻이다. 1907년 11월 말 경기도 양주에서 성립한 '13도 창의대진소'에서는 관동 창의대장 이인영(李麟榮)을 '13도 창의총대장'으로 추대하였다.

● 유진소(留陣所) ▶ '군사주둔처'의 뜻이다. 여기서는 전국 각 지방 의병부대들의 '주둔처' 또는 '근거지'를 의미하고 있다. 즉 '13도 창의대진소'에 참가한 의병들의

본래 출발지를 가리키고 있다.

● 장인환(張仁煥) ▶ 장인환(1876~1930)은 평안북도 선천에서 출생하여 1895년 '을미의병'에 참가했으며, 1904년 미국으로 건너갔다. 일제의 천거로 대한제국 외부고문을 하다가 통감부 촉탁으로 있는 스티븐스(Durham Stevens)가 샌프란시스코에 도착하여, 일제의 '을사조약' 강요와 통감부 설치를 극찬하고 일제의 한국침략을 정당화하는 발언과 글을 신문에 게재하자, 장인환은 격분하여 1908년 3월 23일 스티븐스를 권총 2발로 처단하였다. 이 사건은 즉각 《대한매일신보》에 크게 보도되어 한국의병운동을 고취하였다.

● 전명운(田明雲) ▶ 전명운(1892~1936)은 평양 출신의 지식인으로서 국권회복을 위한 비밀결사에 가입했다가 일본헌병에게 쫓기어 1907년 12월 미국으로 망명하였다. 일제가 천거한 대한제국 외부고문이었으며 통감부 촉탁이었던 스티븐스가 일제의 식민지침탈과 일제통감부를 샌프란시스코 신문에 기고하여 극도로 칭찬하자, 분개하여 그를 처단하려고 저격했으나 불발이어서 육탄전을 전개하던 중 장인환이 쏜 총에 2발이 명중하여 스티븐스는 처단되고, 장인환은 이 과정에서 부상당하였다. 장인환·전명운의 의거는 '13도 창의대진소'의 '제2차 서울탈환작전'을 크게 고취하였다.

● 진동 창의대장(鎭東倡義大將) ▶ '경기도·황해도 의병봉기대장'의 뜻이다. '진동(鎭東)'은 '강화도 진무영 동쪽'의 뜻이다. 대원군 때 국방강화책으로 강화부(江華府)를 진무영(鎭撫營)으로 승격시켰는데, 그 이후 강화도 동쪽에 있는 경기도와 황해도를 묶어서 호칭할 때 '진동(鎭東)'이라 하였다. '13도 창의대진소'의 '진동 창의대장'에는 허위(許蔿)가 임명되었다가, 허위가 군사장이 되어 곧 권중희(權重熙)로 교체 임명되었다.

- 신용하, 〈안중근의 사상과 의병운동〉, 《한국사학》 제2집, 1980.
- 윤병석, 〈13도 창의군의 결성〉, 《사학연구》 제36집, 1983.
- 신용하, 〈홍범도 의병부대의 항일무장투쟁〉, 《한국민족운동사연구》 제1집, 1986.
- 신용하, 〈전국 '13도 창의대진소'의 의병연합운동〉, 《한국독립운동사연구》 제1집, 1987.
- 이구용, 〈강원도지방의 의병항쟁〉, 《강원도의병운동사》, 1987.
- 신용하, 〈민긍호 의병부대의 항일무장투쟁〉, 《한국민족운동사연구》 제4집, 1990.
- 유한철, 〈1907-1910년 강원도 의병진과 활동〉, 《한국민족운동사연구》 제4집, 1990.
- 홍영기, 〈구한말 전라남도 도서지방 의병에 대한 일고찰〉, 《동아연구》 제21집, 1990.
- 백용일, 〈산남 의진고〉, 《한국민족운동사연구》 제5집, 1991.
- 정제우, 〈이강연의 생애와 사상〉, 《박성수교수화갑기념논총》, 1991.
- 신용하, 〈허위 의병부대의 항일무장투쟁〉, 《박영석교수화갑기념논총》, 1992.
- 박민영, 〈한말 연해주의병에 대한 고찰〉, 《인하사학》 제1집, 1993.
- 유한철, 〈유인석의 의병 근거지론〉, 《한국독립운동사연구》 제8집, 1994.
- 김상기, 〈한말 충청지방에서의 의병투쟁과 그 성격〉, 《청계사학》 제13집, 1997.
- 홍순권, 〈의병학살의 참상과 '남한대토벌'〉, 《역사비평》 제45호, 1998.
- 김성진, 《항일 의병장 문태서(수) 연구》, 함양문화원, 1999.
- 박 환, 〈구한말 러시아 연해주 최재형의병 연구〉, 《한국독립운동사연구》 제13집, 1999.

20

한말 국권회복운동으로로서의 애국계몽운동의 내용과 그 전개

　　1904년 일제가 한반도에 불법 상륙하여 국권침탈을 시작하고 1905년 11월에는 '을사조약' 체결을 강요하자, 한국민족은 그 전후부터 국권회복의 일환으로 의병무장투쟁과 함께 애국계몽운동을 전개하였다.

　　애국계몽운동의 내용은 ① 신교육구국운동 ② 언론계몽운동 ③ 실업구국운동(민족산업진흥운동) ④ 국채보상운동 ⑤ 신문화·신문학운동 ⑥ 국학운동 ⑦ 민족종교운동 ⑧ 해외독립군기지 창설운동 등을 포함하였다.

　　일제가 무력침략으로 대한제국의 국권을 강탈하자, 개화자강파들은 ① 국내에서는 대한제국 국민의 실력을 배양하기 위한 사업들을 수행함과 동시에, 특히 청소년들을 국권회복을 위한 민족간부로 양성하여 국내 '실력'을 양성해 두는 한편, ② 국외에는 '무관학교'를 세우고 독립군기지를 설치하여 독립군을 양성해서 실력을 준비해 두었다가, ③ 일본제국주의가 더욱 팽창하여 중일전쟁, 미일전쟁 또는 그 밖의 일제가 감당하기 힘겨운 다른 전쟁이 일어나는 '절호의 기회'가 오거나 한국민족의 '실력'이 대폭 증강되면, 국외의 독립군이 국내로 진입하여 '독립전쟁'을 전개하고 국내에서는 그 동안 준비한 민족의 실력으로 총단결하여 일시에 봉기해서, 가능한 모든 방법을 다하여 한국민족의 실력으로 일본제국주의를 몰아내고 국권을 회복하려는 전략을 세워 실천하였다.

　　이러한 애국계몽운동 중에서 특히 신교육구국운동은 크게 성공하여 민중들의 자발적인 힘으로 3천여 개 민립학교들을 설립하고, 열성적으로 애국교육과 신교육을 실시하여 수십 만의 새로운 민족간부들을 양성해 내었다.

1. 한말 애국계몽운동의 개념

　한국 근대사회사와 민족운동사의 전개과정에서 큰 산맥의 하나를 형성한 것은 한말의 애국계몽사상과 운동이었다.

　　근대 한국사회의 '애국계몽운동'은, 1905년 소위 '을사5조약' 강요에 의하여 일본제국주의자들에게 국권을 빼앗기기 전후, 개화자강파가 중심이 되어 완전한 '국권회복'을 목적으로 전개한 1904-1910년 사이의 민력계발과 민족독립역량 양성운동을 총칭하는 개념이다.

그 내용에는 다음의 운동들이 포함된다.

① 신교육구국운동

② 언론계몽운동

③ 실업구국운동(민족산업진흥운동)

④ 국채보상운동

⑤ 신문화·신문학운동

⑥ 국학운동

⑦ 민족종교운동

⑧ 해외독립군기지 창설운동

그러므로 애국계몽운동은 일반적 개념이 아니라 역사적 개념이다. 일반적 개념으로서의 계몽운동은 1904년 이전에도 있었고, 1910년 이후에도 있었다. 그러나 그러한 계몽운동들은 '애국계몽운동'에는 포함시키지 않는다. 역사적 개념으로서의 애국계몽운동은 1904-1910년 사이 '국권회복'을 목적으로 개화자강파가 전개한 앞서 든 내용의 운동들에 한정하여 사용하는 개념인 것이다.

한국민족은 1905년 11월 소위 '을사5조약'에 의하여 일본제국주의자들에게 국권의 일부를 빼앗기게 되자 당면한 민족적 과제로서 국권회복운동을 광범위하게 전개하였다. 개화자강파들도 종래의 개화운동으로부터 방향을 바꾸어 '국권회복'을 목적으로 한 운동으로 전환하게 되었다. 그리하여 한국민족의 국권회복운동은 의병운동과 애국계몽운동의 양면에서 전개된 것이었다.

한국민족은 당시 열강의 침략에 대한 오랜 기간에 걸친 대외 항쟁에도 불구하고 결국 일본제국주의자들에게 '힘' '실력(實力)'이 부족해서 국권을 박탈당했다는 반성을 깊이 하게 되었다. 또한 국권을 지킬 수도 없었던 실력으로 한번 빼앗긴 국권을 다시 찾는 것은 매우 어려운 과제이며,

따라서 국권회복운동은 장기전을 전제로 한 운동이 될 수밖에 없다는 사실도 널리 인식되기 시작하였다. 장기전에서 문제가 되는 것은 전력(戰力)의 장기간 공급을 의미하는 '실력'의 배양 및 축적과 독립운동에의 동원의 문제임도 널리 알게 되었다.

당시 개화자강파들은 한국의 국권을 빼앗은 일본제국주의의 '힘'과 국권을 빼앗긴 한국민족의 '힘'과의 커다란 격차를 객관적으로 인식하고, 불가피하게 장기전이 될 국권회복운동에서 최후의 승리를 쟁취하기 위해서는 국민의 '힘' '실력'을 양성하여 '전력'을 민족사회의 최하층에서부터 증강시켜야 한다고 생각하였다. 따라서 개화자강파들은 국권회복을 위한 민족의 실력을 양성하기 위해서는, 특수한 지배계층이 아니라 모든 '국민'을 '신국민(新國民)'으로 만들어 '민지(民智)'를 계발하고 '민력'을 양성해야 한다고 확신하였다. 또한 개화자강파들은 일본제국주의를 몰아내고 국권을 회복하기 위해서 이를 다른 강대국에 의뢰해서는 절대로 불가능하고, 오직 '자강(自强)'을 실현하여 '자력(自力)'으로 국권회복의 목적을 달성해야 한다고 인식하였다.

개화자강파들은 ① 국내에서는 민력을 양성하기 위해 앞서 든 사업들을 수행함과 동시에, 특히 청소년들을 국권회복을 위한 새로운 민족간부로 양성하여 '실력'을 준비해 두는 한편, ② 국외에는 무관학교를 세우고 독립군기지를 설치하여 독립군을 양성해서 실력을 준비해 두었다가, ③ 일본제국주의가 더욱 팽창하여 중일전쟁, 미일전쟁 또는 기타 일제가 감당하기 힘겨운 다른 전쟁이 일어나는 '절호의 기회'가 오거나 한국민족의 '실력'이 대폭 증강되면, 국외의 독립군이 국내로 진입하여 '독립전쟁'을 전개하고 국내에서는 그 동안 준비한 민족의 실력으로 총단결하여 일시에 봉기해서 가능한 모든 방법을 다하여 한국 민족의 실력으로 일본제국주의를 몰아내고 국권을 회복한다는 전략을 세워 그 운동을 전개하였다.

2. 애국계몽운동과 의병운동의 관계

일부의 연구자들 사이에서는 애국계몽운동이 국권을 잃고도 총을 들지 않은 운동이라는 점을 지적하여 이를 소극적 운동으로 경시하는 경향이 있는데, 이것은 피상적 관찰이라고 생각한다. 애국계몽운동과 의병운동은 방법만 달랐을 뿐 동일한 목표를 달성하기 위한 국권회복운동의 양면이었다고 볼 수 있으며, 두 개의 운동이 모두 적극적인 운동이었음을 주목할 필요가 있다.

의병운동은 국권을 빼앗긴 이상 패하여 죽더라도 총을 들지 않을 수 없다고 결의한 사람들의 무장항쟁으로서, 승패를 초월하여 즉각의 결전을 요구한 것이었다. 이 운동은 국권회복운동에서 가장 강렬한 애국주의를 발양한 위대한 운동이었다. 그리고 패전을 각오한 운동이었다.

한편 애국계몽운동은 자기 민족의 '실력' '힘'이 일본제국주의보다 현저히 부족하다는 사실을 객관적으로 인식한 사람들이, 국권회복의 장기전에서 '최후의 승리'를 쟁취하기 위하여 전개한 민족독립역량 양성운동이었다.

특히 지적해 두고 싶은 점은 의병운동과 애국계몽운동을 상호대립적인 것으로 보아 온 견해는 잘못된 것이라는 사실이다. 이 두 방면의 국권회복운동의 목표가 완선히 일치되었기 때문에 구조적으로 애국계몽운동과 의병운동은 가위의 양쪽 날과 같이 상호보완적이었다.

의병무장항쟁이 치열하게 전개되었기 때문에 1907년 고종의 양위 직후에 일제에게 병탄되었을 나라가 3년의 기간을 더 얻었으며, 바로 애국계몽운동이 가장 강렬하게 전개되어 뿌리를 깊이 내린 시기가 1907년부터 1909년까지의 기간이었다. 의병운동의 전력소모는 구조적으로는 애국계몽운동의 더 큰 전력을 생산하기 위한 보위전의 역할도 수행한 것이었다.

또한 애국계몽운동을 강렬하게 전개되었기 때문에 의병운동의 지원세력이 강화되고 근대교육을 받은 중견 간부들이 공급되어, 의병전쟁이 근대적 독립항전으로 실질적인 큰 전과를 올리며 더욱 치열하게 전개될 수 있었고, 더욱 오래 전개될 수 있었다. 그리고 애국계몽운동이 국외에 무관학교와 독립군기지를 창설했기 때문에 의병운동의 퇴조기에 의병이 독립군으로 합류 발전하여 장기적 무장독립항쟁을 전개할 수 있었다.

물론 이 두 흐름의 운동에는 수십만 명이 참가했기 때문에 개인적 편차가 없을 수 없었다. 극단적인 몇 가지 경우에는 개인적으로 상호비방하는 사례도 있었다. 그러나 집단운동으로서의 두 운동의 집단의지는 상호원조하였으며 상호지원하였다.

3. 애국계몽운동의 주체

애국계몽운동의 주체로는 애국계몽운동가·애국계몽운동 단체·민중 등을 들 수 있다.

① 애국계몽운동가 : 당시의 개화파·독립협회·만민공동회파의 인사들과 종래의 동도서기파(東道西器派)·위정척사파(衛正斥邪派) 중에서 국권피탈이라는 대충격을 받고 대오각성하여 개화자강의 노선으로 전환한 인사들이 중심이 되어 거대한 세력을 이루었다.

② 애국계몽운동 단체 : 보안회(輔安會)·헌정연구회(憲政硏究會)·대한자강회(大韓自强會)·신민회(新民會)·대한협회(大韓協會)·서우학회(西友學會)·한북흥학회(漢北興學會 : 뒤에 서우학회와 한북흥학회는 西北學會로 통합)·기호흥학회(畿湖興學會)·관동학회(關東學會)·교남교육회(嶠南敎育會)·호남학회(湖南學會)·대한흥학회(大韓興學會 : 유학생 단체) 등 다수가 있었다.

③ 민중 : 애국계몽운동의 객체임과 동시에 주체이기도 하였다. 당시 민중들은 일찍이 선각적 개화사상가들의 계도를 받아들여 나라를 근대화시키지 못하고 실력이 부족하여 국권을 빼앗기게 된 사실에 대한 반성과 함께 이제는 스스로 계발하고 분발하는 자발성을 상당히 보이게 되었다. 이에 따라 민중은 애국계몽운동가들과 애국계몽운동 단체의 계발의 대상이 됨과 동시에 애국계몽운동을 주도하는 주체가 되기에 이르렀다.

이 중에서 가장 대표적인 전국 규모의 애국계몽운동 단체인 대한자강회·신민회·대한협회의 경우를 간단히 살펴보기로 한다.

당시 개화파·독립협회·만민공동회파 인사들은 이른바 '을사 5조약' 강요에 의한 사태의 근본적 변동을 전후하여 종래의 개화운동을 국권회복운동으로 전환시키게 되었다. 이와 동시에 먼저 합법단체로서 1904년 7월 보안회와 1905년 5월 헌정연구회를 조직하였다가 이를 확충 개편하여 1906년 3월에 대한자강회를 조직하였다.

대한자강회는 윤치호(尹致昊)를 회장으로 하고 장지연(張志淵)·윤효정(尹孝定)·심의성(沈宜性)·임진수(林珍洙)·김상범(金相範) 등이 발기인이 되어, '교육의 확장과 실업의 발달을 연구·실시함에 의하여 나라의 부강을 이루고 다른 날 독립의 기초를 만드는 것'을 목표로 창립되었다.

대한자강회는 서울에 본부를 두고 각 지방에 지회를 설치하여 전국적 규모의 협회를 조직해서 애국계

대한자강회 월보

몽운동을 전개하였다. 대한자강회가 가장 강조한 것은 국권회복을 위한 기초로서의 실력을 양성하기 위해, 국민들에게 애국주의적 신지식을 교육하고 근대산업을 일으키도록 하여 자강을 실현하는 것이었다.

그러나 대한자강회의 애국계몽운동은 일제통감부의 탄압으로 말미암아 큰 제약을 받았다. 이른바 통감정치는 대한제국 정부를 그대로 두고 감독지배 정치를 했는데, 통감정치의 기본 방향은 처음부터 합법적 애국계몽운동의 폭을 조직적으로 좁혀 가고 있었으므로, 어떠한 계기가 있을 때마다 합법단체의 활동영역은 제한되고, 반면에 비밀결사 활동의 중요성이 더욱 증대하게 되었다. 그 전형적인 계기가 1907년 7월 24일의 이른바 '정미 7조약'이었다. 일제통감부는 '헤이그 밀사사건'을 구실로 고종을 양위시킴과 동시에 '정미 7조약'을 강제적으로 체결하도록 하고, 식민지화의 또 하나의 단계적 조처로 대한제국 정부에 일본인 차관을 임명하여 이른바 일제의 '차관통치'를 본격적으로 시작하였다. 이와 함께 일제는 애국계몽운동을 탄압하기 위한 적극적인 조처를 하였다. 그들은 1907년 7월 24일 '신문지법'을 공포하여 언론·집회·결사의 자유를 더욱 제한하였다. 뒤이어 8월 1일에는 대한제국 군대를 해산시켜 한국을 전적으로

헤이그 밀사(왼쪽부터 이준, 이상설, 이위종)

무방비상태에 두었다.

대한자강회는 고종 양위와 '정미 7조약'에 대한 반대시위를 주도했다가 일제에 의하여 1907년 8월 19일 강제해산당하였다. 그러나 대한자강회가 전국 규모로 애국계몽운동을 시작한 사실은 참으로 큰 업적을 남긴 것이었다.

대한자강회가 강제해산된 뒤 합법적 애국계몽운동 단체로서는 1907년 11월 대합협회가 창설되어 그 뒤를 이었다. 대한협회는 남궁억(南宮檍)을 회장으로 하고, 권동진(權東鎭)·여병현(呂炳鉉)·유근(柳瑾)·이우영(李宇榮)·오세창(吳世昌)·윤효정·장지연·정운복(鄭雲復)·홍필주(洪弼周) 등이 발기인이 되어 창립한 것이었다. 대한협회의 애국계몽운동은 대한자강회와 궤도를 같이 한 것으로, ① 교육의 보급 ② 산업의 개발 ③ 생명·재산의 보호 ④ 행정제도의 개선 ⑤ 관민폐습의 교정 ⑥ 근면·저축의 실행 ⑦ 권리·의무·책임·복종의 사상 고취 등을 내세웠다.

그러나 이때에는 이미 '정미 7조약'이 체결된 이후였으므로 대한협회는 대한자강회와 같이 그러한 운동이 후일 국권회복의 기초로서 실력양성 운동임을 강조하여 직결시키기가 어려웠다. 대한협회는 일진회의 친일노선에 반대하여 끝까지 애국노선을 견지한 전국규모의 애국계몽운동

신민회 총감독 양기탁(우)과 신민회 창립을 발의한 안창호

단체이기는 했으나, 일본인 고문 오가키(大垣丈夫)의 영향과 그에 부화
뇌동하여 일진회와의 연합을 주장하는 일부 간부층의 분열 활동으로 말
미암아 국권회복의 본래 목표에 충실하기가 어려웠다.

따라서, 1907년 이후의 국권회복을 위한 애국계몽운동을 주도한 전국
규모의 단체는 비밀결사로 창건된 신민회라고 할 수 있다. 신민회는
1907년 4월에 안창호(安昌浩)의 발의에 의하여, 양기탁(梁起鐸)을 총감독
으로 하고, 전덕기(全德基)·이동휘(李東輝)·이갑(李甲)·유동열(柳東說)·
안창호·최광옥(崔光玉)·노백린(盧伯麟)·이승훈(李昇薰)·안태국(安泰國)·
이시영(李始榮)·이회영(李會榮)·이상재(李商在)·윤치호·조성환(曺成煥)·
김구(金九)·박은식·신채호(申采浩)·이강(李剛)·임치정(林蚩正)·이종호
(李鐘浩)·주진수(朱鎭洙) 등이 중심이 되어 조직한 비밀결사였다.

신민회의 회원은 전국에 걸쳐 약 800명에 달했고 당시 전국 각지의
개화자강파 인사의 정예는 모두 망라되어 있었다. 대한자강회와 신민회가
모두 1896-1898년의 독립협회와 만민공동회를 계승한 개화자강파 계통의
단체이면서, 대한자강회는 합법단체로 조직되고 신민회는 비밀결사로 조
직된 것은 전적으로 당시 일제통감정치가 합법적 국권회복운동의 폭을
좁혀 가고 있던 상황 때문이었다.

신민회 회원 김구(좌)와 전덕기

신민회의 애국계몽운동 목적과 이념은 국권을 회복하여 자주독립국을 세우고 그 정부를 공화정체(共和政體)로 하는 것이었다. 신민회가 국권회복 후에 아예 군주제를 폐지하고 신공화국을 수립하려고 한 것은, 한국역사상 최초로 공화정의 수립을 민족운동의 공식목표로 설정한 획기적인 것이었다. 신민회는 국권회복을 위한 독립전쟁전략과 기회포착론 전략을 수립하고 실력양성을 중요시하였다. 신민회는 실력을 양성하기 위해서는 국민을 새롭게 해야 한다고 생각하여 신국민의 형성을 주장하였다.

신민회가 주장한 실력은 국민의 실력, 즉 '민력'이었다. 이것은 신민회가 국민주권의 민권사상에 기초하여 공화정체의 국민국가 수립을 목표로 한 사실과 관련된 것이었다. 신민회는 이 신민이 반드시 자기 스스로의 힘으로 자주적으로 하는 '자신(自新)'이어야 한다고 주장하였다.

신민회는 '자신'을 하여 실력양성을 하기 위한 사업으로서 다음과 같은 운동을 전개하였다.

① 신문·잡지 및 서적의 간행
② 계몽 강연
③ 학교의 설립과 인재양성
④ 각급 학교 교육방침의 지도
⑤ 실업·민족산입자본의 진흥과 실업가의 영업방침 지도
⑥ 국외에서의 무관학교 설립
⑦ 국외에서의 독립군기지 창설

당시 신민회가 존재하던 시기에 합법적인 애국계몽운동 단체는 앞에서 든 대합협회가 있었고, 지방별 애국계몽운동 단체로 서북학회·기호흥학회·관동학회·교남교육회·호남학회·대한흥학회 등이 있었다. 이러한 각종 애국계몽운동 단체의 간부에는 신민회 회원이 참여하여 그들의 운동을 신민회의 국권회복운동에 일치시키도록 활동했으며, 신민회는 단계적으로 각 애국계몽운동 단체를 통합해 나가면서 국권회복운동에 직결시

켰다. 이 때문에 신민회의 영향은 실로 지대하여 1907년 이후의 모든 애국
계몽운동을 배후에서 사실상 지도하고 추진했으며, 그들이 활동한 부문
들에서는 큰 성과를 내고 국권회복을 위한 민족역량을 대폭 증강시켰다.

4. 애국계몽운동의 기본내용

(1) 신교육구국운동

처음에는 애국계몽운동가들과 대한자강회의 사립학교 설립 호소와 신
교육운동에 민중들이 호응함으로써 비롯되었다가, 나중에는 민중들이 자
발적으로 학교설립을 추진하여 신교육구국운동이 요원의 불길같이 전국
적으로 확대되었다. 처음 신교육구국운동에 매우 큰 자극을 준 것은 대한
자강회의 의무교육운동이었다. 대한자강회는 1906년 '의무교육조례대요
(義務敎育條例大要)'를 입안하여 전국의 모든 청소년에게 학구(學區)별 의
무교육실시를 제안했으며, 이 제안은 중추원을 거쳐 대한제국 정부의 내
각회의에서 통과되었다.

대한자강회의 의무교육안은 다음과 같은 특징을 가진 것이었다.

① 학구를 설정하여 학구 내의 주민들이 학교를 설립하고 학무위원을
   선출하여 학교를 운영하도록 하는 민립학교(民立學校)의 의무교육
   제도이고,
② 의무교육 연한을 원칙적으로 8년으로 하되 당분간 경비부담 능력
   을 고려하여 5년으로 하였다가 확충하며,
③ 의무교육 학령은 만 7세로부터 만 15세까지로 하고,
④ 만 7-15세의 남자아동은 즉시 전원 의무교육을 실시하며, 여자는
   당분간 7-8세까지는 의무적으로 취학하게 하고 만 9세 이상은 임의
   로 취학하게 하다가 의무교육을 일반화하도록 한다.

이것은 한국 역사상 최초의 의무교육안으로서 매우 중요한 역사적 의의를 가진 것이었다. 그러나 대한자강회의 의무교육실시 제안은 중추원과 내각회의를 통과했음에도 불구하고 일제통감부는 이를 국권회복운동의 일환으로 간주하여 탄압해서 중지시켜 버렸다.

그러나 신민회를 비롯하여 각종 애국계몽운동 단체들과 민중들은 일제의 탄압에 굴복하지 않고 민중의 자발적인 의무교육운동을 전개함으로써, 이것은 민중 스스로에 의한 신교육구국운동의 발전에 하나의 큰 전환점을 만들어 주었다. 당시의 애국계몽가들과 애국계몽운동 단체 및 민중들은 전국 방방곡곡에서 사립학교 설립운동을 전개하여 그 열기가 요원의 불길처럼 타올랐다. 예컨대, 1907년부터 1909년 4월까지의 짧은 기간에도 민중들이 자발적으로 세운 사립학교 수가 무려 3,000여 교에 달하였다.

일제통감부는 한국 민중의 신교육구국운동의 교육열에 놀라 1908년 8월 '사립학교령'을 제정·공포하여 탄압을 획책하였다. 일제는 높은 시설기준을 제정하고 모든 사립학교는 학부대신의 심사와 재인가를 받도록 법정화했으나, 한국 민중은 이에 굴하지 않고 의연금을 모아 다시 일어서

대성학교와 신민회가 세운 대성학교 휘장(위)

서 1909년 11월까지 결국 인가를 받아낸 각종의 학교수가 모두 2,232개
교에 달하게 되었다.

또한, 애국계몽운동가들은 서울을 비롯하여 전국 각지의 주요 도시에
중학교와 전문학교를 설립하여 소학교 출신 청년들에게 고등교육을 시
킴으로써 고급 신지식을 습득한 민족간부를 양성했으며, 이들 교사들은
전국 각지에 흩어져 학교를 설립하고 청소년들에게 국권회복의 이념과
목적에 적합한 신교육을 실시하였다.

그리하여 이 시기 애국계몽운동가들의 신교육구국운동은 당시의 한국
의 교육·지식·문화체계를 근본적으로 변혁시켰을 뿐 아니라, 그 뒤의 국
권회복운동에 있어서 민족간부로 중추적 역할을 담당한 수십만의 애국
청년들을 양성하는 데 성공하였다.

(2) 언론계몽운동

언론계몽운동은 《대한매일신보(大韓每日申報)》와 《황성신문(皇城新
聞)》, 《제국신문(帝國新聞)》, 《만세보(萬歲報)》, 《대한민보(大韓民報)》, 《공
립신문(共立新聞)》(뒤에 《신한민보(新韓民報)》로 개칭), 《대동공보(大東共
報)》 등의 신문, 《소년》 등을 비롯한 잡지, 그리고 학회보를 중심으로 전
개되었다.

이 중에서 《황성신문》은 1898년 9월에 남궁억·유근 등에 의하여 독립
협회 기관지의 하나로 창간된 것이고, 《제국신문》은 1898년 8월에 이종
일(李鍾一) 등에 의하여 창간된 것으로서, 그 뒤 애국계몽운동 기간에도
계속 언론계몽활동에 종사하였다. 특히 《황성신문》은 1905년 11월 20일
자 사설에 장지연의 〈시일야방성대곡(是日也放聲大哭)〉이라는 '을사 5조
약' 강요의 부당함을 폭로·규탄하는 유명한 논설을 게재하여 80여 일간
정간당한 뒤 1906년 2월 22일에 복간되어 언론계몽활동을 계속하였다.

《제국신문》은 국문전용 신문으로서 한문을 모르는 일반민중과 부녀층
에 파고들어 사회의 최저변층을 계몽하고 국권의식을 갖게 하는 데 크게

기여하였다. 《만세보》는 1906년 6월에 오세창 등이 손병희(孫秉熙)의 지원을 받아 창간한 신문으로서 1년 만에 경영난으로 정간했으나 일진회를 비판하고 언론계몽활동을 펴는 데 크게 기여하였다. 《대한민보》는 1909년 오세창·장효근(張孝根) 등이 중심이 되어 대한협회의 기관지로 창간되었으며, 일진회에 대한 투쟁과 국권회복을 위한 언론계몽운동에 크게 기여하였다.

대한매일신보

그러나 이러한 신문·잡지들은 일제통감부에 의하여 '신문지법'의 제약과 사전검열 등 많은 탄압을 받았다. 이러한 제약에도 불구하고 위의 신문들은 일진회의 매국활동과 그 기관지인 《국민신보(國民新報)》, 일제통감부와 일본인 거류민의 기관지인 《한성신보(漢城新報)》에 대항하여 이를 비판하고 민중들에게 국권회복사상을 고취하는 데 크게 기여하였다.

애국계몽운동 기간에 있어서 가장 과감하게 일제의 침략정책을 규탄하고 국권회복을 위한 구국언론활동을 전개한 것은 《대한매일신보》였다. 《대한매일신보》는 양기탁 등이 영국인 베델(Ernest. T. Bethell)을 사장으로 추대하고 양기탁이 총무가 되어 한·영합작으로 1904년 7월에 창간한 신문으로, 그 후 영문판 *The Korea Daily News*와 국문전용판 《대한매일신보》를 동시에 간행하게 되었다. 공식적으로 처음에는 사주가 영국인(외국인)이었으므로 일제통감부의 '신문지법'에 의한 검열을 거치지 않고 신문을 발행할 수 있었다.

베델

《대한매일신보》는 후기에 신민회의 기관지가 되어 각 부문의 애국계
몽운동을 적극적으로 주도하고 지원했을 뿐 아니라, 당시 다른 신문들이
하지 못하던 의병운동의 지원과 대변의 역할까지 수행하였다.

(3) 실업구국운동(민족산업진흥운동)

실업구국운동으로서는 각종 근대회사 설립과 한국인 상공회의소 및
경제연구단체와 실업장려단체들의 활동이 있었다. 이 시기에 애국계몽
운동가들은 일제의 경제침략을 군사침략과 마찬가지로 극히 위험시했으
며, 민족산업의 진흥이 신교육구국운동과 마찬가지로 실력양성의 길임
을 강조하고, 민족산업자본 발흥의 촉진운동을 전개하여 상당한 성과를
거두었다.

(4) 국채보상운동

국채보상운동은 1907년 1월 31일 대구의 광문사(廣文社) 회장 김광제
(金光濟)와 부회장 서상돈(徐相敦) 등 10여 명이 '국채 일천삼백만환보상
취지서(國債一千三百萬圜報償趣旨書)'라는 격문을 전국에 돌리자, 전국
각지에서 민중이 이에 호응하여 일어남으로써 발단되었다. 일제가 한국

서상돈

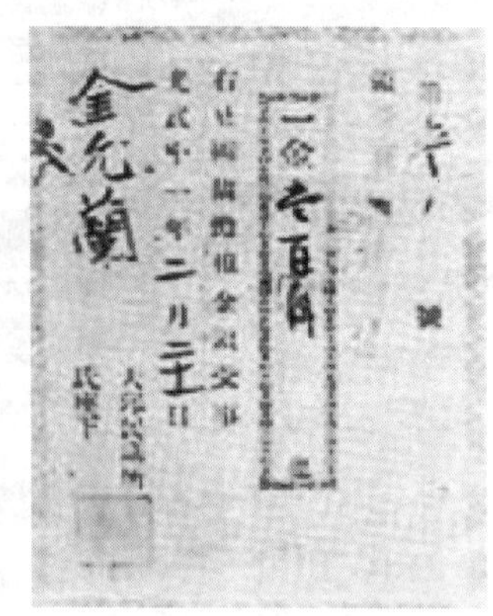

국채보상운동 의연금 증서

을 예속시키기 위해 대한제국 정부에 억지로 떠맡긴 정치차관 1,300만
환을 담배끊기로 절약한 돈으로 상환해 버리자는 이 운동은, 《대한매일
신보》·《황성신문》·《제국신문》·《만세보》·《대동보(大同報)》등 언론기
관이 적극적으로 지원하고, 함경북도에서 제주도에 이르기까지 전국 각
계각층의 모든 국민이 참여하여 한때 전국을 휩쓸었다.

민중들의 국채보상운동에 대한 참여는 매우 자발적이고 열성적이어서
전국 각지에 무수한 국채보상기성회(國債報償期成會)·단연회(斷煙會) 등
이 조직되어, 성인들은 자발적으로 단연을 실천하였고, 부녀자들은 비녀
와 가락지를 내놓아 이에 호응하였으며, 머리카락을 잘라 팔아 이 운동에
호응하는 여학생들도 많이 있었다.

이 애국운동에 놀란 일제통감부는 이 운동을 탄압하는 방법으로 대한
매일신보사 내의 국채보상기성회 간부인 양기탁을 근거도 없이 국채보
상의연금 횡령이라는 누명을 씌워 구속하였다가 무죄로 석방하였다. 이
사건이 계기가 되어 국채보상운동은 점차 퇴조하였으나, 전국 방방곡곡
각계각층의 국민들을 애국운동에 직접 참여하게 동원함으로써 그 뒤의
국권회복운동의 고양에 크게 기여하였다.

⑸ 신문화·신문학운동

신문화·신문학운동으로서 신소설과 신체시가 출현하였으며, 창가(唱
歌)가 널리 불렸다. 특히 창가는 애국·독립·신교육·신문화 등을 고부하
고 예찬하는 내용이 많아서 온 국민의 노래로 전국 방방곡곡에서 애창되
었다. 안창호(安昌浩)의 〈한반도야〉, 〈한양가〉, 〈모란봉가〉를 비롯하여
다수의 창가들이 새로운 경지를 개척하였다.

신체시는 최남선(崔南善)의 〈해(海)에게서 소년에게〉(1908), 〈꽃두
고〉(1909), 이광수(李光洙)의 〈우리영웅〉(1909), 〈곰〉(1909) 등이 새 경지
를 열었다.

신소설은 이인직(李仁稙)의 〈혈의 누〉(1906), 〈은세계〉(1909), 안국선

의 〈금수회의록〉(1908), 이광수의 〈헌신자〉(1910) 등이 역시 새로운 경지를 개척하였다.

(6) 국학운동

국학운동은 국사·국문·지리 등의 근대적 학문체계를 수립하려는 노력으로 나타났다. 근대적 민족사학을 수립하는 운동은 주로 신채호, 박은식, 장지연 등을 중심으로 전개되었다. 특히 신채호의《독사신론(讀史新論)》(1908)은 한국의 민족주의 사학을 확립시킨 획기적인 저작이었다. 이때 주목해야 할 것은 한국의 근대 민족사학이 '애국계몽사학'으로 명명할 수 있는 내용으로 정립되었다는 사실이다.

국어·국문의 근대적 연구와 보급운동은 주로 주시경(周時經), 최광옥, 유길준(兪吉濬), 지석영(池錫永) 등을 중심으로 전개되었다. 국어·국문의 연구를 위해서 1907년 조직된 국문연구회(國文研究會)가 중요한 역할을 하였다.

특히 주시경의《대한국어문법》(1906),《국어문전음학(國語文典音學)》(1908),《국문연구안(國文研究案)》(1907-1908),《국문연구(國文研究)》(1909),《국어문법(國語文法)》(1909) 등의 저작과 활동은 근대 국어국문학의 확립에 결정적인 역할을 하였다.

또한 한국의 지리학 체계를 세우려는 연구와 운동은 주로 장지연을 중심으로 전개되었다. 장지연이 조선후기 실학자 정약용(丁若鏞)의《아방

주시경   장지연   신채호   박은식

강역고(我邦疆域考)》를 계승하여 지은 《대한신지지(大韓新地誌)》(1907)
는 근대 한국지리학을 열고 발전시키는 데 중요한 역할을 하였다.

거듭 주목할 것은 한국의 근대 국사학, 근대 국어국문학, 근대 민족지리
학 등을 비롯한 국학이 애국계몽운동의 일환으로 성립되었다는 사실이다.

(7) 민족종교운동

이 시기의 민족종교운동은 일제통감부가 대한제국의 종교계를 친일화
하려는 공작에 대한 저항과 국권회복운동의 일환으로 일어난 것이었다.

일제통감부는 동학에 대해서는 일진회를 조직하여 지원하고, 유교계
에 대해서는 처음 대동학회(大東學會)를 만들었다가 이를 당시 공자교
(孔子敎)로 개칭하면서 유림들을 국권회복운동에서 전환시켜 친일파로
만들고 있었다. 일제는 또한 기독교에 대해서는 일본에서 조직한 동양전
도관(東洋傳道館)이란 곳에서 보낸 동아기독교협회(東亞基督敎協會)를
서울에 설립하게 하여, 기독교계를 친일화하는 정치공작을 진행하였다.
그리고 일제는 불교계에 대해서는 본원사(本願寺)를 확장하여 일본 불교
의 세력을 확대하는 한편, 정토교회(淨土敎會)와 신궁경의회(神宮敬義會)
라는 것을 만들어서 불교계를 친일화하려는 간교한 정치공작을 전개하
였다.

이에 대항하여 애국계몽운동가들은 민족종교를 창건하거나, 외래 종
교의 신도들에게 애국계몽운동을 전개함으로써 종교계를 국권회복운동
편에 서게 하였다.

손병희 등은 1905년 12월에 천도교(天道敎)를 창건
하여 일진회에 대결하면서 동학교도들을 다시 애국운
동 쪽으로 끌어왔다.

윤치호, 이상재 등은 황성기독교청년회(皇城基督敎
靑年會) 등을 비롯하여 각종 기독교 조직을 통해 애국
계몽운동을 전개하면서 기독교도들을 국권회복운동편

손병희

나철

에 서게 하였다. 특히 서울과 관서지방에서는 기독교계의 애국운동이 상당히 큰 성과를 내어 일제통감부는 기독교세력을 반일세력으로 두려워하기까지 하였다.

박은식, 장지연 등은 유교계에 대하여 유교구신(儒敎求新)과 대동사상(大同思想)을 주장하고, 1909년 대동교(大同敎)를 창건하여 대동학회와 공자교에 대결하면서 유림계를 국권회복운동편에 서게 하였다.

나철(羅喆), 오혁(吳赫) 등은 1909년 단군을 국조로 신봉하는 단군교(檀君敎 : 뒤에 大倧敎로 개칭)를 창건하여, 민족주의를 고취하고 교도들을 국권회복운동과 독립운동에 동원하였다.

이러한 민족종교운동은 당시 종교가 일반민중의 생활 속에서 중요한 측면을 차지하고 있었으므로 큰 의의를 갖고 성과를 낸 것이었다.

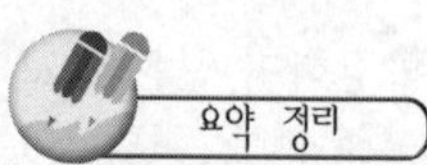
요약 정리

- 한말 애국계몽운동은, 일제가 1904년 러일전쟁을 도발함과 동시에 한반도에 불법상륙해서 1905년 '을사 5조약'을 강요하고 국권을 침탈하기 전후에, 한국민족의 개화자강파가 중심이 되어 완전한 국권회복을 목적으로 전개한 1904-1910년 사이의 민력계발과 민족독립역량 양성운동이었다. 개화자강파들은 ① 국내에서는 청소년들에 대한 신교육구국운동 등 각 부문의 애국계몽운동을 전개하여 실력을 배양 준비하고, ② 국외에는 무관학교와 독립군기지를 설치하여 독립군을 양성해두었다가, ③ 절호의 기회가 오면 독립군이 '독립전쟁'을 일으켜 국내에 진입하고 국내 애국계몽운동 세력은 일거에 봉기해서, 내외 호응하여 일제를 몰아내고 국권을 회복한다는 국권회복전략을 수립하여 실천하였다.
- 이러한 애국계몽운동의 주체는 ① 애국계몽운동가 ② 애국계몽운동 단체 ③ 민중들이었다. 이 중에서 각 지방별 학회 이외에 전국적인 대표적 애국계몽운동 단체로 대한자강회(大韓自强會), 대한협회(大韓協會), 신민회(新民會)를 들 수 있다.
- 애국계몽운동 중에서 가장 크게 성공한 것은 신교육구국운동이었다. 대한자강회는 1906년 '의무교육'운동을 전개하여 큰 호응을 얻었다. 신민회를 비롯해서 각종 애국계몽운동 단체들과 민중들은 열성적인 신교육구국운동을 전개하여, 1907년부터

1909년 4월까지의 짧은 기간에 민중들이 자발적으로 세운 학교가 3,000여 교에 달하게 되었다. 신교육구국운동은 당시 한국의 교육·지식·문화체계를 근본적으로 변혁시켰을 뿐 아니라, 국권회복운동에서 중추적 역할을 담당한 수십만 명의 애국청년들을 양성하는 데 성공하였다.

- 애국계몽운동 중에서 가장 크게 성공한 것은 신교육구국운동이었다. 대한자강회는 1906년 '의무교육'운동을 전개하여 큰 호응을 얻었다. 신민회를 비롯해서 각종 애국계몽운동 단체들과 민중들은 열성적인 신교육구국운동을 전개하여, 1907년부터 1909년 4월까지의 짧은 기간에 민중들이 자발적으로 세운 학교가 3,000여 교에 달하게 되었다. 신교육구국운동은 당시 한국의 교육·지식·문화체계를 근본적으로 변혁시켰을 뿐 아니라, 국권회복운동에서 중추적 역할을 담당한 수십만 명의 애국청년들을 양성하는 데 성공하였다.

- 언론계몽운동은 다수의 신문과 잡지들이 일제침략에 대항하여 언론계몽운동을 전개했는데, 그 중에서 특히 《대한매일신보》가 선두에 서서 가장 적극적으로 일제침략을 규탄했으며, 국권회복을 위한 전민족의 분발을 호소하고 적극 계몽하였다.

- 실업구국운동은 각종 근대회사 설립과 민족산업자본 발흥의 촉진운동이었다. 국채보상운동은 일제가 대한제국을 예속시키기 위해 대한제국 정부에 억지로 떠맡긴 정치차관 1,300만 환을 담배끊기로 절약한 돈으로써 상환해 버리자는 운동이었다. 이 운동에는 전국 각계각층의 국민이 열성적으로 호응하여 국권회복운동의 고양에 크게 기여하였다.

- 신문화·신문학운동은 신소설·신체시·창가의 신분야를 개척하여 새로운 문화와 문학을 창조하면서 국민을 계몽한 운동이었다. 국학운동은 국사·국어·국문·지리 등의 근대적 학문체계를 수립하고 교육하여, 자기 나라와 겨레의 연구를 통해서 애국심을 배양하는 운동이었다. 국사에서 신채호(申采浩)·박은식(朴殷植)·장지연(張志淵) 등이 새로운 국사학을 개척하였고, 국어국문에서 주시경(周時經)·최광옥(崔光玉)·유길준(俞吉濬)·지석영(池錫永) 등이 선구적 업적을 내면서 활동하였다. 지리에서는 장지연이 정약용의 《아방강역고(我邦疆域考)》를 계승하여 《대한신지지(大韓新地誌)》를 저술하여 한국지리학을 개척하고 교육하였다.

- 민족종교운동은 새로운 민족종교를 창도하거나 기존 종교를 국권회복편에 서게 하여 일제의 종교친일화에 대항한 운동이었다. 손병희(孫秉熙) 등은 1905년 천도교(天道敎)를 창건했으며, 박은식 등은 1909년 대동교(大同敎)를 창건했고, 나철(羅喆)·오혁(吳赫) 등은 1909년 단군교(檀君敎 : 후에 大倧敎로 개칭)를 창건하여 일제침략에 대항하고 국권회복운동을 전개하였다. 윤치호·이상재 등은 황성기독교청년회 등 기독교 조직을 통해서 애국계몽운동을 전개하여 기독교도들을 국권회복운동에 참가하게 하였다

◉ **교남교육회(嶠南敎育會)** ▶ 1908년 3월 서울에서 경상남북도 출신의 개화자강파 인사들이 설립한 애국계몽운동 단체였다. 초대 회장은 이하영(李夏榮)이었고, 상호(尙灝), 손지현(孫之鉉), 이각종(李覺鍾), 이원식(李元植), 박정동(朴晶東), 안택중(安宅重) 등이 중심인물이었다. 주로 경상도 지방의 국권회복을 목적으로 한 신교육구국운동을 전개했으며, 기관잡지로 《교남교육회잡지(嶠南敎育會雜誌)》를 간행하였다. 1910년 9월 일제에 의해 강제해산당하였다.

◉ **관동학회(關東學會)** ▶ 1908년 3월 서울에서 강원도 출신의 개화자강파 지식인들이 설립한 애국계몽운동 단체였다. 초대 회장은 남궁억(南宮檍)이었고, 고원식(高源植), 정호면(鄭鎬冕), 이시영(李時榮), 박기동(朴起東), 차상학(車相學) 등이 중심인물이었다. 이 단체는 원래 1907년 7월 동도흥학회(東道興學會)로 발족하였다가 1908년 3월 관동학회로 확대 개편된 것이었다. 주로 강원도 지방의 국권회복을 목적으로 한 신교육구국운동을 전개하였다. 1910년 9월 일제에 의해 강제해산당하였다.

◉ **기호흥학회(畿湖興學會)** ▶ 1908년 1월 서울에서 충청도·경기도 출신의 개화자강파 지식인들이 설립한 애국계몽운동 단체였다. 초대 회장은 이용직(李容植)이었고, 정영택(鄭永澤), 지석영(池錫永), 유성준(兪星濬), 석진형(石鎭衡), 이상재(李商在), 윤효정(尹孝定), 장헌식(張憲植), 정교(鄭喬), 유근(柳瑾), 유일선(柳一宣), 안종화(安鍾和) 등이 중심인물이었다. 주로 국권회복을 목적으로 한 신교육구국운동을 전개했으며, 기관잡지로서 《기호흥학회월보(畿湖興學會月報)》를 간행하였다. 1910년 9월, 일제에 의해 강제해산당하였다.

◉ **대한흥학회(大韓興學會)** ▶ 1909년 1월 일본 도쿄에서 설립된 재일본 한국유학생들의 애국계몽운동 통합단체였다. 구한말 일본 유학생계에는 1905년 창립한 태극학회(太極學會), 1906년의 공수학회(共修學會), 낙동친목회(洛東親睦會), 광무학회(光武學會), 대한유학생회(大韓留學生會), 1907년의 호남학회(湖南學會), 동인학회(同寅學會), 한금청년회(漢錦靑年會) 등이 있었다. 1908년에는 태극학회와 공수학회를 제외한 모든 유학생 단체들이 모여 대한학회(大韓學會)를 창립했다가, 1909년에 다시 대한학회·태극학회·공수학회가 통합하여 대한흥학회를 창립하였다. 국권회복을 위한 각종 교육·문화운동을 전개했으며, 기관잡지로 《대한흥학회월보(大韓興學會月報)》를 간행하였다. 1910년 9월 일제에 의해 강제해산당하였다.

◉ **동도서기파(東道西器派)** ▶ 도(道 : 윤리문화)는 동양의 것을 취하고 기술[器]은 서양의 것을 취할 것을 주장한 학파를 가리키는 용어이다. 1881년 초기개화파와 위정척사파가 치열한 논쟁을 전개할 무렵 윤선학(尹善學) 등이 중도안으로서 제의한 이래, 한말까지 이러한 주장이 이어져 내려왔다.

◉ **서북학회(西北學會)** ▶ 1908년 1월 서울에서 기존의 서우학회와 한북흥학회를 통합하여 조직한 애국계몽운동 단체였다. 초대 회장은 정운복(鄭雲復)이 맡았으

며, 이동휘(李東輝), 안창호(安昌浩), 박은식(朴殷植), 이갑(李甲), 유동열(柳東説),
최재학(崔在學) 등이 중심인물이었다. 국권회복을 위한 신교육구국운동을 전개했
으며, 서북협성학교(西北協成學校)를 서울에 설립하고, 그 지교(支校)를 평안도·
황해도·함경도 지방에 69개 교 설립하였다. 이밖에 수상야학(水商夜學)·서북협성
측량과(測量科)·농림강습소(農林講習所) 등을 설립하여 구국교육운동을 전개하
였다. 회원이 약 2,500명에 달한 큰 학회였으며, 기관잡지로 《서북학회월보(西北
學會月報)》를 간행하였다. 1910년 9월 일제에 의해 강제해산당하였다.

● 서우학회(西友學會) ▶ 1906년 10월 서울에서 평안남북도 및 황해도 출신의 개화
자강파 지식인들이 창립한 애국계몽운동 단체였다. 박은식(朴殷植), 정운복(鄭雲
復), 강화석(姜華錫), 유동작(柳東作), 최재학(崔在學), 안병찬(安秉瓚), 이갑(李
甲), 유동열(柳東説), 노백린(盧伯麟) 등이 중심인물이었다. 주로 평안도·황해도
지방의 국권회복을 위한 신교육구국운동을 목적으로 했으며, 기관잡지로 《서우
(西友)》를 간행하였다. 1908년 1월 한북흥학회와 함께 서북학회로 통합되었다.

● 유교구신(儒敎求新) ▶ '유교에서 (시대에 적합한) 새로운 요소를 찾아낸다'는 뜻
의 용어이다. 구한말 다수의 애국계몽운동가들이 신지식에 입각하여 유교를 폐기
하려고 할 때에, 박은식·장지연 등 일부 애국계몽운동가들은 '유교구신'을 주장하
면서 유교도 새롭게 근대화하여 국권회복운동에 참가시키려고 하였다. 박은식은
유교 중에서 간단명료한 양명학(陽明學)을 근대화하여 '유교구신'의 한 방법으로
택하려고 했으며, 〈유교구신론(儒敎求新論)〉이라는 유명한 논문을 발표하였다.

● 한북흥학회(漢北興學會) ▶ 1906년 10월 서울에서 함경남북도 출신의 개화파 지
식인들이 설립한 애국계몽운동 단체였다. 이준(李儁), 오상규(吳相奎), 이동휘(李
東輝), 이종호(李鐘浩), 유진호(兪鎭浩), 설태희(薛泰熙), 윤익선(尹益善), 태명식
(太明軾), 정진홍(鄭鎭弘) 등이 중심인물이었다. 주로 함경도 지방의 국권회복을
위한 신교육구국운동을 목표로 했으며, 우선 한북학교(漢北學校)를 설립하여 교
사양성을 시작하면서 교육구국운동을 전개하였다. 1908년 1월 서우학회와 함께
서북학회로 통합되었다.

● 호남학회(湖南學會) ▶ 1907년 7월 서울에서 전라남북도 출신의 개화자강파 지
식인들이 설립한 애국계몽운동 단체였다. 고정주(高鼎柱), 강엽(姜曄), 강운섭(姜
雲燮), 백인기(白寅基), 이기(李沂), 유희열(劉禧烈), 박영철(朴榮喆) 등이 중심인
물이었다. 주로 전라도 지방의 국권회복을 목적으로 한 신교육구국운동을 전개하
여, 사립학교 설립을 권장했으며, 법학강습소(法學講習所) 측량학교(測量學校)를
설립하였고, 기관잡지로 《호남학보(湖南學報)》를 간행하였다. 1910년 9월 일제
에 의해 강제해산당하였다.

● 황성기독교청년회(皇城基督敎靑年會) ▶ 1903년 10월 28일 서울에서 창립된 서
울 YMCA이다. 창립 당시의 초대 회장은 헐버트(H. B. Hullbert)였다. 1906년경의
한국인 간부로는 이상재(李商在), 여병현(呂炳鉉), 김필수(金弼秀), 윤치호(尹致

昊), 김규식(金奎植), 김정식(金貞植), 최재학(崔在學), 유성준(兪星濬), 이원긍(李源兢), 전덕기(全德基), 김붕준(金朋濬), 최병헌(崔炳憲) 등이 활동하였다. 국권회복운동에 직접 간접으로 참가하였다.

참 고 문 헌

- 이현종, 〈대한자강회에 대하여〉, 《진단학보》 제29·30합집, 1966.
- 이기문, 《개화기의 국문연구》, 일조각, 1970.
- 김윤식, 《근대한국문학연구》, 일지사, 1973.
- 김민수, 《주시경연구》, 탑출판사, 1977.
- 신용하, 〈주시경의 애국계몽사상〉, 《한국사회학연구》 제1집, 1977.
- 이병근, 〈애국계몽시대의 국어관－주시경의 경우〉, 《한국학보》 제12집, 1978.
- 고영근, 〈주시경의 문법이론〉, 《한국학보》 제17집, 1979.
- 신일철, 《신채호의 역사사상 연구》, 고려대출판부, 1981.
- 권영민, 《한국근대문학과 시대정신》, 문예출판사, 1982.
- 신용하, 《박은식의 사회사상 연구》, 서울대출판부, 1982.
- 신용하, 《신채호의 사회사상연구》, 한길사, 1984.
- 이송희, 〈한말 서북학회의 애국계몽운동〉(상·하), 《한국학보》 제31·32집, 1984.
- 이광린·유재천·김학동, 《대한매일신보 연구》, 서강대 인문과학연구소, 1986.
- 정진석, 《대한매일신보와 배설》, 나남, 1987.
- 조동걸, 〈한말 사서와 그 계몽주의적 허실〉(상·하), 《한국민족주의의 성립과 독립운동사연구》, 지식산업사, 1989.
- 이만열, 《단재 신채호의 역사학 연구》, 문학과지성사, 1990.
- 천관우 외, 《위암 장지연의 사상과 활동》, 위암 장지연선생기념사업회, 1993.
- 한영우, 《한국 민족주의 역사학》, 일조각, 1994.
- 박만규, 〈한말 안창호의 근대국민 형성론과 그 성격〉, 《전남사학》 제11집, 1997.
- 유영렬, 《대한제국기의 민족운동》, 일조각, 1997.
- 최기영, 《한국 근대 계몽운동 연구》, 일조각, 1997.
- 이동언, 〈김광제의 생애와 국권회복운동〉, 《한국독립운동사연구》 제12집, 1998.
- 정영희, 《개화기 종교계의 교육운동 연구》, 혜안, 1999.
- 김호일, 《한국 근대이행기 민족운동》, 국학자료원, 2000.

21

한말 애국계몽운동의 독립군기지 창설운동과 한국민족사회의 각성·발전

단원개요   한말 애국계몽운동 단체 중에 신민회는 애국계몽파의
국권회복운동 전략에 따라 무관학교 설립과 독립군기지 창설운동을 전개하였
다. 그들은 온갖 탄압과 고난 속에서도 굴하지 않고 결국 만주에 ① 신흥무관학
교(新興武官學校) ② 동림무관학교(東林武官學校) ③ 밀산무관학교(密山武官
學校)의 3개 무관학교와 독립군기지를 창설하는 데 성공하였다. 이들 무관학교
에서는 강철같이 정신무장되고 현대적 군사교육을 받은 독립군 장교와 간부들
이 양성되어 독립군 무장투쟁의 튼튼한 기초를 형성하였다.

한말 애국계몽운동은 국민의 사상·의식·문화를 모든 면에서 일신시켜 민족
역량을 비약적으로 증강시켰고, 새로운 근대적 민족문화를 창조·발전시켰으며,
근대적 민족교육의 창조와 발전에 지대한 공헌을 하였다. 오늘날 한국민족의
세계 정상의 교육열도 애국계몽운동이 구한말에 한국민족문화 속에 정착시킨
것이었다.

또한 애국계몽운동은 그 후 3·1운동의 직접적 원동력을 공급했으며, 무관학
교와 독립군기지를 창설함으로써 독립군의 항일무장투쟁에 결정적인 공헌을
했고, 모든 독립운동 정파들이 '독립전쟁전략'을 채택하여 독립운동의 발전에
큰 공헌을 하였다.

한말 애국계몽사상과 운동의 전개로 말미암아 국권을 상실한 역경 속에서도
국권회복·독립쟁취의 튼튼한 기초와 실력이 배양되고 마련된 것이었다.

1. 애국계몽운동의 독립전쟁전략 채택

한말 애국계몽운동 중의 국외독립군기지 창설운동은 개화자강파의
무장투쟁을 위한 무력양성운동으로서, 신민회(新民會)가 그 주체
가 되어 추진한 운동이었다.

신민회 애국계몽운동가들이 국외독립군기지와 독립군의 창설문제를
최초로 검토한 것은 1907년 8월이었다. 일제가 1907년 7월 31일 대한제국
군대를 강제해산키로 하고 8월 1일 해산식을 강행하자, 해산된 군인의
일부가 봉기해서 의병운동에 합류하여 '의병전쟁'을 전개하게 되었다. 신
민회는 이 의병운동을 지지하였다.

신민회 애국계몽운동가들이 의병운동에서 문제삼았던 것은 일본 정규군과 대전할 때 반드시 갖추어야 할 현대적 군사훈련과 무기였다. 의병운동은 일제에게 즉각의 결전을 요청하는 것이었으므로 반드시 즉각의 '승전'을 가져올 필요가 있는 것이었다. 그러나 의병은 자발적 민병의 집합이었으므로 비록 구군인이 상당수 참여했다 할지라도, 현대적 군대로서의 군사훈련과 무기가 부족하여 일본 정규군과의 대전에서 압도적 전략의 차이로 '승전'을 기약하기는 불가능하였다. 신민회 애국계몽운동가들은 의병무장투쟁에의 현대화의 필요성을 절감하고 있었다.

그러나 신민회는 1907년부터 1908년 말까지 의병운동의 문제점을 정확히 포착하고 있었으면서도 이에 대한 대책을 세운 것 같지 않다. 그 이유는 첫째, 신민회의 실력이 부족하였고 둘째, 이 시기에 의병운동이 고양되어 성과를 내고 있었기 때문이었다.

신민회가 국외독립군기지와 독립군 창설을 본격적으로 논의한 것은 의병운동이 퇴조기에 접어들기 시작한 1909년 봄이었다. 이때 신민회는 총감독 양기탁(梁起鐸)의 집에서 전국간부회의를 열고, 국외에 적당한 후보지를 골라 독립군기지를 만들어서 무관학교(武官學校)를 설립하고 독립군 사관을 양성하여 현대전에서 승리할 수 있는 강력한 독립군을 창설하기로 결정하였다. 그러나 이 계획이 실천에 들어가기 전에 1909년 10월 안중근(安重根)이 이토 히로부미(伊藤博文)를 총살 처단하는 사건이 일어났다. 일제는 안중근과의 관련혐의로 안창호(安昌浩), 이동휘(李東輝), 이종호(李鐘浩) 등 다수의 신민회 간부들을 일제 헌병대에 구속했다가 그 이듬해인 1910년 2월에야 석방하였다.

신민회는 1910년 3월 긴급간부회의를 열어서 '독립전쟁전략'을 채택하고 독립군기지 창설운동을 본격적으로 시작하였다. 신민회가 이때 결정한 독립군기지 창설사업과 독립전쟁전략의 골자는 다음과 같다.

① 독립군기지는 일제의 통치력이 미치지 않는 청국령 만주(滿洲) 일

대에 설치하되, 후일 독립군의 국내 진입에 가장 편리한 지역을 최적지라고 결정하였다.

② 최적지가 선정되면 '자금'을 모아 일정 면적의 토지를 구입하되, 이에 소요되는 자금은 국내 신민회의 조직을 통하여 비밀리에 모금하고, 이주민에게도 어느 정도의 자금을 휴대하도록 하였다.

③ 토지가 매입되면 국내에서 애국적 인사들과 애국청년들을 중심으로 하여 '계획적'으로 '단체이주'를 시켜서, 새로운 영토로서의 '신한민촌(新韓民村)'을 건설하도록 하였다.

④ 새로이 건설된 신한민촌에는 '민단(民團)'을 조직하고 학교와 교회와 기타 교육문화시설을 세우는 한편, 특히 '무관학교'를 설립하여 문무쌍전교육(文武雙全敎育)을 실시하고 '사관'을 양성하기로 하였다.

⑤ 무관학교가 설립되면 이를 근거로 무관학교 졸업생과 이주 애국청년들을 중심 핵으로 하여 강력한 '독립군'을 창설하기로 하였다. 이 독립군의 장교는 물론 현대전략전술을 익힌 무관학교 출신 사관으로 편성할 뿐 아니라, 병사까지도 모두 무관학교에서 현대교육과 전략·전술을 익히는 강력한 정병주의를 채택하고, 철저한 현대군사훈련과 현대무기로 무장시켜 일본 정규군과의 대전에서 승리할 수 있는 강력한 현대적 군대를 만들기로 하였다.

⑥ 강력한 독립군이 양성되면 최적의 기회를 포착하여 '독립전쟁'을 일으켜서 국내에 진입하기로 하였다.

최적의 '기회'는, 일본제국주의의 힘이 증강되고 침략야욕이 더욱 팽배하여 만주지방이나 태평양 지역으로 팽창하려고 할 때에, 불가피하게 중일전쟁, 러일전쟁, 미일전쟁이 발발하게 될 시기라고 추정하였다. 이러한 전쟁은 일제에게도 힘겨운 전쟁이 될 것이므로 이 '기회'를 기민하게 포착해서 그 동안 국외에서 양성한 독립군으로 '독립전쟁'을 일으켜 독립군

이 국내로 진격해 들어가고, 국내에서는 신민회가 주체가 되어 애국계몽
운동가들이 그 동안 실력을 양성한 각계각층의 국민과 단체를 '연합통일'
하여, 내외 호응으로 일거에 봉기하여 실력으로 일본제국주의를 몰아내
고 국권을 회복하기로 하였다.

애국계몽운동파의 독립군 창설과 독립전쟁전략은 크게 볼 때 일제가
진행하는 식민지강점 정책에 개화자강파 노선이 응전한 것이었다. 그것
은 종래의 갑신정변, 동학농민혁명운동, 독립협회와 만민공동회운동을
비판적으로 검토하고, 애국계몽운동과 의병운동의 실제 경험을 변증법
적으로 종합·지양하여 한 단계 더 발전시킨 개화자강파적 전략으로서,
한국민족의 근대민족운동에 있어서 여러 가지 전략들의 총결론과 같은
것이었다.

2. 애국계몽운동의 독립군기지 창설운동

애국계몽운동파는 신민회가 주축이 되어 1910년 4월에 안창호, 이갑
(李甲), 유동열(柳東說), 신채호(申采浩), 김희선(金羲善), 이종호, 김지간
(金志侃) 등이 국외독립군기지 창설을 목적으로 출국했으며, 1910년 가
을에는 이동녕(李東寧), 주진수(朱鎭洙) 등이 만주 일대를 극비리에 답사
하여 후보지를 선정하고, 1910년 12월부터 비밀리에 독립군기지 창설을
위한 단체이주를 시작하였다. 신민회는 1911년 봄에 대대적인 단체이주
를 실행할 계획이었다.

그러나 일제는 이러한 움직임을 포착하고, 1911년 1월에 '안악사건(安
岳事件)'과 '양기탁 등 보안법 위반사건' 등으로 신민회 중앙본부와 황해
도지회 회원 160여 명을 체포했으며, 9월에는 '데라우치총독 암살음모사
건(寺內總督暗殺陰謀事件)'이란 것을 날조해서 신민회 평안남북도지회
회원을 비롯하여 전국의 애국계몽운동가 약 700명을 체포하였다.

이러한 일제의 대탄압 속에서도 굴하지 않고 신민회 회원들과 애국계몽운동가들은 형언할 수 없는 온갖 고초를 겪으면서, 1911년 봄 만주 봉천성 유하현(柳河縣) 삼원보(三源堡)에 ① 신흥무관학교(新興武官學校), ② 1913년에 왕청현(汪淸縣) 나자구(羅子溝)에 동림무관학교(東林武官學校), ③ 밀산현(密山縣) 봉밀산자(蜂蜜山子)에 밀산무관학교(密山武官學校) 등 3개의 무관학교를 설립하는 데 성공하였다.

(1) 신흥무관학교의 설립

국내 신민회의 국외독립군기지 창설사업의 선발대인 이동녕·이회영(李會榮) 조는 1911년 1월 횡도천(橫道川)의 연락지를 거쳐서 봉천성 유하현 삼원보 추가가(鄒家街)라는 곳에 도착하여 자리를 잡았다. 그들은 뒤이어 속속 도착하는 이주민들과 함께 신한민촌을 건설하고, 1911년 4월 봄에 토지개간과 농업경영을 통한 경제적 자립목적의 민단으로서 '경학사(耕學社)'를 조직했으며 사관양성기관으로서 '신흥강습소(新興講習所)'를 창설하였다. 이것이 신민회가 창설한 최초의 독립군기지였다.

경학사의 초대 사장에는 이철영(李哲榮, 2대 사장은 李相龍)이 추대되고, 내무에 이회영, 농무에 장유순(張裕淳), 재무에 이동녕, 교무에 유인식(柳寅植) 등이 선출되었다. 신흥강습소의 초대 교장에는 이동녕(2대 교장은 李石榮)이 추대되고, 교감에 김달(金達), 학감에 윤기섭(尹琦燮), 교관에 김창환(金昌煥)·이관직(李觀稙), 교사에 이갑수(李甲洙)·장도순(張道淳)·이규룡(李圭龍) 등이 취임하였다. 신흥강습소는 신흥무관학교의 처음 이름으로, 신민회의 '신(新)'자와 다시 나라는 일으키는 구국투쟁을 한다는 '흥(興)'자를 모아서 '신흥(新興)'이라고 하였다.

처음부터 신흥'무관학교'라 하지 않고 '강습소'라 한 것은 토착 만주인들의 주목과 만주군벌의 탄압을 피하기 위한 것이었다. 신흥강습소의 교육과정은 본과와 특별과로 나누어, 본과는 중학교 과정의 교육을 실시하고, 특별과는 속성과(速成科)로서 사관양성 교육을 실시하였다.

이동녕   이상룡

삼원보에서의 첫해 사업을 보면, 신흥강습소는 성공을 거두어 제1회 특기생으로 40여 명의 애국청년전사들을 배출했으나 경학사의 사업은 실패하였다. 이 해에 흉작이 들었을 뿐 아니라 수토병(水土病)이라는 괴질이 이곳에 유행하여 많은 이주민들이 목숨을 잃었기 때문이었다.

그들은 1912년 가을에 민단으로서 경학사 대신 '부민단(扶民團)'을 조직하고 초대 단장에 허혁(許赫, 2대 단장은 이상룡)을 추대하였다. 부민단은 처음의 경학사를 강화하여 재건한 것으로, 부민단은 중앙본부를 통화현(通化縣) 합니하(哈泥河)로 옮기고 삼원보에는 지방민단을 두었다.

신흥강습소도 통화현 합니하로 옮겨서 1913년 이른봄부터 교사신축을 시작하여 1913년 5월에 낙성을 보고, 학교 이름도 '신흥학교'로 고쳤다가 뒤에 '신흥무관학교'로 다시 고쳤다. 신흥무관학교의 1913년 당시의 교직원 명단은 다음과 같다.

교장 : 여준(呂準, 呂祖鉉)

교감 : 윤기섭

학감 : 이광조(李光祖)

교사 : 이규봉(李圭鳳)·서웅(徐雄)·관화국(關華國, 中國語 敎師)

교관 : 김창환·성준용(成駿用)·김흥(金興)·이극(李剋, 擊劍予術敎官)

생도부장 : 김창환

생도반장 : 원병상(元秉常)

학제는 4년제 본과 외에 6개월(장교반)과 3개월(하사관반)의 속성과도 두어 찾아오는 애국청년과 의병들을 수용하도록 하였다. 또한 졸업한 뒤에는 적어도 2년간은 의무적으로 교명(校命)에 따라 복무한다는 규정을 두었다.

학과는 주로 ① 보병 ② 기병 ③ 포병 ④ 공병 ⑤ 치중(輜重 : 군수병과)의 각 병과와 ⑥ 내무령(內務令) ⑦ 측량학 ⑧ 축성술(築城術) ⑨ 육군형법 ⑩ 징벌령(懲罰令) ⑪ 위술복무(衛戍服務) ⑫ 구급의료 ⑬ 편제학(編制學) ⑭ 훈련교범(訓練敎範) ⑮ 전술 ⑯ 전략 등에 중점을 두었다. 술과(術科)로는 연병장에서 주로 ① 각개교련(各個敎鍊) ② 기초훈련을 했고, 야외에서는 가상적(假想敵)에 대한 이 고지에서 저 고지에로의 ③ 공격전과 ④ 방어전 등 전쟁연습을 실전을 방불케 되풀이하였다. 체육으로는 엄동설한에 ① 야간파저강(夜間婆瀦江) ② 통화현 70리 강행군을 비롯하여 ③ 빙상운동(氷上運動) ④ 춘추대운동(春秋大運動) ⑤ 격검(擊劍) ⑥ 유술(柔術) ⑦ 축구 ⑧ 철봉 등으로 강인한 체력을 부단히 연마시켰다.

군사교육 이외의 본과 교과목으로는 ① 중등교과산술 ② 국어문전(國語文典) ③ 고등소학독본 ④ 신정산술(新訂算術) ⑤ 최신고등학리과서(最新高等學理科書) ⑥ 교육학 ⑦ 대한신지지(大韓新地誌) ⑧ 초등윤리(初等倫理) ⑨ 신찬박물학(新撰博物學) ⑩ 중등산술(中等算術) ⑪ 신찬이화학(新撰理化學) ⑫ 유년필독(幼年必讀) ⑬ 보통경제학 ⑭ 윤리학교과서 ⑮ 대한국사 ⑯ 사범교육학 ⑰ 신편화학 ⑱ 중등생리학 등이었다.

이 외에도 신흥무관학교의 교육훈련은 매우 엄격하여, 밤중에 비상검사가 있을 때에는 캄캄한 밤이라도 각반 차고 복장의 단추 한 개까지 낱낱이 검사하는 엄정한 군기(軍紀)이었다. 취침중에 적전 출동준비를 알리는 비상 나팔소리가 울리면, 칠흑같은 밤에도 총가(銃架)에서 총을 보지 않고 찾아야 하는 등 항상 임전태세를 갖추어야 했다.

(2) 동림무관학교의 설립

신민회는 신흥무관학교를 설립한 이후 이와 별도로 만주 왕청현 나자구 대전자(大甸子)에도 이동휘 등이 중심이 되어 1913년 또 하나의 무관학교인 '동림무관학교(일명 大甸무관학교)'를 설립하였다.

이동휘는 만주로 망명하여 1913년에 김립(金立)·이종호·장기영(張基永)·김하석(金夏錫)·오영선(吳永善) 등과 함께 중국령(만주) 왕청현 나자구에 상당한 규모의 '사관학교' 즉, '동림무관학교'를 설립했다는《독립신문》기록이 있다. 이 기록에 생도의 일부가 공장에 노동자로 취업한 인원이 40여 명이었다고 하니, 이 무관학교의 총학생수는 상당히 많았던 것으로 추정된다.

이 무관학교는 개교 1년 후인 1914년에 ① 학교 재정의 궁핍 ② 만주군벌과 토착인의 압력 등의 요인으로 일단 해체한 것으로 보인다. 그러나 이때 생도들이 이 무관학교를 재건하기 위하여 자금을 모으려고 집단적으로 러시아(露領)까지 가서 공장에 노동자로 취업한 것을 보면, 이 무관학교가 1년 동안에도 훌륭한 애국청년들을 길러 낸 것을 알 수 있다. 동림무관학교는 그 후 실제로 러시아에서 재건된 것으로 보인다.

(3) 밀산무관학교의 설립

신민회 회원들은 만주 밀산현 봉밀산자(蜂蜜山子)에 제3의 '밀산무관학교'를 설립하였다. 일제 관헌의 1916년의 첩보 자료에는 배일주의(排日主義)를 목적으로 하는 한국인 무관학교가 밀산현 봉밀산자에 있으며 이갑이 교장이었다는 간단한 보고가 있다. 그러나 그 밖의 자료가 없어 더 이상의 자세한 내용은 알 수 없다.

이동휘   이갑

밀산무관학교도 안창호 등 신민회 망명 간부들이 1910년에 설립하려
다 실패한 것을 그 후 이갑 등이 설립한 것이라고 볼 수 있다.

이상 간단히 고찰한 바와 같이, 신민회의 독립군기지 창설운동은 원래
의 계획대로는 성취하지 못하고 부분적으로만 성공하였다. 왜냐하면 신
민회의 이 대사업은 국내에서 신민회의 비밀조직이 계속해서 자금을 제
공하고 애국적 집단이민을 추진할 것을 대전제로 한 것인데, 일제가 1911
년 국내 신민회 회원을 일제히 검거하여 가혹하게 탄압하여 이 대전제가
충족되지 않았기 때문이었다.

그러나 일제의 잔혹한 탄압과 이국에서의 온갖 악조건에서도 신민회
회원들이 불굴의 투지로 계속하여 추진한 독립군기지 창설운동은, 적어
도 다음과 같은 네 가지 점에서 매우 큰 의의를 가진 것이었다고 볼 수
있다.

첫째, 신민회는 실제로 서북간도와 러시아에 독립군기지와 무관학교
들을 설립하여 무장독립운동의 근거지를 만드는 데 성공하였다. 그리고
이에 기초하여 그들은 현대 독립군을 창건하였다. 이러한 새로운 독립군
의 창건은 비록 소규모이지만, 질적으로는 이전의 의병과는 달리 일본

끌려가는 신민회 연루 인사들

정규군을 능가할 수 있는 막강한 정예의 현대적 독립군 창설을 의미하는
것이었다.

　둘째, 신민회의 독립군기지와 독립군의 창설은 3·1운동 후의 대규모
독립군부대들의 창설과 현대적 항일독립전쟁 전개의 기초를 형성하였다.

　3·1운동 이전에 신민회의 무관학교들이 양성한 독립군 사관들은 규모
가 작고 무장도 제대로 되어 있지 않아서, 항일독립전쟁을 전개하지도
못한 장교 중심의 머리만 큰 독립군에 불과했다. 그러나 3·1운동 직후
3·1운동의 결과로 독립군에 지원하는 청소년들이 급증하여 사병들이 충
원되고 독립운동열이 고양되어 자금과 무기가 공급되자, '일시에' 대규모
의 독립군부대들이 만주와 러시아 지방에서 조직되어 출현할 수 있었다.
이것은 신민회가 미리 무관학교들을 설립하여 장교들을 양성해 두고 독
립군을 창설하였기 때문에 가능했던 것이었다.

　3·1운동 직후에 만주와 러시아에서 한국인의 독립군단들이 갑자기 한
꺼번에 대규모로 조직되어 일본 정규군과 치열한 독립전쟁을 전개하고
때로는 국내진입까지 감행할 수 있었던 것은, 신민회의 사전의 독립군기
지 창설사업에 힘입은 바가 매우 큰 것임을 주목할 필요가 있다.

　셋째, 신민회의 독립군기지 창설운동과 독립전쟁전략은 종래의 국권

회복운동의 다양한 전략을 변증법적으로 종합·지양·발전시킨 새로운 것이었다. 그것은 크게 볼 때, 일제의 식민지강점 정책의 진행에 대응하여 갑신정변부터 애국계몽운동·의병운동까지의 모든 근대독립운동 전략들의 변증법적 총결론과 같은 것이었으며, 작게 보면 그들이 직접 경험한 애국계몽운동과 의병운동의 전략을 변증법적으로 종합·지양·발전시킨 새로운 전략이었다.

넷째, 신민회의 독립군기지 창설운동과 독립전쟁전략의 채택은 일제강점기인 1910-45년까지 모든 정파의 독립운동전략의 골간을 형성했다. 즉 국내에서는 전국민의 독립쟁취의 실력을 양성하고 국외에서는 강력한 독립군을 창설하여 양성해서, 기회를 포착하여 국외로부터 독립군이 국내로 진격해 들어오면 국내에서 양성된 실력으로 전국민이 호응해서 일거에 봉기하여, 일본제국주의를 몰아내고 한국민족의 실력으로 독립을 쟁취한다는 신민회의 전략은, 그 후 보편화되어 1945년까지 모든 독립운동 단체와 세력들의 독립운동전략의 골간이 된 것이었다.

3. 한말 애국계몽운동과 한국민족사회의 발전

물론 애국계몽운동은 1910년 8월 나라가 식민지로 점령당하는 것을 막아내는 데는 실패하였다. 그러나 애국계몽사상과 운동은 몇 가지 측면에서 그 후의 한국민족과 독립운동에 중대한 영향을 미치고 공헌을 했음을 주목할 필요가 있다.

첫째, 애국계몽운동은 국민의 사상·지식·문화·경제·정치의식 등을 모든 면에서 일신시키고, 국민의 실력을 비약적으로 양성했으며, 국권을 빼앗기고 나라가 식민지로 강점되는 최후의 5년을 도리어 '대각성의 시대' '대분발의 시대'로 전환시키고 대대적인 '민족역량증강의 시대'로 역전시켰다.

민족교육에 사용된 교재들

  일제통감정치의 온갖 탄압 속에서도 열정적인 애국계몽운동의 결과로 민족역량이 비약적으로 증강되고, 지극히 어려웠던 이 시기가 오히려 대각성의 시기가 되어, 그 후 한국민족의 국권회복과 독립쟁취의 실력을 양성하여 공급할 수 있게 되었다는 엄연한 객관적 사실을 주목할 필요가 있다.

  둘째, 애국계몽운동은 새로운 근대적 민족문화를 창조하였다. 근대 민족문화 각 부문의 형성과정을 보면 그것이 모두 한말 애국계몽운동에서 나온 것임을 알고 우리는 놀라게 된다.

  셋째, 애국계몽운동은 근대적 민족교육의 창조와 발전에 지대한 공헌을 하였다. 애국계몽운동 가운데 신교육구국운동은 신지식과 함께 철저한 애국사상을 교육해 주었으며, 국민들 사이에서 일시에 3천여 개의 민립학교를 자발적으로 설립케 한 한국 역사상 전무후무한 교육열을 창출하였다. 이러한 최고도의 애국적 교육열은 당시의 국민들이 애국계몽운동에 참여하여 자발적으로 일으킨 것이었기 때문에, 민중들 사이에 깊이 뿌리를 내리어 한국민족 생활양식의 중요한 전통 가운데 하나로 정착하게 되었다. 오늘날 한국인의 높은 교육열도 그 기원을 캐어 보면 한말의 애국계몽운동의 교육열에서 나온 것임을 주목할 필요가 있다.

넷째, 애국계몽운동은 3·1운동의 직접적인 원동력이 되었다. 당시 애국계몽운동의 대상이었던 10여 세의 소년들이 애국주의와 실력을 간직한 채 1919년에는 20여 세의 청년들이 되어 3·1운동의 주체세력이 되었다. 애국계몽운동 중의 국내 실력양성 운동은 축적되었다가 3·1운동의 전민족적 민중봉기에 의하여 다른 형태로 하나의 열매를 거두었다고 볼 수 있다. 3·1운동에는 그 이전의 모든 민족운동이 합류하고 있지만, 그 주류는 모든 면에서 단연 애국계몽운동이었음은 재론할 여지가 없는 것이다.

다섯째, 애국계몽운동은 의병운동과 함께 독립군 무장항쟁을 탄생시켰다. 애국계몽운동이 국외에 창설한 독립군기지의 무관학교와 독립군은 3·1운동 후 애국청년들이 이곳으로 물밀듯이 몰려들자 갑자기 대규모의 독립군단으로 발전하게 되었다. 그리하여 3·1운동 직후부터 본격적으로 대폭 증강된 독립군단들이 '청산리 독립전쟁'에서 볼 수 있는 바와 같이 만주 도처에서 일본 정규군을 상대로 한 대소규모의 '독립전쟁'을 전개하여 승리를 거두었으며, 국경지방에서는 국내진입의 유격전이 크게 강화되었다.

여섯째, 애국계몽운동이 채택한 독립전쟁전략은 3·1운동에는 적중하지 못하였지만, 3·1운동 이후에는 모든 독립운동 정파들의 보편적인 최고전략으로 채택되었다. 예컨대, 독립군부대들의 계속된 국내진입 작전과 임시정부가 제2차세계대전이 발발하자 광복군을 조직하여 국내진입 작전을 준비한 것은 그 하나의 예인 것이다.

한말의 애국계몽사상과 운동은 한국민족의 새로운 근대 민족문화를 창조하고, 최악의 역경 속에서도 한국민족과 한국사회를 크게 발전시켰을 뿐 아니라, 3·1운동과 독립군 무장투쟁을 비롯한 독립운동의 직접적 원류를 형성한 것이었다.

- 애국계몽운동파는 그들의 국권회복운동 전략에 따라 신민회가 주체가 되어 무장투쟁을 위한 무관학교 설립과 독립군기지 창설운동을 전개하였다.

- 신민회는 1910년 3월 긴급간부회의를 열어서 '독립전쟁전략'을 채택하고, 만주에 독립군기지를 창설하기 위하여 1910년 4월 이갑(李甲)·유동열(柳東說)·신채호(申采浩) 등의 일단의 간부가 먼저 망명하였다. 또한 1910년 가을에는 이동녕(李東寧)·주진수(朱鎭洙) 등이 만주 일대를 극비리에 답사하여 후보지를 선정하고, 12월부터 비밀리에 독립군기지 창설을 위한 단체이주를 시작하였다.

- 그러나 일제는 이러한 움직임을 포착하고, 1911년 1월 '안악사건'과 '양기탁 등 보안법 위반사건' 등으로 신민회 중앙본부와 황해도지회 회원 160여 명을 체포했으며, 1911년 9월에는 '데라우치(寺內)총독 암살음모사건'이란 것을 날조해서 신민회 평안남북도지회 회원을 비롯하여 전국의 애국계몽운동가 지도자 약 700명을 체포하였다. 이 때문에 독립군기지 창설운동은 원래의 계획대로 대규모로 실행될 수는 없었다.

- 그러나 신민회 회원들과 애국계몽운동가들은 온갖 탄압과 고난에도 굴하지 않고 ① 1911년 봄 만주 봉천성 유하현(柳河縣) 삼원보(三源堡)에 신흥무관학교(新興武官學校), ② 1913년에는 왕청현(汪淸縣) 나자구(羅子溝)에 동림무관학교(東林武官學校), ③ 밀산현(密山縣) 봉밀산자(蜂蜜山子)에 밀산무관학교(密山武官學校) 등 3개의 무관학교와 독립군기지를 창설하는 데 성공하였다.

- 이 3개 무관학교에서는 애국청년들을 입교시켜 강철같이 정신무장을 하고 현대전략전술을 교육받은 독립군 장교들과 하사관들을 양성 배출하였다. 그리하여 만주·러시아 지방의 독립군 편성의 기초가 형성되었다.

- 애국계몽운동은 한국민족 및 한국사회의 발전과 독립운동에 중대한 영향을 주고 공헌하였다. 즉 ① 애국계몽운동은 국민의 사상·지식·문화·경제·정치의식 등을 모든 면에서 일신시키고, 민족의 실력을 비약적으로 성장시켰으며, 국권을 빼앗기고 나라가 식민지로 강점되는 최후의 5년을 도리어 '민족역량증강의 시대'로 역전시켰다. 애국계몽운동은 ② 모든 부문에서 새로운 근대적 민족문화를 창조했으며, ③ 근대적 민족교육의 창조와 발전에 지대한 공헌을 하고, 세계 최고의 애국적 교육열을 한국문화에 정착시켰다.

- 또한 애국계몽운동은 ④ 그 후 3·1운동의 직접적 원동력을 제공했을 뿐만 아니라, ⑤ 국외에 무관학교와 독립군기지를 창설함으로써 새로운 독립군의 항일무장투쟁을 탄생시키는 데 결정적 공헌을 하였다. 또한 ⑥ 애국계몽운동이 채택한 '독립전쟁전략'은 모든 독립운동 정파들의 보편적인 최고전략으로 채택되어 독립운동의 발

전에도 크게 공헌하였다.

- 한말 대한제국의 주권이 강탈당한 역경 속에서도, 애국계몽사상과 운동의 전개로 인해서 한국민족은 '민족적 실력'이 비약적으로 양성되고 증강되어 국권회복과 독립쟁취의 튼튼한 기초가 형성된 것이었다.

● **경학사(耕學社)** ▶ 신민회 회원들이 무관학교와 독립군기지를 설립하려고 만주 봉천성 유하현(柳河縣) 삼원보(三源堡)에 단체이주하여 '신한민촌'을 형성했을 때 1911년 봄 설립한 민단(民團)의 명칭이다. 신흥무관학교 설립을 지원하였다. 초대 사장에는 이철영(李哲榮), 2대 사장은 이상룡(李相龍)이 취임하였다.

● **광복군(光復軍)** ▶ 1940년 9월 17일 중국 충칭(重慶)에서 창설된 대한민국 임시정부 산하의 직할 독립군이며 국군이었다. 창립 당시의 총사령관은 이청천(李青天), 참모장은 이범석(李範奭)이었다. 조선의용대를 광복군 제1지대로 편입한 이후에는 부사령관 직제를 두어 김원봉(金元鳳)이 이를 맡았다. 미군과 합작해서 국내진입 작전을 수행하려고 훈련을 했다가 1945년 8·15 광복으로 중단한 최후 독립군의 하나이다.

● **데라우치총독 암살음모사건(寺內總督暗殺陰謀事件)** ▶ 신민회 평안남북도 회원들이 압록강 시찰을 갔다오는 데라우치 일제 총독을 암살하려고 음모했다는 혐의를 씌워, 일제가 1911년 9월 서울과 평안남북도 신민회 회원과 애국계몽운동가 700여 명을 체포 투옥한 사건이다. 일제가 신민회 회원을 투옥하기 위해 날조한 사건이었기 때문에, 투옥 요건을 만들려고 온갖 잔혹한 살인적 고문을 자행하여 전세계적으로 일제 고문의 잔혹성이 문제되었던 사건이다. '신민회 사건'이라고도 한다.

● **부민단(扶民團)** ▶ 만주에서 봉천성 유하현 삼원보의 '신한민촌'의 경학사 사업이 흉작과 풍토병으로 실패하자, 1912년 가을 통화현(通化縣) 합니하(哈泥河)로 이동하여 '신한민촌'을 다시 형성하고 설립한 민단의 명칭이다. 부민단은 처음의 경학사를 재건하여 강화한 것이었다. 초대 단장은 허혁(許赫), 2대 단장은 이상룡(李相龍)이 맡았다. 부민단의 사업은 성공하였다.

● **신한민촌(新韓民村)** ▶ 일제의 국권침탈 전후에 한국인들이 만주와 러시아 등지에 이주하여 새로이 건설한 한국인들만의 마을 또는 취락을 의미하는 용어이다. 1904-1918년 사이에 만주와 러시아에는 이러한 '신한민촌'이 다수 형성되었다.

● **안악사건(安岳事件)** ▶ 안중근 의사의 사촌동생 안명근(安明根)이 매국노 이완용을 사살하고 북간도에 가서 의병을 모집하여 거사할 계획으로 군자금을 모으려고

1910년 11월 황해도 지주들을 위협했다가 일제 헌병대에 체포된 것을 기화로, 신민회 황해도지회 회원과 애국계몽운동가 160여 명을 일제가 1911년 1월 체포하여 투옥한 사건이다. 안명근은 무기징역을 선고받았으며, 신민회 황해도지회 회원들도 온갖 악독한 고문과 중형을 선고받았다.

● 양기탁 등 보안법 위반사건(梁起鐸 等 保安法 違反事件) ▶ 양기탁 등이 서간도에 계획적으로 집단이주하여 '무관학교'를 설립하고 국권회복을 도모했다고 해서, 1911년 1월 신민회 중앙간부들을 체포 투옥한 사건이다. 이 사건으로 양기탁·안태국·임치정·주진수·고정화·김도희 등은 징역 2년을 선고받았으며, 이동휘 등 17명은 원도유배형을 선고받았다.

● 청산리독립전쟁(靑山里獨立戰爭) ▶ 1920년 10월 21일부터 26일까지 6일간 일본군 5개 사단에서 차출된 25,000명의 '토벌' 공격을 받고, 북로군정서(北路軍政署)를 비롯한 독립군 8개 부대 2,000명이 10여 차례의 전투에서 일본군 약 1,200명을 사살하여 대승리를 쟁취한 독립전쟁이다. '청산리전투'라고도 한다.

참 고 문 헌

• 신용하, 〈신민회의 창건과 그 국권회복운동〉, 《한국학보》 제8·9집, 1977.
• 이재순, 〈한말 신민회에 관한 연구〉, 《이대사원》 제14집, 1977.
• 강재언, 〈신민회의 활동과 105인 사건〉, 《신해혁명의 연구》(일본 東京), 1978.
• 이광린, 〈구한말 진화론의 수용과 그 영향〉, 《한국개회사상연구》, 일조각, 1979.
• 신용하, 〈한말 애국계몽사상과 운동〉, 《한국사학》 제1집, 1980.
• 신용하, 〈신민회의 독립군기지 창건운동〉, 《한국문화》 제4집, 1983.
• 윤경로, 《105인 사건과 신민회연구》, 일지사, 1990.
• 박 환, 《만주 한인 민족운동사연구》, 일조각, 1991.
• 조항래, 《1900년대의 애국계몽운동 연구》, 아세아문화사, 1993.
• Shin, Yong-ha, "The Simminhoe's Independence Movement during the Last Years of Chosŏn Dynasty", *Seoul Journal of Korean Studies* Vol.7, 1994.
• Kim, Hyung-chan, *Tosan Ahn Ch'ang-Ho*, Korean American Historical Society, 1996.
• 유영렬, 《대한제국기의 민족운동》, 일조각, 1997.
• 최기영, 《한국근대계몽운동연구》, 일조각, 1997.
• 반병률, 《성재 이동휘 일대기》, 범우사, 1998.
• 김 방, 《이동휘 연구》, 국학자료원, 1999.

찾아보기

김순현(金淳鉉) 347
김여석(金汝錫) 353
김영백(金永伯) 367
김옥균(金玉均) 58, 148, 166, 171, 176
김운선(金雲仙) 350
김윤식(金允植) 148, 150, 171, 190
김인식(金寅植) 158
김정안(金貞安) 371
김정호(金正浩) 40, 353
김정희(金正喜) 50
김조순(金祖淳) 33
김종한(金宗漢) 249
김준(金準) 352
김지간(金志侃) 407
김창환(金昌煥) 408
김평묵(金平默) 82
김하락(金河洛) 341
김하석(金夏錫) 411
김학진(金鶴鎭) 212
김홍집(金弘集) 58, 148, 154, 190, 227
김홍집내각 214, 248
김희선(金義善) 407

(ㄴ)

나수연(羅壽淵) 265
나철(羅喆) 398
난징조약 15
남궁억(南宮檍) 265, 387
남상덕(南相悳) 348
남연군묘 도굴사건 116
남접 207, 215
남접도소(南接都所) 205, 207, 222
남종삼(南鍾三) 104
남한대토벌작전(南韓大討伐作戰) 368
낭인배(浪人輩) 240, 244
내각제도(內閣制度) 175, 181, 228

내각회의 228
내수외양(內修外攘) 87, 91
내시부(內侍府) 174
내장원 299
내정간섭 186, 215
네덜란드 동인도회사 13
노륙법(孥戮法) 273, 285
노백린(盧伯麟) 388
노병대(盧炳大) 351, 366
노응규(盧應奎) 341
노희태(盧熙泰) 353
농무목축시험장(農務牧畜試驗場) 159
농민혁명운동 207
농정신편(農政新編) 159, 162
《뉴욕 헤럴드(*The New York Herald*)》
241, 341

(ㄷ)

다이(W. M. Dye) 241, 340
다케조에(竹添進一郎) 170
단군교(檀君敎) 398
단발령 241, 341
단연회(斷煙會) 395
당백전(當百錢) 103, 107
대각성의 시대 414
대간원(臺諫院) 32, 43
대경장개혁(大更張改革) 177
대군주(大君主) 291
대도소(大都所) 196, 200
《대동공보(大東共報)》 392
대동교(大同敎) 398
《대동보(大同報)》 395
대동사상(大同思想) 398
〈대동여지도(大東輿地圖)〉 41
대동학회(大東學會) 397
대부민 투쟁 213

(ㅊ)